Donald J. Trump
unter Mitarbeit von Tony Schwartz

So werden Sie erfolgreich

Liebe Leserinnen und Leser!

Verfolgen Sie in diesem Buch die ersten zwanzig Jahre in der Karriere des schon legendären Donald J. Trump. Seine berufliche Laufbahn gleicht einer Achterbahn – und die Fahrt ist noch lange nicht vorbei. Eines ist sicher: Es wird spannend bleiben. Wir werden Sie auf dem Laufenden halten.

Das Team von

Donald J. Trump
unter Mitarbeit von Tony Schwartz

So werden Sie erfolgreich

Strategien für den Weg nach oben

*Übersetzung aus dem Amerikanischen
von Ursula Bischoff*

REDLINE WIRTSCHAFT

Bibliografische Information der Deutschen Nationalbibliothek
Die Deutsche Nationalbibliothek verzeichnet diese Publikation in der Deutschen Nationalbibliografie. Detaillierte bibliografische Daten sind im Internet über http://dnb.ddb.de abrufbar.

ISBN 978-3-636-01597-6

© 2008 by Redline Wirtschaft, FinanzBuch Verlag GmbH, München
www.redline-wirtschaft.de

© 1988 unter dem Titel *Die Kunst des Erfolges* bei Wilhelm Heyne Verlag GmbH & Co. KG, München.

© der Originalausgabe 1987 by Donald J. Trump. Die englische Originalausgabe erschien bei Random House, an imprint of Random House Publishing Group, a division of Random House, Inc. unter dem Titel *The Art Of The Deal*.

Übersetzung: Ursula Bischoff
Redaktion: Leonie Zimmermann, Landsberg am Lech
Lektorat: Kerstin Weigel, München
Umschlaggestaltung: Jarzina Kommunikations-Design, Holzkirchen
Umschlagabbildung: dpa Picture, Frankfurt
Satz: Jürgen Echter, Landsberg am Lech
Printed in Austria

Alle Rechte, insbesondere das Recht der Vervielfältigung und Verbreitung sowie der Übersetzung, vorbehalten. Kein Teil des Werkes darf in irgendeiner Form (durch Fotokopie, Mikrofilm oder ein anderes Verfahren) ohne schriftliche Genehmigung des Verlages reproduziert oder unter Verwendung elektronischer Systeme gespeichert, verarbeitet, vervielfältigt oder verbreitet werden.

Inhaltsverzeichnis

Danksagung   7

1
Geschäfte
Eine Woche im Leben des ...   9

2
Trumpfkarten
Die Elemente des Verhandelns   55

3
Reifeprozesse   77

4
Cincinnati Kid
Prudent – oder Klugheit zahlt sich aus   95

5
Der Sprung nach Manhattan   109

6
Grand Hotel
Die Wiedergeburt der 42nd Street   135

7
Der Trump Tower
Das Tiffany-Juwel   161

8
Vabanquespiel
Wie gründet man ein Casino?   211

9
Der Fall „Wynn": Ein unerwarteter Gewinn
Kampf um Hilton   241

10
Niedrige Mieten, hohes Risiko
Die Entscheidung am Central Park South   267

11
Lange Pässe
Frühling und Herbst der USFL   293

12
Kapriolen auf dem Eis
Die Renovierung der Wollman-Rink-Schlittschuhbahn   321

13
Comeback
Meine West Side Story   347

14
Rückblende
Abschlussbericht   379

Stichwortverzeichnis   393
Bildnachweis   399

Danksagung

An dieser Stelle möchte ich besonders den Menschen danken, die es mir ermöglicht haben, dieses Buch trotz zahlreicher anderweitiger Verpflichtungen fertigzustellen: meiner Frau Ivana Trump und meinen drei Kindern für ihr Verständnis, dass ich so viele Wochenenden mit der Arbeit an diesem Buch verbrachte; Si Newhouse, der mich überredete, meine Gedanken niederzuschreiben; Howard Kaminsky, Peter Osnos und den Mitarbeitern von Random House, die mir stets mit Rat und Tat zur Seite standen.

Tony Schwartz möchte an dieser Stelle all denen danken, die ihm ihre Zeit so großzügig geopfert haben, insbesondere Robert Trump, Der Scutt, Nick Ribis, Blanche Sprague, Norman Levine, Harvey Freeman, Tony Gliedman, Al Glasgow, John Barry und Dan Cooper. Dank gebührt auch Ruth Mullen, Gail Olsen, Adina Weinstein, Deborah Immergut und Nancy Palmer für die Reinschrift und Vervielfältigung des Manuskriptes sowie für die Recherchen und Überprüfung der Fakten; Norma Foerderer, die alle Störungen von mir fernhielt – ohne sie hätte ich weder die Zeit noch die Möglichkeit gehabt, meine Arbeit an diesem Buch zu beenden; Kathy Robbins, meiner Agentin und Lektorin, bei der ich stets Aufmunterung und Gehör fand; Ed Kosner, dem Herausgeber der Zeitschrift *New York*, für seine inspirierenden Ideen und Ratschläge; meinen Töchtern Kate und Emily, die mich mit Stolz erfüllen und anspornen; und meiner Frau Deborah, die mich stets bei meiner Arbeit unterstützte – meine erste und wichtigste Kritikerin und Freundin.

1
GESCHÄFTE

Eine Woche im Leben des ...

Es ist nicht das Geld, das mich reizt. Geld besitze ich genug, mehr als ich je ausgeben könnte. Die Kunst, ein Geschäft erfolgreich abzuschließen, ist es, die mich in erster Linie motiviert. Geschäfte zu tätigen ist meine Art der Selbstverwirklichung. Andere malen fantastische Ölgemälde oder schreiben wundervolle Gedichte. Ich liebe es, Geschäfte anzubahnen, besonders, wenn es sich um spektakuläre Transaktionen handelt. Sie sind die Würze meines Lebens.

Die meisten Leute sind überrascht, wenn sie hören, wie ich arbeite. Ich bin kein unflexibler „Workaholic" – kein Arbeitssüchtiger. Ich lehne es ab, ständig einen Aktenkoffer mit mir herumzutragen. Ich haste nicht von einer Besprechung zur nächsten. Meine Tür ist stets offen. Man kann weder zündende Ideen noch Unternehmergeist entwickeln, wenn man durch allzu starre Strukturen eingeengt ist. Ich ziehe es vor, jeden Morgen aufs Neue abzuwarten, wie sich die Dinge entwickeln.

Es gibt in meinem Leben keine „typische" Arbeitswoche. Meistens wache ich um sechs Uhr morgens auf und verbringe die erste

Stunde des neuen Tages mit der Lektüre der Zeitungen. Um neun Uhr bin ich in meinem Büro – am Telefon. Es gibt selten Tage, an denen ich weniger als fünfzig Telefongespräche führe; oft sind es mehr als hundert. In den Pausen finden Besprechungen statt. Die meisten ergeben sich ad hoc, und nur wenige nehmen mehr als fünfzehn Minuten in Anspruch. Dass ich zum Mittagessen gehe, kommt relativ selten vor. Um achtzehn Uhr dreißig verlasse ich für gewöhnlich mein Büro, aber oftmals führe ich noch bis Mitternacht von zu Hause aus Gespräche, auch am Wochenende.

Das Wort „Müßiggang" ist mir fremd, und so und nicht anders möchte ich leben. Ich versuche, aus der Vergangenheit zu lernen, aber ich plane meine Zukunft, indem ich mich ausschließlich auf die Gegenwart konzentriere. Hier liegt für mich der Nervenkitzel …, und Geschäftsabschlüsse können ein Nervenkitzel sein, nicht wahr?

MONTAG

9.00 Uhr: Als Erstes rufe ich Alan („Ace")[1] Greenberg an, den Leiter der Effektenabteilung von Bear Stearns, einer renommierten, an der Wall Street zugelassenen Emissionsbank. Der CEO (Chief Executive Officer) von Bear Stearns ist mein Anlageberater und ein „Ass" in seinem Metier. Wir haben begonnen, Holiday-Inn-Aktien zu kaufen, die zu diesem Zeitpunkt zum Kurs von rund fünfzig Dollar erhältlich waren. Alan teilt mir mit, dass ich nun zirka eine Million Anteile besitze – oder mehr als vier Prozent des Unternehmens. Die Aktien wurden am Freitag bei Börsenschluss mit fünfundsechzig Dollar pro Stück notiert. Alan meint, der Kursanstieg sei nicht zuletzt auf meine massiven Auf-

---

[1] Das Ass

käufe und das Gerücht zurückzuführen, dass ich eine Übernahme des Konzerns plane.

Die Wahrheit ist, dass ich mir alle Möglichkeiten offenhalte. Vielleicht werde ich tatsächlich die Aktienmehrheit erwerben, da die Hotelkette in meinen Augen unterbewertet ist. Auf der Basis der aktuellen Notierungen könnte ich für weniger als zwei Milliarden Dollar die Aktienmajorität erhalten. Allein die drei Casino-Hotels sind so viel wert – und zur Holiday-Inn-Kette gehören noch weitere Hotels mit einer Kapazität von insgesamt 300 000 Betten.

Eine zweite Möglichkeit wäre, meine Anteile mit ansehnlichem Gewinn zu verkaufen, sobald der Kurs hoch genug ist. Würde ich sie heute abstoßen, so erhielte ich für mein Paket bereits rund sieben Millionen Dollar. Oder Holiday Inn könnte sein Interesse daran bekunden, meine Aktien zu einem Kurs über dem Nennwert zurückzukaufen, nur um mich loszuwerden. Wenn das Aufgeld hoch genug ist, verkaufe ich.

Gleichgültig, für welche Möglichkeit ich mich auch entscheiden werde – ich finde es äußerst interessant zu beobachten, wie weit ein inkompetentes Management zu gehen bereit ist, um das zu bewahren, was es seine „Unabhängigkeit" nennt ..., womit in Wahrheit natürlich seine eigene Machtstellung gemeint ist.

9.30 Uhr: Abraham Hirschfeld ruft mich an; er braucht meinen Rat. Abe zählt zu den renommiertesten Immobilienmaklern, aber er möchte sich unbedingt als Politiker profilieren. Leider ist er in seinem angestammten Beruf weit erfolgreicher als auf dem politischen Parkett.

Im Herbst hat Abe versucht, für das Amt des stellvertretenden Gouverneurs zu kandidieren; sein größter Rivale war Stan Lundine, ein Protegé von Gouverneur Cuomo. Cuomo ging vor Gericht, um zu erwirken, dass Hirschfeld aufgrund verfahrensrechtlicher Aspekte von der Kandidatenliste gestrichen wurde. Auf dem Höhepunkt der Wahlkampagne geschah das Unvermeidliche – das Gericht gab Cuomos Klage statt, und der Wahlkampf endete für Abe, noch bevor er begonnen hatte.

Abe weiß, dass ich mit dem Gouverneur auf freundschaftlichem Fuß stehe, und möchte von mir wissen, ob er Cuomo weiterhin die Treue halten oder stattdessen das Lager wechseln und Cuomos Gegenkandidaten unterstützen soll. Ich erkläre ihm, dass dies in meinen Augen eine rein akademische Frage sei, auf die es nur eine Antwort gebe: Halte dich an den Sieger – zumal, wenn er ein „Spitzenmann" ist.

Wir verabreden uns für Donnerstag.

10.00 Uhr: Ich rufe Don Imus an, um mich bei ihm zu bedanken. Imus ist einer der beliebtesten Rundfunkmoderatoren in den USA und arbeitet für den Sender WNBC. Er gehört zu den Persönlichkeiten des öffentlichen Lebens, die zu Spenden für den Annabel-Hill-Fonds aufrufen.

Ich finde es erstaunlich, welch ungeheure Wirkung diese Kampagne durch das Engagement der Medien entfaltet hat. In der vergangenen Woche sah ich in den überregionalen Fernsehnachrichten einen Bericht über Mrs. Hill, eine wirklich bewundernswerte Frau, die sich verzweifelt bemüht, ihre Farm in Georgia vor dem Zusammenbruch zu retten. Ihr 67 Jahre alter Mann hatte sich erst wenige Wochen zuvor das Leben genommen, in der Hoffnung, die Schulden, die auf der seit Generationen in Familienbesitz befindlichen Farm lasteten, könnten mit der Lebensversicherungssumme bezahlt werden. Aber der Betrag reichte nicht annähernd aus. Mrs. Hills aussichtslose Lage ging mir sehr nahe. Es ist traurig, wenn ein Mensch, der sein Leben lang nur Arbeit kannte, im Alter hilflos zusehen muss, wie alles, was er geschaffen hat, in die Brüche geht. Das finde ich einfach unfair und ungerecht.

Über NBC nahm ich Kontakt mit Frank Argenbright auf, einem großartigen Mann aus Georgia, der sich in ganz besonderem Maße für Mrs. Hill eingesetzt hatte. Frank nannte mir den Namen der Bank, bei der die Hypothek auf die Farm eingetragen war. Am nächsten Morgen rief ich dort an und wurde mit einem der stellvertretenden Direktoren verbunden. Ich erklärte ihm, ich sei ein New Yorker Geschäftsmann und wolle Mrs. Hill helfen. Es tue ihm sehr leid, lautete die Antwort, aber dazu sei es jetzt zu spät. Die Farm werde gerade in diesem Augenblick versteigert, und „nichts und niemand kann die Zwangsvollstreckung verhindern".

Ich wurde wütend und sagte: „Jetzt hören Sie mir einmal gut zu. Wenn Sie es tatsächlich wagen, eine Zwangsvollstreckung durchzuführen, werde ich Sie und Ihre Bank wegen Mord vor Gericht bringen, denn Sie haben Mrs. Hills Mann in den Tod getrieben." Plötzlich schien der Banker ziemlich nervös und erklärte mir, er werde mich schnellstens zurückrufen.

Manchmal zahlt es sich aus, den „wilden Mann" zu spielen. Eine Stunde später kam der Rückruf. Der Bankdirektor erklärte mir: „Keine Angst, Mr. Trump, wir werden eine Lösung finden." Mrs. Hill und Frank Argenbright informierten die Medien. Die Story wurde Thema Nummer eins in den Rundfunk- und Fernsehnachrichten.

Bis zum Ende der Woche stehen uns bereits 40 000 Dollar zur Verfügung. Imus allein hat durch Spendenaufrufe an seine Zuhörer 20 000 Dollar gesammelt. Wir haben für den Heiligen Abend ein kleines Fest im Foyer des Trump Tower arrangiert; dabei soll die Hypothek in einer feierlichen Zeremonie verbrannt werden, sozusagen als Weihnachtsgeschenk für die tapfere Mrs. Hill und ihre Familie. Bis dahin haben wir sicher die ganze Summe beisammen. Andernfalls – das habe ich Mrs. Hill versprochen – werde ich den fehlenden Betrag ergänzen.

Ich habe Imus angerufen und ihm erklärt, er sei in meinen Augen der Größte, und dann habe ich ihn nächste Woche zu den US Open (= Tennisturnier) eingeladen. Ich hatte dort schon seit längerem eine Box gemietet und war früher fast jeden Tag unter den Zuschauern. Heute habe ich so viel zu tun, dass ich sie meinen Freunden zur Verfügung stelle.

11.15 Uhr: Harry Usher, der Manager der USFL (United States Football League), ist am Telefon. Letzten Monat erging das Urteil in dem Antitrust-Prozess, den wir gegen die National Football League angestrengt hatten; das Gericht entschied, dass die NFL tatsächlich eine unzulässige Monopolstellung einnehme. Man sprach uns allerdings lediglich eine symbolische Entschädigungssumme von einem Dollar zu. Und ich hatte einigen Spitzenspielern meines New Jersey Generals-Teams bereits gestattet, Verträge mit der NFL abzuschließen! Aber dieser Gerichtsbeschluss erschien mir einfach lächerlich.

Wir überlegen, welche Strategie wir jetzt verfolgen sollen. Ich bin dafür, noch aggressiver vorzugehen. „Was mich beunruhigt", erkläre ich Harry, „ist die Tatsache, dass kaum jemand Anstalten macht, Berufung gegen ein Gerichtsurteil einzulegen."

12.00 Uhr: Gerry Schoenfeld, der Leiter der Shubert Organization, eines Verbandes, in dem sich die größten Broadway-Theaterbesitzer zusammengeschlossen haben, ruft an und empfiehlt mir eine Dame, die sich als Büro- und Verwaltungsangestellte beworben hatte. Er erzählt mir, sie wolle unbedingt für Donald Trump arbeiten. Ich erkläre ihm, die Frau sei zwar verrückt, aber ich würde sie gerne zu einem Vorstellungsgespräch empfangen.

Wir unterhalten uns kurz über das Theater. Ich sage Gerry, dass ich mir zusammen mit meinen Kindern zum zweiten Mal seine Cats-Inszenierung ansehen wolle. Er fragt, ob ich die Theaterkarten über sein Büro bestellt hätte. Ich antworte ihm, dass es mir nicht liege, Beziehungen auszunutzen. „Sei doch nicht albern", meint er. „Wir haben eine Mitarbeiterin, die eigens dafür abgestellt ist, für Freunde und Bekannte Karten zu besorgen. Ich gebe dir ihre Telefonnummer. Ruf sie bitte an."

Ich halte das für eine ausgesprochen großzügige Geste, und Schoenfeld ist ein sehr netter Mann.

13.15 Uhr: Anthony Gliedman kommt auf einen Sprung ins Büro, um mit mir über das Wollman-Rink-Projekt zu sprechen. Gliedman war Wohnungsbaureferent unter Ed Koch. Damals fochten wir zahlreiche Kämpfe aus, und obwohl ich einen Prozess gegen ihn in letzter Instanz gewann, hielt ich ihn für einen sehr intelligenten Mann. Ich trage meinen einstigen Gegnern nichts nach. Ich lege Wert darauf, die besten Leute zu engagieren, die ich bekommen kann, und es spielt für mich keine Rolle, wo ich sie finde.

Tony hat die Renovierungsarbeiten an der Wollman-Rink-Schlittschuhbahn im Central Park koordiniert – ein Projekt, das die Stadt New York vor sieben Jahren begonnen hatte und an dem sie kläglich gescheitert war. Im Juni habe ich meine Hilfe angeboten. Jetzt sind wir im Zeitplan weit voraus, und Tony erklärt mir, er habe für Donnerstag eine Pressekonferenz anberaumt, um die letzte wichtige Bauphase zu feiern: das Betonieren der Bahn.

Dieses Ereignis ist in meinen Augen nicht besonders publicityträchtig. Ich frage ihn, ob er überhaupt mit Zuschauern rechne. Er sagt, mindestens ein Dutzend Zusagen lägen bereits von Presse, Funk und Fernsehen vor. Mein Urteilsvermögen in Bezug auf die Medien scheint getrübt zu sein.

14.00 Uhr: Ich muss eine eidesstattliche Erklärung für einen Prozess abgeben, den wir gegen eine Baufirma angestrengt haben, die für Arbeiten am Trump Tower verpflichtet worden war. Sie erwies sich als so inkompetent, dass uns keine andere Wahl blieb, als den Vertrag zu kündigen. Jetzt haben wir eine Schadenersatzklage eingereicht. Ich hasse Prozesse und eidesstattliche Erklärungen, aber wenn jemand sich im Recht glaubt, sollte er bereit sein, notfalls auch vor Gericht darum zu kämpfen, sonst glaubt jeder, auf ihm herumtrampeln zu können. Eidesstattliche Erklärungen muss ich des Öfteren abgeben, auch wenn ich nicht als Kläger auftrete. Wenn man heutzutage Donald Trump heißt, wird einem leider allzu häufig der Prozess gemacht.

15.00 Uhr: Ich bitte Norma Foerderer, meine Assistentin, die es immer wieder schafft, mein Leben perfekt zu organisieren, mir etwas zum Mittagessen zu besorgen: eine Büchse Tomatensaft. Ich gehe nur selten zum Essen außer Haus; für mich ist das in den meisten Fällen reine Zeitverschwendung.

15.15 Uhr: Ich rufe Sir Charles Goldstein an; da er momentan nicht erreichbar ist, hinterlasse ich eine Nachricht für ihn. Er zählt zu den gefragtesten New Yorker Spezialanwälten für Immobilienrecht – und zu meinen intimen Feinden.

Ich bin mir ziemlich sicher, dass Charlie Goldstein aus der Bronx stammt. Er liebt Prunk und Pomp und führt sich oft auf, als gehöre er zum Hochadel; deshalb nenne ich ihn Sir Charles. Am Wochenende habe ich erfahren, dass Lee Iacocca ihn gebeten hat, ihn mit seinem juristischen Sachverstand bei der Abwicklung eines Geschäftes zu unterstützen. Es geht dabei um eine mögliche Partnerschaft zwischen uns beiden. Lee konnte nicht wissen, welch unliebsame Erfahrungen ich bereits mit Goldstein gemacht hatte. Vor einiger Zeit suchte einer meiner Verhandlungspartner dringend einen Anwalt. Ich empfahl ihm Sir Charles. Dann erfuhr ich, dass dieser ihm geraten hatte, auf keinen Fall Geschäfte mit mir zu machen. Ich wollte meinen Ohren nicht trauen!

Bei diesem Projekt handelt es sich um zwei Apartment-Hochhäuser in Palm Beach. Ich besitze bereits ein Haus in Palm Beach, ein fantastisches Anwesen namens Mar-a-Lago. Eines Tages, im vergangenen Winter, als ich dort ein Wochenende verbrachte, wollte ich mit Freunden zum Essen gehen. Auf dem Weg zum Restaurant entdeckte ich plötzlich zwei schimmerndweiße Türme. Ich rief sofort einige Leute an und erfuhr, dass der Bau 120 Millionen Dollar gekostet und dass eine New Yorker Bank die Zwangsvollstreckung gegen den Bauherrn angeordnet habe. Und schon war ich im Geschäft und bot an, das Projekt für 40 Millionen Dollar zu kaufen.

Ein gemeinsamer Freund, William Fugazy, brachte mich auf die Idee, mit Lee Iacocca eine Partnerschaft bei einem Immobilienprojekt einzugehen. Ich halte Lee für einen brillanten Geschäftsmann. In meinen Augen hat er mit der großen Wende im Chrysler-Konzern ein Wunder vollbracht. Er ist mir auch als Mensch sehr sympathisch, und so begannen wir uns irgendwann einmal über diese beiden Apartment-Häuser zu unterhalten. Wir müssten allerdings einiges investieren, und ich bin mir nicht im Klaren darüber, ob Lee tatsächlich eine Beteiligung in Betracht zieht. Sollte das der Fall sein, dann ist es meiner Meinung nach ein besonders geschickter Schachzug von ihm gewesen, einen Anwalt zu engagieren, den ich nicht mag. Und genau das werde ich Sir Charles auch sagen, wenn er sich bei mir meldet.

15.30 Uhr: Ich rufe meine Schwester, Maryanne Barry, an, um mich bei ihr über ein Urteil zu beschweren, das ein Gericht in Atlantic City gegen meine Firma verhängt hat. Maryanne ist Bundesrichterin in New Jersey und mein Schwager John ein ausgezeichneter Anwalt, der mich schon in vielen Rechtsstreitigkeiten vertreten hat.

„Kannst du dir vorstellen, dass wir den Prozess verloren haben?" frage ich sie. Maryanne ist smart und kennt die Gesetze natürlich viel besser als ich, aber sie reagiert genauso verblüfft auf diese Neuigkeit wie ich. Ich erkläre ihr, dass ich angeordnet habe, sämtliche Unterlagen umgehend an John zu schicken. Er soll so schnell wie möglich Berufung einlegen.

16.00 Uhr: Im Konferenzraum sehe ich mir Muster der Weihnachtsdekoration an, mit der das Foyer des Trump Tower ausgeschmückt werden soll. Das imposante, sechs Stockwerke hohe Marmor-Foyer gehört inzwischen zu den größten Attraktionen New Yorks. Mehr als hunderttausend Besucher finden sich hier Woche für Woche ein, um es zu besichtigen oder in den schicken Boutiquen einzukaufen. Das Foyer gilt mittlerweile als Wahrzeichen des Trump-Konzerns, und deshalb betrachte ich es auch als meine Aufgabe, mich um solche Details wie die Weihnachtsdekoration selbst zu kümmern.

Von den Mustern, die man mir vorlegt, gefallen mir die wenigsten. Schließlich entdecke ich eine wunderschöne goldene Girlande, die sich über dem Haupteingang des Gebäudes sehr dekorativ ausnehmen würde, und ich entscheide mich für dieses schlichte Gebinde. Manchmal – wenn auch nicht immer – erzielt man mit geringem Aufwand eine größere Wirkung.

16.30 Uhr: Nicholas Ribis, ein Anwalt aus New Jersey, der sich um die Lizenzvergabe für meine beiden Spielcasinos in Atlantic City gekümmert hatte, teilt mir telefonisch mit, er sei auf dem Weg nach Sydney, Australien, um ein Geschäft voranzutreiben, das mich interessiert. Da die Flugzeit rund 24 Stunden beträgt, bin ich sehr dankbar, dass er mir diese Aufgabe abnimmt.

Es sieht so aus, als könnte sich die weite Anreise lohnen. Die Regierung von Neu-Südwales sucht ein Unternehmen, welches das wohl größte Spielcasino der Welt bauen und leiten soll. Wir rechnen uns große Chancen aus, den Auftrag zu erhalten, und Nick wird in Sydney mit Leuten zusammentreffen, die in der Regierung Schlüsselpositionen bekleiden. Er verspricht, mich von Australien aus anzurufen, sobald es Neuigkeiten gibt.

17.15 Uhr: Ich rufe Henry Kanegsberg an, einen NBC-Manager, der mit der Suche nach einem neuen Standort für die Zentrale des Senders betraut worden ist. Wir bemühen uns schon seit geraumer Zeit, ihn für ein Grundstück in der West Side zu interessieren – ein knapp zwanzig Hektar großes Areal am Hudson River, das ich vor einem Jahr gekauft hatte, um dort, wie in der Presse bereits angekündigt, das höchste Gebäude der Welt zu errichten.

Ich weiß, dass Henry unsere neuesten Baupläne kennt, und hake nach. Ich sage ihm, dass Bloomingdale darauf brennt, eine Niederlassung in dem von uns geplanten Shopping-Center zu errichten, was der Kaufhauskette einen beachtlichen Prestigegewinn einbringen dürfte. Ich erzähle ihm auch, dass die Stadt unsere Bautätigkeit begrüßt, und dass wir hoffen, schon in den nächsten Monaten eine einstweilige Baugenehmigung zu erhalten.

Kanegsberg scheint recht angetan zu sein. Bevor ich den Hörer auflege, weise ich ihn noch darauf hin, dass NBC es seinem Status schuldig sei, Büros im höchsten Gebäude der Welt zu beziehen. „Denken Sie in Ruhe darüber nach", rate ich ihm. „Mit diesem Bau werden wir ein unübersehbares Symbol setzen."

17.45 Uhr: Mein neunjähriger Sohn Donny ruft mich an; er möchte wissen, wann ich nach Hause komme. Ich nehme immer Anrufe von meinen Kindern entgegen, gleichgültig, was und wie viel ich auch gerade zu tun habe. Außer Donny habe ich noch zwei Kinder – die sechsjährige Ivanka und Eric, der drei Jahre alt ist. Ich habe das Gefühl, je älter sie werden, desto einfacher ist es, ihnen ein guter Vater zu sein. Ich liebe sie von ganzem Herzen, aber es hat mir nie besonders viel Spaß gemacht, mit Plastikautos und Puppen zu spielen. Donny interessiert sich neuerdings für Häuser, Grundstücke und Sport, und das sind Dinge, die mir weit mehr liegen. Ich erkläre Donny, dass ich nach Hause komme, sobald ich kann, aber er möchte unbedingt die genaue Uhrzeit wissen. Er scheint mir nachgeraten zu sein: Ein „Nein" lässt er als Antwort nicht gelten.

18.30 Uhr: Nach einigen weiteren Telefonaten verlasse ich mein Büro und nehme den Fahrstuhl aufwärts. Dieser Trakt des Trump Tower ist als Wohnbereich konzipiert, und dort befindet sich auch mein Apartment. Natürlich muss ich noch einige Telefongespräche führen, wenn ich zu Hause bin.

DIENSTAG

9.00 Uhr: Ich rufe Ivan Boesky an. Boesky ist Arbitrageur. Er und seine Frau besitzen außerdem noch die Aktienmajorität am Beverly Hills Hotel, das – wie ich gerade aus der Zeitung erfahren habe – zum Verkauf steht. Noch habe ich keine Ahnung, als ich mit ihm spreche, dass er sich in zwei Wochen schuldig bekennen wird, vertrauliche Börseninformationen weitergegeben zu haben, und dass er das Hotel deshalb so schnell wie möglich abstoßen will, weil er dringend Bargeld braucht.

Ich würde gerne Steve Rubell und Ian Schrager, die das Studio 54 und das Palladium aus der Taufe gehoben haben, die Leitung des Hotels anvertrauen. Steve ist ein unglaublich geschickter Promoter, und ich traue ihm zu, dass unter seiner Ägide aus dem Beverly

Hills Hotel wieder ein echter Geheimtipp wird. Ich erkläre Boesky, ich sei interessiert. Er sagt, dass Morgan Stanley and Company die Verhandlungen für ihn führen und dass ich in Kürze mit ihrem Anruf rechnen könne.

Ich liebe Los Angeles. In den siebziger Jahren habe ich viele Wochenenden dort verbracht, und zwar immer im Beverly Hills Hotel. Aber meine persönlichen Präferenzen haben niemals Einfluss auf meine geschäftlichen Entscheidungen gehabt. Sosehr ich das Hotel auch mag, es interessiert mich nur dann, wenn Boesky seine Preisvorstellungen noch einmal nach unten revidiert.

9.30 Uhr: Alan Greenberg ruft an. Wir haben weitere 100 000 Holiday-Aktien gekauft, und der Kurs ist noch einmal um eineinhalb Punkte gestiegen. Die Börse reagiert hektisch. Alan sagt, dass das Holiday-Inn-Management in Panik geraten sei und laufend Krisensitzungen einberufe, um wirksame Gegenmaßnahmen zu treffen. Er glaubt, dass sie sich für die „Zyankali-Pillen-Strategie" entscheiden werden, das heißt, dass sie bestimmte Vermögenswerte abstoßen, um das Projekt uninteressant zu machen und damit zu verhindern, dass ich die Hotelkette übernehme.

Der Anruf dauert nicht mehr als zwei Minuten. Das mag ich so an Alan: Er verschwendet keine Zeit.

10.00 Uhr: Ich treffe mich zu einer Besprechung mit Repräsentanten der Firma, die mein Parkhaus vis-à-vis vom Trump Plaza an einer der Hauptverkehrsstraßen von Atlantic City, dem Boardwalk, baut. Es handelt sich um ein 30-Millionen-Dollar-Projekt, und ich brauche ihre Berichte über den aktuellen Stand der Entwicklung. Man erklärt mir, dass der Zeitplan exakt eingehalten und das Budget nicht überschritten werde.

Das Parkhaus wird 1987 am Memorial Day (30. Mai) fertig sein – rechtzeitig zum größten Ereignis des Jahres in Atlantic City – und den Spielbetrieb enorm beleben. Zurzeit gibt es nämlich überhaupt keine Parkplätze im Umkreis. Das Parkcenter liegt am Ende einer großen Straße, die in den Boardwalk mündet. Eine Fußgängerbrücke verbindet es mit dem Casino. Jeder, der sein Auto in dem Parkhaus abstellt, muss durch diesen „Tunnel" und endet direkt in unserem Spielsalon.

11.00 Uhr: Einer der renommiertesten New Yorker Banker sucht mich in meinem Büro auf. Er möchte mich als Klienten gewinnen, und wir reden über verschiedene Projekte, die mich interessieren. Merkwürdig, wie sich die Zeiten ändern: Heute suchen die Bankiers mich auf und bieten mir großzügige Kredite an. Sie wissen, dass sie bei mir „auf Nummer Sicher" gehen.

12.15 Uhr: Norma kommt herein und sagt, dass wir die Wollman-Rink-Pressekonferenz von Donnerstag auf den folgenden Mittwoch verlegen müssen. Henry Stern, der für die öffentlichen Anlagen New Yorks zuständige Referent, hat Probleme, seine Termine zu koordinieren: Er soll am Donnerstag einen Spielplatz in der Upper West Side des Central Parks einweihen, der von Diana Ross, der berühmten Sängerin, gestiftet wurde.

Leider können wir mit dem Betonieren nicht mehr warten; deshalb hatten wir in erster Linie diesen kurzfristigen Termin für die Pressekonferenz anberaumt. Aber was soll's? Mir wird schon irgend etwas einfallen. Ich möchte Henry keinesfalls noch einmal brüskieren. Letzte Woche hatte ihm nämlich die Wachmannschaft, die für den Schutz der Wollman-Rink-Schlittschuhbahn zuständig ist, den Zutritt zum Baugelände verweigert, weil er keine schriftliche Genehmigung vorweisen konnte. Sicherheit muss sein, aber das war natürlich übertrieben. Sie können sich vorstellen, dass Henry nicht gerade begeistert reagiert hat.

12.45 Uhr: Jack Mitnik, mein Chefbuchhalter, möchte mit mir über die steuerlichen Aspekte eines Geschäftes sprechen, das zurzeit abgewickelt wird. Ich frage ihn, welche negativen Auswirkungen seiner Meinung nach die neuen Steuergesetze auf den Immobiliensektor haben werden, zumal viele der bisherigen Abschreibungsmöglichkeiten nunmehr entfallen.

Zu meiner Überraschung antwortet Mitnik, dass die Gesetzesnovelle mir mehr Vor- als Nachteile bringen wird, da der größte Teil meines Bargeldzuflusses aus den Casinos und Apartmenthäusern stammt und der Höchststeuersatz für gewerbliche Einkommen von 50 auf 32 Prozent gesenkt wurde. Dennoch bin ich der Überzeugung, dass die Gesetzesänderung für unser Land generell katastrophale Folgen haben wird, denn es gibt für Unternehmen, die im Bausektor tätig sind, dann kaum mehr einen Ansporn, zu investieren oder zu expandieren, insbesondere an weniger attraktiven Standorten, wo ohne massiven finanziellen Anreiz kaum noch gebaut wird.

13.30 Uhr: Ich bitte Norma, John Danforth anzurufen, einen republikanischen Senator aus dem Bundesstaat Missouri. Ich kenne ihn zwar nicht persönlich, aber er gehört zu den wenigen Senatsmitgliedern, die vehement gegen das neue Steuergesetz gekämpft hatten. Ich möchte ihm, wenn auch verspätet, zu seinem Mut gratulieren, eine Überzeugung vertreten zu haben, die ihm politisch möglicherweise geschadet hat.

Danforth ist nicht in seinem Büro, aber seine Sekretärin verspricht, dass er mich zurückrufen wird.

13.45 Uhr: Norma nutzt eine kurze Pause zwischen zwei Anrufen, um mit mir über einige Einladungen zu sprechen. Dave Winfield, ein Mitglied der New York Yankees (eines Baseball-Teams) und Außenfeld-Spieler, hat mich gebeten, bei einer Dinnerparty seiner Stiftung, die gegen Drogenmissbrauch kämpft, den Vorsitz zu übernehmen. Ich werde in diesem Monat bereits zwei ähnliche Veranstaltungen besuchen, ein Galadiner der United Cerebral Palsy (= Gesellschaft zur Bekämpfung der zerebralen Lähmung) sowie des Polizeisport-Verbandes.

Ich mache mir keine Illusionen darüber, warum ich so häufig gebeten werde, den Vorsitz bei derartigen Ereignissen zu übernehmen oder als Redner aufzutreten. Es liegt nicht daran, dass ich ein so großartiger Mensch bin. Der Grund ist vielmehr darin zu suchen, dass diejenigen, die im Vorstand von gemeinnützigen Einrichtungen sitzen, genau wissen, dass ich eine Reihe gutsituierter Freunde habe und sie dazu überreden kann, ihren „Obolus" zu entrichten. Ich kenne dieses Spiel und seine Regeln. Ich mache zwar nicht gerne mit, aber ich kann mich auch nicht davor „drücken", ohne das Gesicht zu verlieren. Ich habe in diesem Monat allerdings schon zweimal meine Freunde „zur Kasse" und um eine Spende von 10 000 Dollar gebeten – und irgendwo gibt es eine Grenze. Ich erteile Norma die Anweisung, im Fall Winfield eine höfliche Absage zu formulieren.

Die zweite Einladung stammt von der Young President's Organization, die mich als Gastredner bei einem Dinner verpflichten möchte. Zu den YPO-Mitgliedern zählen junge Spitzenmanager bis zum vierzigsten Lebensjahr.

Es liegen noch rund ein halbes Dutzend weitere Einladungen vor. Zwei nehme ich an: eine Party, die Alice Mason ausrichtet – eine Immobilienmaklerin, die sich nicht zuletzt deshalb als Gastgeberin einen Namen gemacht hat, weil man bei ihr die interessantesten Leute trifft; und ein Empfang, den Barbara Walters von der ABC und Merv Adelson, Leiter der Lorimar-Telepictures, geben – zwei reizende Menschen, die vor wenigen Monaten in Kalifornien geheiratet haben.

Ehrlich gestanden, ich gehe nicht gern auf Partys, weil ich das oberflächliche Geschwätz nicht ausstehen kann. Leider gehören sie nun einmal zum Geschäft; deshalb bin ich gezwungen, mehr Feste zu besuchen, als ich eigentlich möchte, und mir dann etwas einfallen zu lassen, um schnellstens wieder zu verschwinden. Manche Partys sind, das muss ich zugeben, ganz nett. Meistens sage ich schon einige Monate im Voraus zu und streiche das Datum aus meinem Gedächtnis, weil ich mir einbilde, dass bis dahin noch so unendlich viel Zeit vor mir liegt. Und wenn der Tag dann kommt, ärgere ich mich, dass ich die Einladung überhaupt angenommen habe. Aber dann ist es natürlich zu spät, um einen Rückzieher zu machen.

14.00 Uhr: Mir ist gerade etwas eingefallen, und ich rufe nochmals Alan Greenberg an. Wenn ich die Holiday-Inn-Kette tatsächlich übernehmen sollte, müsste ich für den Staat Nevada, wo das Unternehmen zwei Casinos betreibt, eine Lizenz erwerben. „Was halten Sie davon", frage ich ihn, „wenn wir unsere Holiday-Inn-Anteile jetzt mit Gewinn abstoßen und erst dann ernsthaft über ein Übernahmeangebot nachdenken, wenn man mir die Lizenz für das Spielcasino erteilt hat?"

Alan ist der Meinung, wir sollten nichts weggeben, was wir bereits in der Hand haben. Ich bin einverstanden, für den Augenblick. Ich halte mir, wie schon gesagt, gerne alle Möglichkeiten offen.

14.15 Uhr: John Danforth ruft zurück. Wir führen ein anregendes Gespräch, und ich ermuntere ihn, weiterhin so beachtliche Leistungen zu bringen.

14.30 Uhr: Ich rufe einen der Besitzer des Dunes Hotels in Las Vegas zurück. Den Eignern gehört außerdem an dem berühmten Vegas Strip eines der noch nicht erschlossenen Grundstücke in bester Lage. Wenn der Preis stimmt, kaufe ich es vielleicht.

Ich halte das Casino-Geschäft für eines der aufregendsten. Mich reizen die Dimensionen, der damit verbundene Glamour – und die Verdienstmöglichkeiten. Wenn man genau weiß, was man tut, und umsichtig plant, kann man ganz passable Gewinne erzielen. Und wer sich als genialer Stratege erweist, kann sich sogar eine goldene Nase verdienen.

14.45 Uhr: Mein Bruder Robert und Harvey Freeman, beide Vizepräsidenten im Trump-Konzern, kommen auf einen Sprung in mein Büro, um mir von einem Treffen mit Con Edison und den NBC-Managern zu berichten, das an diesem Morgen stattgefunden hat. Es ging dabei um das West-Side-Projekt. Con Ed besitzt eine Fabrik an der Südseite des Grundstückes, und es wurde darüber diskutiert, ob der Rauch problemlos abziehen kann, wenn nebenan ein Wolkenkratzer wie der von uns geplante steht.

Robert, der zwei Jahre jünger ist als ich, gilt als ruhiger und umgänglicher Typ, als hochbegabt und kompetent. Ich glaube, es ist gar nicht so einfach, einen Bruder wie mich zu haben, aber er hat sich nie beklagt, und wir beide stehen uns sehr nahe. Er ist der einzige Mann in meinem Leben, den ich „Schätzchen" nenne.

Robert kommt mit allen Menschen, denen er begegnet, auf Anhieb blendend aus. Davon kann ich natürlich nur profitieren, denn ich bin gelegentlich gezwungen, den „Bösewicht" zu spielen. Harveys Persönlichkeit steht in krassem Gegensatz zum Charakter meines Bruders: Er ist sehr ernst und hat wenig Sinn für Humor, aber dafür einen brillanten analytischen Verstand.

Die Con-Ed-Leute, höre ich zu meiner großen Freude, haben den NBC-Repräsentanten versichert, dass der Wolkenkratzer, der eventuell die NBC-Büros beherbergen soll, den Rauchabzug nicht behindern würde. Leider hat Con Ed in dieser Angelegenheit nicht das letzte Wort. Bevor man uns die Baugenehmigung erteilt, müssen wir noch ein Gutachten von einem neutralen Umweltsachverständigen einholen.

15.15 Uhr: Ich rufe Herbert Sturz vom Stadtplanungs-Referat an, das allen voran unser neuestes Projekt in der West Side genehmigen oder ablehnen kann. Sturz und seine Mitarbeiter sollen das Grundstück am Freitag besichtigen.

Er ist im Augenblick nicht in seinem Büro, und so hinterlasse ich bei seiner Sekretärin eine Nachricht, dass ich mich freuen würde, ihn Freitag morgen auf der Baustelle zu treffen.

15.20 Uhr: Gerald Schrager ist am Telefon. Jerry gehört zu den Spitzenanwälten von Dreyer & Traub, einem der besten Immobilienkonzerne des Landes, und er hat sich um fast alle wichtigen Transaktionen gekümmert, seit ich 1974 das Commodore Hotel gekauft habe. Jerry ist mehr als ein brillanter Jurist. Wenn es um Geschäfte geht, arbeitet er mit der Präzision eines Computers und erkennt das Wesentliche schneller als jeder andere Mensch, der mir je begegnet ist.

Wir sprechen über das Holiday Inn und eine Reihe weiterer Projekte, die sich in verschiedenen Phasen der Entwicklung befinden. Wie Alan Greenberg verschwendet auch Schrager keine Zeit mit Small Talk. In weniger als zehn Minuten haben wir ein halbes Dutzend Themen durchdiskutiert.

15.30 Uhr: Meine Frau Ivana kommt ins Büro, um sich von mir zu verabschieden. Sie fliegt per Hubschrauber nach Atlantic City. Ich ziehe sie oft damit auf, dass sie noch härter arbeitet als ich. Als ich mein zweites Casino von der Hilton Corporation gekauft und es in Trump's Castle umbenannt hatte, beschloss ich, Ivana die Leitung zu übertragen. Sie ist in allem, was sie tut, absolut Spitzenklasse – und die geborene Managerin.

Ivana ist in der Tschechoslowakei aufgewachsen und ein Einzelkind. Ihr Vater war Elektroingenieur und außerdem ein exzellenter Sportler. Ivana lernte schon sehr früh, Ski zu fahren. Mit sechs Jahren gewann sie ihre ersten Rennen. 1972 wurde sie für die Winterspiele in Sapporo als Ersatzläuferin in das tschechoslowakische Olympiateam aufgenommen. Ein Jahr später, nach dem Examen an der Karls-Universität in Prag, emigrierte sie nach Montreal und zählte bald zu den Topmodels in Kanada.

Wir haben uns während der Sommerolympiade im August 1976 in Montreal kennengelernt. Damals hatte ich viele Freundinnen, aber an Ehe dachte ich nie. Ivana gehörte nicht zu den Frauen, mit denen man eine zwanglose Beziehung unterhält. Zehn Monate später, im April 1977, haben wir geheiratet. Gleich danach beauftragte ich sie mit der Innendekoration meiner damals laufenden Bauprojekte. Sie meisterte ihre Aufgabe mit Bravour.

Ivana gehört zu den Menschen, die ein ausgeprägtes Organisationstalent besitzen. Sie hat nicht nur drei Kinder großgezogen, sondern bewältigt auch drei Haushalte – das Apartment im Trump Tower, Mar-a-Lago und unser Anwesen in Greenwich, Connecticut. Und nun leitet sie überdies noch Trump's Castle mit seinen rund 4000 Mitarbeitern.

Trump's Castle ist ein gutgehendes Unternehmen, aber Ivana kann sich nicht mit der Tatsache abfinden, dass es bisher noch nicht die Nummer eins ist. Ich mache sie darauf aufmerksam, dass sie das größte Casino der Stadt leitet und dass es schon deshalb den höchsten Gewinn abwerfen müsste. Ivana ist kaum weniger ehrgeizig als ich und bleibt hartnäckig bei ihrer Behauptung, Trump's Castle habe einen entscheidenden Wettbewerbsnachteil: nämlich ein angrenzendes Hotel mit zu wenig Zimmern. Sie scheint nicht zu bedenken, dass mich die Aufstockung der Betten rund 40 Millionen Dollar kosten würde. Alles, was sie interessiert, ist, dass sie infolge der gegenwärtigen Situation geschäftliche Einbußen hinnehmen muss und ihr daher der Weg an die Spitze erschwert wird. Ich weiß nur eines: Ich möchte nicht ihr Konkurrent sein.

15.45 Uhr: Der Vizepräsident / Marketing von der Cadillac-Division des General-Motors-Konzerns ist am Telefon. Er ruft im Auftrag seines Chefs John Gretenberger an. Gretenberger, der Präsident von Cadillac Motors Division, den ich aus Palm Beach kenne, ist an einem Joint Venture interessiert – der Entwicklung einer schnittigen Limousine, die unter der Bezeichnung Trump Golden Series in Produktion gehen soll. Ich finde die Idee ausgezeichnet. Wir machen einen Gesprächstermin in zwei Wochen aus.

16.00 Uhr: Daniel Lee, Effektenanalytiker der Drexel-Burnham-Lambert-Bank und auf Spielcasinos spezialisiert, sucht mich zusammen mit einigen Kollegen auf. Er schlägt vor, bei dem geplanten Kauf eines Hotelkonzerns als Anlageberater zu fungieren.

Michael Milken, der Mann, der für die Emissionsbank Drexel die Junk-bonds-Finanzierungsform schuf, hat in den letzten Jahren regelmäßig Kontakt zu mir gehalten und versucht, mich als Kunden zu gewinnen. Ich kann nicht ahnen, dass man auch der Drexelbank bald den Vorwurf machen wird, mit Börseninformationen gehandelt zu haben, die Insidern vorbehalten sind – ein Skandal, der die Wall Street zu erschüttern droht. Dessen ungeachtet halte ich ihn für einen klugen Kopf. Auch Alan Greenberg ist ein außergewöhnlicher Mann, und ich bin loyal gegenüber Menschen, die erstklassige Arbeit für mich geleistet haben.

Ich höre mir an, was Lee und seine Begleiter über das Projekt zu sagen haben, aber ich finde es nicht besonders aufregend. Wir einigen uns darauf, dass ich mich wieder mit ihnen in Verbindung setze.

17.00 Uhr: Larry Csonka, der ehemalige Stürmer im Miami-Dolphin-Footballteam, ruft an. Er hat eine Idee, wie man der USFL wieder einen Platz an der Tabellenspitze sichern kann, nämlich durch eine Fusion mit der Canadian Football League. Larry ist ein intelligenter und netter Mensch und hält seinen Vorschlag für eine geniale Problemlösung; mich kann er allerdings nicht überzeugen. Wenn die USFL selbst mit Weltklassespielern wie Herschel Walker und Jim Kelly nicht die nötigen Erfolge vorweisen kann, wie sollte da ein Zusammenschluss mit dem kanadischen Team und Spielern, von denen kaum jemand gehört hat, die Rettung bringen? Wir müssen zuerst auf dem Rasen siegen, bevor wir die Monopolstellung der National Football League brechen können.

17.30 Uhr: Ich rufe Calvin Klein, einen Designer, an, um ihm zu seinem Erfolg zu gratulieren. Als der Trump Tower eröffnet wurde, hatte Klein eine ganze Etage für den Vertrieb seiner neuen Duft-Linie Obsession gemietet. Die Nachfrage war schon im ersten Jahr so groß, dass er eine zweite Etage brauchte. Heute findet seine Kreation reißenden Absatz, sodass er eine weitere Expansionsmöglichkeit sucht.

Ich sage Calvin, wie sehr ich ihn bewundere. Er ist nicht nur ein brillanter Designer, sondern auch ein ausgezeichneter Marketingexperte und Geschäftsmann. Und eben diese Kombination stellt das Geheimnis seines Erfolges dar.

18.00 Uhr: Ich schreibe einen Brief an Paul Goldberger, den Architekturkritiker der New York Times. In der Sonntagsausgabe der vorigen Woche hatte Goldberger einen sehr positiven Bericht über Battery Park City, ein neues Projekt in Lower Manhattan, verfasst. Er sprach auch von einem „verblüffenden Kontrast" zu Television City in der West Side. Mit anderen Worten – es war ein geschickt verbrämter, totaler Verriss.

Die Sache hat allerdings einen Haken: Wir bemühen uns um neue Architekten und Konzepte für das Television-City-Projekt, und bisher wurde keinem Außenstehenden – einschließlich Goldberger – Einblick in unsere aktuellen Pläne gewährt. Er hatte also pauschal ein Design verurteilt, ohne es je gesehen zu haben.

„Lieber Paul", schreibe ich. „Ihr kürzlich erschienener Artikel soll offenbar den Weg für den negativen Bericht ebnen, den Sie zweifellos über Television City zu verfassen beabsichtigen – ungeachtet der architektonischen Qualität des Projektes. Denken Sie bitte daran: Sollten Sie nicht mit beißender Kritik sparen (und ich bin sicher, das käme Ihnen nicht in den Sinn), könnte es Ihnen damit unter Umständen sogar gelingen, NBC die Wahl des Standortes New Jersey zu erleichtern."

Meine Freunde und Mitarbeiter ermahnen mich immer wieder, Kritikern nicht derartige Briefe zu schreiben. Ich bin jedoch der Meinung, wenn sie sich anmaßen, über meine Arbeit zu sagen, was ihnen gefällt, warum sollte ich ihnen dann nicht mitteilen, was mir an ihrer Arbeit missfällt?

MITTWOCH

9.00 Uhr: Ich begleite Ivana zu einem Kindergarten, in den wir unsere Tochter eventuell schicken möchten. Wenn mir vor fünf Jahren jemand prophezeit hätte, dass ich mir eines Tages den ganzen Vormittag über Räumlichkeiten in einem Kindergarten ansehen würde, hätte ich ihn ausgelacht.

11.00 Uhr: Die Pressekonferenz auf dem Wollman-Rink-Areal steht als Nächstes auf meinem Terminkalender. Als ich das Gelände betrete, bin ich verblüfft. Mindestens zwanzig Reporter und Fotografen sind erschienen.

Henry Stern, der für New Yorks öffentliche Anlagen zuständige Referent, tritt als erster Redner an das Mikrofon. Er spart nicht mit Lob und sagt, wenn die Stadt die Renovierung in eigener Regie durchgeführt hätte, dann „würden wir heute noch darauf warten, dass der Bauausschuss uns die Genehmigung für die Arbeiten erteilt, die Donald Trump längst beendet hat".

Als ich an der Reihe bin, berichte ich, dass wir inzwischen 35 Kilometer Röhren verlegt und getestet haben und hoffen, dass keine Schadstellen auftreten; dass wir den Zeitrahmen um mindestens einen Monat und das Budget um rund 400 000 Dollar unterschritten haben. Dann kündige ich an, dass die offizielle Einweihung für den 13. November geplant ist und für die Eröffnungsfeier die bekanntesten Schlittschuhläufer der Welt ihre Teilnahme zugesagt haben.

Danach stellen mir die Reporter Millionen von Fragen. Schließlich klettern Henry und ich auf die Bahn hinunter. Es ist zwar nicht unsere Aufgabe, den Zementboden zu gießen, aber die symbolische Handlung darf trotzdem nicht fehlen. Ein paar Bauarbeiter bringen eine Schubkarre mit feuchtem Zement und geben uns das Startzeichen. Henry und ich schaufeln ihn auf die Röhren, während die Fotografen unaufhörlich die Auslöser ihrer Kameras betätigen.

So oft ich derartigen Zeremonien auch schon beigewohnt habe, ich finde sie nach wie vor ziemlich lächerlich. Stellen Sie sich vor: Männer im Nadelstreifenanzug, die Zement schaufeln! Aber man muss sich gut stellen mit den Vertretern der Presse. Solange sie fotografieren, lege ich die Schaufel nicht aus der Hand.

12.45 Uhr: Sobald ich wieder in meinem Büro angekommen bin, beantworte ich die inzwischen eingegangenen Anrufe. Ich möchte heute noch so viel wie möglich schaffen, weil ich frühzeitig nach Trenton aufbrechen muss, um an einem Abschiedsessen für ein Mitglied der New Jersey Casino Control Commission (= Spielbankenkontrollbehörde) teilzunehmen.

Als Erstes rufe ich Arthur Barron an, den Präsidenten des Unterhaltungsbereiches von Gulf & Western, zu dem auch Paramount Pictures gehört. Martin Davis, der Vorstandsvorsitzende von G & W, ist seit Langem mit mir befreundet. Barron ruft, wie es scheint, aufgrund eines Briefes an, den ich Marty vor zwei Wochen geschrieben hatte. Ich wollte ihn darüber informieren, dass ich ein hervorragendes Grundstück erworben und geplant hatte, ein Gebäude darauf zu errichten, das im Erdgeschoss acht Kinos beherbergen sollte. Es ging mir darum zu erfahren, ob er an einer Pacht interessiert sei.

„Wie Du weißt, gibt es niemanden, mit dem ich lieber Geschäfte machen würde als mit Marty Davis", endete der Brief.

Das entspricht der Wahrheit, denn Marty Davis ist zweifellos ein außerordentlich fähiger Geschäftsmann. Tatsache ist aber auch, dass sich mehr als ein Dutzend andere Unternehmen darum reißen würden, acht Filmtheater in erstklassiger Lage zu eröffnen. Mit anderen Worten, wenn Marty und ich uns nicht einig werden, bleiben mir immer noch zahlreiche andere Möglichkeiten.

Wie ich erwartet hatte, möchte Art Barron so schnell wie möglich mit mir über den Vorschlag sprechen. Wir verabreden uns für die kommende Woche.

13.30 Uhr: Ich rufe Arthur Sonnenblick zurück, einen der renommiertesten Broker unserer Stadt. Vor drei Wochen hatte er mir mitgeteilt, er habe drei Kaufinteressenten für das Grundstück in der West Side gefunden. Er wollte keine Namen nennen, aber er meinte, es handle sich um seriöse Geschäftsleute, die bereit seien, einen guten Preis zu zahlen, der weit höher liege als die 100 Millionen Dollar, die ich ein Jahr zuvor dafür bezahlt hatte.

Diese Neuigkeit konnte mich nicht vom Hocker reißen. Ich sagte Arthur: „Das Angebot erscheint mir zu niedrig. Sollten Sie sie dazu bringen können, es zu erhöhen, bin ich unter Umständen bereit zu verkaufen." Nun informiert mich Arthur über den neuesten Stand der Entwicklung.

Um die Wahrheit zu sagen: Eigentlich will ich das Grundstück gar nicht verkaufen, zu welchem Preis auch immer. Für mich sind diese 25 Hektar unerschlossenes Land mit Blick auf den Hudson River das wertvollste Stück Brachland der Welt. Andererseits möchte ich diese Option nicht von vorneherein ausklammern. Arthur berichtet, seine Klienten seien noch immer interessiert und möglicherweise sogar bereit, ihr Angebot – wenn auch nur geringfügig – zu erhöhen. „Tun Sie Ihr Bestes", bitte ich ihn.

14.00 Uhr: Der Unternehmer, der den Swimmingpool für Mar-a-Lago baut, ist am Telefon. Ich habe viel zu tun, aber ich nehme den Anruf trotzdem entgegen. Wir versuchen, den Pool so weit wie möglich dem ursprünglichen Stil des Hauses anzupassen, und ich möchte sichergehen, dass jedes noch so kleine Detail stimmt.

Der Erwerb von Mar-a-Lago war für mich eine wichtige Sache, obwohl es sich um ein Anwesen handelte, in dem ich selbst wohnen wollte, und nicht um ein zum Verkauf bestimmtes Immobilienobjekt. Mar-a-Lago wurde 1920 von Marjorie Merriweather Post erbaut, der Erbin des Post-Vermögens (Getreideerzeugnisse) und damaligen Frau von Edward F. Hutton. Die Villa, die von fünf Hektar Land umgeben ist und Ausblick sowohl auf den Atlantischen Ozean als auch den Lake Worth bietet, wurde in vier Jahren fertiggestellt und hat 118 Zimmer. Aus Italien wurden drei

Schiffsladungen dorischer Steine für die Außenmauern importiert, und 36 000 spanische Kacheln, die sich auf das 15. Jahrhundert zurückdatieren lassen, schmücken die Innen- und Außenwände.

Als Mrs. Post starb, vermachte sie das Anwesen dem Staat als eine Art Feriendomizil für den Präsidenten. Später fiel es an die Post Foundation zurück, und diese bot es schließlich für 25 Millionen Dollar zum Verkauf an. Ich sah Mar-a-Lago zum erstenmal im Jahre 1982, während eines Urlaubs in Palm Beach. Ohne zu zögern erklärte ich mich bereit, 15 Millionen dafür zu zahlen, aber mein Angebot wurde ebenso prompt abgelehnt. Im Laufe der folgenden Jahre unterzeichnete die Stiftung Vorverträge mit diversen potenziellen Käufern, die einen weit höheren Preis boten als ich. Aber jeder von ihnen machte noch vor Abschluss des endgültigen Vertrages einen Rückzieher, und jedesmal unterbreitete ich ein neues Angebot, das niedriger war als das vorherige.

Ende 1985 bot ich schließlich noch 5 Millionen in bar plus 3 Millionen für das Inventar. Offenbar hatte die Stiftung die Nase voll von den vertragsbrüchigen Interessenten. Sie akzeptierte mein Angebot, und einen Monat später war das Geschäft unter Dach und Fach. Als der Besitzerwechsel bekanntgegeben wurde, brachte die in Palm Beach erscheinende Daily News einen Artikel auf der ersten Seite unter der Schlagzeile: *Mar-a-Lagos Handelswert erschüttert die Gemeinde.*

Schon bald wurden weitaus bescheidenere Anwesen auf Grundstücken mit einem Bruchteil der Größe, die Mar-a-Lago aufweisen konnte, für mehr als 18 Millionen Dollar verkauft. Man hat mir gesagt, dass allein der Wert des Mobiliars in Mar-a-Lago höher sei als der Kaufpreis des Hauses. Damit will ich lediglich sagen, dass es sich auszahlt, schnell und entschlossen zu handeln, wenn der richtige Zeitpunkt gekommen ist. Ein solches Anwesen wie Mar-a-Lago zu unterhalten ist allerdings nicht gerade billig. Mit den Kosten, die Jahr für Jahr anfallen, könnte man in einem anderen Teil unseres Landes schon ein hübsches Häuschen erwerben.

Mit dieser langen Vorrede wollte ich lediglich den Grund für das Telefongespräch mit der Schwimmbad-Firma schildern. Der Mann hat noch ein paar Fragen bezüglich der dorischen Steine für das Schwimmbecken, die im Farbton den Außenwänden angepasst sein sollten. Wenn es um Mar-a-Lago geht, achte ich pedantisch auf jedes Detail. Unser Gespräch dauert zwei Minuten, erspart uns aber mit großer Wahrscheinlichkeit zwei Tage Arbeit – und viel Ärger darüber, dass die Steine unter Umständen wieder herausgerissen und neu eingesetzt werden müssten.

14.30 Uhr: Ein bekannter Geschäftsmann, der hervorragende Handelsbeziehungen zur UdSSR unterhält, ruft mich an, um mich über ein Bauprojekt in Moskau auf dem Laufenden zu halten. Der Gedanke nahm zum erstenmal Gestalt an, als ich den sowjetischen Botschafter Yuri Dubinin bei einem Essen kennenlernte, das Leonard Lauder gab, ein Geschäftsmann und Sohn von Estee Lauder. Dubinins Tochter hatte, wie sich herausstellte, viel über Trump Tower gelesen und kannte alle Daten und Fakten. Eins führte zum anderen, und inzwischen hat die sowjetische Regierung nachdrücklich ihr Interesse an einer Zusammenarbeit mit mir bekundet: Man möchte, dass ich den Bau eines Super-Luxushotels übernehme, das gegenüber dem Kreml entstehen soll. Deshalb hat man mich im Juli nach Moskau eingeladen.

15.00 Uhr: Robert besucht mich, und wir sprechen über verschiedene Probleme, die die NBC und das Areal in der West Side betreffen.

15.30 Uhr: Ein Freund aus Texas ist am Telefon und erzählt mir von einem Geschäft, das er abschließen möchte. Er ist ein gutaussehender Mann, stets tadellos gekleidet, und er hat nicht nur sehr viel Charme, sondern auch den typischen leicht nasalen, gedehnten Akzent der Texaner, der dazu beiträgt, dass man sich in seiner Gegenwart auf Anhieb wohlfühlt. Er nennt mich Donny, ein Name, den ich normalerweise hasse; aber so wie er ihn ausspricht, stört es mich nicht.

Wir haben vor zwei Jahren schon einmal über ein Joint Venture gesprochen. Er versuchte gerade, Geldgeber für die Übernahme einer kleinen Ölgesellschaft aufzutreiben. „Donny", meinte er. „Ich habe mir vorgestellt, dass Sie fünfzig Millionen investieren. Hier handelt es sich um ein todsicheres Geschäft. Sie können Ihr Geld in ein paar Monaten verdoppeln oder verdreifachen." Er teilte mir die Einzelheiten mit, und ich muss gestehen, der Vorschlag klang verlockend. Ich war bereit, in das Geschäft einzusteigen. Die Verträge wurden aufgesetzt, aber eines Morgens wachte ich auf und hatte irgendwie ein ungutes Gefühl in der Magengegend. Ich rief meinen Freund an und sagte: „Hör mal, irgendetwas stört mich bei der Sache. Vielleicht liegt es daran, dass sich das Öl unter der Erde befindet und ich es nicht sehen kann, oder dass das Ölgeschäft so wenig Kreativität abverlangt. Ich habe es mir noch einmal überlegt, ich lasse lieber die Finger davon." Und er antwortete: „Okay, Donny, die Entscheidung liegt bei dir. Aber ich sage dir, du verpasst eine Riesenchance." Der Rest ist bekannt. Die Ölpreise gingen ein paar Monate später in den Keller, die Gesellschaft, die mein Freund und seine Geldgeber gekauft hatten, musste Bankrott anmelden, und die Investoren verloren jeden Penny, den sie in das Projekt gesteckt hatten.

Aus dieser Erfahrung habe ich einiges gelernt. Erstens, dass es mitunter ratsam ist, sich auf sein Gefühl zu verlassen, auch wenn etwas auf dem Papier wie ein Bombengeschäft aussieht; zweitens, dass man bei dem bleiben sollte, was man in- und auswendig kennt; und drittens, dass oftmals die besten Investitionen diejenigen sind, die man nicht macht.

Weil ich mich bei diesem Deal zurückgehalten hatte, konnte ich 50 Millionen Dollar retten – und unsere Freundschaft. Deshalb möchte ich diesen neuen Vorschlag auch nicht von vornherein ablehnen. Ich bitte ihn also, mir alle verfügbaren Unterlagen zuzuschicken. Aber im Grunde ist es unwahrscheinlich, dass ich mich darauf einlassen werde.

16.00 Uhr: Ich rufe Judith Krantz zurück. Um der Wahrheit die Ehre zu geben: Wie vielen Autoren ist es schon gelungen, drei Bestseller hintereinander zu schreiben? Außerdem ist sie eine sympathische Frau. Handlungsort ihres letzten Romanes *I'll take Manhattan* ist Trump Tower; auch ich komme darin vor. Auf Judys Bitte hin habe ich mich sogar einverstanden erklärt, mich selbst in einer kurzen Szene für eine Fernsehserie zu spielen, die im Trump Tower gedreht wird und auf ihrem Roman basiert.

Nun teilt mir Judy mit, dass die Sequenz mit meiner Partnerin Valerie Bertinelli großen Beifall gefunden hat. Das freut mich, aber meinen Beruf würde ich deshalb nicht wechseln. Auf jeden Fall ist die Serie eine ausgezeichnete Werbung für den Trump Tower: Die kurzen Sequenzen werden landesweit anlässlich der „sweeps week" (= Ausschüttung von Lotteriegewinnen) ausgestrahlt und garantieren nahezu hohe Einschaltquoten.

16.30 Uhr: Mein letzter Anruf gilt Paul Hallingby, einem der Bear-Stearns-Partner, der die 550-Millionen-Dollar-Anleihen untergebracht hat, die 1985 auf unsere beiden Casinos in Atlantic City ausgegeben wurden und sich reger Nachfrage erfreuen.

Diesesmal geht es um den sogenannten Trump Fonds, der es uns ermöglichen soll, Immobilien, die gepfändet wurden oder mit verfallenen Hypotheken belastet und zur Zwangsvollstreckung freigegeben sind, zu Spottpreisen zu kaufen.

Hallingby berichtet, dass er gerade an einer Subskriptionsanzeige arbeitet. Er ist überzeugt, dass wir mit diesem Zeichnungsaufruf 500 Millionen Dollar zusammenbringen. Mir gefällt bei diesem Deal vor allem, dass ich an allen Transaktionen beteiligt bin, ohne jedoch mit meinem persönlichen Vermögen zu haften, wenn sich ein Kauf als Fehlgriff erweisen sollte. Was mir daran weniger behagt, ist die Aussicht, mir unter Umständen selbst Konkurrenz machen zu müssen. Was passiert zum Beispiel, wenn ich ein gepfändetes Immobilienobjekt entdecke, das mich persönlich interessiert, aber auch für den Beteiligungsfonds in Frage käme?

Auf jeden Fall werde ich mir die Subskriptionsanzeige einmal ansehen.

17.00 Uhr: Ich lasse mich zum Hubschrauberstartplatz an der 60sten Straße fahren und steige in die nächste Maschine, um pünktlich um 17.30 Uhr in Trenton bei der Cocktailparty zu erscheinen.

DONNERSTAG

9.00 Uhr: Ich sitze mit Abe Hirschfeld zusammen. Abe ist gekränkt, weil Gouverneur Cuomo persönlich dafür gesorgt hat, dass er von der Liste der Kandidaten gestrichen wurde. Ich erkläre Abe, dass ich seine Gefühle zwar verstehen könne, dass Cuomo aber ein ausgezeichneter Politiker sei und Abe lächerlich und unglaubwürdig erscheine, wenn er als eingeschworener Demokrat plötzlich die Fronten wechseln und einen Republikaner unterstützen würde. Außerdem weise ich ihn darauf hin, dass Cuomo die Wiederwahl voraussichtlich mit großer Mehrheit gewinnen wird und dass es immer vorteilhafter ist, auf Seiten des Gewinners als des Verlierers zu stehen.

Abe kann ziemlich stur sein, aber schließlich sagt er: „Kannst du den Gouverneur nicht dazu bringen, sich mit mir in Kontakt zu setzen?" Ich erwidere ihm, dass ich mein Bestes tun wolle. Die meisten halten Abe für einen schwierigen Zeitgenossen. Aber ich mag ihn und seine Familie.

10.15 Uhr: Alan Greenberg ruft an. Die Kurse sind eine Stunde nach Eröffnung der Börse gefallen, inzwischen um 25 Punkte. Alan berichtet von hektischen Verkäufen und dass nahezu alle Aktien in den Keller gegangen sind, außer Holiday-Inn-Aktien, die noch relativ gleichbleibende Notierungen zu verzeichnen haben. Ich weiß nicht genau, ob ich über diese Entwicklung froh oder unzufrieden sein soll. Einerseits wünsche ich mir, dass der Kurs weiterhin fällt, sodass ich weitere Aktien zu einem günstigeren Preis kaufen kann. Andererseits würde ich eine Kurssteigerung begrüßen, denn mit jeder Anhebung des Kursniveaus um nur einen Punkt habe ich gewissermaßen im Schlaf eine Menge Geld verdient.

10.30 Uhr: Harvey Myerson, der Anwalt, der mich in dem Antitrust-Prozess gegen die USFL vertritt, ist zu einer Besprechung gekommen. Harvey konnte vor Gericht einen Riesenerfolg erzielen. Er hatte einen Fall übernommen, in dem uns keiner auch nur die geringste Chance gegeben hatte, und die Klage wegen Verletzung des Kartellgesetzes gewonnen, auch wenn uns nur eine symbolische Schadensersatzsumme zugesprochen wurde.

Dennoch frage ich mich manchmal, ob Henry auf den einen oder anderen Richter nicht ein wenig zu gerissen gewirkt hat. Jeden Tag erschien er in einem anderen, maßgeschneiderten Nadelstreifenanzug mit Einstecktuch im Revers, und ich bin mir nicht sicher, wie dieses Image angekommen sein mag.

Dennoch glaube ich, dass niemand bessere Arbeit hätte leisten können, und wir setzen große Hoffnung auf ihn, wenn es in die Berufung geht. Was ich an Henry besonders schätze, ist sein grenzenloser Optimismus. Er ist absolut sicher, dass wir das Revisionsverfahren gewinnen.

11.30 Uhr: Stephen Hyde ruft an. Nachdem ich die Holiday-Inn-Anteile am Trump Plaza Hotel und dem Casino in Atlantic City aufgekauft und das Management ausgewechselt hatte, übergab ich Stephen die Leitung der beiden Unternehmen. Stephen war früher stellvertretender Vorsitzender des Golden Nugget und Präsident Stephen A. Wynn zugeteilt. Wynn gehört zu den Spitzenkräften in der Spielcasino-Branche, und meine Devise ist stets, von den Besten die Besten einzustellen. Nach langwierigen Verhandlungen bot ich Hyde eine verantwortungsvollere Aufgabe und höhere Bezüge an, und er sagte zu. Ich glaube, er wollte auch gerne für mich arbeiten und hatte nichts dagegen, sich von Steve Wynn zu trennen.

Wynn ist nicht nur ein aalglatter Geschäftsmann, sondern bisweilen auch ein wenig seltsam. Vor ein paar Wochen rief er mich an und meinte: „Donald, ich wollte dir nur sagen: Meine Frau und ich lassen uns scheiden." Ich sagte: „Oh, das tut mir aber leid, Steve." Worauf er antwortete: „Was gibt es da zu bedauern? Uns geht es prima. Wir lieben uns noch immer, aber wir haben keine Lust mehr, miteinander verheiratet zu sein. Sie steht übrigens neben mir. Möchtest du ihr nicht guten Tag sagen?" Ich habe höflich, aber bestimmt abgelehnt.

Hyde liest mir den Geschäftsbericht des Plaza für August vor, der gerade abgeschlossen worden ist. Er erklärte mir, er habe alles im

Griff, und die Bruttogewinne lägen bei etwas mehr als 9 038 000 Dollar. Das war eine beachtliche Steigerung, verglichen mit den 3 438 000 Dollar Bruttogewinn in derselben Periode des Vorjahres, als noch die Partnerschaft mit Holiday Inn bestand.

„Gar nicht so übel", erwiderte ich, „vor allem, wenn man bedenkt, dass wir noch immer keine Parkplätze haben." Trotzdem kann ich es mir nicht verkneifen, ihn ab und zu ein wenig aufzuziehen. „Jetzt bleibt dir nichts weiter zu tun, als das Hotel auf Hochglanz zu bringen." Ich bin ein Reinlichkeitsfanatiker, und als ich das Hotel zum letztenmal besucht hatte, war ich nicht ganz zufrieden gewesen.

„Wir geben uns die allergrößte Mühe", meinte Steve gutmütig. „Es wird schon merklich besser."

12.00 Uhr: Ich fahre zum Wollman-Rink-Gelände, um das Betonieren zu überwachen. Heute Morgen haben alle Zeitungen über die Pressekonferenz berichtet.

Rund um die Bahn sind die mit Zement beladenen Lastwagen abgestellt wie bei einer militärischen Übung. HRH, die Baufirma, die mit der Ausschalung beauftragt wurde, hat bisher fantastische Arbeit geleistet, aber der Anblick, der sich nun bietet, ist überwältigend: Ein Lastwagen nach dem anderen kippt seinen nassen Zement auf die Bahn. Es ist, als würde man zuschauen, wie die größte Torte der Welt mit Zuckerguss überzogen wird.

Obwohl die Pressekonferenz bereits gestern stattgefunden hat, wimmelt es überall von Pressefotografen und Filmteams, denn das ist das große Ereignis, auf das alle gewartet haben.

13.30 Uhr: Ich setze mich mit einem Reporter des Magazins Fortune zusammen, der an einem Bericht über die Auswirkung der neuen Steuergesetze auf den Immobiliensektor arbeitet. Mein Bild soll auf der Titelseite der Zeitschrift erscheinen. Im Gegensatz zu dem Bild, das in der Öffentlichkeit von mir gezeichnet wird, fühle ich mich der Presse gegenüber unwohl. Man stellt mir tausendmal dieselben Fragen, und über mein Privatleben spreche ich auch nicht gerne. Aber ich weiß, dass es mitunter ganz nützlich sein kann, wenn man im Blickpunkt der Öffentlichkeit steht, und deshalb macht es mir auch nichts aus, über Geschäfte zu reden. Ich muss meine Termine mit der Presse allerdings sorgfältig auswählen: Norma erteilt im Schnitt jede Woche zwanzig Absagen an Journalisten aus aller Welt. Und wenn ich ein Interview gebe, dann muss es möglichst kurz sein. Der Reporter ist in der Regel bereits nach zwanzig Minuten wieder draußen. Wenn ich nicht mit meiner Zeit geizen würde, dann käme ich mein Leben lang zu nichts anderem, als der Presse Rede und Antwort zu stehen.

14.45 Uhr: Einer meiner Freunde, ein sehr erfolgreicher und bekannter Maler, ruft an und lädt mich zu einer Vernissage ein. Ich mag ihn sehr, denn er ist im Gegensatz zu manchen Künstlern bescheiden geblieben und alles andere als ein „Enfant terrible".

Vor einigen Monaten hatte er mich gefragt, ob ich nicht Lust hätte, ihn in seinem Atelier zu besuchen. Wir standen herum und unterhielten uns, und plötzlich fragte er mich: „Willst du einmal sehen, wie ich noch vor dem Mittagessen 25 000 Dollar verdiene?" „Ja, sicher", antwortete ich, obwohl ich nicht die leiseste Idee hatte, wovon er überhaupt redete. Er spritzte aus einem großen, offenen Kanister Farbe auf eine Leinwand, die am Boden ausgebreitet war, nahm den nächsten Kübel mit einem anderen Farbton und verteilte einen Spritzer auf dem Gemälde und wiederholte diese Prozedur viermal. Das Ganze dauerte nicht einmal zwei Minuten. Als das Bild fertig war, drehte er sich zu mir um und meinte: „Das war's. Ich habe soeben 25 000 Dollar verdient. Lass uns zum Mittagessen gehen."

Obwohl er lächelte, sah ich, dass er es absolut ernst meinte. Er erklärte mir, dass viele Sammler keinen Unterschied zwischen einem seiner „Blitzgemälde" und einem echten Kunstwerk erkennen würden, das ihm persönlich etwas bedeute. Sie seien einzig daran interessiert, ein Bild mit seiner Signatur zu kaufen.

Ich war schon immer der Meinung, dass ein großer Teil dessen, was man heute als „moderne Kunst" bezeichnet, nicht das Geringste mit Kunst zu tun hat und dass die meisten erfolgreichen Maler viel bessere Geschäftsleute und Werbestrategen als Künstler sind. Manchmal frage ich mich, wie die Sammler reagieren würden, wenn sie wüssten, wie das Bild meines Freundes an diesem Nachmittag entstanden ist. Aber die sogenannten Kunstexperten sind so unberechenbar, dass sein Werk durch diese Enthüllung sogar noch im Preis steigen könnte! Was allerdings nicht heißt, dass mein Freund das Risiko auf sich nehmen würde, die Probe aufs Exempel zu machen.

16.00 Uhr: Eine Gruppe meiner Mitarbeiter findet sich im Konferenzraum ein, um noch einmal die neuesten Baupläne für das West-Side-Projekt zu studieren, die morgen dem städtischen Baureferat vorgelegt werden sollen. Herbert Sturz vom Planungsausschuss kann, wie wir erfahren, nicht an der Besprechung teilnehmen, aber er hat seine engsten Mitarbeiter geschickt.

Ungefähr fünfzehn Leute sind zu dem Treffen gekommen, einschließlich Robert, Harvey Freeman sowie Alexander Cooper und sein Team. Alex ist ein bekannter Stadtplaner. Ich habe ihm vor zwei Monaten die künstlerische Gestaltung des Komplexes übertragen, nachdem ich feststellen musste, dass der ursprünglich damit beauftragte Architekt Helmut Jahn nicht mit dem Planungsausschuss zurechtkam. Ich weiß nicht, ob es an seinem teutonischen Stil liegt oder daran, dass er in Chicago und nicht in New York lebt und arbeitet, oder ob er ganz einfach ein wenig zu aalglatt erscheint – Tatsache ist, dass er beim Planungsausschuss so gut wie nichts erreichte.

Alex ist im Gegensatz dazu selbst einmal Mitglied des Planungsausschusses gewesen. Im Baureferat ist sein Name noch heute in aller Munde. Er hat die Entwürfe für Battery Park City ausgearbeitet, ein Projekt, das große Beachtung und viel Beifall in der Presse fand. Er ist wesentlich diplomatischer als Helmut Jahn – und ich bin ein praktisch denkender Mensch.

In den letzten Monaten haben wir regelmäßig einmal pro Woche Besprechungen angesetzt, um einen generellen Plan zu entwickeln und zum Beispiel festzulegen, wo Wohnblocks, Straßen, Parkanlagen und Einkaufszentren angesiedelt werden sollen. Alex hat heute die ersten Entwürfe mitgebracht und die Einzelheiten darin fixiert, auf die wir uns bereits geeinigt haben. An der Südseite, gleich neben dem höchsten Wolkenkratzer der Welt, sollen die NBC-Studios entstehen. Nördlich davon liegen die Wohnblocks, die nach Osten hin einen fantastischen Ausblick über einen breiten Boulevard und im Westen über eine weitläufige, acht Blocks umfassende Einkaufspromenade und den Fluss bieten. Von jedem der Apartments aus kann man dieses unbeschreibliche Panorama genießen, was für die potenziellen Mieter meiner Ansicht nach ausschlaggebend sein dürfte.

Der neue Entwurf gefällt mir sehr gut, und Alex scheint ebenfalls zufrieden zu sein. Ich glaube, dass es genau diese Skyline ist, die dem Projekt seinen besonderen Charakter verleiht, aber ich mache mir keine Illusionen darüber, dass wir unter Umständen Schwierigkeiten bekommen, weil die Fluchtlinien nicht den von der Stadt festgesetzten Bebauungsrichtlinien entsprechen. Ich weiß, dass es uns nicht erspart bleiben wird, zumindest einige Zugeständnisse zu machen. Andererseits habe ich mir schon überlegt: Sollte die Stadt uns die Genehmigung verweigern und ein Bauvorhaben stoppen, das meiner Meinung nach ökonomisch sinnvoll ist, dann warte ich vielleicht bis zur nächsten Legislaturperiode und lege den neuen Administratoren denselben Plan noch einmal vor. Das Grundstück kann im Laufe der Zeit nur im Wert steigen.

18.00 Uhr: Ich verlasse mein Büro frühzeitig, denn ich werde zu einem Dinner erwartet, bei dem es sich nicht empfiehlt, zu spät zu kommen. Ivana und ich sind von Kardinal John O'Connor zu einem Essen in der St. Patrick's-Kathedrale eingeladen worden.

19.00 Uhr: Gleichgültig, wie viele prominente Zeitgenossen man im Laufe der Jahre auch kennenlernen mag, mit einem Kardinal und einem halben Dutzend Erzbischöfen und hochkarätigen Klerikern in einem Privatsalon in der St. Patrick's-Kathedrale zu speisen, ist etwas ganz Besonderes. Es fällt schwer, sich in dieser erlauchten Runde nicht eingeschüchtert zu fühlen.

Wir reden über Politik, die Stadt, die Immobilienbranche und diverse andere Themen. Es wird ein hochinteressanter Abend. Als wir uns verabschiedet haben, gestehe ich Ivana, dass mich der Kardinal tief beeindruckt hat. Er ist nicht nur ein warmherziger Mensch, sondern auch ein kluger Geschäftsmann mit einem ausgeprägten politischen Instinkt.

FREITAG

6.30 Uhr: Ich blättere die *New York Times* durch und entdecke auf der ersten Seite der zweiten Sparte ein riesiges Foto, auf dem das Ausladen des Zements am Wollman-Rink-Projekt festgehalten ist. Die Story scheint für die Presse äußerst ergiebig zu sein.

9.15 Uhr: Wir treffen uns mit den Mitgliedern des Planungsausschusses wegen des West-Side-Projektes. Sämtliche Teilnehmer des gestrigen Treffens sind anwesend, außerdem noch einige Städteplaner, unter anderem Rebecca Robinson und Con Howe, die das Gutachten für unser Bauvorhaben erstellen werden.

Alex übernimmt die Präsentation, und er meistert seine Aufgabe mit Bravour. Er hebt besonders die Einzelheiten hervor, an denen der Stadt unseres Erachtens am meisten liegt: den öffentlichen Anlagen, dem Zugang zum Hudson River und dem reibungslosen Verkehrsfluss. Nur ein einziges Mal wird das Thema „Ballungszentrum" angesprochen – und somit auch die Fluchtlinien der Hochhäuser –, aber Alex beteuert sofort, dass wir noch daran arbeiten.

Nach dem Treffen sind wir einstimmig der Meinung, dass alles ziemlich glatt gelaufen ist.

10.30 Uhr: In meinem Büro findet eine Besprechung über den Fortgang der Arbeiten an Trump Parc statt, einem Apartmenthaus, das an der Südseite des Central Park gebaut wird und aus dem Stahlgerüst des ehemaligen Barbizon-Plaza-Hotels entsteht. Der Standort ist fantastisch, und das Gebäude, das wir dort neu errichten, wird sicher viel Beifall finden.

Zu der Besprechung sind Frank Williams, der leitende Architekt für dieses Bauvorhaben, Andrew Weiss, der Projektleiter, und Blanche Sprague, die für den Verkauf zuständig ist, erschienen. Frank ist ein umgänglicher Mensch und erstklassiger Architekt. Blanchette – so nenne ich sie – gilt als Unikum. Sie besitzt ein Mundwerk, das nie stillzustehen scheint; vielleicht ist sie deshalb im Verkauf absolute Spitzenklasse. Ich ziehe sie oft damit auf, dass es nicht einfach sein muss, mit ihr zusammenzuleben. Aber in Wahrheit finde ich sie sehr erfrischend.

Zuerst diskutieren wir über die Farbe der Fensterrahmen. Details wie diese sind für das Aussehen und die Wirkung eines Hauses von nicht zu unterschätzender Bedeutung. Nach einer halben Stunde einigen wir uns schließlich auf ein helles Beige, das gut zum Ton der Steinmauern passen wird. Ich mag alle Erdtöne. Sie wirken satter und eleganter als die grellen Primärfarben.

11.00 Uhr: Frank Williams muss gehen, und wir unterhalten uns über die Abbrucharbeiten, die zurzeit an Trump Parc durchgeführt werden. Andy berichtet, dass die Baufirma, die damit befasst ist, soeben 175 000 Dollar zusätzlich für „Extras" in Rechnung gestellt hat. Unter „Extras" fassen Bauunternehmen häufig die Kosten zusammen, die bei jeder noch so geringfügigen Änderung der Baupläne auf das ursprüngliche Preisangebot aufgeschlagen werden. Man muss heutzutage knallhart und abgebrüht sein, damit man nicht von solchen Leuten übervorteilt wird.

Ich greife zum Telefon und lasse mich mit dem Mann verbinden, der die Abbrucharbeiten an Trump Parc leitet. „Steve, hier spricht Donald Trump. Hören Sie mir gut zu: Sie machen jetzt sofort Dampf und sehen zu, dass Sie endlich fertig werden. Sie sind in Zeitverzug. Sie haften mir persönlich dafür, dass der Termin eingehalten wird." Er sucht nach einer Entschuldigung, aber ich lasse ihn nicht zu Wort kommen. „Das interessiert mich alles nicht. Ich verlange, dass Sie endlich mit der Arbeit fertig werden und verschwinden. Und außerdem, Steve ... Ihre ‚Extrakosten' gehen mir auf die Nerven. Von jetzt an gibt es darüber keine Diskussionen mehr mit Andy. Wenn Sie irgendwelche Forderungen haben, dann wenden Sie sich in Zukunft direkt an mich. Sollten Sie versuchen, mich übers Ohr zu hauen, dann war das Ihr letzter

Auftrag. Bei mir bekommen Sie dann kein Bein mehr auf den Boden, das schwöre ich Ihnen!"

Das zweite Problem, das noch gelöst werden muss, ist der Fußboden. Ich bitte Andy, mir die Telefonnummer der Firma herauszusuchen, die die entsprechenden Arbeiten übernommen hat. „Okay", erkläre ich ihm, nicht nur im Spaß. „Von jetzt an werde ich mein Leben selbst in die Hand nehmen." Diese Fußbodenfachbetriebe können einem ganz schön zusetzen. Ich werde mit dem zweitwichtigsten Mann der Firma verbunden und sage ihm: „Sie wissen, wie sehr Ihr Boss an diesem Auftrag interessiert war. Ich hatte mich bereits für eine andere Firma entschieden, aber Ihr Chef hat mir erstklassige Arbeit versprochen. Gestern habe ich das Gebäude besichtigt und festgestellt, dass die PVC-Platten nicht bündig auf dem Zementboden aufliegen. An manchen Stellen klaffen Zwischenräume von mehr als einem Viertelzentimeter."

Der Mann findet keine Antwort, und so rede ich weiter. „Niemand wird Ihnen in Zukunft mehr Aufträge verschaffen als Trump, das wissen Sie. Ich werde auch dann noch Häuser bauen, wenn alle anderen bereits in Konkurs gegangen sind. Also tun Sie mir einen Gefallen, und bringen Sie die Sache in Ordnung."

Diesesmal kommt die Antwort prompt. „Unsere Leute sind Profis", erklärt er mir. „Wir haben unsere besten Arbeiter für das Projekt abgestellt, Mr. Trump."

„Gut", erwidere ich. „Rufen Sie später wieder an, und berichten Sie mir, wie es läuft."

12.00 Uhr: Alan Greenberg ist am Telefon, um Bericht zu erstatten: Holiday Inn habe blitzschnell reagiert und sich für die „Zyankali-Pillen"-Strategie entschieden, das heißt, das Management habe Vorkehrungen getroffen, das Unternehmen mit hohen Krediten zu belasten, wodurch es als Übernahmeobjekt beträchtlich an Attraktivität verliert. Nicht einmal die „Zyankali-Pille" wird mich davon abhalten, den Konzern zu übernehmen, wenn ich mich für diese Option entscheiden sollte.

Die Kurse fallen noch immer, gestern um durchschnittlich 80, heute um weitere 25 Punkte. Holiday Inn ist nur um einen Punkt zurückgefallen. Alan teilt mir mit, dass wir jetzt bereits fünf Prozent des Holiday-Inn-Aktienkapitals besitzen.

12.15 Uhr: Blanche bleibt noch eine Weile, nachdem Andy sich verabschiedet hat. Sie legt mir Entwürfe der Werbeanzeigen für Trump Parc vor. Aber keines der sechs Muster gefällt mir, und sie ist wütend.

Blanche möchte die gezeichnete Silhouette des Gebäudes und den Blick auf den Central Park hervorheben. „Die Idee, die Skyline zu skizzieren, finde ich gut", erkläre ich ihr. „Aber diese Entwürfe gefallen mir nicht. Außerdem möchte ich, dass das Gebäude selbst besser zur Geltung kommt. Der Central Park ist wunderschön, aber schließlich will ich keinen Park verkaufen, sondern ein Apartmenthaus."

12.30 Uhr: Norma kommt mit einem riesigen Stapel von Formularen herein, die ich zwecks Beantragung einer Lizenz für ein Spielcasino in Nevada unterzeichnen muss. Während ich unterschreibe, fragt sie, ob ich mir schon Gedanken gemacht hätte, wen ich um die geforderten Referenzen bitten will. Nach kurzem Nachdenken fällt mir General Pete Dawkins ein, ein guter Freund und ehemaliger Football-Star der Army, der jetzt als Investmentberater für Shearson tätig ist; außerdem Benjamin Holloway, der Vorstandsvorsitzende und CEO der Equitable Real Estate Group, sowie Conrad Stephenson von der Chase Manhattan Bank.

„Und notieren Sie Kardinal John O'Connor", bitte ich Norma.

12.45 Uhr: Ivana ist am Telefon. Sie möchte, dass wir uns gemeinsam einen Kindergarten ansehen, in den unsere Tochter im nächsten Herbst gehen soll. „Nun komm schon, Donald", meint sie, „du hast sowieso nichts Wichtiges zu tun." Manchmal denke ich, dass sie das wirklich glaubt.

„Liebling, ich habe furchtbar viel Arbeit", erwidere ich. Das nützt allerdings wenig: Drei Minuten später steht sie in meinem Büro und zupft mich am Ärmel. Ich unterschreibe noch schnell die restlichen Formulare, dann machen wir uns auf den Weg.

14.30 Uhr: Bill Fugazy ruft an. Ich nenne ihn oft Willie, den Stubenhocker, was ihm allerdings nicht sonderlich zu gefallen scheint. Fugazy handelt mit Luxuslimousinen, aber eigentlich wäre er der geborene Broker. Er kennt Gott und die Welt und zählt zu Lee Iacoccas engsten Freunden. Er war es auch, der dem Kardinal den Vorschlag gemacht hatte, Ivana und mich zum Essen einzuladen, damit wir uns einmal persönlich kennenlernen und über Immobilienprojekte sprechen können.

Fugazy fragt, wie das Essen in der St. Patrick's-Kathedrale gestern abend war, und ich sage, dass ich es sehr genossen habe. Bevor er auflegt, verabreden wir uns für das Wochenende zu einer Runde Golf.

14.45 Uhr: John D'Alessio, der Bauleiter, der für die Umbauten in meinem dreistöckigen Apartment im Trump Tower verantwortlich ist, sucht mich auf, um mir über die Fortschritte Bericht zu erstatten. Er hat einige Entwürfe mitgebracht. Mit Ausnahme der dritten Etage, in der die Kinder untergebracht sind, und des Daches, wo eines Tages im 68. Stockwerk ein Park entstehen soll, habe ich das gesamte Apartment umbauen lassen. Ich muss gestehen, es hat sich gewaltig verändert. Es wurde zunächst einmal mit Hilfe eines Durchbruchs zur angrenzenden Wohnung auf die doppelte Größe erweitert. Mir schwebt vor, es ähnlich wie Versailles zu gestalten – soweit das im 20. Jahrhundert überhaupt möglich ist. Alles ist Maßarbeit. Ich habe die besten Steinmetze Italiens beauftragt, 27 handgefertigte Marmorsäulen für den Salon zu liefern. Gestern sind sie angekommen, und ich muss sagen, sie sind wundervoll. Ich kann mir die besten Handwerker der Welt leisten, warum sollte ich also bei der Gestaltung meines eigenen Heimes sparen? Ich will nur das Beste vom Besten – was es auch kosten mag.

Ich sehe mir gemeinsam mit John die Entwürfe an und mache einige Veränderungsvorschläge. Dann frage ich ihn, wie die Arbeit läuft. „Ganz gut", antwortet er. „Wir schaffen es schon."

„Okay John, aber sorgen Sie dafür, dass es so rasch wie möglich fertig wird", erwidere ich. „Schnellstens, wenn's geht."

15.30 Uhr: Ein griechischer Reeder ist in der Leitung. „Wie läuft das Geschäft?" frage ich ihn. Er sagt, dass er mir einen Vorschlag zu machen habe. Einzelheiten erwähnt er nicht, und ich frage ihn auch nicht danach. Wenn es nicht um eine große Sache ginge, würde er wohl kaum meine und seine Zeit verschwenden. Wir verabreden uns für die kommende Woche.

16.00 Uhr: Ich erhalte einen Anruf von einem Mann, der Firmenflugzeuge verkauft und vermietet. Ich habe mir überlegt, ob ich nicht eine G-4 kaufen soll, ein Modell, das in vielen Firmen im Einsatz ist. Ich erkläre dem Mann, ich sei noch immer interessiert, aber er solle auch einmal nach einer Boeing 727 Ausschau halten. Dieser Flugzeugtyp würde mir am besten gefallen.

16.30 Uhr: Nick Ribis meldet sich aus Australien. Er berichtet, dass unsere Chancen, das größte Casino der Welt zu bauen und zu leiten, ausgezeichnet stünden. Nick informiert mich über die

Einzelheiten und kündigt an, dass die Entscheidung voraussichtlich am kommenden Montag fallen wird. „Klingt fantastisch", antworte ich. „Ruf mich an, bevor du zurückfliegst."

16.45 Uhr: Norma sagt mir, dass David Letterman, der bekannte Talkshow-Master, in der Halle von Trump Tower einen Film über den Tagesablauf von zwei Touristen in New York dreht und wissen möchte, ob er auf einen Sprung heraufkommen und guten Tag sagen dürfe.

Ich bin selten lange genug wach, um mir Lettermans Show im Fernsehen anzuschauen, aber ich weiß, dass er einer der Größten ist. Ich sage Norma, dass ich mich über seinen Besuch freuen würde. Fünf Minuten später stürmt er mit einem Kameramann, einem Dutzend Assistenten und einem sympathisch wirkenden Paar aus Louisville – den Touristen – in mein Büro. Wir unterhalten uns, und ich sage, dass Louisville in meinen Augen eine wunderschöne Stadt ist und dass es sich lohnen würde, dort zu investieren. Letterman fragt mich, wie hoch der Preis für eine Wohnung im Trump Tower sei. Ich erkläre ihm, dass er mit ein wenig Glück für eine Million Dollar ein Einzimmer-Apartment kaufen könne.

„Jetzt möchte ich nur eines wissen", sagt Letterman, nachdem wir eine Weile geredet haben. „Es ist Freitag Nachmittag, und wir schneien unangemeldet bei Ihnen herein. Obwohl wir es gar nicht erwartet haben, empfangen Sie uns und opfern uns Ihre Zeit. Viel zu tun scheinen Sie ja nicht zu haben!?"

„Das stimmt, David", antworte ich. „Absolut gar nichts."

2
TRUMPFKARTEN

Die Elemente des Verhandelns

Mein Verhandlungs- und Geschäftsstil ist direkt und mit wenigen Worten zu beschreiben: Ich setze mir hohe Ziele und versuche mit großer Beharrlichkeit, sie zu verwirklichen. Manchmal gebe ich mich mit weniger zufrieden, als ich ursprünglich geplant hatte. Aber in den meisten Fällen erreiche ich am Ende doch noch das, was ich will.

Ich glaube, dass man – um geschäftliche Erfolge zu erzielen – Fähigkeiten braucht, die angeboren sind. Ich möchte nicht selbstgefällig erscheinen, wenn ich sage, dass ich sie besitze. Die Kunst des Verhandelns erfordert nicht unbedingt eine außergewöhnliche Begabung. Natürlich darf ein gewisses Maß an Intelligenz nicht fehlen, aber noch wichtiger ist ein ausgeprägter, gesunder Instinkt für ein gutes Geschäft. Es hat sich gezeigt, dass selbst die besten Absolventen renommierter Wirtschaftsschulen, zum Beispiel der Wharton School of Finance, die Spitzennoten im Examen und einen Intelligenzquotienten von 170 nachweisen können, sich im Geschäftsleben nicht behaupten können, wenn ihnen dieser Instinkt fehlt.

Darüber hinaus haben nur wenige Menschen erkannt, dass sie diesen Instinkt besitzen. Entweder fehlt ihnen der Mut oder die Gelegenheit, ihr Potential zu entdecken und zu entwickeln. Vielleicht besitzt der eine oder andere ein so außergewöhnliches Talent für das Golfspielen wie Jack Nicklas oder eine ähnlich geniale Begabung im Tennis wie Chris Evert oder Martina Navratilova, aber er hat niemals einen Golf- oder Tennisschläger in die Hand genommen und wird deshalb auch nie herausfinden, zu welchen Leistungen er fähig wäre. Die meisten begnügen sich damit, diese Stars im Fernsehen zu bewundern.

Wenn ich an die Geschäfte zurückdenke, die ich abgeschlossen habe – und an diejenigen, die nicht zustande gekommen oder von mir nicht weiterverfolgt worden sind –, sehe ich, dass sie einige gemeinsame Elemente aufweisen. Aber im Gegensatz zu den unzähligen „Gurus" der Immobilienbranche, die glauben, ihre „Wegweiser zum Erfolg" im Fernsehen verbreiten zu müssen, kann ich Ihnen nicht versprechen, dass Sie über Nacht zum Millionär werden, wenn Sie meine Ratschläge befolgen. Zwischen Theorie und Praxis klafft oft ein himmelweiter Unterschied, und viele, die bestrebt waren, ein Vermögen zu verdienen, stehen am Ende vor dem finanziellen Ruin. Und was die Leser betrifft, die über ein angeborenes Verhandlungstalent sowie einen ausgeprägten Instinkt für ein gutes Geschäft verfügen und deshalb Erfolg haben könnten, so hoffe ich, dass sie sich nicht nach meinen Vorschlägen richten, denn dann hätte ich es umso schwerer.

Nach den Sternen greifen

Ich habe schon immer versucht, nach den Sternen zu greifen. Für mich ist diese Einstellung ganz selbstverständlich: Wenn ich schon denke und plane, dann kann ich ebensogut in großem Stil denken und planen. Die meisten Menschen ziehen es vor, sich bescheidene Ziele zu setzen. Sie haben Angst vor dem Erfolg, Angst davor, Entscheidungen zu treffen, Angst zu gewinnen. Und das ist für jemanden wie mich ein ungeheurer Vorteil.

Mein Vater hat Häuser in Arbeitersiedlungen wie Brooklyn und Queens für Familien mit niedrigem und mittlerem Einkommen gebaut. Ich suche mir heute nur erstklassige Standorte für meine Bauvorhaben aus. Als ich noch in Queens gearbeitet habe, war mein Traumziel ein Bauprojekt in Forest Hills. Als ich älter und vielleicht auch ein wenig weiser wurde, sah ich, dass Forest Hills zwar eine wunderschöne Gegend, aber nicht eben die Fifth Avenue ist. Und deshalb begann ich, mit Manhattan zu liebäugeln, denn ich wusste schon zu Beginn meiner beruflichen Karriere genau, was ich später einmal erreichen wollte.

Es genügte mir nicht, genug Geld zu verdienen, um ein angenehmes Leben zu führen. Ich wollte ein Zeichen setzen, etwas Großartiges schaffen, das der Mühe wert ist. Viele meiner Konkurrenten geben sich damit zufrieden, nette kleine Reihenhäuser hinzustellen und zu verkaufen oder monotone Gebäude aus rotem Backstein aus dem Boden zu stampfen. Mich fasziniert die Herausforderung, auf dem rund 25 Hektar großen Grundstück in der West Side von Manhattan etwas Spektakuläres, Einzigartiges zu errichten, nämlich ein riesiges neues Luxushotel am Hudson-River direkt neben der an der Park Avenue / Ecke 42nd Street gelegenen Grand Central Station.

Dieselbe Faszination übte Atlantic City auf mich aus. Es ist gut und schön, ein Hotel zu bauen, das stilistisch auffallend und ständig ausgebucht ist. Aber noch besser ist ein Hotel mit Spielcasino, denn damit lässt sich das Fünfzigfache dessen verdienen, was man mit der Vermietung von Hotelzimmern einnimmt. Die Dimensionen sind hier unvergleichlich größer.

Wer in großem Maßstab denkt und plant, muss sein Ziel mit totaler Hingabe verfolgen. Dieses hochgradige Engagement könnte man mit einer Neurose vergleichen, die man voll unter Kontrolle hat. Das Syndrom ist, wie ich feststellen konnte, für viele erfolgreiche Geschäftsleute von heute charakteristisch. Sie sind auf ihre Ziele eingeschworen, hoch motiviert, gelten nicht selten als eingleisig oder sogar besessen, aber sie kanalisieren all diese Eigenschaften im Rahmen ihrer Arbeit. Während diese Form der „Neurose" auf manche Menschen lähmend wirkt, stellt sie für andere die Triebfeder ihres Handelns dar.

Ich behaupte nicht, dass diese Charaktereigenschaft ein erfüllteres oder besseres Leben garantiert, aber sie ist von ungeahntem Vorteil, wenn man seine Ziele erreichen will. Das gilt insbesondere für die Immobilienbranche in New York, wo man sich mit den gewieftesten, härtesten und gerissensten Geschäftsleuten der Welt auseinandersetzen muss. Ich genieße es, mich mit ihnen zu messen ... und als Sieger aus diesen Kämpfen hervorzugehen.

Mit dem Schlimmsten rechnen ..., um angenehm überrascht zu werden

Viele Menschen sind der Meinung, ich sei ein Hasardeur. In Wahrheit haben mir Glücksspiele noch nie zugesagt. Zu den Spielern zählt in meinen Augen jemand, der auf einarmige Banditen oder Roulette fixiert ist. Ich besitze einarmige Banditen und Roulettetische und habe festgestellt, dass es sich auszahlt, die Bank zu halten.

Man hat mir außerdem nachgesagt, dass ich an die Macht des positiven Denkens glaube. Tatsache ist, dass ich von der Macht des negativen Denkens überzeugt bin. Ich halte mich für einen äußerst konservativen Geschäftsmann. Bei einer Verhandlung gehe ich zunächst immer vom Schlimmsten aus. Wenn Sie sich zu dieser Einstellung durchringen – und damit zu leben lernen –, dann können Sie nur angenehm überrascht werden. Ein einziges Mal in meinem Leben habe ich mich nicht an diesen Wahlspruch gehalten; das war, als ich die USFL kaufte – eine erfolglose Footballmannschaft, die in einer absteigenden Liga spielte und langfristig kaum Aufstiegschancen besaß. Wir hatten gehofft, dass sich das Blatt durch einen Antitrust-Prozess wenden würde. Aber als der Erfolg auch dann ausblieb, war ich nicht am Boden zerstört. Wichtig ist vor allem, dass man nicht zu gierig sein und bedenken sollte, dass alles im Leben seinen Preis hat. Wenn man nach den Sternen greift, muss man sicher sein, dass man dabei mit beiden Beinen fest auf dem Boden steht. Ich versuche stets, mich so wenig wie möglich zu exponieren und die Risiken realistisch abzuschätzen, auch wenn diese Einstellung mit sich bringt, dass ich mich mit weniger als erhofft zufriedengeben muss.

Eines der besten Beispiele, die ich dafür anführen kann, ist meine Erfahrung mit dem Projekt in Atlantic City. Vor einigen Jahren konnte ich dort am Boardwalk einen fantastischen Grundstückskomplex in bester Lage erwerben. Er war allerdings nur dann wertvoll, wenn ich die einzelnen Parzellen kaufen und zu einem Areal zusammenfügen konnte. Bis mir das gelang, brauchte ich kaum Eigenkapital.

Als es dann endlich soweit war, verzichtete ich darauf, das Grundstück sofort zu bebauen. Das hatte zwar zur Folge, dass ich die laufenden Kosten noch eine Weile länger tragen musste, aber ich wollte sichergehen, dass ich die Lizenz für ein Spielcasino erhielt, bevor ich Millionen für die Bauarbeiten investierte. Ich verlor zwar eine Menge Zeit, aber ich ging das geringstmögliche Risiko ein.

Als mir die Lizenz endlich erteilt wurde, wandte sich Holiday Inn an mich und bot mir eine Partnerschaft an. Manche Leute erklärten mir damals: „Du brauchst diese Leute doch gar nicht. Warum willst du den Gewinn mit ihnen teilen?" Aber Holiday Inn hatte mir außerdem das Angebot gemacht, meine bisherigen Investitionen in das Projekt zurückzuerstatten, sämtliche Baukosten zu übernehmen und mich für eventuelle Verluste in den kommenden fünf Jahren zu entschädigen. Ich musste also entscheiden, ob ich das gesamte Risiko alleine tragen und dafür 100 Prozent des Casinos besitzen oder mich mit der Hälfte bescheiden wollte, ohne einen einzigen Pfennig Eigenkapital aufs Spiel zu setzen. Die Wahl ist mir leicht gefallen.

Im Gegensatz dazu hat Barron Hilton bei dem Bau seines Casinos in Atlantic City mit wesentlich höherem Einsatz gespielt. Um das Etablissement so schnell wie möglich in Betrieb nehmen zu können, reichte er seinen Lizenzantrag ein und begann zur gleichen Zeit mit den Bauarbeiten. Zwei Monate, bevor das Hotel eröffnet werden sollte, erhielt er die Mitteilung, dass man ihm die Lizenz verweigerte. Ihm blieb nur noch ein Ausweg, nämlich in buchstäblich letzter Minute an mich zu verkaufen. Er stand unter enormem Druck, denn er hatte sich alle anderen Möglichkeiten versperrt. Ich benannte das Gebäude in Trump's Castle um, und heute zählt es zu den am stärksten frequentierten Spielcasinos der Welt.

Sich alle Möglichkeiten offenhalten

Ich schütze mich selbst, weil ich flexibel bin. Ich versteife mich nie zu sehr auf ein Geschäft oder eine bestimmte Methode. Ich ziehe es vor, mir am Anfang alle Möglichkeiten offenzulassen, denn gleichgültig, wie vielversprechend ein Geschäft auf den ersten Blick auch scheinen mag, die meisten erfüllen nicht voll und ganz die Erwartungen, die man in sie gesetzt hat, oder kommen gar nicht erst zustande. Außerdem bemühe ich mich immer, sobald ich ein Geschäft abgeschlossen habe, ihm mit allen nur erdenklichen Mitteln zum Erfolg zu verhelfen, weil ich weiß, dass selbst die besten Pläne scheitern können.

Wenn mir zum Beispiel die Baugenehmigung für den Trump Tower nicht erteilt worden wäre, hätte ich auf dem Grundstück immer noch einen Bürokomplex bauen und zufrieden sein können. Und wenn ich keine Lizenz für das Spielcasino in Atlantic City erhalten hätte, wäre mir noch die Möglichkeit geblieben, das Grundstück an einen anderen Casinobesitzer mit Gewinn zu verkaufen.

Das beste Beispiel ist vielleicht mein erster großer Geschäftsabschluss in Manhattan. Man hatte mir das Angebot gemacht, das Grundstück der Penn-Central-Eisenbahngesellschaft an der West 34th Street zu kaufen. Ursprünglich hatte ich geplant, dort mit staatlichen Zuschüssen Wohnungen für Familien mit mittlerem Einkommen zu errichten. Leider befand sich die Stadt kurze Zeit später in einer finanziellen Krise, sodass die Gelder für den sozialen Wohnungsbau nur mehr spärlich flossen. Ich habe nicht viel Zeit damit vergeudet, mein Pech zu bedauern. Stattdessen griff ich auf meine zweite Option zurück und bot das Grundstück nun als idealen Standort für ein Freizeitzentrum an. Zwei Jahre harter Arbeit hat es mich gekostet, bis die Stadtväter endlich überzeugt waren und mich darauf ein Freizeitzentrum errichten ließen.

Wenn sie auch dieses Angebot abgelehnt hätten, so wäre mir sicher noch eine dritte Möglichkeit eingefallen.

Seinen Markt kennen

Manche Menschen haben ein ausgezeichnetes Gespür für den Markt, anderen fehlt diese Gabe völlig. Der Regisseur Steven Spielberg gehört zu Ersteren, ebenso wie Lee Iacocca vom Chrysler-Konzern und Judith Krantz in ihrem Tätigkeitsbereich. Auch Woody Allen zählt zu denen, die es verstehen, ihr Publikum zu fesseln, oder der Schauspieler Sylvester Stallone am anderen Ende des Spektrums. Manche Leute üben harte Kritik an Stallone, aber man sollte ihm eines zugute halten: Er hat es mit 41 Jahren geschafft, zwei Charaktere zu schaffen, die Generationen überdauern werden, Rocky und Rambo. Für mich ist er ein ungeschliffener Diamant, ein genialer Schauspieler mit ausgeprägtem Instinkt für den Erfolg. Er weiß genau, was beim Publikum ankommt, und versteht es, die Charaktereigenschaften, mit denen es sich identifizieren kann, auf der Leinwand glaubhaft darzustellen.

Ich denke, dass auch ich diesen untrüglichen Instinkt besitze. Vielleicht misstraue ich deshalb den Zahlenfetischisten und ihren ausgefeilten Marktanalysen. Ich führe lieber meine eigenen Recherchen durch und ziehe daraus meine Schlussfolgerungen. Ich höre mir allerdings viele Meinungen an, bevor ich eine endgültige Entscheidung treffe; das ist bei mir fast schon ein Reflex. Wenn ich die Absicht habe, ein Grundstück zu kaufen, dann spreche ich vorher mit den Bewohnern des Viertels, zum Beispiel über die Schulen, die Verbrechensrate und die Einkaufsmöglichkeiten in diesem Gebiet. Wenn ich mir in einer fremden Stadt ein Taxi nehme, stelle ich dem Fahrer zahllose Fragen. Ich sammle solange Informationen, bis ich das Gefühl habe, etwas gut genug zu kennen. Erst dann treffe ich eine Entscheidung.

Ich habe im Laufe der Jahre durch meine eigenen „Zufallsanalysen" mehr gelernt, als mir die erfolgreichsten Beraterfirmen je hätten vermitteln können. Diese Leute schicken nur ein Team – sagen wir von Boston nach New York –, mieten ein teures Büro und verlangen 100 000 Dollar für eine umfangreiche Studie, aus der sich nichts Konkretes ableiten lässt. Und würde man sich entschließen, ihre Empfehlungen zu befolgen, dann kostet das so viel Zeit, dass das Geschäft, das man ins Auge gefasst hat – vorausgesetzt, es ist gut –, längst ein anderer gemacht hat.

Die zweite Gattung von Zeitgenossen, die ich nicht allzu ernst nehme – vorausgesetzt, dass sie meine Pläne nicht behindern –, sind die Architekturkritiker. Meiner Meinung nach bringen sie ihre Gedanken nur deshalb zu Papier, um sich gegenseitig zu beeindrucken, und sie lassen sich genauso von bestimmten Trends beeinflussen wie jeder andere Mitbürger. In der einen Woche loben sie die nüchternen, gläsernen Wolkenkratzer in den Himmel, in der nächsten schwelgen sie in Nostalgie und sehen im traditionellen Baustil mit seinen reichen Ornamenten und der Liebe zum Detail das Nonplusultra der Architektur. Nur wenige besitzen ein Gespür dafür, was die Menschen, die mit dieser Architektur leben, wirklich wollen. Sollten sich die Kritiker je als Städteplaner und -bauer versuchen, so dürfen sie sich nicht wundern, wenn sie kläglich scheitern.

Der Trump Tower ist eine Konstruktion, die von den Architekturkritikern schon vor Beginn der Bauarbeiten mit großer Skepsis betrachtet wurde, in der Öffentlichkeit jedoch großen Anklang fand. Zur Öffentlichkeit zähle ich nicht die Mitglieder des alteingesessenen „Geldadels", die von ihren Vätern und Vorvätern ein Millionenvermögen geerbt haben und in einer Villa Ecke 84th Street/Park Avenue residieren. Ich spreche zum Beispiel von dem Typ des wohlhabenden Italieners, der eine bezaubernde Frau und einen knallroten Ferrari besitzt. Das ist die Zielgruppe, die ich erreichen will und die großes Interesse am Trump Tower zeigte.

Paradox ist, dass dieses Bauwerk schließlich doch noch großartige Kritiken bekam. Anfangs sparten die Medien mit Lob, weil der Trump Tower eine Manifestation all dessen darstellte, was man damals noch anprangerte. Aber die Architektur ist so gelungen, dass ihnen schließlich keine andere Wahl blieb, als der Wahrheit Rechnung zu tragen. Ich verlasse mich immer auf meinen eigenen Instinkt, aber ich will Ihnen nichts vormachen: Lob zu erhalten ist auch ein gutes Gefühl.

Aus einer Position der Stärke verhandeln

Es ist wohl der schlimmste Fehler, den man begehen kann, wenn der Verhandlungspartner den Eindruck gewinnt, dass man um jeden Preis einen Geschäftsabschluss erzielen will. Er wittert dann sofort seine Chance, Sie unter Druck zu setzen. Am besten ist es, aus einer Position der Stärke zu verhandeln. Diese Stärke ist Ihr größter Vorteil. Stark ist man, wenn man etwas besitzt, was der andere haben möchte ... oder – was er braucht. Und optimal ist es, wenn er glaubt, ohne das, was Sie besitzen, nicht leben zu können.

Leider ist das nicht immer der Fall, und deshalb erfordert es oft viel Fantasie und strategisches Geschick, eine Position der Stärke zu erreichen und zu signalisieren. Mit anderen Worten, Sie müssen Ihren Verhandlungspartner davon überzeugen, dass der Geschäftsabschluss seinem eigenen Interesse dient.

1974 versuchte ich, die New Yorker Stadtverwaltung zur Kooperation beim Kauf des Commodore Hotels an der East 42nd Street zu bewegen. Um mein Ziel zu erreichen, veranlasste ich die damaligen Besitzer, in der Presse bekanntzugeben, das Hotel werde bald geschlossen. Nach dieser sensationellen Ankündigung konnte ich die Stadt ohne Umschweife darauf hinweisen, welch katastrophale Folgen es für die Grand-Central-Region und die Metropole haben würde, falls das Commodore seine Pforten schließen sollte.

Als die Vorstandsmitglieder von Holiday Inn in Betracht zogen, mir in Atlantic City eine Partnerschaft anzubieten, entschieden sie sich deshalb für eine Beteiligung an meinem Projekt, weil es in ihren Augen das Einzige schien, das kurz vor dem Abschluss stand. In Wirklichkeit waren die Bauarbeiten am Casino noch längst nicht so weit fortgeschritten, wie sie dachten, aber ich setzte alles daran – außer dass ich auf der Baustelle selbst Hand mit anlegte –, sie in dem Glauben zu lassen, das Hotel nebst Casino sei praktisch fertig. Mein großer Vorteil in den nachfolgenden Verhandlungen bestand darin, dass ich sie in der Folge nurmehr in ihrer bereits vorgefassten Meinung zu bestärken brauchte.

Als ich das Penn-Central-Grundstück auf der Upper West Side von Manhattan gekauft hatte, nannte ich das Bauprojekt nicht zufällig oder weil mir der Name gefiel Television City. Ich wollte damit bewusst eine Signalwirkung erzielen. Die Stadt war und ist bestrebt, die großen Fernsehstationen, insbesondere NBC, in New York zu halten. Hätten sich die Sender entschieden, ihren Standort nach New Jersey zu verlegen, so wäre das eine psychologische Niederlage und eine wirtschaftliche Katastrophe für die Metropole gewesen.

Sie sehen, Stärke ist ein Pluspunkt, der in keiner Verhandlung fehlen darf.

Den Wert des Standortes hervorheben

Die meisten Menschen sind der Ansicht, die Lage eines Grundstückes sei für den Kauf und Verkauf von Immobilien von ausschlaggebender Bedeutung. Normalerweise stammt diese „Weisheit" von Leuten, die keine Ahnung von unserer Branche haben. Ein Grundstück muss nicht unbedingt in einer erstklassigen Gegend liegen. Viel wichtiger ist, dass sich damit ein erstklassiges Geschäft erzielen lässt. Genau wie man seine Verhandlungsposition stärken kann, lässt sich auch der Wert eines Grundstückes mit Hilfe einer geschickten Promotion und Verkaufspsychologie steigern.

Wenn Sie ein Grundstück an der 57th Street/Ecke Fifth Avenue besitzen, wie das, auf dem der Trump Tower gebaut wurde, erübrigt sich im Allgemeinen eine umfangreiche und ausgeklügelte Werbekampagne. Aber selbst in diesem Fall beschloss ich, die Attraktivität des Trump Tower dadurch zu erhöhen, dass ich den Komplex zu einem so gigantischen Projekt hochstilisierte, als handle es sich um eine Expedition zum Mars. Der *Museum Tower*, der sich nur zwei Häuserblocks entfernt über dem *Museum of Modern Art* befindet, wurde im Gegensatz dazu nicht optimal vermarktet. Ihm fehlt folglich auch die gewisse „Aura", die dazu beiträgt, dass sich Preise erzielen lassen, wie wir sie für unsere Apartments im Trump Tower fordern können.

Der Wert eines Standortes ist auch vom jeweiligen Zeitgeschmack abhängig. Selbst ein Grundstück in einer weniger anziehenden Nachbarschaft lässt sich merklich aufwerten, wenn es gelingt, die richtigen Käufer dafür zu interessieren. Nach dem Trump Tower habe ich das Trump Plaza gebaut, auf einem Grundstück an der Third Avenue/Ecke 61st Street, das ich sehr günstig erwerben konnte. Die Third Avenue lässt sich allerdings nicht mit der Fifth Avenue vergleichen, die als Nobeladresse gilt. Aber der Trump Tower galt bereits als eine Art Markenzeichen meines Unternehmens, und das Trump Plaza, der Wolkenkratzer, der an der Third Avenue entstand, konnte sich wahrlich sehen lassen. Plötzlich waren wir in der Lage, die Preise zu diktieren und unter den wohlhabendsten und erfolgreichsten Interessenten zu wählen, die sich vielleicht für den Trump Tower entschieden hätten, wenn die besten Apartments nicht schon verkauft gewesen wären. Heute zählt die Third Avenue zu den sogenannten „vernobelten" Wohngebieten und das Trump Plaza zu den begehrtesten Adressen.

Ich bin zu der Ansicht gelangt, dass im Immobiliengeschäft nicht derjenige das große Geld verdient, der bereit ist, horrende Preise für ein Grundstück in Spitzenlage zu zahlen. Dabei kann man sich genauso leicht verkalkulieren, wie wenn man Bauland in einer unattraktiven Gegend zu einem niedrigen Preis erwirbt. Man sollte unter allen Umständen vermeiden, überhöhte Preise zu zahlen, auch wenn das zur Folge hat, dass man auf ein hervorragendes Immobilienobjekt verzichten muss. Unter diesem Aspekt lässt sich, zumindest in meinen Augen, der Wert eines Grundstückes weit besser beurteilen.

Aufmerksamkeit erregen

Sie können über das absolut beste Produkt der Welt verfügen – aber solange es die potenziellen Kunden nicht kennen, ist es nicht viel wert. Es gibt sicher Leute mit einer großartigen Stimme, die einen Vergleich mit Frank Sinatra nicht scheuen müssten, aber ihre Sangeskunst beschränkt sich auf die eigenen vier Wände, weil niemand ihren Namen kennt. Wer etwas anzubieten hat, muss Interesse und einen gewissen Bedarf wecken. Dabei helfen Ihnen zum Beispiel die Public-Relations-Experten, denen Sie eine Menge Geld dafür zahlen, dass sie das vermarkten, was immer Sie auch anzubieten haben. Solche Leute zu engagieren käme mir allerdings genausowenig in den Sinn wie einen firmenexternen Berater zu beauftragen, Marktstudien für mich durchzuführen. Es ist immer besser, etwas selbst in die Hand zu nehmen.

Ich habe im Laufe der Jahre viele Vertreter der Presse kennengelernt und festgestellt, dass sie immer an einer guten Story interessiert sind – und je sensationeller sie ist, desto besser. Das liegt in der Natur ihrer Arbeit begründet, und ich kann es durchaus verstehen. Sobald jemand vom Durchschnitt abweicht, als ein wenig exzentrisch gilt oder Dinge tut, die reichlich kühn erscheinen oder Widerspruch herausfordern, befasst sich die Presse mit ihm. Ich war immer ein wenig anders als der Durchschnitt, Kontroversen schrecken mich nicht, und man könnte die meisten meiner Pläne als recht ehrgeizig bezeichnen. Ich habe schon in jungen Jahren Karriere gemacht und mich für einen Lebensstil entschieden, den manche für extravagant halten – mit dem Resultat, dass mein Name ständig in den Klatschspalten auftaucht.

Das heißt nicht, dass die Medien mir besonders freundlich gesonnen sind. Manchmal schreiben die Zeitungen etwas Positives über mich, ein anderes Mal werde ich verrissen. Aber vom rein geschäftlichen Standpunkt aus hatte ich mehr Vorteile als Nachteile dadurch, dass ich im Blickpunkt der Öffentlichkeit stehe. Es ist im Grunde eine ganz simple Rechnung. Wenn ich eine ganzseitige Anzeige in der *New York Times* aufgeben würde, um ein neues Projekt vorzustellen, würde mich diese Promotion 40 000 Dollar kosten, und dazu kommt, dass die meisten Leser skeptisch auf Annoncen reagieren. Aber wenn sich die *New York Times* in einer kurzen, vielleicht nur eine Spalte langen Notiz lobend über eines meiner laufenden Projekte äußert, so ist das für mich eine kostenlose Werbung, die mehr als 40 000 Dollar wert ist.

Paradox ist, dass sich selbst eine Story mit negativem Tenor, die persönlich verletzend sein kann, auf eine geschäftliche Transaktion unter Umständen günstig auswirkt. Television City ist das beste Beispiel. Als ich das Areal 1985 kaufte, hatten die meisten New Yorker – einschließlich der Bewohner der West Side – nicht einmal bemerkt, dass es überhaupt existierte. Dann kündigte ich meine Absicht an, darauf das höchste Gebäude der Welt zu errichten. Den Medien war diese Sensationsmeldung offenbar äußerst willkommen: Die *New York Times* brachte sie auf der ersten Seite, Dan Rather berichtete in den Abendnachrichten darüber, und für George Will war sie einen Artikel in Newsweek wert. Architekturkritiker und zahlreiche andere Publizisten glaubten, ihre Meinung dazu äußern zu müssen. Nicht alle begrüßten meinen Plan, den höchsten Wolkenkratzer der Welt zu bauen. Aber viel wichtiger war, dass wir dadurch die Öffentlichkeit auf unser Projekt aufmerksam machen konnten, und das allein steigerte schon seinen Wert.

Ich habe mich immer an den Grundsatz gehalten, gegenüber Journalisten offen und ehrlich zu sein. Ich versuche nicht, ihnen etwas vorzumachen oder mich zu verteidigen, denn genau das ist der Grund, warum so viele Leute Ärger mit der Presse haben. Wenn mir ein Reporter eine heikle Frage stellt, weiche ich nicht aus, sondern bemühe mich, eine positive Antwort zu formulieren. Wenn zum Beispiel jemand von mir wissen will, welche nachteiligen Auswirkungen der Bau des höchsten Wolkenkratzers der Welt auf die West Side haben könnte, dann bringe ich das Gespräch darauf, dass die New Yorker diese Superlative wahrlich verdient haben und welchen Glanz die Metropole dadurch wieder gewinnt. Wenn ich gefragt werde, warum ich nur für die High Society baue, kontere ich mit dem Hinweis, dass nicht nur die Reichen von meiner Bautätigkeit profitieren. Ich mache den betreffenden Reporter darauf aufmerksam, dass ich Tausenden von Menschen, die sonst von der Sozialhilfe leben müssten, Arbeit verschaffe und dass die Stadt mit jedem neuen Projekt beachtliche Steuergelder einnimmt. Ich weise auch darauf hin, dass Gebäude wie der Trump Tower New York um eine Attraktion reicher gemacht haben.

Der Schlüssel zum Erfolg meines Werbekonzeptes ist letztlich darin zu suchen, dass ich gerne in „Superlativen" schwelge. Ich will bewusst die Fantasie anregen. Auch Menschen, die nicht den Drang verspüren, in höheren Dimensionen zu schweben, lassen sich von denen mitreißen, die dazu neigen. Deshalb kann ein wenig „Hypertrophie" nie schaden. Wir Menschen möchten ja gerne glauben, dass wir das Größte, das Beste und das Spektakulärste besitzen.

Ich halte diese Hypertrophie für absolut harmlos, weil sie eine Übertreibung ist, die niemandem zum Nachteil gereicht. Für mich stellt sie eine der wirkungsvollsten Spielarten der Werbung dar.

Sich wehren

So empfehlenswert es auch ist, sich positiv mit jemandem auseinanderzusetzen – manchmal bleibt einem keine andere Wahl als die offene Konfrontation. Normalerweise bin ich ein ganz umgänglicher Zeitgenosse und komme gut mit den Menschen aus, die sich bemühen, mit mir auszukommen. Aber wenn man mich schlecht oder unfair behandelt oder versucht, mich zu übervorteilen, kann ich ziemlich hart zurückschlagen. Dabei geht man allerdings das Risiko ein, dass sich die ohnehin schon vorhandenen Spannungen noch vertiefen, und deshalb würde ich diesen Aktionskurs nicht jedem empfehlen. Aber ich habe die Erfahrung gemacht: Wenn man für etwas kämpft, an das man glaubt – selbst wenn man sich dabei Feinde schafft –, dann wendet sich in der Regel am Ende doch noch alles zum Guten.

Als die Stadtverwaltung mir beim Bau des Trump Tower die Steuererleichterungen verweigerte, die damals jedem Bauherrn gewährt wurden, habe ich vor sechs verschiedenen Gerichten um mein Recht gekämpft. Das hat mich eine Menge Geld gekostet. Man gab mir wenig Chancen, die Klage zu gewinnen, und taktisch gesehen, so hieß es, befände ich mich auf verlorenem Posten. Ich war jedoch der Meinung, dass es sich lohne, ohne Rücksicht auf das mögliche Ergebnis meinen berechtigten Anspruch anzumelden. Ich habe meine Prozesse gewonnen, was mir natürlich große Genugtuung verschaffte.

Als Holiday Inn, mit dem ich beim Trump-Plaza-Projekt, dem Casino-Hotel in Atlantic City, eine Partnerschaft eingegangen war, sich bei der Leitung der Spielbank als so inkompetent erwies, dass sie unter den ortsansässigen Casinobetrieben zu den 50 Prozent mit den niedrigsten Unternehmensgewinnen gehörte, habe ich mich gegen dieses Missmanagement zur Wehr gesetzt und schließlich erreicht, dass die Kette ihren Anteil an mich verkaufte. Erst da kam mir der Gedanke, ich sollte Holiday Inn vielleicht selbst übernehmen.

Auch wenn ich selten in Kampfstimmung bin, gibt es heute genügend Leute, die es auf mich abgesehen haben. Zu den Problemen, mit denen man sich auseinandersetzen muss, wenn man berühmt wird, gehören der Neid und die Eifersucht der weniger Erfolgreichen. Es gibt Menschen – ich bezeichne sie als die ewigen Verlierer –, die es als eine Glanzleistung betrachten, wenn sie andere in ihrem Aufstieg zu bremsen versuchen. Ich bin der Überzeugung: Wenn jemand echte Fähigkeiten besitzt, dann verschwendet er seine Energie nicht darauf, anderen das Leben schwer zu machen, sondern leistet statt dessen seinen eigenen konstruktiven Beitrag zum Wohl der Gesellschaft.

Berechtigte Erwartungen erfüllen

Die Menschen lassen sich nicht täuschen – zumindest nicht lange. Man kann hohe Erwartungen wecken, exzellente Werbung betreiben, für Schlagzeilen sorgen und ein bisschen übertreiben – aber wenn jemand die Erwartungen, die die Öffentlichkeit in ihn setzt, nicht erfüllt, dann wird er früher oder später entlarvt.

Ich denke da auf Anhieb an Jimmy Carter. Nachdem er die Wahl verloren hatte und Ronald Reagan Platz machen musste, suchte er mich in meinem Büro auf. Er sammelte Spenden für die Jimmy-Carter-Bibliothek. Ich fragte ihn, an welche Summe er gedacht habe, und er antwortete: „Donald, ich wäre Ihnen zu großem Dank verpflichtet, wenn Sie fünf Millionen Dollar stiften würden."

Ich war sprachlos.

Diese Erfahrung hat mich etwas gelehrt. Bis zu dem Zeitpunkt war mir eigentlich nie klar gewesen, wie Jimmy Carter den Sprung ins Weiße Haus geschafft hatte. Ich glaube, die ehrliche Antwort zu kennen.

So wenig qualifiziert er für das Präsidentenamt auch gewesen sein mag, er besaß die Nerven und den Mumm, nach den Sternen zu greifen. Diesen Eigenschaften hatte er in erster Linie seine Wahl zum Präsidenten zu verdanken. Aber es dauerte nicht lange, bis die Wähler merkten, dass er für das höchste Amt des Staates ungeeignet war, und deshalb erteilten sie ihm eine klare Absage, als er sich zur Wiederwahl aufstellen ließ.

Ronald Reagan ist ein weiteres Beispiel. Er war ein so routinierter und seiner Wirkung bewusster Schauspieler, dass er die Wähler restlos von seinen Führungsqualitäten überzeugen konnte.

Dasselbe gilt auch für mein Metier, in dem die wenigsten halten, was sie versprechen. Als sich herauskristallisierte, dass der Trump Tower ein Riesenerfolg war, kamen viele Bauherren auf die Idee, das Foyer zu kopieren. Sie gaben ihren Architekten Anweisung, schnellstens das Design zu liefern, damit ein Kostenvoranschlag ausgearbeitet werden konnte.

Dabei stellten sie allerdings fest, dass die Bronze-Fahrstühle eine Million, der künstliche Wasserfall zwei Millionen und die Marmorauskleidung etliche Millionen Dollar verschlingen würden. Sie sahen, dass sie für ein so exklusives Design ein Vermögen investieren mussten, und urplötzlich beschlossen all diese Konkurrenten mit ihren hochfliegenden Plänen, auf das Foyer zu verzichten.

Am Ende entscheidet immer das Geld. Ich befinde mich in der glücklichen Lage, ein ganz spezifisches Segment am oberen Ende des Marktes zu bedienen, und ich kann es mir leisten, Spitzenqualität zu verlangen und Spitzenpreise dafür zu zahlen. Ich habe für den Trump Tower die beste und intensivste Werbung betrieben, die es gibt, aber ich hatte ja auch ein erstklassiges Projekt anzubieten.

Die Kosten dämpfen

Ich bin der Meinung, dass man so viel ausgeben sollte, wie man glaubt, ausgeben zu müssen. Aber ich bin auch der Ansicht, dass man nicht mehr ausgeben sollte als nötig. Als ich noch Wohnungen für Familien mit niedrigem Einkommen gebaut habe, war es vor allem wichtig, qualitativ hochwertige Häuser so schnell und preiswert wie möglich zu errichten, sodass sie vermietet werden konnten und Einnahmen brachten. Damals habe ich gelernt, kostenbewusst zu denken. Ich habe nie Geld verschwendet. Schon mein Vater hatte mir beigebracht, wie schnell aus jedem Penny ein Dollar wird.

Wenn ich heute das Gefühl habe, ein Bauunternehmen will mich übers Ohr hauen, greife ich zum Telefon, selbst wenn es sich nur um 5000 oder 10 000 Dollar handelt, und beschwere mich. Die Leute fragen mich dann oft: „Warum regen Sie sich wegen dieses lumpigen Betrages überhaupt auf?" Meine Antwort lautet: An dem Tag, an dem ich es nicht mehr für nötig halte, mit einem Anruf, der mich 25 Cents kostet, 10 000 Dollar zu sparen, mache ich meinen Laden dicht.

Man kann kühne Visionen haben, aber sie führen zu nichts, wenn man sie nicht zu einem angemessenen Preis verwirklichen kann. Zu dem Zeitpunkt, als ich das Trump Plaza in Atlantic City gebaut habe, reagierten die Banken sehr zurückhaltend, wenn es um die Finanzierung neuer Projekte ging, weil damals bei fast jedem Spielcasino die geplanten Kosten um Millionen überzogen wurden. Beim Bau des Trump Plaza haben wir weder das Kostenbudget noch den Terminplan überschritten und konnten deshalb am Memorial-Day-Wochenende Eröffnung feiern. Bob Guccione von Penthouse versucht im Gegensatz dazu bereits seit sieben Jahren, seine Spielbank am Boardwalk – direkt neben dem Trump Plaza – fertigzustellen. Alles, was er bisher vorzuweisen hat, ist ein inzwischen stark rostendes Stahlskelett, Einkommenseinbußen, die sich auf zehn und mehr Millionen Dollar belaufen, und horrende Kostensteigerungen.

Selbst über Projekte, die sich in einer geringeren Größenordnung bewegen, kann man die Kontrolle verlieren, wenn man nicht wachsam ist. Ich habe fast sieben Jahre lang die Renovierungsarbeiten der Stadt an der Wollman-Rink-Schlittschuhbahn im Central Park vom Fenster meines Büros aus verfolgt. Am Ende dieser Periode hatte man Millionen verschwendet, und die Fertigstellung des Projektes schien in weitere Ferne gerückt denn je. Man machte sich gerade daran, das Fundament herauszureißen und neu zu gießen, als ich es nicht mehr mit ansehen konnte und der Stadt meine Hilfe anbot. Ich brauchte nur vier Monate bis zur Beendigung der Instandsetzungsarbeiten, und sie kosteten einen Bruchteil des Preises, der angefallen wäre, hätte die Stadt Wollman Rink in Eigenregie renoviert.

Spaß an der Arbeit

Ich mache mir nichts vor. Das Leben ist äußerst kompliziert, daran kann auch der berufliche Erfolg nichts ändern. Ganz im Gegenteil, Erfolg wirkt sich oft noch erschwerend aus. Unsere Gesellschaft unterliegt heute rasanten Veränderungsprozessen, die oft ohne Vorwarnung eintreten, und deshalb versuche ich stets, das Leben nicht allzu ernst zu nehmen. Geld hat mich nie besonders interessiert; es war für mich immer nur Mittel zum Zweck. Was mich weit stärker motiviert, ist der Reiz, Geschäfte zu machen. Ich verschwende nicht allzu viele Gedanken an die Fehler, die ich in der Vergangenheit begangen habe, oder an die Zukunft. Wenn Sie mich fragen, was für mich bei all den geschäftlichen Transaktionen, die ich nun im Einzelnen beschreiben werde, letztlich am wichtigsten war, so muss ich Sie enttäuschen, denn ich kann Ihnen keine besonders aufschlussreiche Antwort bieten ... außer, dass sie mir einen Riesenspaß gemacht haben.

3
REIFEPROZESSE

Die Person, die mich als Kind und Heranwachsender am stärksten beeinflusst hat, war mein Vater, Fred Trump. Ich habe viel von ihm gelernt, zum Beispiel, dass man in einer erbarmungslosen Geschäftswelt Härte zeigen muss, wie man andere Menschen motiviert und was Kompetenz und Leistungsbewusstsein bedeuten: nämlich eine Aufgabe in Angriff nehmen und sie effizient und schnellstmöglich bewältigen, um sich der nächsten zuzuwenden.

Ich habe allerdings schon sehr früh entdeckt, dass ich der Branche, auf die sich mein Vater spezialisiert hatte, wenig abgewinnen konnte. Er baute Wohnblocks in Queens und Brooklyn, Stadtvierteln mit vorgeschriebenem, relativ konstantem Mietspiegel. Es war nicht leicht, in diesem Marktsegment sein Auskommen zu finden. Ich hatte andere Vorstellungen von meinem Leben und strebte höhere, glanzvollere, aufregendere Ziele an. Schon früh wurde mir eines klar: Wenn ich aus dem Schatten meines Vaters heraustreten wollte, dann musste ich mich von ihm trennen und mir durch eigene Leistungen einen Namen schaffen. Ich bin froh, dass mein Vater seine Unternehmungen auf die ihm vertrauten Stadtviertel beschränkte und damit Erfolg hatte. Dadurch ließ er mir freie Hand, Manhattan als mein Revier „abzustecken". Aber ich habe nie vergessen, was ich an der Seite meines Vaters gelernt habe.

Seine Lebensgeschichte liest sich wie einer der klassischen Einwandererromane. Fred Trump wurde 1905 in New Jersey geboren. Sein Vater, der aus einer schwedischen Immigrantenfamilie stammte und in Amerika aufwuchs, besaß ein relativ gutgehendes Restaurant. Aber er war sowohl dem ausschweifenden Leben als auch dem Alkohol übermäßig zugetan und starb, als mein Vater elf Jahre alt war.

Die Mutter meines Vaters, Elizabeth, arbeitete nach dem Tod ihres Mannes als Näherin, um den Lebensunterhalt für sich und ihre drei Kinder zu verdienen. Die älteste Tochter, die ebenfalls den Namen Elizabeth trug, war damals sechzehn, und das jüngste Kind, John, neun Jahre alt. Mein Vater, der erstgeborene Sohn, übernahm die Rolle des Haushaltsvorstandes. Er musste schon früh zum Lebensunterhalt der Familie beitragen und nahm alle möglichen Gelegenheitsarbeiten an – zum Beispiel lieferte er Waren für einen Obstladen aus, verdingte sich als Schuhputzer und transportierte Rohholz auf Baustellen. Das Baugewerbe hatte ihn schon immer interessiert. Während seiner Highschool-Zeit besuchte er Abendkurse, wo er sich zum Zimmermann ausbilden ließ und lernte, Konstruktionspläne zu lesen und Kostenkalkulationen aufzustellen, in der Annahme, dass ein solides Handwerk goldenen Boden hat. Mit sechzehn konnte er sein Talent zum erstenmal unter Beweis stellen: Er errichtete für einen Nachbarn eine Garage mit Stellplätzen für zwei Autos. Viele Leute, die sich einen gewissen Lebensstandard leisten konnten, schafften sich nun ein Automobil an, aber nur wenige Häuser besaßen eine Garage. Und so gelang es meinem Vater, mit dem Verkauf von Garagen, die fünfzig Dollar pro Stück kosteten und aus vorgefertigten Bauteilen bestanden, ein lukratives Geschäft zu entwickeln.

1922 beendete er die High-School, aber da er seine Familie finanziell unterstützen musste, war an den Besuch eines College nicht zu denken. Statt dessen fand er eine Anstellung als Zimmermannsgehilfe bei einem Bauunternehmer in Queens. Er verstand mehr von seinem Handwerk als die meisten seiner Kollegen, aber das war nicht der einzige Vorteil, den er ihnen gegenüber besaß. Er hatte einen analytischen Verstand; noch heute ist er in der Lage, fünfstellige Zahlenreihen im Kopf zu addieren. Er wies seine Kollegen, von denen die wenigsten eine Schule besucht hatten, auf Mängel hin und zeigte ihnen zum Beispiel, wie man die Dachsparren mit einem Stahlschuh befestigt.

Außerdem war mein Vater sehr strebsam und ehrgeizig. Die meisten seiner Kollegen waren froh, überhaupt eine Anstellung gefunden zu haben. Mein Vater wollte mehr: nämlich erstklassige Arbeit leisten und vorwärtskommen. Und er liebte sein Metier. Ich kann mich erinnern, dass er immer gesagt hat: „Das Wichtigste im Leben ist, dass man das, was man tut, gerne macht; nur so lernt man, eine Aufgabe zu meistern."

Ein Jahr nach Beendigung der Highschool baute mein Vater sein erstes Haus, ein Einfamilienhaus in Woodhaven im Stadtteil Queens. Die Baukosten beliefen sich auf knapp 5000 Dollar, und er konnte es für 7500 Dollar verkaufen. Er nannte seine Firma Elizabeth Trump & Son, weil er zum Zeitpunkt der Gründung noch nicht volljährig war und seine Mutter alle Dokumente und Schecks unterschreiben musste. Sobald er sein erstes Haus verkauft hatte, investierte er den Gewinn in den Bau weiterer Häuser, die in Arbeitersiedlungen wie Queens, Woodhaven, Hollis und Queens Village entstanden. Für die Arbeiter und ihre vielköpfigen Familien, die damals in winzigen Mietwohnungen auf engstem Raum lebten, eröffnete sich damit ein völlig neuer Lebensstil. Die preiswerten Backsteinhäuser mit urbanem Charakter wurden ihm buchstäblich aus den Händen gerissen.

Da er einen gesunden Instinkt für den Markt besaß, begann er, in größeren Dimensionen zu planen. 1929 entstanden die ersten größeren Häuser für eine wohlhabende Käuferschicht. Statt der kleinen Backsteinhäuschen baute er nun dreistöckige Villen im Kolonial-, Tudor- und im Viktorianischen Stil in einem Viertel in Queens, das heute Jamaica Estates genannt wird – wo auch wir endlich ein eigenes Haus bezogen. Als im Zuge der Weltwirtschaftskrise auch die Baubranche in eine Flaute geriet, wandte er sich anderen Geschäften zu. Er übernahm ein Kreditinstitut, das sich auf die Vergabe von Hypotheken spezialisiert hatte und bankrott gegangen war, und verkaufte es ein Jahr später mit Gewinn. Als Nächstes baute er in Woodhaven das erste Warenhaus mit Selbstbedienung, das in den USA entstand. Nahezu alle einheimischen Geschäftsleute – Metzger, Schneider und Schuhmacher – pachteten hier ein paar Quadratmeter Ladenfläche, und da man beim Einkaufen alle möglichen Geschäfte unter einem Dach fand, wurde dieses Projekt auf Anhieb ein Erfolg. Aber meinen Vater zog es zu seiner ursprünglichen Tätigkeit, dem Bau von Wohnhäusern, zurück, und deshalb verkaufte er den Komplex nach einem Jahr mit beachtlichem Gewinn an King Kullen.

1934 zeichnete sich allmählich ein Ende der Depression ab. Da es aber immer noch an Kapital mangelte, beschloss mein Vater, sich wieder auf den Bau preiswerter Häuser zu verlegen, vornehmlich im sanierungsbedürftigen Flatbush-Viertel in Brooklyn, wo die Grundstückspreise noch niedrig waren und sich ausreichende Wachstumsmöglichkeiten boten. Auch dieses Mal täuschte ihn sein Instinkt nicht. In nur drei Wochen verkaufte er 78 Häuser und während der kommenden zwölf Jahre 2500 weitere in Queens und Brooklyn. Seine Firma erlebte einen gewaltigen Aufschwung.

1936 heiratete mein Vater meine Mutter, Mary MacLeod, eine wunderbare Frau, und sie gründeten eine Familie. Aufgrund seines beruflichen Erfolges konnte mein Vater seinem jüngeren Bruder nun das bieten, worauf er selbst verzichten musste: eine College-Ausbildung. Mein Onkel, John Trump, absolvierte das College und studierte am M.I.T. (Massachusetts Institute of Technology). Er wurde ein ausgezeichneter Physiker und einer der führenden Wissenschaftler unseres Landes. Mein Vater hatte immer großen Respekt, der fast schon an Ehrfurcht grenzte, vor Menschen, die einen akademischen Titel führten; das mag daran liegen, dass er selbst nie eine Universität besuchen konnte. In den meisten Fällen war diese Bewunderung nicht gerechtfertigt. Mein Vater war klüger als die meisten Akademiker und hätte mit Sicherheit als einer der Jahrgangsbesten abgeschnitten, wenn er die Möglichkeit gehabt hätte, ein College zu besuchen.

In unserer Familie waren die Rollen noch nach traditionellem Muster verteilt: Mein Vater galt als Haushaltsvorstand, der für den Lebensunterhalt zu sorgen hatte, meine Mutter war eine perfekte Hausfrau. Das bedeutete nicht, dass sie den ganzen Tag lang nichts anderes zu tun hatte, als Bridge zu spielen oder endlose Telefongespräche zu führen. Sie musste fünf Kinder großziehen, kochen, putzen, Strümpfe stopfen, und außerdem arbeitete sie noch ehrenamtlich im städtischen Krankenhaus. Wir lebten in einem geräumigen Haus, aber wir Kinder hatten nie das Gefühl, zur wohlhabenderen Bevölkerungsschicht zu gehören. Man brachte uns frühzeitig bei, den Wert des Geldes und harter Arbeit zu schätzen. Wir standen uns sehr nahe, und bis heute zählt meine Familie zu meinen besten Freunden. Meine Eltern waren nie anspruchsvoll. Noch heute arbeitet mein Vater in seinem kleinen Büro an der Avenue Z im Sheepshead-Bay-Viertel in Brooklyn, in einem Haus, das er 1948 gebaut hat. Es wäre ihm einfach nicht in den Sinn gekommen, seinen Firmensitz in eine bessere Gegend zu verlegen.

Meine Schwester Maryanne war das älteste der Geschwister. Als sie das Mount Holyke College absolviert hatte, folgte sie zunächst dem Beispiel unserer Mutter: Sie heiratete und gab sich mit der Rolle der Hausfrau und Mutter zufrieden, solange ihr Sohn noch klein war. Aber sie hat auch Vaters Ehrgeiz und Dynamik geerbt. Als ihr Sohn David das Teenageralter erreichte, kehrte sie noch einmal auf die Schulbank zurück und studierte Jura. Sie bestand das Examen *summa cum laude*, arbeitete anfangs in einer Anwaltskanzlei und ging anschließend für fünf Jahre als Bundesstaatsanwältin ins Justizministerium; danach wurde sie Bundesrichterin. Maryanne hat eine großartige Karriere gemacht. Meine jüngere Schwester Elizabeth ist ebenfalls tüchtig und intelligent, besitzt aber weniger Ehrgeiz und arbeitet bei der Chase Manhattan Bank in Manhattan.

Mein ältester Bruder Freddy hatte es in unserer Familie vielleicht am schwersten. Mein Vater ist ein großartiger Mensch, aber auch ein engagierter und mitunter knallharter Geschäftsmann. Mein Bruder war das genaue Gegenteil; er liebte Geselligkeit, Partys, galt als großzügig, warmherzig und lebenslustig. Er hatte nicht einen einzigen Feind. Natürlich wünschte sich mein Vater, sein Ältester würde in seine Fußstapfen treten, aber Freddy war nun einmal kein Geschäftsmann. Nur widerwillig trat er in Vaters Firma ein, aber ihm fehlte jegliches Gespür für die Immobilienbranche. Er war einfach nicht der Typ, der sich gegen die Mafia-Methoden der Baufirmen zur Wehr setzen oder mit einem gerissenen Zulieferer verhandeln konnte. Da mein Vater eine so dominierende Persönlichkeit war, musste es zwangsläufig zu Spannungen zwischen den beiden kommen. In den meisten Fällen zog Freddy dabei den Kürzeren.

Schließlich wurde allen klar, dass es so nicht weitergehen konnte, und Freddy durfte endlich das tun, was er sich immer gewünscht hatte: fliegen. Er ging nach Florida, wurde Berufspilot und erhielt eine Anstellung bei TWA. Er angelte auch gerne und war ein ausgezeichneter Segler. Diese Periode war wohl die glücklichste seines Lebens, und dennoch erinnere ich mich, dass ich oft zu ihm sagte – obwohl ich acht Jahre jünger war als er – „Was machst du überhaupt aus deinem Leben, Freddy? Raff dich endlich auf! Du verschwendest doch nur deine Zeit." Heute bedaure ich meine Worte sehr.

Vielleicht war ich zu jung, um zu erkennen, dass es gar nicht darauf ankam, was mein Vater oder ich von Freddys Beruf hielten. Was wirklich zählte, war, dass er ihm Spaß machte. Aber irgendwann geriet Freddy dann in eine depressive Phase. Er begann zu trinken, und dann ging es mit ihm rapide bergab. Er starb mit 43 Jahren. Ein trauriges Schicksal, denn er war ein wundervoller Mensch, der es nicht verstand, sich selbst zu verwirklichen. Er besaß großartige Fähigkeiten und Talente, aber er konnte den Ansprüchen unserer Familie einfach nicht gerecht werden. Ich wünschte nur, ich hätte das früher erkannt.

Ich fühlte mich zum Glück schon als Kind zur Baubranche hingezogen. Ich ließ mich auch nie, wie so viele andere Menschen, von meinem Vater einschüchtern. Ich habe mich oft gegen ihn behauptet, und er respektierte meine Meinung. Man könnte unsere Beziehung fast als ein partnerschaftliches Verhältnis bezeichnen. Ich frage mich manchmal, ob wir uns auch so gut verstanden hätten, wenn das Geschäft für mich nicht vorrangig gewesen wäre.

Schon im Kindergartenalter war ich eigensinnig und mitunter sogar ziemlich aggressiv. In der Grundschule habe ich einmal meinem Musiklehrer ein „Veilchen" verpasst, weil ich der Meinung war, dass er nichts von seinem Fach verstünde. Deshalb wäre ich beinahe von der Schule geflogen. Ich bin nicht stolz auf diese „Heldentat", aber sie zeigt, dass ich schon als Kind bereit war, meine Meinung notfalls mit Gewalt durchzusetzen. Inzwischen habe ich jedoch gelernt, mit dem Kopf statt mit den Fäusten zu kämpfen.

Die Kinder in unserer Nachbarschaft akzeptierten mich wie selbstverständlich als ihren Anführer. Schon damals begann sich abzuzeichnen, dass mich die Leute entweder auf Anhieb sehr sympathisch finden oder mich überhaupt nicht leiden können. Bei meinen Freunden war ich sehr beliebt; sie machten bereitwillig bei allem mit, was ich vorschlug. Als Jugendlicher hatte ich eine Menge Unsinn im Kopf; ich musste mich einfach austoben, und außerdem machte es mir Spaß, die Reaktionen der Leute zu beobachten. Ich habe mit Wasser gefüllte Ballons auf meine armen Opfer losgelassen, Spucke auf Passanten abgefeuert und auf dem Schulhof und bei Geburtstagspartys für Wirbel gesorgt. Das hatte weniger mit reiner Bosheit zu tun, sondern war für mich vielmehr eine Möglichkeit, meine aggressiven Energien auszuleben. Mein Bruder Robert hat mir eine Geschichte aus dieser Zeit erzählt, die zeigt, dass mein späterer Lebensweg sich schon früh abzuzeichnen begann.

Robert ist zwei Jahre jünger als ich. Wir standen uns immer sehr nahe, obwohl er viel ruhiger und träger ist als ich. Eines Tages spielten wir in unserem Kinderzimmer mit Bauklötzen. Ich wollte einen hohen Turm bauen, stellte aber fest, dass ich nicht genügend Steine hatte. Ich fragte Robert, ob er mir seine geben könne, und er antwortete: „In Ordnung. Aber ich will sie zurückhaben, wenn du fertig bist." Ich verbaute also zuerst meine eigenen Klötze, danach seine. Als der Turm stand, gefiel er mir so gut, dass ich die Bauklötze kurzerhand zusammenleimte. Robert hatte wie so oft das Nachsehen.

Als ich dreizehn wurde, beschloss mein Vater, mich auf die Kadettenschule zu schicken, in der Annahme, dass ein wenig „Zucht und Ordnung" mir guttun würden. Anfangs war ich von dieser Idee nicht gerade begeistert, aber es stellte sich heraus, dass seine Entscheidung richtig war. Ich trat in die achte Klasse der Military Academy in Upstate New York ein. Dort brachte man mir Disziplin bei, und ich lernte, meine Aggressionen zu zügeln. Im Abschlussjahr wurde ich sogar zum Schulsprecher gewählt.

Es gab dort einen Lehrer, der mich besonders stark beeindruckt und geformt hat. Theodore Dobias war früher Ausbilder bei den Marines[2] gewesen, ein physisch wie psychisch gestählter Mann, der rücksichtslos jeglichen Widerstand brach. Er duldete keine Widerrede, schon gar nicht von Kadetten, die aus der privilegierten Oberschicht kamen. Wer aus der Reihe tanzte, bezog Prügel, und Dobias' Handschrift war hart. Ich erkannte sehr schnell, dass ich diesem Mann rein körperlich unterlegen war. Einige meiner Klassenkameraden hatten sich noch nicht zu dieser Einsicht durchringen können und legten sich mit ihm an – was ihnen schlecht bekam. Die meisten kuschten jedoch und vermieden tunlichst jede Form von Opposition.

Mir sagte weder die eine noch die andere Lösung zu. Wenn ich mir Dobias nicht zum Feind machen wollte, musste ich meinen Kopf gebrauchen. Ich verlegte mich auf eine Taktik, die man in gewisser Weise als List bezeichnen könnte: Ich machte mir nämlich die Tatsache zunutze, dass Dobias unsere Baseballmann-

---

[2] Elitetruppe der US-Streitkräfte (Anm. d. Übers.)

schaft, deren Captain ich war, als Coach betreute. So lernte ich auf dem Spielfeld nicht nur mit dem Schläger, sondern auch mit ihm richtig umzugehen.

Ich machte keinen Hehl daraus, dass ich seine Überlegenheit zwar anerkannte, mich aber nicht von ihm einschüchtern ließ. Das war so manches Mal ein richtiger Drahtseilakt. Wie so viele dominierende Persönlichkeiten neigte auch Dobias dazu, seine Macht zu demonstrieren, sobald er auch nur das geringste Anzeichen von Schwäche spürte. Wenn er jedoch merkte, dass jemand sich zu behaupten wusste, ohne dabei seine Autorität untergraben zu wollen, so behandelte er ihn wie einen Gleichrangigen. Seit der Zeit, als ich zu dieser wohl mehr instinktiven als bewussten Einsicht gelangte, kamen wir blendend miteinander aus.

Ich war einer der besten Schüler der Kadettenschule, obwohl ich nicht behaupten kann, ich hätte viel gearbeitet. Zum Glück fiel mir das Lernen leicht, denn alles, was irgendwie mit Schule zu tun hatte, interessierte mich nicht besonders. Ich sah in all der grauen Theorie nur eine Vorbereitung auf das große Ereignis, den Beruf, den ich nach dem Examen am College ergreifen würde.

Mein Vater hatte mich, schon seit ich laufen konnte, auf Baustellen mitgenommen. Robert und ich erkundeten das Terrain und suchten dort nach leeren Pfandflaschen, um unser Taschengeld aufzubessern. Wenn ich in den Ferien von der Kadettenschule nach Hause kam, begleitete ich meinen Vater; ich wollte die Branche aus erster Hand kennenlernen. Ich nahm an Gesprächen mit Vertragsfirmen und an Verhandlungen über ein neues Grundstück teil und inspizierte gemeinsam mit meinem Vater die Baustellen.

In der Marktnische, auf die sich mein Vater konzentrierte – den Bau von Mietwohnungen in Stadtteilen mit relativ stabilem und kontrolliertem Mietspiegel –, konnten nur die Unternehmer überleben, die skrupellos und hart waren. Gewinne ließen sich nur erzielen, wenn man die Kosten so weit wie möglich zu dämpfen verstand. Mein Vater war Zeit seines Lebens ein preisbewusster Mann. Er verhandelte genauso unnachgiebig mit den Lieferanten von Billigprodukten, zum Beispiel Scheuerbürsten und Fußbodenwachs, wie mit den Firmen, die bei einem Bauprojekt die höchsten Rechnungen stellen. Mein Vater war immer bestens über die tatsächlichen Preise informiert. Niemand hätte ihm etwas vormachen können. Wenn man zum Beispiel weiß, dass die Installationsfirma bei einem Neubau Selbstkosten in Höhe von 400 000 Dollar hat, dann kann man sich ausrechnen, wie weit sich der Preis drücken lässt. Es wäre unsinnig, sie auf weniger als 300 000 Dollar herunterzuhandeln, denn dann ist es nur noch eine Frage der Zeit, bis die Firma pleite geht. Aber es wäre auch genauso töricht, sich auf einen Preis von 600 000 Dollar zu einigen.

Mein Vater konnte mit den Subunternehmen und Zulieferfirmen auch deshalb gute Preise aushandeln, weil er als absolut zuverlässiger Geschäftspartner galt. Er war nicht bereit, utopische Summen zu zahlen, aber er sagte: „Von mir erhalten Sie Ihr Geld, und zwar pünktlich. Wer weiß, ob Sie von anderen Bauunternehmern je einen Pfennig zu Gesicht bekommen?!" Außerdem wies er darauf hin, dass es im eigenen Interesse seiner Vertragspartner liege, die Arbeiten schnellstens durchzuführen, da sie andernfalls keine neuen Aufträge übernehmen könnten. Und schließlich führte er an, dass bei ihm immer irgendein Bauprojekt anstehe und bei entsprechender Leistung auch in Zukunft genug Arbeit auf sie warte. Seine Argumente verfehlten selten ihre Wirkung.

Mein Vater war ein ausgezeichneter, wenn auch anspruchsvoller Lehrmeister. Jeden Morgen um sechs erschien er auf der Baustelle und sah nach dem Rechten. Was sich dort abspielte, glich in gewisser Weise einer Ein-Mann-Show. Wenn jemand eine Arbeit nicht genau so verrichtete, wie mein Vater es sich vorgestellt hatte – gleichgültig, um welche es sich handelte, denn er beherrschte sie alle –, packte er selbst zu und führte ihm jeden Handgriff vor.

Es war im Grunde ganz amüsant, wenn man beobachtete, wie sich ein bestimmtes Szenario beinahe ausnahmslos wiederholte. Mein Vater begann mit einem Bauprojekt, sagen wir in Flatbush. Zum selben Zeitpunkt fingen zwei seiner Konkurrenten in der Nachbarschaft an zu bauen. Jedesmal war mein Vater drei oder vier Monate früher fertig als sie. Seine Häuser wirkten außerdem optisch ansprechender, besaßen eine freundlichere, weitläufigere Halle, und auch die Apartments boten mehr Platz. Er fand problemlos Mieter, selbst zu einer Zeit, als das Angebot größer war als die Nachfrage. Es dauerte nicht lange, bis einer oder sogar beide Konkurrenten Konkurs anmelden mussten, noch bevor der Bau fertig war; dann kaufte mein Vater sie auf. Und das passierte nicht nur einmal, sondern regelmäßig.

1949, als ich gerade drei Jahre alt war, baute mein Vater die Shore-Haven-Apartments, den ersten von mehreren Wohnkomplexen. Er gehörte damit zu den mächtigsten Landlords in den Außenbezirken New Yorks. Da er stets Wert auf erstklassige Arbeit legte, war die Nachfrage entsprechend groß. Zu diesem Zeitpunkt förderte die Regierung noch den Wohnungsbau für Familien mit niedrigem und mittlerem Einkommen. Für das Shore-Haven-Projekt hatte mein Vater zum Beispiel von der Federal Housing Administration, der FHA (= Bundesstelle für Wohnungsbau), einen Kredit von 10,3 Millionen Dollar erhalten. Die Höhe des Darlehens basierte auf dem Kostenvoranschlag, den die FHA bei einem Projekt dieser Größenordnung für angemessen hielt, wobei auch ein Gewinn von 7,5 Prozent für den Bauherrn vorgesehen war.

Da mein Vater seine Subunternehmen ständig drängte, die Termine einzuhalten, und mit den Zulieferfirmen um jeden Cent feilschte, konnte er das Projekt vorzeitig beenden und eine Million Dollar einsparen.

Der Begriff *windfall profits* (= unerwartete Gewinne) spiegelte ursprünglich genau das wider, was mein Vater wie auch manch andere Unternehmer durch harte Arbeit und Wettbewerbsstärke erzielen konnten. Heute wird er im Sinne von „spekulativ" gebraucht, und Profite dieser Art gelten als anrüchig oder unrechtmäßig.

Wie dem auch sei, mein Vater baute damals Mietwohnungen für Familien mit niedrigem und mittlerem Einkommen, von einer Qualität, wie man sie heute nur noch selten findet. Das mag daran liegen, dass sich Qualitätsbewusstsein im Wohnungsbau heute im Allgemeinen nicht mehr rentiert, zumal der Staat die Zuschüsse gestrichen hat. Bis zum heutigen Tag gehören die Trump-Apartmentblocks in Queens und Brooklyn zu den besten und preisgünstigsten Wohnkomplexen in New York.

1964, nach Beendigung der Kadettenschule, spielte ich eine Zeitlang mit dem Gedanken, die Filmhochschule der University of Southern California zu besuchen. Der Glanz und Glamour, der mit der Filmindustrie verbunden war, beeindruckten mich, und ich bewunderte Männer wie Sam Goldwyn, Darryl Zanuck und Louis B. Mayer, die ich für die größten Stars des Showbusiness hielt. Aber am Ende gelangte ich jedoch zu der Erkenntnis, dass das Immobiliengeschäft das einzig Wahre sei.

Ich entschied mich für den Besuch der Fordham University in der Bronx, vor allem deshalb, weil sie nicht weit von meinem Elternhaus entfernt war. Mit den Jesuiten, die sie leiteten, kam ich sehr gut aus. Aber ich blieb dort nur zwei Jahre, weil ich der Meinung war, dass ich mich genausogut mit der geistigen Elite unseres Landes messen konnte, wenn ich schon ein College besuchen musste.

Ich bewarb mich also an der Wharton School of Finance, die zur University of Pennsylvania gehört, und wurde angenommen. Damals galt Wharton als Brutstätte für karriereträchtige Nachwuchsmanager. Die Harvard Business School hat zweifellos viele Wirtschaftsgrößen hervorgebracht – Industriekapitäne und CEOs –, aber die echten Wirtschaftsführer scheinen samt und sonders in Wharton studiert zu haben: Saul Steinberg, Leonhard Lauder, Ron Perelman ... Die Liste ließe sich endlos fortsetzen.

Die wichtigste Lektion, die ich in Wharton lernte, war vielleicht die, mich nicht allzusehr von akademischen Würden und Titeln beeindrucken zu lassen. Ich brauchte nicht lange, um zu erkennen, dass meine Kommilitonen nichts Ehrfurchteinflößendes oder Elitäres hatten und ich mich meiner Leistungen durchaus nicht zu schämen brauchte. Das Zweitwichtigste, was Wharton mir mit auf den Weg gab, war der akademische Grad. Meiner Meinung nach sagt ein Universitätsabschluss wenig aus, aber bei vielen meiner Geschäftspartner besitzt er einen hohen Stellenwert, und er stellt in unserer Gesellschaft einen enormen Prestigegewinn dar. Wenn ich Bilanz ziehen soll, dann muss ich sagen, es war doch ganz gut, dass ich in Wharton studiert habe.

Ich war allerdings froh, als ich die Schulbank endlich verlassen konnte, und stieg sofort in das väterliche Geschäft ein. Ich lernte viel in dieser Zeit, aber immer häufiger dachte ich auch über andere Möglichkeiten nach, mein Geld zu verdienen.

Erstens war das Milieu für meinen Geschmack ein wenig zu rau – und zwar im wahrsten Sinne des Wortes. Ich erinnere mich zum Beispiel noch gut daran, dass ich manchmal die Mitarbeiter meines Vaters begleitete, die die Mieten einzutreiben hatten. Für diesen Job brauchte man zwangsläufig eine imposante Statur, denn wenn es darum geht, Schulden von zahlungsunwilligen Mietern einzutreiben, zählen die Muskeln mehr als der Verstand.

Einer der ersten Tricks, die ich damals lernte, war, dass man sich niemals direkt vor der Tür postiert, wenn man bei einem säumigen Mieter läutet. Man bleibt an der Hauswand stehen und streckt den Arm weit nach der Klingel aus. Als mich einer der Männer auf diese Faustregel aufmerksam machte, konnte ich mir überhaupt nicht vorstellen, was er meinte. „Was soll denn das?" fragte ich ihn. Er sah mich an, als sei bei mir eine Schraube locker. „Ganz einfach: Wenn Sie seitlich neben dem Eingang bleiben, bringen Sie nur Ihre Hand in Gefahr." Ich war mir immer noch nicht ganz sicher, ihn richtig verstanden zu haben. „In diesem Job riskieren Sie, erschossen zu werden, wenn Sie zur falschen Zeit an der falschen Apartmenttür läuten."

Mein Vater hatte mich nie in Watte gepackt, aber die Welt, die sich mir da präsentierte, fand ich nicht besonders attraktiv. Nach den Jahren in der heilen Welt von Wharton wurde ich nun mit einem Milieu konfrontiert, in dem Gewalttätigkeit und Unannehmlichkeiten an der Tagesordnung zu sein schienen. Es gab zum Beispiel Mieter, die ihren Abfall einfach aus dem Fenster kippten, weil das bequemer war, als den Müllschlucker zu benutzen. Ich hatte sogar eine Gebrauchsanleitung geschrieben, damit die Leute sehen konnten, wie man ihn richtig benutzt. Die meisten Mieter waren ja ganz in Ordnung, aber es gab auch einige, die man ständig im Auge behalten musste, und diese unablässige Kontrolle war mir einfach zu mühsam.

Dazu kam, dass ich die Gewinnspannen in diesem Markt zu niedrig fand. Man musste ständig mit dem Pfennig rechnen, und jeglicher Wohnkomfort, der über den Standard hinausging, war ausgeschlossen. Ein anspruchsvolles Design konnte man sich von vornherein aus dem Kopf schlagen. Die Häuser sahen alle gleich aus: Sie bestanden aus vier gerade hochgezogenen Wänden und hatten die üblichen Backsteinfassaden und rechte Winkel. Man verwendete damals ausschließlich rote Mauersteine, nicht des Aussehens wegen, sondern weil sie billiger waren als braune Ziegel.

Ich erinnere mich noch daran, wie mein Vater die Baustelle besuchte, auf der der Trump Tower entstand. Die Fassade besteht aus Spiegelglas, das weit teurer ist als Backstein. Außerdem verwendeten wir noch die teuerste Sorte, die es gibt – bronzefarben getöntes. Mein Vater warf einen einzigen Blick darauf und meinte: „Wozu die Glasfassade? Es reicht doch, wenn du für die ersten vier oder fünf Stockwerke Glas nimmst und den Rest mit Ziegeln weiterbaust. Kein Mensch schaut so weit nach oben." Das war typisch: Da stand mein Vater an der prachtvollen 57th Street/Ecke Fifth Avenue und suchte nach Möglichkeiten, ein paar Dollar einzusparen. Ich war gerührt und verstand ihn gut. In dem Milieu, in dem er arbeitete, musste man preisbewusst denken, aber mir wurde auch klar, warum ich beschlossen hatte, es zu verlassen.

Was mich letztlich bewog, aus dem Geschäft meines Vaters auszusteigen, waren allerdings weniger das raue Milieu und der harte Existenzkampf, sondern vielmehr die Tatsache, dass ich kühnere Träume und Ziele hatte. Ich wusste, dass ich diese mit dem Bau von Wohnhäusern in Stadtrandgebieten nicht verwirklichen konnte.

Rückblickend ist mir klar, dass ich meine Vorliebe für das Showbusiness in all seinen Spielarten von meiner Mutter geerbt habe. Sie hatte immer einen Sinn für das Dramatische und Pompöse. Sie begnügte sich zwar wie viele Frauen ihrer Generation mit der Rolle der Hausfrau und Mutter, aber die für sie unerreichbare Welt der Reichen und Mächtigen dieser Erde übte eine ungeheure Faszination auf sie aus. Ich erinnere mich, dass sie, die geborene Schottin, einen ganzen Tag lang die Krönung von Königin Elizabeth im Fernsehen verfolgte, ohne sich von der Stelle zu rühren. Sie war von dem Pomp, den Ritualen, der Versammlung gekrönter Häupter und dem glanzvollen Rahmen gefesselt. Ich weiß auch noch, dass mein Vater schließlich die Geduld verlor. „Mein Gott, Mary", sagte er, „jetzt reicht's aber. Stell den Kasten endlich ab. Das sind doch alles Betrüger." Meine Mutter sah nicht einmal auf. In dieser Beziehung waren sie völlig gegensätzlich. Meine Mutter schwärmt für alles Glanz- und Prunkvolle, während sich mein Vater, der mit beiden Beinen fest auf dem Boden steht, nur von Kompetenz und Leistung beeindrucken lässt.

4
CINCINNATI KID

Prudent – oder Klugheit zahlt sich aus

Während meine Freunde im College Comics und Sportberichte lasen, beschäftigte ich mich mit den Veröffentlichungen der FHA über bevorstehende Zwangsvollstreckungen. Das mag vielleicht exzentrisch klingen, aber so war es tatsächlich. Auf diese Weise entdeckte ich auch das Swifton-Village-Projekt, in das ich noch während der Collegezeit zusammen mit meinem Vater einstieg. Es sollte mein erstes großes Geschäft werden.

Swifton Village war ein Apartment-Komplex mit 1200 Wohnungen in Cincinnati, Ohio, mit dem es nichts als Ärger gab. 800 Wohnungen standen leer, die Bauherren standen vor dem Bankrott, die Regierung hatte eine Zwangsvollstreckung angeordnet, und niemand war bereit, ein so heißes Eisen anzufassen. Aber wir sahen darin eine riesige Chance.

Oft sind die Behörden, die mit der Zwangsvollstreckung betraut wurden, nur allzu froh, das Immobilienobjekt so schnell wie möglich loszuwerden. Sie bekommen eine so komplizierte Situation einfach nicht in den Griff. In diesem ganz besonders schwierigen

Fall fand sich außer uns nicht ein einziger Interessent, der mitgeboten hätte.

Ähnliche Erfahrungen kann man heute im Sun Belt machen (= Staaten im Süden und Südwesten der USA), wo während des Ölbooms exzessiv gebaut wurde. Mittlerweile stehen dort 30 bis 40 Prozent der riesigen Wohnanlagen leer. Die Bauherren müssen reihenweise Bankrott anmelden, weil die Banken sie wegen der verfallenen Hypotheken bedrängen. Für einen cleveren Geschäftsmann ist diese Entwicklung eine Riesenchance, weil man viele Objekte zu einem unglaublich günstigen Preis erwerben kann.

Mein Vater und ich haben für Swifton Village ein extrem niedriges Angebot gemacht, und es wurde akzeptiert. Wir mussten weniger als sechs Millionen Dollar für einen Wohnkomplex zahlen, dessen Bau uns zwei Jahre vorher noch das Doppelte gekostet hätte. Man bewilligte uns auch sofort einen Kredit in Höhe der Kaufsumme und weitere 100 000 Dollar für die Instandsetzungsarbeiten. Wir konnten also ein Objekt erwerben, ohne einen Pfennig Eigenkapital zu investieren. Wir mussten es lediglich verwalten. Und mit den Mieteinnahmen ließ sich der Kredit problemlos zurückzahlen.

Dass es sich hier um ein so großes Projekt handelte, war für meinen Vater und mich besonders reizvoll. Endlich konnten wir uns einer Aufgabe widmen, bei der wir nicht das Gefühl hatten, unsere Zeit zu vergeuden. Der Arbeitsaufwand ist bei 1200 Apartments genauso groß wie bei 500 – mit dem Unterschied, dass sich bei 1200 Wohnungen eine weit interessantere finanzielle Perspektive eröffnet.

Nach Unterzeichnung des Kaufvertrages hing unser Erfolg vor allem vom Management und Marketing ab, das heißt, wir mussten annehmbare, langfristige Mieter finden. Die ehemaligen Mieter hatten die Anlage total verwohnt. Viele Familien stammten aus abgelegenen Gebirgsdörfern in Kentucky, die am Rande des Existenzminimums dahinvegetierten. Sie besaßen nicht mehr als das Lebensnotwendigste, hatten sieben oder acht Kinder und keine Erfahrung mit den sozialen Pflichten, die sich aus dem Zusammenleben in einem großen Wohnkomplex ergeben. Sie waren in Ein- oder Zweizimmerapartments eingepfercht, und die Kinder blieben ohne Aufsicht. Vandalismus war an der Tagesordnung, und Apartments und Anlagen glichen einer Müllhalde.

Die meisten Bewohner ignorierten diese Zerstörung nicht nur, sondern zahlten auch keine Miete. Wurden sie unter Druck gesetzt, so zogen sie einfach in einer Nacht- und Nebelaktion aus: Sie fuhren um ein oder zwei Uhr morgens mit einem gemieteten Wohnwagen vor und verschwanden mit ihrer gesamten Habe. Das konnte mir nur recht sein, aber ich wollte vorher noch die Miete, die sie mir schuldig waren. Deshalb stellten wir rund um die Uhr Wachposten auf, die die Apartments im Auge behielten und auf parkende Wohnwagen und Anzeichen eines heimlichen Auszuges achteten.

Als wir die unerwünschten Mieter endlich losgeworden waren, begannen wir mit den Instandsetzungsarbeiten, damit die Apartments auch Interessenten mit höheren Ansprüchen genügten. Das erforderte allerdings beträchtliche Investitionen, die sich auf rund 800 000 Dollar beliefen – für die damalige Zeit ein Vermögen. Aber der Aufwand lohnte sich. Im Staate New York waren Mieterhöhungen gesetzlich verboten, auch wenn sie angemessen und durch Sanierungskosten gerechtfertigt erschienen. In Cincinnati konnten wir nach der Renovierung der Swifton-Village-Apartments die Mieten erhöhen.

Als erstes ließen wir weiße Jalousien an den Fenstern anbringen – vielleicht kein besonders origineller Einfall, aber sie gaben den kalt wirkenden roten Backsteingebäuden ein anheimelndes Aussehen, und allein das war wichtig. Außerdem war diese kosmetische Verbesserung teurer, als es auf den ersten Blick scheinen mag, denn wir mussten ja insgesamt 1200 Wohnungen damit ausstatten, und in jeder dieser Wohnungen gab es acht bis zehn Fenster. Als Nächstes ersetzten wir die billigen, hässlichen Aluminiumtüren auf der Vorderseite der Wohnblocks durch wunderschöne weiße Holztüren, die man heute noch bei Häusern, die im Kolonialstil erbaut sind, findet.

Ich achtete darauf, dass der gesamte Komplex optisch ansprechend und gepflegt wirkte. Ich habe ja bereits gesagt, dass ich großen Wert auf den äußeren Eindruck lege, zumal sich dieser in den meisten Fällen auszahlt. Wenn Sie zum Beispiel Ihr Auto verkaufen wollen und bereit sind, zwanzig Dollar zu investieren, um es waschen, polieren und auf Hochglanz bringen zu lassen, können Sie unter Umständen zweihundert Dollar mehr dafür verlangen – und meistens erhalten Sie die geforderte Summe. Man muss kein Hellseher sein, um zu wissen, dass jemand wenig Chancen hat, ein schmutzstarrendes Fahrzeug loszuwerden. Dabei wäre es so einfach, es optisch ein wenig „aufzumöbeln".

Mit Immobilien ist es nicht anders. Ein gepflegtes Objekt hat immer einen größeren Wert als ein ungepflegtes. Das gilt vielleicht nicht für New York, wo seit einiger Zeit ein solcher Immobilienboom herrscht, dass die Leute alles kaufen, was ihnen angeboten wird. Aber es wäre ein Fehler, sich an Zeiten des wirtschaftlichen Wachstums zu orientieren. Der Markt verändert sich ständig, und mit den ersten Anzeichen eines Konjunkturrückganges sind auch Faktoren wie Sauberkeit oder ein ansprechendes Aussehen wieder entscheidend.

Wir gaben den Treppenhäusern einen neuen Anstrich, ließen die Fußböden mit Sandstrahlgebläse und Farbe optisch verschönern, achteten darauf, dass die noch leerstehenden Apartments in makellosem Zustand waren und sorgten für die Begrünung der Anlage. Wir warben auch per Zeitungsannonce für unser Mietprojekt, was damals, zumindest im Raum Cincinnati, ungewöhnlich war. An Interessenten herrschte jedenfalls kein Mangel, und die Mund-zu-Mund-Propaganda trug ebenfalls dazu bei, dass wir sämtliche Apartments innerhalb eines Jahres vermieten konnten.

Mit den Hausverwaltern, die wir einstellten, hatten wir weniger Glück. Wir mussten mehr als ein halbes Dutzend wieder entlassen, bevor wir den richtigen Kandidaten fanden. Es gab darunter solche, die zwar ehrlich, aber geistig ein wenig beschränkt waren: Einer sollte zum Beispiel eine Wohnung streichen und malte dabei nicht nur die Wände, sondern auch sich selbst an. Andere waren cleverer, hatten aber nicht die geringste Ahnung von den Aufgaben, die auf einen Hausverwalter warten. Da ich Menschen meistens schon nach kurzer Zeit richtig einschätzen kann, entdeckten wir zum Glück recht schnell, dass wir wieder einmal einen Fehlgriff getan hatten.

Schließlich fanden wir aber doch noch den richtigen Mann. Irving war 65 Jahre alt und ein Unikum. Er besaß nicht nur ein ziemlich lockeres Mundwerk und eine unvorstellbare Überredungsgabe, sondern war auch seinen Aufgaben erstaunlich gut gewachsen. Er schaffte das, wozu andere einen ganzen Tag brauchen, in einer Stunde. Eines habe ich von ihm gelernt: Es ist nicht wichtig, wie lange man arbeitet, sondern was man in dieser Zeit leistet.

Das Problem war nur, dass Irving als nicht besonders vertrauenswürdig galt. Ich hatte schon am ersten Tag einen leisen Verdacht, der aber erst zur Gewissheit wurde, als ich eine Versicherung abschließen wollte. Das mache ich bei jedem Mitarbeiter, der mit Geld zu tun hat, um mich vor Diebstahl und Veruntreuung zu schützen. Mein Instinkt hatte mich nicht getrogen: Der Versicherungsagent, der mich schon seit langem kannte, rief mich an und sagte: „Donald, das kann doch wohl nicht Ihr Ernst sein. Der Mann ist kriminell." Es stellte sich heraus, dass Irving zahlreiche Gaunereien und Betrugsdelikte begangen hatte und schon mehrmals mit dem Gesetz in Konflikt geraten war.

Ich bin immer der Ansicht gewesen, dass man einen Dieb vor Gericht bringen sollte, selbst wenn die dabei entstehenden Kosten zehnmal so hoch sind wie der entwendete Betrag. Diebstahl ist für mich eines der schlimmsten Vergehen. Im Fall Irving befand ich mich allerdings in einem Dilemma: Erstens leistete er unvergleichlich viel mehr als alle ehrlichen Hausverwalter, die ich bisher eingestellt hatte, und zweitens würde niemand es wagen, etwas zu stehlen, solange er den Komplex beaufsichtigte – was bedeutete, dass ich ihn scharf im Auge behalten musste. Ich zog ihn oft damit auf und sagte: „Du bekommst von uns 50 000 Dollar – und alles, was du mitgehen lassen kannst." Darüber hat er sich immer furchtbar aufgeregt.

Hätte ich ihn irgendwann einmal auf frischer Tat ertappt, wäre er auf der Stelle entlassen worden, aber das war nicht der Fall. Ich glaube allerdings, dass er im Jahr noch mindestens 50 000 Dollar zusätzlich „abzweigen" konnte. Trotzdem war ich bereit, ihn zu behalten. – Eines Tages kam ich in mein Büro und fand eine meiner Mitarbeiterinnen in Tränen aufgelöst. Unsere Büroangestellten hatten eine sogenannte „Begräbniskasse", in die jede einen bestimmten Betrag einzahlte. Von dem Geld wurden Blumen gekauft, wenn jemand gestorben war, den sie kannten. Rund 80 Dollar hatten sie inzwischen beisammen. Als ich nach dem Grund für das Tränenbad fragte, erklärte mir die junge Frau: „Dieser schreckliche Irving hat unser Geld gestohlen."

Ich ging sofort zu ihm und stellte ihn zur Rede. Er stritt es natürlich ab. Er schwor, es diesen „Spinatwachteln" noch heimzuzahlen und tobte und lamentierte eine halbe Stunde lang. Aber ich war mir ziemlich sicher, dass die Mädchen die Wahrheit gesagt hatten. Irving war und blieb ein gerissener Gauner, auch wenn es ihm im Augenblick schwerfiel, sich aus der Affäre zu ziehen.

Ich möchte Ihnen noch kurz Irvings Arbeitsstil schildern. Stellen Sie sich einen kleinen, gedrungenen Mann vor, mit einer beginnenden Glatze, dicken Brillengläsern und Händen wie Wackelpudding, der in seinem ganzen Leben nie etwas Schwereres als einen Bleistift hochgehoben und nicht die geringste Kraft hatte. Was er jedoch besaß, war ein unglaublich loses Mundwerk.

Wie ich schon sagte, hatten wir anfangs noch etliche Familien in den Wohnungen, die mit der Miete im Rückstand waren. Manchmal machte sich Irving selbst auf den Weg, um die Schulden einzutreiben. Sobald sich die Tür öffnete, legte er los. Sein Gesicht färbte sich purpurrot; er benutzte die unflätigsten Schimpfworte und schreckte auch nicht vor massiven Drohungen zurück. Seine Vorstellung war bühnenreif und verfehlte selten ihre Wirkung: Die meisten Mieter bezahlten auf der Stelle.

Eines Tages, als Irving wieder einmal die Runde machte, öffnete ihm ein etwa zehnjähriges Mädchen. Irving brüllte los: „Du sagst deinem Vater, dass er jetzt sofort seine Sch ... miete zahlt, sonst kriegt er einen Tritt in den Arsch." Und so fluchte er weiter, bis die Mutter des Mädchens an die Tür kam, um nachzusehen, was da vor sich ging. Sie war ausnehmend hübsch.

Irving hatte eine Schwäche für Frauen, besonders wenn sie so attraktiv waren wie diese. Er änderte auf der Stelle seinen Ton, spielte den Charmeur und lud sie zum Essen ein. Die Frau war mit einem Lastwagenfahrer oder Bauarbeiter verheiratet. Sie hatte in ihrem ganzen Leben nie jemanden wie Irving kennengelernt und wusste offensichtlich nicht recht, was sie von ihm halten sollte.

Sie fiel auf seine Verführungskünste allerdings nicht herein, und schließlich gab Irving auf und schlich von dannen.

Ungefähr eine Stunde später – Irving und ich saßen gerade in seinem Büro – stürmte ein riesiger Kerl, ein wahres Monster mit rund 200 Kilo Lebendgewicht, zur Tür herein. Er schäumte vor Wut, weil Irving es gewagt hatte, in Gegenwart seiner Tochter so lästerlich zu fluchen und mit seiner Frau anzubandeln. In seinen Augen stand die schiere Mordlust.

Meiner Meinung nach würde jeder, der einigermaßen bei Verstand war, in einer solchen Situation Fersengeld geben. Nicht so Irving: Er ging zum Angriff über, fuchtelte wild mit den Armen herum und brüllte los: „Raus hier, und zwar auf der Stelle, sonst bring' ich dich um. Ich mach' dich fix und fertig. Schau dir das an, das sind keine Hände, sondern tödliche Waffen; die sind bei der Polizei registriert."

Ich werde niemals vergessen, wie der Mann Irving ansah und zu ihm sagte: „Komm mit nach draußen, du Fettsack. Ich mach' Kleinholz aus dir." Und ich dachte noch, mein lieber Irving, jetzt steckst du bis zum Hals im Schlamassel. Aber Irving schien da ganz anderer Ansicht zu sein. „Jederzeit", erwiderte er. „Aber wenn ich mich prügele, bekomme ich Ärger mit dem Gesetz."

Man brauchte sich Irvings Hände nur anzusehen, dann wusste man, dass sie kaum als Mordinstrument gelten konnten. Aber Irving besaß Schneid. Er hatte etwas von einem Löwenbändiger an sich. Sie kennen ja diese meist leichtgewichtigen Helden, die ohne mit der Wimper zu zucken den Käfig betreten, in dem achthundert Pfund schwere Bestien unruhig auf und ab gehen. Wenn die Raubkatzen auch nur das leiseste Anzeichen von Angst oder Unsicherheit spüren, fallen sie den Dompteur unter Umständen an und zerfleischen ihn innerhalb weniger Minuten. Deshalb schwingt dieser die Peitsche, demonstriert seine Überlegenheit durch einen selbstsicheren Gang, und die Tiere werden lammfromm. Genau diese Reaktion löste Irving bei dem „Gorilla" aus, nur dass seine Peitsche sein Mundwerk war.

Der Mann verließ tatsächlich das Büro. Er war noch immer aufgebracht, aber er ging. Irving konnte seine Haut vermutlich nur retten, weil er nicht die geringste Furcht zeigte. Ich muss gestehen, seine Kühnheit hat großen Eindruck auf mich gemacht. Man darf sich nicht einschüchtern lassen, sondern sollte seinen Standpunkt vertreten, sich nicht unterkriegen lassen und erst einmal abwarten, was passiert.

Sobald Irving die Verwaltung von Swifton Village fest im Griff hatte, konnte ich mich wichtigeren Dingen zuwenden. In Cincinnati wurde ich nicht mehr gebraucht. Deshalb schränkte ich meine Stippvisiten allmählich ein. Zunächst stattete ich dem Swifton-Komplex nur noch einmal pro Woche, später nur mehr einmal im Monat einen Kontrollbesuch ab.

Ich hatte mich mit einem der neuen Mieter angefreundet, einem älteren Juden, der in einem Konzentrationslager in Polen gewesen war. Nach seiner Ankunft in Amerika hatte er seinen Lebensunterhalt zunächst als Metzger verdient; danach kaufte er den Laden, in dem er angestellt war. Als ich ihn kennenlernte, besaß er bereits vierzehn gutgehende Metzgereien. Er und seine Frau hatten in Swifton Village zwei Apartments zu einer geräumigen Wohnung umbauen lassen und fühlten sich dort ausgesprochen wohl. Ich empfand große Achtung vor ihm, weil er eine gehörige Portion gesunden Menschenverstand besaß, wusste, wie es in der Welt zuging und ein echter Überlebenskünstler war.

Eines Tages – Swifton Village war schon seit Längerem in unserem Besitz – traf ich ihn zufällig bei einem meiner üblichen Kontrollbesuche. „Wie geht's denn so?" fragte ich ihn. „Gut, gut", antwortete er. Dann nahm er mich zur Seite und flüsterte: „Donald, du bist mein Freund, und deshalb rate ich dir, versuch' diese Wohnanlage loszuwerden." Ich konnte mir nicht erklären, wie er auf diese Idee kam, und erwiderte: „Warum denn um alles in der Welt?"

„Weil das nichts mehr bringt. Die Häuser sind nicht schlecht, aber die Gegend verkommt mehr und mehr. Hier gibt es inzwischen Leute, die dir die Kehle durchschneiden und dich kaltblütig, ohne einen weiteren Gedanken daran zu verschwenden, auf der Straße verbluten lassen. Ich spreche von Menschen, denen es Spaß macht, dich abzumurksen." So drückte er sich aus, und ich habe seine Worte nicht vergessen.

Ich gebe etwas auf die Meinung von Leuten, die ich persönlich schätze. Ich brauche keine Marktstudien, um bestimmte Trends zu erkennen; ich folge lieber meinem Instinkt. Deshalb blieb ich diesmal noch zwei Tage länger in Cincinnati und sperrte Augen und Ohren auf. Es konnte keinen Zweifel daran geben, dass sich Unannehmlichkeiten anbahnten und dass es auch in der Nachbarschaft von Swifton Village zu brodeln begann.

Deshalb beschloss ich, das Objekt schnellstmöglich abzustoßen. Interessenten gab es genug. Der Swifton-Village-Komplex war nahezu schuldenfrei, und unsere Mieteinnahmen beliefen sich inzwischen auf rund 700 000 Dollar pro Jahr. Aber erst mit dem Verkauf machten wir ein richtiges Bombengeschäft.

Unser Käufer war der Prudent Real Estate Investment Trust, einer der zahllosen Immobilieninvestmentfonds, die damals wie Pilze aus dem Boden schossen und bei den Banken als besonders kreditwürdig galten. Das einzige Problem war, dass die meisten Manager, die diese Fonds verwalteten, wenig Ahnung von unserer Branche hatten. Ich nannte sie im stillen „die Ignoranten mit dem unerschöpflichen Geldbeutel". Sie investierten zum Beispiel eine größere Kapitalmenge in ein Bauprojekt in Puerto Rico, ohne sich weiter darum zu kümmern. Irgendwann später mussten viele dann feststellen, dass die Wohnanlagen, die sie dort zu besitzen glaubten, nie gebaut worden waren.

Prudent schickte uns einen jungen Mann, der das Objekt in Augenschein nehmen und schätzen sollte. Von seinem Urteil hing die Entscheidung ab, ob sich weitere Verhandlungen überhaupt lohnten. Dieser „Gutachter" war etwa in meinem Alter, aber er sah wie ein Teenager aus. Ich war erstaunt, dass man ihm eine so verantwortungsvolle Aufgabe übertragen hatte.

Es stellte sich heraus, dass er viel weniger an Swifton Village als an einem guten Essen interessiert war. Er hatte von einem Gourmet-Restaurant namens Maisonette gehört, das im Zentrum von Cincinnati lag und zu den fünf besten im weiten Umkreis zählte. Er wollte unbedingt, dass ich mittags dort einen Tisch für uns reservierte. Ich tat ihm den Gefallen.

Sein Flug hatte Verspätung. Ich holte ihn am Flughafen ab, fuhr mit ihm nach Swifton Village und führte ihn herum. Sämtliche Wohnungen waren vermietet, und darüber hinaus hatte er wenig Fragen an mich. Er drängte darauf, endlich ins Maisonette zu kommen. Die Fahrzeit betrug etwa eine halbe Stunde; danach saßen wir rund drei Stunden beim Essen. Das ist normalerweise ganz und gar nicht mein Geschäftsstil. Wenn ich an seiner Stelle gewesen wäre und den Auftrag gehabt hätte, ein Projekt in der Größenordnung von Swifton Village zu begutachten, dann hätte ich auf das Mittagessen verzichtet und mir statt dessen sämtliche Informationen über das zum Verkauf stehende Objekt beschafft.

Als wir das Maisonette verließen, war es schon fast sechzehn Uhr und höchste Zeit, ihn zum Flughafen zu bringen. Er kehrte satt und gutgelaunt nach New York zurück und riet seinen Auftraggebern, den Komplex zu kaufen. Er erklärte ihnen, die Gegend sei fantastisch und der Kauf von Swifton Village eine erstklassige Investition. Der Investmentfonds folgte seiner Empfehlung. Der Kaufpreis betrug zwölf Millionen Dollar. Unser Gewinn belief sich auf rund sechs Millionen – eine beachtliche Rendite für ein so kurzfristig angelegtes Kapital.

Schon am nächsten Tag wurden die Verträge unterzeichnet. Damals ahnte ich bereits, dass sich über Swifton Village ein Unwetter zusammenbraute. Eine Reihe von Mietverträgen lief aus, und die Wohnungsinhaber machten keine Anstalten, sie erneuern zu lassen. Wir nahmen eine Klausel in den Vertrag auf, die besagte, dass sich alle Angaben zum Komplex auf den Zeitpunkt der Vertragsunterzeichnung bezogen und nicht auf den Zeitpunkt der Immobilienübergabe, wie es sonst üblich ist. Mit anderen Worten, wir verbürgten uns dafür, dass alle Wohnungen vermietet waren, als die Unterschriften geleistet wurden; wir übernahmen aber keine Garantie, dass dies noch in drei oder vier Monaten, wenn der Vertrag in Kraft treten und der Besitzerwechsel stattfinden würde, der Fall sei.

Ich bestand noch auf einem weiteren Zusatz im Vertrag: Der Prudent Trust verpflichtete sich darin zur Zahlung einer hohen Konventionalstrafe für den Fall, dass er vom Vertrag zurücktreten würde. Auch das entsprach nicht den üblichen Gepflogenheiten; normalerweise hinterlegt der Käufer eine Summe von zehn Prozent des Kaufpreises als Sicherheit. Tritt er vom Kaufvertrag zurück, dann verliert er nur diese Einlage.

Eigentlich hätten die Prudent-Leute ihrem Namen alle Ehre machen und klüger sein sollen. Aber wie ich schon sagte, damals herrschte ein Bauboom, und sie konnten ihren Bedarf an Immobilien nicht schnell genug decken. In diesem Fall sollte sich wieder einmal zeigen, dass es sich nicht auszahlt, überstürzt zu handeln. An dem Tag, als der Vertrag rechtskräftig wurde, standen Dutzende der Wohnungen leer.

5
DER SPRUNG NACH MANHATTAN

Ich hatte schon 1968 ein Auge auf Manhattan geworfen, als ich mein Examen in Wharton ablegte. Aber zu diesem Zeitpunkt befand sich die Stadt im Baufieber – die Preise stiegen ins Unermessliche, und ich konnte kein Geschäft entdecken, das mir zusagte, das heißt kein gutes Grundstück zu einem erschwinglichen Preis. Mein Vater hatte ein lukratives Unternehmen aufgebaut, aber er hielt wenig davon, riesige Treuhandvermögen für seine Kinder anzulegen. Als ich das College beendete, besaß ich rund 200 000 Dollar Eigenkapital, wovon der größte Teil in Häusern in Brooklyn und Queens angelegt und nicht frei verfügbar war. Deshalb wartete ich ab und half meinem Vater im Geschäft. Meine Freizeit verbrachte ich so oft wie möglich mit Streifzügen durch Manhattan.

1971 trat in meinem Leben ein Wendepunkt ein; ich beschloss, in Manhattan ein Apartment zu mieten – ein winziges Studio an der Third Avenue Ecke 75th Street, mit Blick auf den Wassertank im Hof des Nachbargebäudes. Ich habe es oft scherzhaft als Penthouse bezeichnet, weil es in einem der obersten Stockwerke lag. Ich versuchte, das Apartment durch eine geschickte Raumaufteilung optisch zu vergrößern, aber es war und blieb eine dunkle, winzige Behausung, auf die ich allerdings sehr stolz war. Der Sprung nach Manhattan und der Einzug in meine erste eigene Wohnung waren für mich aufregender als der Umzug in mein Penthouse, das sich über die drei obersten Etagen des Trump Tower erstreckt und an der exklusiven Fifth Avenue/Ecke 57th Street liegt, mit Blick auf den Central Park, fünfzehn Jahre später.

Sie müssen bedenken, dass ich aus den eintönigen Siedlungen in Queens kam, in Brooklyn arbeitete und nun plötzlich ein Apartment auf der feudalen Upper East Side bewohnte.

Dieser Wohnungswechsel war vor allem deshalb so wichtig, weil ich mich nun besser mit Manhattan vertraut machen konnte. Ich wanderte durch die Straßenblocks und entwickelte einen Blick für Dinge, die einem Touristen oder jemandem, der geschäftlich in diesem Stadtteil zu tun hat, niemals auffallen würden. Ich machte mich nach und nach mit jedem einzelnen Gebäude und Grundstück vertraut und fühlte mich wie ein echter New Yorker. Ich konnte rundum mit meinem Leben zufrieden sein: Ich war jung, voller Tatendrang und lebte im Herzen des Big Apple (= New York), in Manhattan, auch wenn ich nach wie vor in Brooklyn arbeitete.

Als Erstes versuchte ich, mir Eintritt in die Welt der High Society zu verschaffen. *Le Club* gehörte wie das *Studio 54* in seiner Blütezeit zu den exklusivsten Klubs in New York. Er lag an der East 54th Street, und dort traf man die mächtigsten Männer und schönsten Frauen der Welt. Hier galt es nicht als ungewöhnlich, wenn ein reicher fünfundsiebzigjähriger Nabob mit drei ausgesucht hübschen, jungen Blondinen aus Schweden dinierte.

Ich vergesse nie, welche Mühe es mich kostete, in diese exklusive Runde aufgenommen zu werden. Eines Tages rief ich im Le Club an und sagte: „Mein Name ist Donald Trump, und ich möchte

Mitglied werden." Mein Gesprächspartner lachte nur und meinte: „Das soll wohl ein Scherz sein." Natürlich kannte damals niemand meinen Namen. Am nächsten Tag hatte ich eine andere Idee. Ich rief wieder an und sagte: „Hören Sie, könnten Sie mir wohl eine Liste der Mitglieder zuschicken? Vielleicht kenne ich den einen oder anderen." Der Mann am anderen Ende der Leitung antwortete: „Tut mir leid, aber das entspricht nicht unseren Gepflogenheiten" – und legte auf.

Ich ließ mich nicht entmutigen und rief am folgenden Tag erneut an. „Ich muss dringend mit Ihrem Vorsitzenden sprechen. Ich habe ihm etwas Wichtiges mitzuteilen." Aus irgendeinem Grund gab man mir tatsächlich Namen und Telefonnummer des Clubpräsidenten, und ich rief ihn an. Ich stellte mich vor und sagte sehr höflich: „Mein Name ist Donald Trump. Ich möchte Mitglied im Le Club werden." Der Präsident fragte mich: „Befinden sich unter den Mitgliedern Freunde oder Angehörige von Ihnen?" Ich antwortete: „Nein, ich kenne niemanden."

Darauf erwiderte er: „Warum glauben Sie, dass wir Sie aufnehmen sollten?" Ich redete wie ein Wasserfall, und schließlich meinte er: „Sie scheinen ein netter junger Mann zu sein, und es könnte nicht schaden, wenn wir auch ein paar jüngere Mitglieder in unseren Reihen hätten. Haben Sie Lust, sich mit mir im Club 21 auf einen Drink zu treffen?"

Wir verabredeten uns also im Club 21. Das Problem war nur, dass ich keinen Alkohol trinke und kein „Sitzfleisch" habe. Der Präsident schien ein handfester Trinker zu sein, ebenso die Freunde, die er mitgebracht hatte. Zwei Stunden lang saßen wir herum; sie tranken, während ich stocknüchtern war. Schließlich drängte ich zum Aufbruch und sagte: „Wie wär's, wenn ich Sie jetzt nach Hause brächte?" Aber ich hatte nicht die geringste Chance: Sie bestanden darauf, noch einen letzten Drink zum Abschied zu nehmen.

An derartige Ausschweifungen war ich nicht gewöhnt. Mein Vater wirkte immer wie ein Fels in der Brandung, so stark und solide. Er kam jeden Abend pünktlich um sieben nach Hause, aß zu Abend, las die Zeitung, sah die Nachrichten im Fernsehen an und ging zu Bett. Ich bin meinem Vater in dieser Hinsicht sehr ähnlich. Diese Menschen repräsentierten eine völlig andere Welt. Ich weiß noch, dass ich mich insgeheim fragte, ob wohl jeder erfolgreiche Geschäftsmann in Manhattan so trinkfreudig sei. In diesem Fall besaß ich einen Riesenvorteil.

Um zehn Uhr abends löste sich die Runde endlich auf, und ich musste jeden einzelnen buchstäblich nach Hause tragen. Zwei Wochen vergingen, ohne dass ich ein Lebenszeichen vom Präsidenten erhielt. Schließlich rief ich ihn an; er konnte sich nicht einmal mehr an mich erinnern. Nun wiederholte sich die ganze Prozedur ein zweitesmal, einschließlich des Besuchs im Club 21. Nur dieses Mal trank der Präsident weniger und versprach, mich als neues Clubmitglied zu empfehlen. Er hatte nur in einem Punkt Bedenken: Er fürchtete, ein junger und gutaussehender Mann wie ich könne versuchen, einigen älteren Clubmitgliedern ihre zum Teil ausgesprochen hübschen Frauen auszuspannen. Ich sollte ihm versprechen, mir in dieser Hinsicht nichts zuschulden kommen zu lassen. Ich glaubte, meinen Ohren nicht trauen zu können. Treue ist sowohl für meine Mutter als auch für meinen Vater immer selbstverständlich gewesen. Das war das Milieu, in dem ich aufgewachsen war, und dieser Mann ermahnte mich, nicht den Verführer zu spielen!

Ich gab ihm das Versprechen und wurde also in den Club aufgenommen, was mir nicht nur berufliche Vorteile, sondern auch einen beachtlichen Statusgewinn einbrachte. Ich lernte dort viele alleinstehende, junge hübsche Frauen kennen und ging fast jede Nacht aus. Aber für eine Ehe kam keine in Frage. Die meisten waren zwar echte Schönheiten, aber man konnte mit ihnen kein normales Gespräch führen. Sie waren entweder zu eitel, zu exzentrisch, zu lebenshungrig oder nur auf den äußeren Schein bedacht. Ich fand zum Beispiel sehr schnell heraus, dass ich diese Mädchen nicht in mein bescheidenes Apartment mitnehmen konnte. Sie hatten viel zu hohe Ansprüche und beurteilten jemanden nur nach seinem Äußeren. Die Frau, die ich schließlich heiratete, ist nicht nur sehr schön, sondern – wie meine Eltern – ein Mensch, auf den man sich hundertprozentig verlassen kann.

Damals lernte ich im Klub auch viele prominente und reiche Männer aus allen Bereichen des öffentlichen Lebens kennen. Ich amüsierte mich zwar prächtig, aber das Nachtleben war für mich gleichzeitig auch Arbeit. Ich erhielt Einblick in die ungeschriebenen Gesetze der New Yorker Insider-Szene und knüpfte die ersten Kontakte zu der Kategorie von Geschäftsleuten, mit denen ich später beruflich zu tun haben sollte. Ich erhielt Zugang zum sogenannten Geldadel, vor allem zu reichen Europäern und Südamerikanern, die später die teuersten und exklusivsten Trump-Tower- und Trump-Plaza-Apartments kauften.

Im Klub lernte ich auch Roy Cohn kennen. Seinen Namen hatte ich schon oft gehört. Er galt als Staranwalt und stand in dem Ruf, sich keine Kontroverse vor Gericht entgehen zu lassen. Eines Abends saß ich zufällig an seinem Tisch. Wir kamen ins Gespräch, und schließlich beschloss ich, ihn ein wenig zu provozieren, was mir immer schon viel Spaß gemacht hat. Ich sagte: „Ich habe eine Abneigung gegen Anwälte. Statt dafür zu sorgen, dass ein Geschäft zustande kommt, setzen sie alles daran, den Abschluss zu verzögern. Sie erheben nichts als Einwände und versuchen mit allen Mitteln, ihre Mandanten zu einer friedlichen Einigung zu überreden, statt für sie zu kämpfen." Cohn ließ sich nicht aus der Ruhe bringen und erwiderte, er sei ganz meiner Meinung.

Das imponierte mir, und so fuhr ich fort: „Ich bin da ganz anders. Ich kämpfe lieber, statt zu kuschen, denn wenn man einmal kneift, wird man schnell für einen Feigling gehalten."

Ich konnte sehen, dass Roy irritiert war, aber er wusste nicht genau, worauf ich hinauswollte. Schließlich fragte er mich: „War das jetzt eine rein akademische Unterhaltung?"

Ich meinte: „Ganz und gar nicht. Die Staatsanwaltschaft hat gerade Anklage gegen meine Firma und einige weitere Unternehmen aus unserer Branche erhoben. Sie beruft sich auf die Verfassung und wirft uns Diskriminierung von Farbigen in unseren Wohnkomplexen vor." Ich erklärte ihm, dass ich den Nachmittag zusammen mit meinem Vater in einer renommierten Kanzlei in der Wall Street verbracht hatte und dass die Anwälte uns eine gütliche Einigung nahegelegt hätten. Genau diesen Kurs befolgen die meisten Firmen, gegen die irgendeine Anschuldigung von behördlicher Seite erhoben wird. Sie haben Angst vor einer negativen Presse, selbst wenn sie wissen, dass sie zu Unrecht beschuldigt werden und sich wehren sollten.

Der Gedanke, klein beizugeben, behagte mir überhaupt nicht. Tatsache war, dass in unseren Apartmentblocks auch farbige Mieter wohnten. Sozialhilfeempfänger wiesen wir allerdings ab, ungeachtet ihrer Hautfarbe.

Wir bevorzugten Mieter, die pünktlich ihre Miete zahlten, sauber und ordentlich waren, sich mit den Nachbarn vertrugen und ein Einkommen nachweisen konnten, das viermal so hoch wie ihre Miete war. Deshalb sagte ich zu Roy: „Was soll ich Ihrer Meinung nach tun?" Er meinte: „Sagen Sie den Untersuchungsbehörden, sie sollen sich zum Teufel scheren. Sie müssen Ihnen vor Gericht erst einmal diskriminierende Auswahlpraktiken nachweisen, was nach meiner Ansicht nahezu aussichtslos sein dürfte, da Sie ja farbige Mieter aufgenommen haben. Außerdem sind Sie nicht verpflichtet, Ihre Wohnungen an unerwünschte Mieter zu vergeben, ungeachtet ihrer Hautfarbe. Der Staat besitzt kein Recht, Ihnen vorzuschreiben, wie Sie Ihr Geschäft zu führen haben."

Das gab den Ausschlag für meine Entscheidung, Roy Cohn mit diesem Fall zu beauftragen. Ich war damals zwar noch relativ unbekannt, aber er besaß ein ausgezeichnetes Gespür für Prozesse, die interessant zu werden versprachen. Er übernahm die Verteidigung und wies die Anschuldigungen mit aller Entschiedenheit zurück. Die Klage konnte nicht aufrechterhalten werden, und wir einigten uns gütlich, ohne Schuldanerkennung. Wir erklärten uns bereit, die leerstehenden Wohnungen eine Zeitlang im Lokalblatt zu annoncieren, mit dem Hinweis, dass Farbigen dieselben Chancen eingeräumt würden. Und damit war der Rechtsstreit zu Ende.

Zu dieser Zeit lernte ich Roy besser kennen. Er war ein hervorragender Jurist – wenn er sich entsprechend vorbereitet hatte. Er betrat den Gerichtssaal ohne eine einzige Notiz. Aufgrund seines photographischen Gedächtnisses konnte er die Fakten jederzeit aus dem Kopf abrufen. Wenn er sich ausgiebig mit einem Fall befasst hatte, lieferte er brillante, fast unschlagbare Plädoyers. Aber er war, wie schon gesagt, nicht immer optimal vorbereitet. Selbst unter diesen Umständen lieferte er oft noch so bühnenreife Leistungen, dass niemand im Gerichtssaal es bemerkte. Es kam allerdings auch vor, dass sein Auftritt vor Gericht in einem Desaster endete, und deshalb machte ich es mir zur Gewohnheit, ihm vor einer Verhandlung ein paar gezielte Fragen zu stellen. Wenn ich feststellte, dass er mit den Fakten vertraut war, nahmen wir den Gerichtstermin wahr.

Ich mache mir, was Roy betrifft, nichts vor. Er war kein unbeschriebenes Blatt. Er hat mir einmal erzählt, dass er mehr als zwei Drittel seines Lebens auf der Anklagebank verbracht und dass die

Staatsanwaltschaft wegen verschiedener Delikte gegen ihn ermittelt habe. Das fand ich nahezu unglaublich, und deshalb fragte ich ihn: „Roy, sag mir nur eines. Sind die Vorwürfe zu Recht gegen dich erhoben worden?" Er sah mich an und grinste. „Was glaubst du denn?" lautete die Gegenfrage. Ich weiß es bis heute nicht.

Was man über Roy auch sagen mag, er war ein abgebrühter Bursche. Manchmal denke ich, dass dieses Macho-Image für ihn fast denselben Stellenwert besaß wie Loyalität. Zum Beispiel wussten all seine Freunde, dass er homosexuell war, und wenn man ihn auf einer Party traf, dann befand er sich stets in der Gesellschaft irgendeines blendend aussehenden jungen Mannes. Aber Roy redete nie über dieses Thema. Er fürchtete, dass seine sexuellen Präferenzen seinem Image abträglich sein könnten. Bei vielen Durchschnittsbürgern gelten Homosexuelle als weibisch. Da er diesen Eindruck tunlichst vermeiden wollte, setzte er alles daran, seine Neigung zu verleugnen. Wenn das Gespräch auf Homosexuelle kam, dann war er der Erste, der auf sie schimpfte.

Obwohl er als rauer Bursche galt, hatte er viele Freunde, und mir ist es nicht peinlich zu sagen, dass ich zu ihnen gehörte. Loyalität war für ihn etwas Selbstverständliches, und da er auch noch ein gerissener Anwalt war, konnte man sich beruhigt fühlen, wenn man ihn auf seiner Seite wusste. Er ging für seine Klienten durchs Feuer, auch wenn er persönlich anderer Meinung war als sie oder der Fall, den er übernommen hatte, sein Ansehen als Anwalt nicht unbedingt förderte. Er gehörte nicht zu den Menschen, die ein Janusgesicht haben.

Es gibt zahllose „Ehrenmänner", die sich nicht genug mit ihrem makellosen Ruf brüsten können, obwohl „Loyalität" für sie ein Fremdwort ist. Sie verfolgen nur ihre eigenen Interessen und schrecken nicht einmal davor zurück, einem Freund den Dolch in den Rücken zu stoßen, wenn dieser ihrer Karriere im Wege steht.

Roy Cohn war da ganz anders. Er gehörte zu den Menschen, die auch dann noch „treu bis zum letzten Atemzug" jemandem zur Seite stehen, wenn sich alle anderen längst aus dem Staub gemacht haben.

Ich lernte in Manhattan jedenfalls viele einflussreiche und prominente Leute kennen und entdeckte einige interessante Immobilienobjekte, aber keines zu einem Preis, der für mich erschwinglich gewesen wäre. 1973 begann der Bauboom in Manhattan merklich abzuflauen. Ich hatte immer geahnt, dass es eines Tages so kommen musste. Alle Wirtschaftsbereiche sind bestimmten Zyklen unterworfen, und der Immobilienmarkt stellt in dieser Hinsicht keine Ausnahme dar. Allerdings konnte ich nicht voraussehen, dass sich die Lage so immens verschlechtern würde. Die Talfahrt wurde durch mehrere Faktoren verursacht. Zum einen kündigte die Regierung eine Kürzung der Subventionen im öffentlichen Wohnungsbau an, die sie vorher mit vollen Händen verteilt hatte, besonders in New York. Und zur gleichen Zeit wurden auch noch die Zinssätze erhöht. Da sie über einen langen Zeitraum relativ konstant geblieben waren, konnte man sich kaum vorstellen, dass sie wieder steigen oder fallen könnten. Außerdem bekamen wir die ersten Anzeichen einer schleichenden Inflation zu spüren, die sich schon auf dem Bausektor auszuwirken begann, als in anderen Wirtschaftsbereichen noch wenig davon zu bemerken war.

Aber das größte Problem war die finanzielle Situation der Stadt. Der Schuldenberg war inzwischen so gewachsen, dass alle langsam nervös wurden. Niemand konnte mehr ignorieren, dass New York am Rande des Bankrotts stand. Angst zieht noch mehr Angst nach sich. Es dauerte nicht lange, bis die New Yorker das Vertrauen in ihre Stadt verloren hatten. Sie glaubten einfach nicht mehr daran, dass es mit ihr je wieder bergauf gehen könne.

Dieses Klima hemmte auch die Bauaktivitäten. Während der ersten Monate des Jahres 1973 hatte die Stadt Genehmigungen für die Errichtung von 15 000 Wohnungen und Einfamilienhäusern in den fünf Boroughs, den Stadtrandgebieten New Yorks, erteilt. In den ersten neun Monaten des Jahres 1974 waren es nur mehr 6000.

Ich machte mir zwar auch Sorgen um die Zukunft der Stadt, aber ich kann nicht behaupten, dass ich deshalb schlaflose Nächte verbrachte. Ich bin im Grunde ein Optimist und muss zugeben, dass ich in der Krise, in der sich New York befand, meine große Chance sah. Da ich im Arbeiterviertel Queens aufgewachsen war, hielt ich Manhattan für das attraktivste Wohngebiet der Metropole, ja sogar für den „Nabel der Welt", auch wenn das irrational klingen mag. Ich war fest überzeugt, dass sich für die Probleme, die die Stadt momentan hatte, langfristig eine Lösung finden ließ. Welche andere Stadt konnte sich schon mit New York messen?

Eines der Grundstücke, das mich schon immer fasziniert hatte, war der ehemalige Rangierbahnhof am Hudson River, der sich von der 59th Street bis zur 72nd Street erstreckte. Jedesmal wenn ich auf dem West Side Highway daran vorbeifuhr, malte ich mir aus, was für fantastische Bauwerke sich darauf errichten ließen. Man musste kein Finanzgenie sein, um zu erkennen, dass vierzig Hektar Bauland direkt am Hudson-River, mitten in Manhattan, ein unermesslich wertvolles Potenzial darstellten. Aber dieses riesige Areal erschließen zu wollen – noch dazu in einer Zeit, als die Finanzmisere der Stadt ihren Höhepunkt erreicht hatte –, war reiner Wahnsinn.

Ich glaube, man kann nicht viel falsch machen, wenn man ein erstklassiges Grundstück zu einem günstigen Preis kauft. Damals galten viele Wohnviertel auf der West Side nicht nur als sanierungsbedürftig, sondern auch als gefährliches Pflaster. In jeder Seitenstraße gab es Obdachlosenasyle, und in den Parks blühte der Drogenhandel. Ich erinnere mich noch an eine Serie in der *New York Times* über den Wohnblock zwischen Central Park West und Columbus Avenue/Ecke 84th Street, in dem die sozialen Missstände angeprangert wurden.

Man musste allerdings kein Hellseher sein, um zu erkennen, wie leicht sich hier Abhilfe schaffen ließ. Selbst in den Slumgebieten, wie beispielsweise an der West 84th Street, standen prachtvolle alte, rotbraune Backsteinbauten, nur ein paar Schritte vom Central Park entfernt. Und an den Avenues, vor allem im Bereich Central Park West und Riverside Drive, gab es noch solide gebaute Wohnkomplexe älteren Datums mit geräumigen Wohnungen und spektakulärem Ausblick. Es war nur eine Frage der Zeit, bis man ihren Wert erkennen würde.

Eines Tages, es war im Sommer 1973, las ich in der Zeitung einen Artikel über die Penn Central Railroad, die Konkurs angemeldet hatte. Es hieß, die Treuhänder hätten eine Firma, die von einem Mann namens Victor Palmieri geleitet wurde, beauftragt, die Vermögenswerte zu veräußern. Zur Aktivmasse gehörte, wie sich herausstellte, auch das verlassene Bahngelände, das sich von der 59th bis zur 72nd Street erstreckte, sowie mehrere Grundstücke an den West-Thirty-Straßenzügen. Victor hatte mit der Penn Central eine Provision für jedes verkaufte Grundstück ausgehandelt.

Ich hatte noch nie etwas von Victor Palmieri gehört, aber mir kam sofort der Gedanke: Diesen Mann musst du kennenlernen. Deshalb rief ich einfach bei seinen Mitarbeitern an und sagte: „Hallo, mein Name ist Donald Trump. Ich möchte das alte Bahngelände im Bereich 60th Street kaufen." Die einfachste Methode erweist sich oft als die wirkungsvollste.

Ich glaube, ihnen gefiel meine Offenheit und mein Enthusiasmus. Ich hatte mir auf dem Bausektor zwar noch keinen Namen gemacht, aber dafür war ich bereit, auch solche Geschäfte als eine Chance zu betrachten, die andere ignoriert hätten.

Ich traf mich mit Victor, und wir verstanden uns auf Anhieb. Er war ein sehr sympathischer, attraktiver Mann. Er wirkte wie ein Mitglied der gesellschaftlichen Elite, die man hauptsächlich an der Ostküste findet. Ich schilderte den chaotischen Zustand des Viertels rund um das Grundstück an den 60th Streets und sagte ihm, dass man mich angesichts dieser Probleme und der Finanzmisere der Stadt leicht für verrückt halten könne, den Kauf dieses Grundstücks überhaupt in Betracht zu ziehen. Wenn man etwas kaufen will, dann ist es mitunter von Vorteil, wenn man den Verkäufer davon überzeugen kann, dass das, was er anzubieten hat, nicht viel taugt.

Dann erklärte ich Victor, dass es schwierig werden würde, eine Baugenehmigung für dieses riesige, unentwickelte Stück Land zu erhalten. Es sei zu befürchten, dass sich die Bezirksverwaltung gegen jegliche Bebauung sträuben und der Instanzenweg – über die Stadtplanungskommission und den Planfeststellungsausschuss – endlos sein würde.

Und drittens versuchte ich – was unter Umständen ausschlaggebend war –, mich selbst möglichst gut zu „verkaufen". Ich konnte zwar weder langjährige Erfahrung noch außergewöhnliche Leistungen vorweisen, aber Palmieri schienen mein Tatendrang und meine Begeisterung zu imponieren.

Victor besaß große Menschenkenntnis und beschloss, mir eine Chance zu geben. Er schlug mir vor, nicht nur das Areal im Bereich der 60th Street, sondern auch die Grundstücke an der West 34th Street zu erschließen. Wahrscheinlich hatte ich bei dem Versuch, Eindruck auf ihn zu machen, des Guten zu viel getan. Jetzt blieb mir keine Wahl mehr. Ich war erst 27 Jahre alt, und weder mein Vater noch ich hatten je in Manhattan gebaut. So sehr Victor mich auch persönlich schätzen mochte, ich glaube, er hätte sich niemals auf einen Handel mit mir eingelassen, wenn er nicht überzeugt gewesen wäre, dass unsere Firma zu den größten und kapitalkräftigsten in der Baubranche gehörte. Als ich Victor kennenlernte, hatte unsere Firma nicht einmal einen Namen, und deshalb nannte ich sie kurzerhand Trump Organization. Das Wort „Organization" vermittelt irgendwie den Eindruck von Größe. Kaum jemand wusste, dass die Trump Organization ihren Sitz in ein paar winzigen Hinterhof-Büros an der Avenue Z in Brooklyn hatte.

Außerdem machte ich Palmieri auf unsere guten Beziehungen zu Politikern aufmerksam, wie zum Beispiel Abraham Beame, der im November 1973 zum Bürgermeister von New York gewählt worden war. Mein Vater gehörte dem demokratischen Klub an, aus dessen Reihen Beame hervorgegangen war; daher kannten sie sich recht gut. Wie alle Bauunternehmer hatten auch mein Vater und ich Beame und andere Kandidaten finanziell unterstützt. Für einen New Yorker Geschäftsmann sind Wahlspenden nichts Anrüchiges, sondern gang und gäbe, und wir zahlten keine größeren Summen in den Fonds ein als unsere Konkurrenten. Ich hatte vielmehr das Gefühl, dass Beame aufgrund unserer persönlichen Bekanntschaft Wert darauf legte, jeden Anschein von einer Begünstigung zu vermeiden.

Während Beames vierjähriger Amtsperiode als Bürgermeister von New York versuchte ich, der Stadt das Grundstück an der West 34th Street als Standort für ein Kommunikationszentrum schmackhaft zu machen. Es war für diesen Zweck bestens geeignet, und alle namhaften New Yorker Geschäftsleute unterstützten unseren Vorschlag. Trotzdem stimmte Beame erst kurz vor Ende seiner Amtsperiode zu. Die offizielle Baugenehmigung erteilte er uns auch nicht; die erhielten wir erst von Ed Koch, der 1978 erstmalig zum Bürgermeister gewählt wurde und entschied, dass das Kommunikationszentrum auf unserem Grundstück entstehen sollte. Auch hier handelte es sich nicht um einen Fall von Begünstigung: Niemand käme auf die Idee zu behaupten, dass Donald Trump und Ed Koch Busenfreunde seien. Aber nun greife ich vor.

Da Victor und ich uns auf Anhieb so gut verstanden, gestaltete sich unsere geschäftliche Beziehung weit enger als zwischen Käufer und Verkäufer üblich – was mir ungeahnte Vorteile brachte. Zum Beispiel handelten wir einen Vertrag aus, der mir das alleinige Vorkaufsrecht auf die Grundstücke an der 60th und 30th Street sichern sollte – vorausgesetzt, unsere Pläne stimmten mit den Bebauungsrichtlinien der Stadt überein, vorausgesetzt das Gericht, das mit der Abwicklung des Konkursverfahrens der Penn Central betraut war, erklärte sich einverstanden usw. usw. ... Die Auflagen, die mit dem Kauf verknüpft waren, füllten Bände. Nur eine einzige fehlte: Ich brauchte keinen Dollar Eigenkapital. Die Penn Central bot mir sogar an, die Erschließungskosten des Grundstücks zu zahlen. Der Handel, den wir abschließen konnten, muss wohl als einmalig gelten: Stellen Sie sich vor, der Eigentümer übernimmt alle bei der Übergabe anfallenden Kosten!

Trotzdem muss man diese Transaktion realistisch sehen. Was man heute vielleicht als naive Geschäftspolitik bezeichnen würde, war zu dem Zeitpunkt, als kaum jemand mehr einen Anreiz sah zu bauen und die Stadt zunehmend verfiel, der Griff nach dem rettenden Strohhalm.

Palmieri trug auch dazu bei, mir in den Medien Glaubwürdigkeit zu verschaffen. Als ihn ein Reporter der Zeitschrift Barrons fragte, warum er sich entschieden habe, an Trump zu verkaufen, antwortete er: „Die Grundstücke waren wie ein schwarzes Loch; keiner konnte die damit verbundenen Risiken ermessen. Wir haben mit allen möglichen Kaufinteressenten gesprochen, aber keiner – außer dem jungen Trump – besitzt den starken Willen, die Zähigkeit und die Vorstellungskraft, die man braucht, um aus diesem Areal etwas zu machen. Er hat Ähnlichkeit mit den großen Gründerpersönlichkeiten des 19. Jahrhunderts und wird es zweifellos weit bringen."

In der Zeit, als ich die Presse über meine Pläne informierte, die im Grunde nicht viel mehr als Luftschlösser waren, erklärte einer der New Yorker Immobilienzaren einem meiner besten Freunde: „Bei Trump sehe ich nichts als einen Haufen Scheiße. Wo sind die Ziegel und der Zement?"

Ich weiß noch, wie wütend ich darüber war. Ich habe mit dem Mann ein Jahr lang kein Wort gesprochen. Aber rückblickend muss ich zugeben, dass er recht hatte. Wie leicht hätten all meine Pläne in Rauch aufgehen können! Wenn es mir damals nicht gelungen wäre, mein erstes Projekt zu realisieren, wenn ich die Stadt nicht schließlich doch noch überzeugt hätte, dass das Grundstück an der West 34th Street ein optimaler Standort für das Kommunikationszentrum sei, und wenn ich anschließend nicht das Grand-Hyatt-Hotel renoviert hätte, dann säße ich heute wahrscheinlich wieder in Brooklyn und würde Mieten kassieren. Die ersten Geschäfte, die ich damals eingefädelt habe, waren im Grunde ein reines Vabanquespiel.

Am 29. Juli 1974 kündigten wir in der Presse an, dass die Trump-Organization das Vorkaufsrecht auf die beiden Grundstücke der Penn Central am Hudson River erworben habe, die von der West 59th bis zur West 72nd Street und von der West 34th bis zur West 39th Street reichten – und zwar zum Preis von 62 Millionen Dollar – ohne dass irgendwelche Sicherheiten verlangt wurden. Die Sensationsmeldung erschien auf der Titelseite der *New York Times*.

Ursprünglich hatte ich geplant, dort Wohnungen für Familien mit mittlerem Einkommen zu errichten und für einen – gemessen an den heutigen Verhältnissen – Spottpreis von 110 bis 125 Dollar pro Zimmer zu vermieten, was damals allerdings kein Pappenstiel war. Finanzieren wollte ich das Bauvorhaben mit Hilfe des sogenannten Mitchell-Lama-Programmes, mit dem die Stadt Bauherren langfristige Darlehen zu günstigen Zinsen und Steuererleichterungen zusicherte, um die Beschaffung von preiswertem Wohnraum zu fördern.

In den Monaten vor der offiziellen Presseverlautbarung waren Victor und ich sowie einige seiner Mitarbeiter damit beschäftigt gewesen, Abe Beames Einstellung zu unserem Bauvorhaben zu ergründen. Obwohl er das Projekt zu befürworten schien, weigerte er sich, eine offizielle Stellungnahme abzugeben, bevor die Pläne den Behörden vorgelegt worden waren – also der Stadtplanungskommission, dem Planfeststellungsausschuss und den entsprechenden kommunalen Gremien. Als Politiker wollte er natürlich wissen, aus welcher Ecke der Wind wehte, bevor er sich endgültig festlegte.

Als meine Pläne bekannt waren, tauchten plötzlich weitere Interessenten auf. Zum Beispiel bot die Starrett Housing, eine Firma, mit der wir beim Starrett-City-Wohnkomplex in Brooklyn eine Partnerschaft eingegangen waren, 150 Millionen Dollar, sofern die Auflagen wie Finanzierung, Baugenehmigung und so weiter und so fort erfüllt werden konnten. Ihr Angebot schien, zumindest auf den ersten Blick, wesentlich günstiger für die Penn Central als das unsere zu sein.

Ich gebe gerne zu, dass ich einen erbitterten Konkurrenzkampf nicht scheue und versuche, ihn mit allen – im Rahmen der Gesetze – verfügbaren Mitteln zu gewinnen. Manchmal lässt es sich nicht vermeiden, dass man seine Rivalen dabei nach allen Regeln der Kunst „ausbootet". In diesem Fall war ich der Meinung, dass das Angebot von Starrett erstens nicht legitim sei, dass es zweitens nicht akzeptiert werden würde und – sollte das wider Erwarten doch der Fall sein – die Firma drittens das Bauvorhaben nicht realisieren konnte. Es steht jedem frei, beim Verkauf eines Objektes mitzubieten, auch wenn dabei so viele Auflagen bestehen wie bei dieser Transaktion. Inwieweit das Angebot, ein Grundstück zu erschließen und zu bebauen, ernst gemeint ist, lässt sich allerdings nur schwer abschätzen. Dasselbe galt auch für mich, außer dass ich viel Zeit und Energie darauf verwandt hatte, Palmieri und seine Leute davon zu überzeugen, dass ich festen Willens sei und alles daran setzen würde, meine Pläne zu realisieren.

Schließlich konnte ich Palmieri klarmachen, dass der Spatz in der Hand – also meine 62 Millionen – immer noch besser sei als die Taube auf dem Dach, sprich Starretts Angebot.

Man könnte es wohl als eine Ironie des Schicksals betrachten, dass sich innerhalb eines Jahres nach Ankündigung meiner Baupläne und nachdem es mir gelungen war, die Konkurrenz auszuschalten, die wirtschaftliche Situation New Yorks dramatisch zuspitzte.

Im Februar 1975 sah sich die Urban Development Corporation, eine Firma, die im Auftrag der Regierung die Ausgabe von Obligationen für die Finanzierung des städtischen Wohnungsbaus leitete, außerstande, die fälligen Zinsen in Höhe von 100 Millionen Dollar zu zahlen.

Im September 1975 kündigte Beame an, die Stadt müsse aufgrund der finanziellen Krise sämtliche Projekte im öffentlichen Wohnungsbau stoppen.

Im November 1975 wurde bekanntgegeben, dass für die kommenden fünf Jahre außerdem noch alle Subventionen im freien

Wohnungsbau, genauer gesagt bei Bauprojekten, die der Wohnraumbeschaffung für Familien mit niedrigem und mittlerem Einkommen dienten, gestrichen seien. Auch eine große Anzahl von Projekten, für die bereits eine vorläufige Genehmigung vorlag, fiel dem Rotstift zum Opfer.

Kein Tag verging, ohne dass eine neue Schlagzeile über die Finanzkrise der Stadt erschien. Ich kann nicht sagen, dass ich wirklich Angst um die Zukunft New Yorks hatte. Als mir jedoch klar wurde, dass es in absehbarer Zeit keine Subventionen im öffentlichen Wohnungsbau mehr geben würde, beschloss ich, neue Wege zu gehen.

Ich war immer der Meinung gewesen, das Grundstück an der 34th West Street eigne sich hervorragend für ein Kommunikationszentrum. Leider teilten nur wenige Vertreter der Stadt meine Ansicht. Zum einen ließ die Stadtverwaltung – mit finanzieller Unterstützung zahlreicher prominenter New Yorker Geschäftsleute – bereits seit mehr als drei Jahren für ein anderes Grundstück am Hudson River, an der 44th Street, Standortanalysen durchführen und bemühte sich, das Areal zu erschließen. Allein der Planungsprozess hatte, offiziellen Angaben zufolge, 13 Millionen Dollar verschlungen; Eingeweihte wussten allerdings zu berichten, dass sich die tatsächlichen Kosten eher auf 30 Millionen beliefen.

Kurz nach der Ankündigung, dass sämtliche Bauzuschüsse gestrichen seien, teilte Beame mit, dass die Stadt die Erschließung des Baulandes an der 44th Street ebenfalls stoppen müsse. Mir blieb keine andere Wahl, als mir einen Anwalt zu nehmen. Samuel H. Lindenbaum galt als brillanter Jurist, der sich auf Planfeststellungsverfahren spezialisiert hatte und sich von nun an um alle Rechtsfragen kümmern sollte, die das Grundstück an der 44th Street betrafen.

Außerdem hatte ich in Louise Sunshine eine große Hilfe bei dem Versuch, meine Pläne in Bezug auf das Kommunikationszentrum bei der Stadtverwaltung durchzusetzen. Sie verfügte über ausgezeichnete Verbindungen zu verschiedenen Politikern und hatte sich als Hugh Careys Finanzchefin profiliert, als dieser 1974 für das Amt des Gouverneurs kandidierte. Darüber hinaus war sie auch noch Schatzmeister der Demokratischen Partei. Zuerst arbeitete sie ohne Bezahlung für mich; später erhielt sie eine Führungsposition in meinem Konzern.

Zu dem Zeitpunkt, als ich ein schlagkräftiges Team zusammenstellte, das für mein Grundstück die Werbetrommel rühren sollte, hatten die Behörden auf städtischer und bundesstaatlicher Ebene ihre eigenen Pläne: Sie wollten das Kommunikationszentrum in Battery Park City errichten, gegenüber dem World Trade Center, an der Südseite Manhattans. In meinen Augen waren beide Standorte – West 44th Street wie auch Battery Park – absolut ungeeignet. Aber wie konnte ich den Behörden diesen Fehlgriff klarmachen? Ich wollte die Kontroverse in den Medien austragen, aber ich war ein Niemand. Um mein Grundstück zu propagieren und Unterstützung für meine Pläne zu gewinnen, musste ich mir in der Öffentlichkeit zunächst einmal Geltung verschaffen.

Ich beschloss, die erste Pressekonferenz meines Lebens einzuberufen. Louise und Howard Rubenstein, ein bekannter New Yorker Public-Relations-Fachmann, starteten eine Kampagne, um einige der einflussreichsten Persönlichkeiten der Stadt für unsere Sache zu gewinnen, unter anderem Manfred Ohrenstein, den Chef der Mehrheitspartei im Senat, und Theodore Kheel, den Unterhändler einer mächtigen Gewerkschaft, der in der lokalen politischen Szene eine wichtige Rolle spielte. Kheel hielt sich in der Pressekonferenz an die Taktik, die er auch bei Verhandlungen mit Arbeitgebern verfolgte. „Wenn man das neue Kommunikationszentrum in Battery Park errichtet, könnte man auch gleich einen Nachtclub auf dem Friedhof eröffnen", erklärte er den Reportern. Wir hatten ein riesiges Transparent aufgestellt, auf dem zu lesen war: „Das Wunder an der 34th Street". Ich kündigte den Reportern an, dass ich mein Kommunikationszentrum für 110 Millionen Dollar bauen könne – was bedeute, dass die Kosten um mindestens 150 Millionen niedriger lägen, als wenn die Stadt es in Eigenregie an der West 44th Street errichten würde.

Kein Wunder also, dass angesichts dieser sensationellen Eröffnung einige Augenbrauen in die Höhe gingen und die Presse aufzuhorchen begann. Aber von offizieller Seite kam nicht die geringste Resonanz. Ich musste zum erstenmal – wenn auch nicht zum letztenmal – feststellen, dass sich die Politiker wenig um Kostenfragen scheren. Es ist ja schließlich nicht ihr eigenes Geld, das ausgegeben wird.

Wo ich auch hinkam und mit wem ich auch sprach – ich betonte, wie wichtig der Bau eines Kommunikationszentrums für die Stadt sei. Viele Leute waren der Ansicht, dass es angesichts der desperaten finanziellen Lage New Yorks am besten sei, die Idee vorerst fallen zu lassen.

Für mich war diese Einstellung ein typisches Zeichen wirtschaftspolitischer Kurzsichtigkeit. Zum Beispiel hatten viele Firmen beim Rückgang der Nachfrage ihre Werbebudgets drastisch gekürzt; aber gerade in einer Flaute sollte man die Verkaufsförderungsmaßnahmen verstärken. Und genau diesen Punkt hob ich hervor, wenn die Sprache auf das Kommunikationszentrum kam. Der Bau sei für das Image der Stadt und die Wiederbelebung der Wirtschaft gleichermaßen wichtig.

Jedem, der bereit war zuzuhören, schwärmte ich vor, wie fantastisch mein Grundstück sei und wie indiskutabel die Alternativen.

Ich wies darauf hin, dass das Kommunikationszentrum an der 44th Street auf Plattformen über dem Wasser errichtet werden müsse, was letztlich teurer, problematischer und zeitaufwendiger sei. Außerdem sei das Grundstück viel zu klein; es gebe nicht genug Raum für Erweiterungsbauten, und da das Kommunikationszentrum direkt über dem Wasser gebaut werden sollte, müsse man quer unter dem ohnehin schon stark erodierenden West Side Highway einen Tunnel anlegen, damit man überhaupt Zugang dazu habe. Und schließlich brachte ich die Sprache auf eine spezielle Genehmigung, die man braucht, wenn man Wassergrundstücke wie das an der 44th Street bebaut. Diese Genehmigung – mit der ich mich so gründlich befasste, dass ich bald als Experte gelten konnte – konnte nur mit Zustimmung des Kongresses erteilt werden.

Nicht weniger kompliziert, ja geradezu illusorisch sei der Standort Battery Park am Südzipfel der Stadt. Ich wies darauf hin, dass dieses Areal vom Stadtzentrum meilenweit entfernt und der Zugang mit öffentlichen Verkehrsmitteln erschwert sei. Ich sorgte auch dafür, dass eine Standortanalyse der staatlichen Behörden die Runde machte, in der man zu der Schlussfolgerung gekommen war, dass der Bau des Kommunikationszentrums in Battery Park beträchtliche Renovierungsarbeiten am West Side Highway, dem Zubringer, sowie die Bereitstellung von mindestens 2000 zusätzlichen Hotelzimmern erfordere.

Aber in erster Linie betonte ich die Vorzüge meines Grundstücks an der West 34th Street: Es lag an der Ostseite des Highways, war also problemlos zugänglich. Es gab U-Bahn- und Busstationen in der Nähe. Außerdem ließen sich allein dadurch Kosten einsparen, dass Zwangsräumungen entfielen. Das Grundstück war so groß, dass es ausreichende Expansionsmöglichkeiten für die Zukunft bot. Als der Stadtrat Robert Wagner einer Gruppe von Studenten des Abschlusssemesters die Aufgabe stellte, eine kurze Standortanalyse für mein Grundstück anzufertigen – die im Übrigen äußerst positiv ausfiel –, konnte ich mir diese Studie beschaffen. Ich nannte sie den „Wagner-Report". Der Namensgeber war allerdings nicht sonderlich erfreut.

Es dauerte nicht lange, bis ich mir die nötige Unterstützung verschafft hatte. Allerdings stieß ich bei einigen lokalen Politikern, die eine Schlüsselposition bekleideten, auf taube Ohren. Abe Beame führte diese Liste an. Als er seinen Plan, auf dem Grundstück an der West 44th Street zu bauen, aufgeben musste, plädierte er für den Standort Battery Park. Wie zwingend die Argumente auch waren, die ich vorbrachte, er blieb bei seiner vorgefassten Meinung. Zu meinen Gegnern zählte außerdem John Zucotti, Beames Stellvertreter und zweiter Bürgermeister von New York. Er redete überall abschätzig über mein Grundstück. Ich glaube, er wollte nur nicht zugeben, dass er Jahre seines Lebens und öffentliche Gelder in ein Projekt investiert hatte, das von vornherein zum Scheitern verurteilt war. Und genau das erklärte ich der Presse. Ich beschuldigte Zucotti, eigennützig und kleinlich zu denken, und erhob noch mindestens ein weiteres halbes Dutzend schwerwiegender Vorwürfe. Er reagierte ziemlich sauer. Unsere Fehde stand bald im Brennpunkt der Medien, und das wirkte sich letztlich positiv für mich aus, weil sich mir damit eine weitere Möglichkeit bot, die Werbetrommel für mein Grundstück zu rühren.

Am Ende trugen wir den Sieg davon, vielleicht deshalb, weil es uns gelungen war, unsere Gegner zu zermürben. Wir gaben nicht auf, und die Opposition begann langsam, aber sicher dahinzuschmelzen. 1977 beauftragte Beame ein weiteres Gremium mit einer Analyse der zur Wahl stehenden Grundstücke; meines schnitt dabei am besten ab. Daraufhin konnte uns Beame, der gegen Ende des Jahres aus dem Amt ausschied, seine Unterstützung nicht mehr versagen – wenn auch seine Unterschrift.

Im Januar 1978 beschloss Ed Koch, sein Nachfolger im Bürgermeisteramt, eine eigene Studie durchzuführen. Ich nahm an, dass die Chancen unseres Projektes damit wieder auf dem Nullpunkt angelangt seien. Aber weit gefehlt – von nun an ging alles im Blitztempo, und auch mein Grundstück war wieder im Gespräch. Im April 1978 verkündeten die städtischen und staatlichen Behörden, man habe sich endgültig für das Grundstück an der 34th Street entschieden. Für mich war das ein Sieg auf ganzer Linie. In Anbetracht der Zeit, die ich investiert hatte, war das Ergebnis bei Weitem zu mager, und zumindest vom finanziellen Standpunkt aus ließ sich der enorme Energieaufwand nicht rechtfertigen.

Laut Vertrag mit der Penn Central stand mir eine Vergütung in Höhe von 833 000 Dollar zu. Diese Summe errechnete sich aus dem Kaufpreis von 12 Millionen Dollar, den die Stadt mit der Eisenbahngesellschaft aushandeln konnte. Ich bot an, auf meinen Anteil ganz zu verzichten, wenn sich die Stadt einverstanden erklären würde, das Kommunikationszentrum nach meiner Familie zu benennen. Ich bin deswegen oft kritisiert worden, aber ich sehe keinen Grund, mich dafür zu entschuldigen. Wenn die Trumps nicht gewesen wären, gäbe es heute nämlich kein Kommunikationszentrum in New York.

Die Stadt hätte außerdem ein Vermögen sparen können, wenn man bereit gewesen wäre, mir die Leitung der Bauarbeiten zu übertragen – woran mir sehr gelegen war. Stattdessen gelangte Ed Koch zu der Schlussfolgerung – aus Gründen, die ich bis heute nicht verstehe –, dass es zu einem Interessenskonflikt kommen würde, wenn man mir gleichzeitig die Rolle des Grundstücksvermittlers und Bauleiters zugestand. Schließlich machte ich der Stadt ein Angebot, das mir, offen gesagt, nur Nachteile einbringen konnte. Ich gab die Zusage, das Zentrum für weniger als 200 Millionen Dollar zu bauen und eventuelle Mehrkosten selbst zu tragen. Man muss lange suchen, bis man jemanden findet, der zu solchen Zugeständnissen bereit wäre.

Aber die Stadtverwaltung beschloss stattdessen, die Bauleitung in Eigenregie zu übernehmen – und dies mit dem Resultat, dass es zu Terminverzögerungen und Kostenüberhängen kam, die in der Baugeschichte New Yorks fürwahr ihresgleichen suchen. Ein Mann namens Richard Kahan wurde zum Leiter der Urban Development Corporation ernannt; er war letztlich für die Koordination des Bauprojektes verantwortlich. Er ist ein sympathischer Mann, der sich allerdings für einen zweiten Robert Moses hält. Aber leider fehlte es ihm offensichtlich sowohl an dessen Erfahrung als auch am nötigen Talent.

Als Erstes engagierte Kahan I. M. Pei als Architekten, der in den USA zu den gefragtesten Baumeistern gehört. Meiner Ansicht nach entscheidet er sich allerdings viel zu oft für kostenintensive Problemlösungen, und da man ihn für einen Guru hält, wagt niemand, Einspruch anzumelden. Pei wählte ein Stahlskelett-Design, eine Konstruktion, die – wie jeder Bauexperte bestätigen kann – besonders schwierig und extremen Kostenschwankungen unterworfen ist. Das wirkt sich besonders gravierend aus, wenn es sich um ein so riesiges Stahlskelett handelt, wie für das Kommunikationszentrum erforderlich war.

Von Anfang an hatte ich Kahan und seinen Leuten erklärt, dass man gleichzeitig Parkmöglichkeiten schaffen müsse. Was nutzt das schönste Kommunikationszentrum, wenn es in der unmittelbaren Umgebung keine Parkplätze gibt? Darauf erhielt ich nur die Antwort, dass die Genehmigung zum Bau einer Parkgarage aufgrund der lokalen Umweltschutzbestimmungen schwer zu erhalten sei. „Hören Sie", sagte ich ihnen, „je länger Sie warten, desto schwieriger wird es. Sie sollten zumindest jetzt schon einen getrennten Antrag einreichen, sodass der Prozess schon einmal in Gang gesetzt wird." Sie ignorierten meinen Rat, und bis heute gibt es dort weder eine Parkgarage noch die Aussicht, dass in absehbarer Zukunft eine gebaut wird.

Die Frage, wo der Eingang entstehen sollte, wurde in meinen Augen ebenso schlecht gelöst. Wenn man ihn nach Westen hin gebaut hätte, wäre die Frontseite des Gebäudes dem Hudson River zugewandt gewesen – ein einmaliges Panorama. Stattdessen wurde der Eingang auf die Ostseite verlegt, mit Blick auf die stark befahrene Eleventh Avenue.

Als ich merkte, welche gravierenden Fehler man bei der Planung machte, war ich ziemlich wütend und frustriert. 1983, als nicht mehr zu übersehen war, dass der Bau des Kommunikationszentrums wegen der entstandenen Terminprobleme und Kostenüberhänge in einem Desaster zu enden drohte, schrieb ich einen Brief an William Stern, der Richard Kahans Nachfolge als Leiter der Urban Development Corporation angetreten hatte. Zum zweitenmal bot ich an – und diesesmal unentgeltlich –, die Projektleitung zu übernehmen und die Bauarbeiten im Zeitrahmen und ohne weitere Kosten fertigzustellen.

Meine Hilfestellung wurde ausgeschlagen, und die Katastrophe war nicht mehr aufzuhalten. Als das Kommunikationszentrum im vergangenen Jahr endlich fertig war, hinkte man dem Zeitplan um vier Jahre hinterher – und hatte das Budget um mindestens 250 Millionen Dollar überschritten. Rechnet man noch die Kapitalverzinsung hinzu – für die Instandhaltungskosten, die in der langen Bauzeit anfielen, dann belaufen sich die Gesamtkosten des Projektes vermutlich auf eine Milliarde Dollar, eine Summe, die um 700 Millionen über dem ursprünglichen Budget liegt.

Das Projekt war ein Riesenreinfall, aber niemand wagte, Protest einzulegen. Als ich 1986 zur Eröffnungsfeier eingeladen wurde, lehnte ich kategorisch ab. Die New Yorker Stadtverwaltung hatte es geschafft, ein Grundstück in Spitzenlage und ein an sich erstklassiges Projekt durch ihre schlampige Planung und horrende Kostenüberhänge zu ruinieren. Auch wenn das Kommunikationszentrum heute sehr gut besucht ist, lassen sich dadurch nicht mehr die Summen hereinholen, die beim Bau völlig unnötig verschleudert wurden.

Obwohl ich so viel Zeit und Energie auf das Areal an der 34th Street verwandt hatte, ist der Aufwand in meinen Augen nicht mit dem zu vergleichen, der im Bereich der 60er Straßenzüge anfiel. Die hier gelegenen Grundstücke zu erschließen sollte sich als noch schwieriger erweisen. Der Widerstand der kommunalen Behörden gegen eine Bebauung war noch vehementer, die Auflagen wesentlich strenger und die Banken äußerst abgeneigt, einen riesigen Wohnkomplex zu einer Zeit zu finanzieren, als die Stadt kurz vor dem Bankrott stand.

1979 ließ ich meine Option auf diese Grundstücke – wenn auch nur widerstrebend – verfallen, sodass ich mich auf andere Projekte konzentrieren konnte, die mir vielversprechender erschienen.

Das Erste wickelte ich, was naheliegend war, mit Palmieri und der Penn Central ab – und es ging um den Kauf des Commodore Hotels.

6
GRAND HOTEL

Die Wiedergeburt der 42nd Street

Während der Zeit, als ich versuchte, die beiden Grundstücke in der West Side zu entwickeln, freundete ich mich mit Victor Palmieri und seinen Leuten an. Eines Tages, Ende 1974, saß ich in Victors Büro und sagte halb im Scherz zu ihm: „Jetzt habe ich die Optionen auf die beiden Grundstücke – schön und gut. Was für Immobilien bietet die Penn Central eigentlich noch zu einem günstigen Preis an?"

„Gut, dass du das Thema anschneidest", meinte Victor. „Wir haben eine Reihe von Hotels, die dich interessieren könnten."

Zufällig besaß die Penn Central mehrere alte Hotels, die innerhalb eines Blocks im Stadtzentrum lagen: das Biltmore, das Barclay, das Roosevelt und das Commodore. Die Erstgenannten konnten relativ gute Geschäftsergebnisse nachweisen, was bedeutete, dass sie mehr kosten würden, als ich ausgeben wollte. Das Einzige, das sich in ernsthaften Schwierigkeiten befand, war das Commodore; es arbeitete mit Verlust und schuldete dem Finanzamt schon seit Jahren die Grundsteuer.

Das waren ausgezeichnete Neuigkeiten. Ich erkannte auf Anhieb, dass das Commodore, im Herzen New Yorks an der Ecke 42nd und Park Avenue, direkt neben der Grand Central Station gelegen, von den vier Hotels den vorteilhaftesten Standort besaß.

Ich kann mich erinnern, dass ich an dem Tag, als Victor das Commodore zum ersten Mal erwähnte, einen Spaziergang machte, um mir das Hotel einmal genauer anzusehen. Das Gebäude selbst wirkte, wie die ganze Umgebung, unglaublich heruntergekommen. Die Hälfte der Häuser stand leer – Opfer einer Zwangsräumung. Die Backsteinfassade des Commodore sah völlig verdreckt und das Foyer so schäbig aus, dass man es für ein Obdachlosenasyl halten konnte. Im Souterrain befand sich ein Trödelladen; die Fenster zu beiden Seiten der mit Papierfetzen übersäten Eingangstür waren mit Brettern vernagelt. Auf die meisten Leute hätte dieses Bild deprimierend gewirkt.

Aber als ich mich dem Hotel näherte, wurde meine Aufmerksamkeit von etwas ganz anderem gefesselt. Es war ungefähr neun Uhr morgens, und Tausende von gutgekleideten Pendlern aus Connecticut und Westchester, die auf ihrem Weg zur Arbeit waren, quollen aus dem nahegelegenen Grand Central Terminal und den U-Bahn-Stationen. Die Stadt stand kurz vor dem Bankrott, aber ich sah nur die erstklassige Lage des Hotels. Bis die Stadt buchstäblich sterben würde, würden noch viele gutsituierte Bürger diesen Ort passieren. Das Problem war das Hotel selbst, nicht die Umgebung. Wenn es mir gelänge, das Commodore entsprechend herzurichten, musste es nach menschlichem Ermessen ein Bombenerfolg werden, allein schon, weil es an einem Verkehrsknotenpunkt lag.

Ich erkärte Victor, dass ich am Commodore interessiert sei. Das schien ihn zu freuen, denn außer mir war niemand erpicht darauf, sich mit einem solchen Klotz am Bein zu belasten. Ich besprach meine Pläne auch mit meinem Vater; als ich ihm erklärte, dass ich die Chance hätte, dieses riesige Hotel im Zentrum zu erwerben, dachte er zuerst, ich würde mir einen Spaß mit ihm erlauben. Später gestand er einem Reporter, seine erste Reaktion auf meine Eröffnung sei der Gedanke gewesen: „Der Plan, das Commodore in einer Zeit zu kaufen, wo selbst das Chrysler Building als sanierungsbedürftig gilt, ist glatter Selbstmord und nicht anders, als würde man um einen Platz auf der Titanic kämpfen."

Ich war alles andere als naiv. Ich sah zwar die ungeheuren Möglichkeiten, die das Hotel mir bot, aber auch die Schattenseiten. Ich konnte mir vorstellen, damit einen riesigen finanziellen Erfolg zu erzielen, aber ich wusste auch, dass ein Misserfolg das Aus für mich bedeuten würde. Von dem Tag an, als ich das Projekt zum erstenmal ins Auge fasste, habe ich versucht, die Risiken, die ich damit einging, so gering wie möglich zu halten. Zumindest finanziell gesehen gelang es mir auch. Aber im Laufe der Monate zeigte sich, dass sich mein Vorhaben zunehmend komplexer und schwieriger gestaltete. Ich investierte mehr und mehr Zeit und Energie in das Projekt, während die Unwägbarkeiten wuchsen – aus Gründen, die nichts mit Geld zu tun hatten. Ich konnte zwar große Pläne machen, aber schließlich musste ich noch beweisen – der gesamten Immobilienbranche, der Presse und meinem Vater –, dass ich sie auch in die Realität umzusetzen verstand.

Die Übernahme des Commodore war ein Drahtseilakt, aber weit trickreicher, als ich es mir ursprünglich vorgestellt hatte. Als Erstes musste ich dafür sorgen, dass Palmieri und seine Mitarbeiter auch weiterhin davon überzeugt waren, in mir ihren vielversprechendsten Interessenten gefunden zu haben. Außerdem bemühte ich mich, so lange wie möglich zu vermeiden, dass Bargeld den Besitzer wechselte. Gleichzeitig stand noch die Aufgabe an, einen erfahrenen Hotelmanager zu finden, der sich bereit erklärte, das Commodore zu leiten – und das zu einem Zeitpunkt, als das Geschäft noch gar nicht perfekt war. Ich wusste, dass ein Partner als zusätzliche Sicherheit gelten würde, wenn ich bei den Banken einen Kredit beantragte. Und selbst dieser Bürge reichte für die Finanzierung nicht aus. Ich musste auch den Behörden klarmachen, dass es in ihrem eigenen Interesse lag, einen Präzedenzfall zu schaffen und mir einen Steuernachlass zu gewähren. Dadurch würde es mir auch leichter fallen, die Banken – die aufgrund des drohenden Bankrotts selbst mit der Finanzierung von Projekten in erstklassigen Stadtvierteln geizten – davon zu überzeugen, dass ihre Investition sinnvoll war.

Seltsam ist, dass die Misere der Stadt meine stärkste Waffe wurde. Palmieri gegenüber konnte ich das Argument vorbringen, ich sei weit und breit der Einzige, der den Kauf eines Hotels, das sich in den roten Zahlen befand und in einer dem Verfall preisgegebenen Gegend inmitten einer sterbenden Stadt lag, auch nur in Betracht ziehe. Die Banken wies ich auf ihre moralische Verpflichtung hin, die Stadt dadurch zu retten, dass sie neue Projekte finanzierten und damit die Wirtschaft ankurbelten. Und den Finanzbehörden versuchte ich klarzumachen, dass ich als Gegenleistung für den Steuernachlass Tausende von Arbeitsplätzen im Bau- und Dienstleistungsgewerbe schaffen würde, das gesamte Viertel retten würde und letztlich auch die Stadt von den Gewinnen, die das Hotel abzuwerfen versprach, profitieren werde.

Im Spätherbst 1974 begann ich, mit Palmieri ernsthaft zu verhandeln. Noch acht oder neun Monate zuvor hatte die Penn Central zwei Millionen Dollar in die Renovierung des Commodore investiert – ein Tropfen auf den heißen Stein und etwa das Gleiche, als wolle man versuchen, ein Auto mit Totalschaden durch eine Schicht Politur aufzumöbeln. Auch nach der Instandsetzung erwartete die Penn Central für 1974 riesige Verluste, wobei nicht einmal die sechs Millionen Dollar mitgerechnet waren, die das Hotel dem Finanzamt schuldete. Das Commodore verschlang die letzten Reserven eines Unternehmens, das selbst kurz vor dem Bankrott stand.

Innerhalb kürzester Zeit hatten wir die Konditionen grob skizziert: Ich sollte das Vorkaufsrecht auf das Hotel erhalten, dessen Preis bei zehn Millionen Dollar lag, vorausgesetzt ich schaffte es, den Steuernachlass sowie die nötigen Kredite zu erhalten und einen Partner aufzutreiben. Mit anderen Worten, ich hatte für die reibungslose Abwicklung zu sorgen, bevor das Geschäft überhaupt abgeschlossen wurde. In der Zwischenzeit musste ich für das alleinige Vorkaufsrecht eine Garantiesumme von 250 000 Dollar hinterlegen, die nicht rückvergütet wurde. Die Sache hatte nur einen Haken: Ich war nicht gerade begeistert, eine Viertelmillion für ein Projekt hinzublättern, das sich erst in ferner Zukunft auszahlen konnte. Und 1974 war das auch für mich ein Vermögen. Deshalb entschloss ich mich zu einer Hinhaltetaktik. Die Verträge waren aufgesetzt, aber meine Anwälte suchten – auf meine Anweisung hin – nach jedem noch so unscheinbaren, strittigen Punkt, der endlos diskutiert wurde. Dadurch verschaffte ich mir ein wenig Zeit, um die restlichen Auflagen zu erfüllen.

Was ich als Erstes brauchte, war ein außergewöhnliches Design, das die Aufmerksamkeit der Öffentlichkeit erregen würde. Ich verabredete mich mit einem jungen begabten Architekten namens Der Scutt. Wir trafen uns an einem Freitagabend im Maxwell's Plum, und ich war von Ders Enthusiasmus auf Anhieb angetan: Als ich ihm von meinen Plänen erzählte, begann er sofort, auf einer Speisekarte die ersten Skizzen zu machen.

Das Allerwichtigste sei ein brandneues, auffälliges Design, erklärte ich ihm. Das Commodore ging in meinen Augen nicht zuletzt deshalb so schlecht, weil es düster und schmuddelig wirkte. Ich wollte dem alten Backsteingebäude eine neue Haut überstreifen – aus Bronze oder Glas, sofern es wirtschaftlich sinnvoll sei. Ich stellte mir eine optisch ansprechende, zeitgemäße Fassade vor, die so viel Glanz ausstrahlte, dass die Passanten stehenbleiben mussten. Ich merkte sofort, dass Der genau wusste, was mir vorschwebte.

Nach dem Essen fuhr ich mit ihm und einem seiner Freunde in mein Apartment. Ich wohnte immer noch in dem winzigen Studio an der Third Avenue, und ich fragte Der, was er von meiner Einrichtung halte. Manche Leute hätten höflich darauf geantwortet: „Toll, prima", aber nicht Der. „Hier stehen viel zu viele Möbel herum", meinte er nur und begann, die einzelnen Teile zu verrücken. Manche landeten sogar im Treppenhaus. Als er fertig war, wirkte das Apartment viel größer, was mir gefiel.

Ich engagierte Der. Er sollte Rohskizzen anfertigen, die wir der Stadtverwaltung und den Banken präsentieren konnten. Ich bat ihn auch darauf zu achten, dass man den Zeichnungen ansah, was sie gekostet hatten. Qualität hat eben ihren Preis!

Im Frühjahr 1975 war das Design schon fast perfekt. Aber eines Abends – es war Mitte April – rief mich Der an, um mir mitzuteilen, dass ihn das Architekturbüro Kahn & Jacobs/Hellmuth, Obata & Kassabaum, für das er arbeitete, entlassen habe. Mir war bekannt, dass er sich mit seinen Vorgesetzten nicht allzugut verstanden hatte. Ich wollte aber auch keine Verzögerungen bei der Planung riskieren. Ich brauchte die Erfahrungen und das Prestige einer großen Architekturfirma, denn nur auf diese Weise ließ sich ein Vorhaben solcher Größenordnung realisieren. Ich nahm an, dass es eine Weile dauern könne, bis Der einen neuen Arbeitsplatz gefunden hatte. Aber wider Erwarten trat er ziemlich bald in die Firma Gruzen & Partners ein, und ich war in der Lage, die Situation zu meinem Vorteil zu nutzen: Obata wollte den Auftrag unter allen Umständen behalten, und Der sowie seine neue Firma waren ebenso begierig darauf. Der Konkurrenzkampf, der daraufhin entbrannte, wirkte sich auf den Preis aus. Schließlich entschied ich mich doch für Der. Er erhielt zwar nur ein bescheidenes Honorar, aber ich wies ihn darauf hin, dass sich seine Arbeit am Ende auszahlen werde: „Das wird ein monumentales Projekt, mit dem Sie sich einen Namen machen können." Der war zwar nicht gerade begeistert von der finanziellen Seite des Geschäftes, aber er gab später zu, dass ich recht gehabt hatte: Mit dem aufsehenerregenden Design des Hyatt-Hotels – und anschließend des Trump Tower – begann seine große Karriere.

Im selben Zeitraum, Anfang 1975, begann ich nach einem Manager für das Hotel Ausschau zu halten. Ich muss gestehen, dass ich damals kaum etwas über die Hotelbranche wusste. Seither habe ich eine Menge gelernt, und heute leite ich meine Hotels selbst. Aber damals war ich erst 27 Jahre alt und hatte nur selten in Hotels übernachtet. Trotzdem wollte ich dieses monströse Gebäude mit einer Grundfläche von 1,5 Millionen Quadratmetern kaufen; es sollte mit seinen 1 400 Räumen das größte Hotel in New York – seit dem Bau des Hilton vor 25 Jahren – werden. Mir war klar, dass ich einen erfahrenen Partner mit der Leitung beauftragen musste und dass sich dafür eine der größeren Hotelketten am besten eignete. Hotelketten mögen zwar langweilig sein, aber das Management versteht etwas von der Bettenreservierung, vom Stammkundengeschäft und von den Grundlagen des Managements.

Von Anfang an befand sich das Hyatt auf meiner Kandidatenliste an erster Stelle. Das Hilton erschien mir zu verstaubt und alt. Dasselbe galt für das Sheraton, und den Holiday-Inn- und Ramada-Ketten fehlte es an Klasse. Mir gefiel das Image des Hyatt. Die Hotels des Konzerns wirkten modern, hell und blitzsauber und besaßen einen gewissen Glanz und ein Ambiente, das ich auch beim Design des Commodore anstrebte. Außerdem war das Hyatt ein beliebter Tagungsort. Ein Hotel im Grand-Central-Bereich musste sich in meinen Augen genauso gut dafür eignen.

Ich gab dem Hyatt auch deshalb den Vorzug, weil ich mir hier eine stärkere Verhandlungsposition ausrechnete. Ketten wie das Hilton und das Sheraton besaßen bereits mehrere Niederlassungen in New York City und würden nicht besonders erpicht auf weitere sein, allein schon wegen der wirtschaftlichen Krise, in der sich die Stadt befand. Das Hyatt hatte im Gegensatz dazu in anderen amerikanischen Städten beachtliche Erfolge zu verbuchen, war aber bisher noch nicht in New York City vertreten – was das Management sich allerdings brennend wünschte, wie ich später erfuhr.

Ende 1974 rief ich den Präsidenten des Hyatt, Hugo M. Friend Junior, an, und wir setzten einen Gesprächstermin fest. „Skip" Friend machte keinen großen Eindruck auf mich, aber es stellte sich heraus, dass ich mich in Bezug auf den Ehrgeiz des Konzerns, in New York Fuß zu fassen, nicht getäuscht hatte. Wir begannen, über die Möglichkeiten einer Partnerschaft mit dem Commodore zu diskutieren. Schon nach kurzer Zeit traf ich mit ihm eine vorläufige Vereinbarung, in der es von Auflagen nur so wimmelte. Trotzdem war ich überglücklich und stolz. Zwei Tage später rief Skip mich an. „Es tut mir leid, aber aus unserem Geschäft wird nichts", eröffnete er mir. Dieser Satz gehörte bald zu seinem Standard-Repertoire. Wir handelten neue Bedingungen aus, besiegelten das Geschäft per Handschlag, und nach wenigen Tagen war es wieder geplatzt. Schließlich rief mich ein Topmanager des Hyatt, mit dem ich inzwischen ein wenig näher bekannt war, an. „Ich mache Ihnen einen Vorschlag", sagte er. „Sie sollten sich mit Jay Pritzker in Verbindung setzen und direkt mit ihm verhandeln."

Ich hatte bis dato kaum etwas von Pritzker gehört – was zeigt, wie unbedarft ich damals noch war. Ich konnte mich vage daran erinnern, dass Pritzkers Familie die Aktienmehrheit am Hyatt besaß, aber das war auch schon alles, was ich wusste. Mein Informant, der Hyatt-Manager, klärte mich darüber auf, dass es in Wirklichkeit Pritzker sei, der die Kette leitete. Plötzlich dämmerte mir, warum die Verhandlungen immer wieder gescheitert waren. Geschäfte größeren Umfangs werden normalerweise an der Spitze der Unternehmenshierarchie ausgehandelt.

Im Endeffekt ist nämlich jeder, außer dem Mann an der Spitze, nichts weiter als ein Angestellter, und ein Angestellter macht sich selten für ein Projekt stark. Er kämpft vielleicht um eine Gehaltserhöhung oder um sein Weihnachtsgeld, aber er vermeidet alles, was seinen Chef verärgern könnte. Wenn man ihm ein Angebot unterbreitet, gibt er sich vielleicht begeistert, aber seinem Boss erklärt er: „Dieser Trump aus New York schlägt uns dieses oder jenes Geschäft vor. Es enthält folgende Vor- und Nachteile ... Was gedenken Sie zu tun?" Wenn sein Vorgesetzter das Angebot ablehnt, redet er ihm nach dem Munde und sagt: „Ich stimme völlig mit Ihnen überein. Ich wollte Sie auch nur darüber informieren."

Zu Beginn des Frühjahrs 1975 setzte ich mich telefonisch mit Jay Pritzker in Verbindung; mein Anruf schien ihn zu freuen. Die Hyatt-Kette hatte ihren Hauptsitz in Chicago, und er erklärte mir, er wolle nächste Woche nach New York kommen und mich treffen. Könnte ich ihn bitte am Flughafen abholen? Damals fuhr ich keine Luxuslimousine, sondern einen bescheidenen Kleinwagen. Leider war es an diesem Tag sehr heiß, und die Fahrt war äußerst unbequem. Falls Jay daran Anstoß nahm, so zeigte er es zumindest nicht. Ich merkte gleich, dass er ein Mann war, der ziemlich schnell auf den Punkt kommt, sobald es um etwas Geschäftliches geht. Er macht jeden Spaß mit, wenn die Arbeit getan ist, aber er ist auch ein harter und scharfsinniger Verhandlungspartner, der aufs Ganze geht. Zum Glück machte mir das nichts aus, und deshalb verstanden wir uns wohl auch so gut. Dazu kommt, dass Jay keinem traut, eine Einstellung, die ich teile. Wir versuchten zunächst, uns gegenseitig auszuloten, und waren auf der Hut, aber wir respektierten uns auch von Anfang an.

Wir einigten uns schon bald auf eine gleichberechtigte Partnerschaft. Ich sollte das Hotel bauen und Hyatt die Leitung übernehmen. Noch wichtiger als die Unterzeichnung eines Vorvertrages war das Angebot, direkt mit Jay zu verhandeln, falls Schwierigkeiten auftauchten. Bis zum heutigen Tag gab es in dieser Partnerschaft keine unlösbaren Probleme – trotz diverser Meinungsverschiedenheiten –, weil Jay und ich in direktem Kontakt miteinander stehen.

Am 4. Mai 1975 hielten wir gemeinsam eine Pressekonferenz ab und teilten der Öffentlichkeit mit, dass wir als gleichberechtigte Partner das Commodore kaufen, entrümpeln und renovieren wollten, vorausgesetzt, wir könnten die Finanzierung sichern und den Steuernachlass durchsetzen. Mit der Presseverlautbarung, Ders Rohskizzen und den Baukostenanalysen hatte ich etwas in der Hand, womit ich die Banken überzeugen konnte. Inzwischen konnte ich Henry Pearce engagieren, einen Immobilienmakler, der als Fachmann für Finanzierungsfragen galt. Gemeinsam suchten wir verschiedene Banken auf.

Henry Pearce leitete eine Firma namens Pearce, Mayer und Greer – ein fantastischer Mann. Er war bereits Ende sechzig, hatte aber mehr Elan als die meisten Zwanzigjährigen. Er bemühte sich nach besten Kräften, die Finanzierung meines Projektes zu sichern. Seine Beharrlichkeit und sein Alter kamen uns dabei zugute: Wir hatten es schließlich mit äußerst konservativen Bankern zu tun, von denen kaum jemand den Namen Donald Trump kannte. In mancher Beziehung war ich zwar noch konservativer als Henry, aber es wirkte seriöser, wenn ich in Begleitung dieses weißhaarigen Mannes eine Bank betrat, mit der er schon seit Ewigkeiten Geschäfte gemacht hatte.

Unsere Strategie glich der, die ich bei Victor Palmieri angewandt hatte, als ich zum erstenmal mit ihm zusammentraf. Ich pries die Trump Organization und ihre bisherigen Erfolge an. Ich stellte besonders die Tatsache heraus, dass wir bisher termingerecht und ohne Kostenüberhänge gebaut hatten; ich wusste, dass die Banken Letzteres am meisten fürchteten, weil dann oft die großzügigst bemessene Kreditlinie nicht ausreicht. Wir legten den Bankdirektoren Zeichnungen und maßstabgerechte Modelle des geplanten neuen Hotels mit der glanzvollen Fassade vor. Wir wiesen darauf hin, dass wir mit den Bauarbeiten dem gesamten Viertel Auftrieb geben und Tausende neuer Arbeitsplätze schaffen würden. Wir lobten unseren Partner, die Hyatt-Kette, in den höchsten Tönen und vergaßen auch nicht zu erwähnen, dass wir mit einem Steuernachlass rechneten. Der letzte Punkt erregt normalerweise einiges Interesse, aber leider befanden wir uns in einem Teufelskreis: Solange unsere Finanzierung nicht stand, dachten die Finanzbehörden nicht daran, uns in diesem Punkt entgegenzukommen. Und ohne den Steuernachlass waren die Banken wenig geneigt, die Finanzierung des Projektes zu übernehmen.

Als wir feststellen mussten, dass wir mit der positiven Methode nicht weiterkamen, versuchten wir es mit einer anderen Taktik: Wir versuchten, Schuldgefühle zu wecken, die Zukunft in düsteren Farben auszumalen und an ihr soziales Gewissen zu appellieren. Es geht nicht um uns, betonten wir, sondern Sie sind es New York schuldig. Die Stadt steckt in Schwierigkeiten, aber noch ist nicht alles verloren. Es ist unsere Stadt. Wenn Sie kein Vertrauen zu ihr haben, wenn Sie nicht bereit sind, in sie zu investieren, wie können Sie da eine dramatische Wende erwarten? Wenn Sie den Ländern der dritten Welt oder denen, die sich mit dem Bau von Einkaufszentren in irgendwelchen Provinznestern gesundstoßen, Millionenkredite nachwerfen, sind Sie dann nicht auch New York etwas schuldig?

Nichts schien die erhoffte Wirkung zu erzielen. Eine Bank war schon fast bereit, ja zu sagen, aber dann brachte der Direktor irgendeine triviale verfahrenstechnische Frage aufs Tapet, und wir mussten wieder mit leeren Händen abziehen. Dieser Mann gehörte zu den sturen Bürokraten, die keine Gefühlsregungen kennen. Für sie ist das alles Routine, und sie sind nur daran interessiert, pünktlich nach Hause zu gehen und den Arbeitsalltag zu vergessen. Da ist es noch besser, an jemanden zu geraten, der Ihr Ansinnen entrüstet ablehnt; er zeigt wenigstens, dass er aus Fleisch und Blut besteht. Wenn er nein sagt, kann man ihn unter Umständen sogar umstimmen. Wir tischten diesem Bankdirektor unsere zwingendsten Argumente auf; er hörte höflich zu und zuckte mit keiner Wimper. Er sagte nur sehr langsam und mit unbewegter Stimme: „Die Antwort lautet nein, nein und abermals nein." Ich erinnere mich, dass ich nach dieser Abfuhr zu Henry sagte: „Wir sollten die ganze Sache vergessen!" Aber Henry weigerte sich aufzugeben. Er und Jerry Schrager, mein Anwalt, machten mir wieder Mut, und wir setzten unsere Bittgänge fort.

Es zeigte sich immer klarer, dass die Banken uns nur dann einen Kredit bewilligen würden, wenn uns das Finanzamt die Steuer erließ. Ich setzte meine ganze Hoffnung in ein Programm, das die Stadt Anfang 1975 unter dem Namen *Business Investment Incentive Policy* initiiert hatte, um die Investitionstätigkeit in New York durch Steuervergünstigungen anzukurbeln. Mitte 1975 beschloss ich, mich unter Berufung auf dieses Programm an die Stadtverwaltung zu wenden, obwohl unsere Finanzierung noch immer nicht stand. Die meisten Leute hielten mich für verrückt oder größenwahnsinnig: Ich versuchte, nach den Sternen zu greifen – das heißt, einen Steuernachlass zu erwirken, für den es keinen Präzedenzfall gebe – und ging überdies noch von der Annahme aus, dass mir diese Vergünstigung, wenn man sie mir überhaupt gewähren würde, eine Atempause verschaffen könne. Das Ganze glich einem Pokerspiel mit hohem Einsatz, in dem beide Seiten keine besonders guten Karten auf der Hand haben und daher gezwungen sind zu bluffen. Aussteigen konnte ich nicht mehr, wenn ich nicht mein Gesicht verlieren wollte. Aber die Stadt war in einer noch verzweifelteren Lage als ich und mehr denn je bemüht, einen wirtschaftlichen Aufschwung herbeizuführen.

Im Oktober 1975 trug ich der Stadtverwaltung zum erstenmal meinen Fall vor, und ich nahm dabei kein Blatt vor den Mund. Das Commodore befand sich in den roten Zahlen und war dem Verfall preisgegeben. Der Grand-Central-Bezirk wurde langsam zum Slumgebiet. Die Hyatt-Hotelkette war bereit, sich in New York niederzulassen, aber es gab für uns keine Möglichkeit, das Millionenprojekt zu finanzieren, es sei denn, die Stadt verzichtete auf die Grundsteuer.

Die Mitarbeiter des Ressorts „Wirtschaftliche Entwicklung" erklärten sich bereit, einen Vertrag auszuarbeiten, in dem eine Partnerschaft zwischen der Stadt und der Trump Organization vorgesehen war. Die Finanzbehörden sollten mir vierzig Jahre lang die gesamte Grundsteuer erlassen. Als Gegenleistung verlangte man von mir eine bestimmte jährlich zu zahlende Summe sowie einen Anteil an sämtlichen Gewinnen, die das Hotel erwirtschaften würde. Die verfahrenstechnischen Einzelheiten dieses Abkommens waren ziemlich kompliziert. Als Erstes würde ich das Commodore von der Penn Central für zehn Millionen Dollar kaufen; davon gingen sechs Millionen sofort an die Stadt, um die Steuerschulden zu begleichen. Dann sollte ich das Hotel für einen Dollar an die Stadt verkaufen, die es mir auf 99 Jahre verpachten würde. Die Pacht sollte anstelle der Grundsteuer gezahlt werden und anfangs 250 000 Dollar betragen; im Laufe der Zeit – im vierzigsten Jahr – würde sie auf 2,7 Millionen Dollar erhöht werden. Außerdem hatte ich an die Stadt einen bestimmten Prozentsatz des Gewinns abzuführen. Letztlich lief es darauf hinaus, dass ich den Gegenwert der gesamten Grundsteuer zahlen musste, die auf dem Schätzwert des Hotels zur Zeit des Vertragsabschlusses basierte.

Dieses Arrangement musste vom Board of Estimates, dem Schätzungsausschuss, gebilligt werden, der Ende Dezember 1975 erstmalig darüber beriet. Eine Woche vor der Sitzung ging ich zu Victor Palmieri und erklärte ihm, wenn wir erreichen wollten, dass die Stadt den Steuernachlass ernsthaft in Betracht ziehe, dann müssten wir den Entscheidungsträgern unmissverständlich klarmachen, dass sich das Commodore in größten Schwierigkeiten befinde und kaum noch eine Überlebenschance habe. Er stimmte mir zu. Am 12. Dezember teilte Palmieri der Presse mit, dass die Penn Central 1975 1,2 Millionen Dollar Verluste mit dem Commodore verbuchen musste und für 1976 noch größere Einbußen erwarte. Deshalb habe man die Absicht, das Hotel spätestens bis zum 30. Juni 1976 zu schließen.

Zwei Tage später folgte eine weitere wichtige Verlautbarung, die ich nicht vorausgesehen hatte. Portman Associates, ein Unternehmen, das seit zwei Jahren versuchte, das Geld für ein großes neues Hotel am Times Square zusammenzubringen, gab bekannt, dass das Projekt gestorben sei, weil die finanzielle Unterstützung der Banken fehle. Einerseits war diese Enthüllung schlecht für mich. Ich brauchte möglichst viele Beispiele dafür, dass es sich lohnte, in New York zu investieren. Andrerseits konnte ich bei meinen Verhandlungen mit der Stadt das Portman-Fiasko als Beweis dafür anführen, dass sich ohne den Steuernachlass die Finanzierung meines Projektes nicht sichern ließ.

Anfang 1976 beschloss der Schätzungsausschuss, die Struktur meines Steuervergünstigungs-Programmes zu ändern. Anstatt das Hotel an die Stadt zu verkaufen und es dann von ihr zu pachten, sollte die gesamte Transaktion über die staatlich gelenkte Urban Development Corporation abgewickelt werden. Die Gründe für diese Änderung – die mir diverse Vorteile brachte – waren verfahrenstechnischer Natur. Im Gegensatz zur Stadt hat die UDC das Recht, Zwangsräumungen mit sofortiger Wirkung anzuordnen, und kann die notwendigen Maßnahmen normalerweise schneller und effektiver durchführen als ein Privateigentümer, der unter Umständen Jahre dafür braucht.

Im April war der Schätzungsausschuss jedoch noch immer nicht zu einer Entscheidung bezüglich meines Steuererlasses gekommen, und langsam begann sich die Opposition zu formieren. Am lautesten protestierten die New Yorker Hotelbesitzer. Albert Formicola, Leiter des örtlichen Hotelverbandes, argumentierte, dass mir der Steuernachlass einen unfairen Wettbewerbsvorteil gegenüber den anderen Hoteliers der Stadt verschaffen würde, die brav ihren vollen Steueranteil zahlten. Der Direktor des Hilton, Alphonse Salamone, sagte, er könne eine Stundung auf zehn Jahre gerade noch billigen, aber danach müsse wieder Chancengleichheit herrschen. Selbst Harry Helmsley, der viel erfolgreicher und weniger neidisch als die meisten meiner Konkurrenten war, meinte, dieser Handel gehe zu weit. Kurz bevor der Schätzungsausschuss zur Abstimmung schritt, hielten drei Abgeordnete der Stadt eine Pressekonferenz vor dem Commodore ab und äußerten ihren Unmut über den Deal. Ich nahm ihre Kritik nicht persönlich. Sie waren Politiker, die in dieser Kontroverse eine Chance sahen, die Presse zu beeindrucken und Wählerstimmen zu fangen. Man kann ihnen nicht verdenken, dass sie auf den fahrenden Zug aufsprangen.

Ich machte mir Sorgen über den wachsenden Widerstand, aber in der Öffentlichkeit gab ich mich zuversichtlich und war bemüht, meinen Feinden keine Angriffsfläche zu bieten. Als ein Reporter mich fragte, warum der Steuernachlass für vierzig Jahre gelten sollte, antwortete ich schlagfertig: „Weil ich nicht um fünfzig Jahre gebeten habe."

Im Grunde beanstandete man, dass mir die Stadt zu viele Zugeständnisse machen wollte. Der Zeitrahmen, in dem mir die Steuer erlassen werden sollte, war nur einer der Punkte, die heftig kritisiert wurden. Die Opposition bemängelte außerdem, dass bei der Gewinnbeteiligung der Stadt eine Höchstgrenze vorgegeben war. Und wenn sich die maximale Pachtsumme aus der Grundsteuerschätzung von 1974 errechne, dann müssten die Zahlen zumindest korrigierbar sein, sodass eine eventuelle Wertsteigerung im Immobiliensektor – und somit auch eine Erhöhung der Grundsteuer – berücksichtigt würden.

Wäre ich anstelle des Mitarbeiters der Stadtverwaltung gewesen, der die Verhandlungen mit mir führen musste, dann hätte ich wohl ähnlich argumentiert. Die übrigen Hotelbesitzer konnten zwar lautstark lamentieren, aber eine echte Alternative für das Commodore hatten sie nicht anzubieten. Ich gebe zu, dass die meisten glaubten, ich besitze das alleinige Vorkaufsrecht auf das Hotel, und ich war dankbar, dass die Stadt dies nicht bestritt. Einige Monate zuvor hatte mich ein Verwaltungsangestellter um eine Kopie des Vertrages mit der Penn Central gebeten. Ich schickte sie ihm zu – aber er war lediglich von mir unterzeichnet, nicht von der Eisenbahngesellschaft, denn noch standen die 250 000 Dollar Kaution aus, die ich hinterlegen musste. Erst zwei Jahre später wurde diese Tatsache bekannt, als ein Journalist, der an einem Bericht über diese Transaktion arbeitete, die Stadt bat, den Originalvertrag einsehen zu dürfen.

Zwei Wochen, bevor der Schätzungsausschuss zum drittenmal tagte, um über mein Projekt abzustimmen, fand sich schließlich ein zweiter Interessent für das Commodore – ein Unternehmen, das eine Reihe billiger Hotels in den heruntergekommeneren Vierteln New Yorks betrieb. Falls die Stadt das Commodore erwerben könne, erklärten Sprecher dieses Unternehmens, dann sei man gewillt, es ihr abzukaufen, ein paar Millionen in die Renovierung zu investieren sowie die Stadt am Gewinn des Hotels zu beteiligen, wobei man auf die Festsetzung einer Höchstgrenze verzichte. Dieses unausgegorene Angebot einer ziemlich fragwürdigen Gruppe von Investoren war für mich ein Geschenk des Himmels. Das Letzte, was das Commodore brauchte, war eine zweitklassige Renovierung und ein drittklassiges Management.

Die dramatische Wende wurde, wie ich meine, von Palmieri und der Penn Central eingeleitet. Niemand konnte ein Interesse daran haben, dass das Commodore den Betrieb einstellte und die Fenster mit Brettern vernagelte. Am 12. Mai gab Palmieri bekannt, dass die Penn Central das Hotel in sechs Tagen für immer zu schließen beabsichtige – genau einen Tag vor der inzwischen zum viertenmal anberaumten Abstimmung des Schätzungsausschusses. Die bitterböse Kritik an dieser „erpresserischen Taktik" ließ nicht lange auf sich warten. Ich kann nicht behaupten, dass ich über den Zeitpunkt der Ankündigung unglücklich war, aber die Penn Central hatte ja schon sechs Monate zuvor verlauten lassen, dass das Hotel bis zum Sommer geschlossen würde. In der Zwischenzeit war das Hotel nicht mehr wie im Vorjahr zu 46, sondern nur noch zu 33 Prozent ausgebucht, und man rechnete für das volle Kalenderjahr 1976 mit Verlusten in Höhe von 4,6 Millionen Dollar.

Am 19. Mai brachten sämtliche Lokalzeitungen auf der Titelseite Berichte über den Auszug der letzten Bewohner des Commodore, über Hunderte von Mitarbeitern, die jetzt auf der Straße standen, und die Befürchtungen der Ladeninhaber in der Nachbarschaft angesichts eines mit Brettern vernagelten Hotels. Die Aufmerksamkeit, die diese Berichterstattung in der Öffentlichkeit erregte, wirkte sich für mich nicht nachteilig aus. Am 20. Mai beschloss der Schätzungsausschuss einstimmig, mir den beantragten vollen Steuererlass zu gewähren. Durch dieses Arrangement kann ich im Laufe der vierzig Jahre Zehntausende von Dollars einsparen. Der Kampf war hart, aber der Mühe wert.

Was immer meine Kritiker auch anführen mochten – zehn Tage später erschien in der *New York Times* ein Leitartikel, der mich weit wirkungsvoller verteidigte, als ich es gekonnt hätte. „Es gab nur eine Alternative", so hieß es dort, „nämlich das Hotel mit seinen immensen Steuerschulden zu schließen. Ganz abgesehen von den Verlusten für den Fiskus hätte diese Alternative eine tiefe Wunde in einem der Schlüsselbezirke unserer Stadt hinterlassen und dessen Niedergang beschleunigt."

Unglaublich, aber wahr ist, dass sich die Banken selbst dann nicht überzeugen ließen, dass die Trump Organization ein wettbewerbsfähiges Unternehmen sei, als man uns den Steuererlass bereits zugebilligt hatte. Rückblickend muss ich sagen: So unwahrscheinlich es auch klingen mag, man zweifelte die Richtigkeit unserer Geschäftsprognosen tatsächlich an – was zeigt, wie schwer die Situation damals einzuschätzen war. 1974 berechnete man für ein Zimmer im Commodore durchschnittlich 20,80 Dollar pro Nacht, und solange das Hotel zu mehr als 40 Prozent belegt war, konnte es ohne merkliche Gewinne oder Verluste arbeiten. In unserem Hotel sollte die Übernachtung durchschnittlich 48 Dollar kosten, und wir rechneten mit einer durchschnittlichen Bettenbelegung von 60 Prozent. Diese Zahlen waren nicht besonders hoch angesetzt, aber die Banken führten immer wieder an, wir seien zu optimistisch. Tatsache ist: Als wir das Hotel im September 1980 eröffneten, hatte sich die wirtschaftliche Lage der Stadt entscheidend verbessert, und wir konnten 115 Dollar für ein Einzelzimmer verlangen und Buchungszahlen von mehr als 80 Prozent vorweisen. Im Juli 1987 erhöhten wir den Zimmerpreis auf 175 Dollar, und heute sind wir durchschnittlich zu 90 Prozent belegt.

Schließlich erklärten sich zwei Geldgeber bereit, die Finanzierung zu übernehmen. Der Erste war die Equitable Life Assurance Society, die außer Firmen in verschiedenen Wirtschaftsbereichen auch eine Reihe von Immobilien besitzt. George Peacock, der Leiter der Equitable Real Estate, versprach uns einen Kredit in Höhe von 35 Millionen Dollar für das Grand Hyatt, vor allem deshalb, weil er der Überzeugung war, der Stadt damit zu helfen. Der zweite Geldgeber war die Bowery Savings Bank, die eine Niederlassung gegenüber dem Commodore hat und uns einen Kredit über 45 Millionen Dollar zusagte. Sie ging von rein praktischen Erwägungen aus: Sie hatte keine Lust, tatenlos zuzusehen, wie das Viertel mehr und mehr verkam.

Mir wären Kosten von mehreren Millionen erspart geblieben, wenn ich mich damit begnügt hätte, das alte Commodore zu renovieren, anstatt ihm ein brandneues Gesicht zu geben. Es gab kaum jemanden, der die geplanten kostenintensiven Umbauten befürwortete. Von dem Tag an, als bekannt wurde, dass die historische Backsteinfassade des Commodore mit Spiegelglaspaneelen umhüllt werden solle, meldeten die Kritiker und Denkmalschützer vehementen Protest an. Sie waren wütend, weil ich nicht einmal den Versuch machte, die neue Fassade des Hotels der Architektur der benachbarten Bauten anzupassen – also dem klassischen Stil in der Grand-Central-Station-Region und den mit reichen Ornamenten verzierten Kalk-und-Backstein-Bürokomplexen, die die Straßen in diesem Block säumten.

Bei diesem Stil zu bleiben wäre einem Selbstmord gleichgekommen. Ich erklärte meinen Kritikern: „Tut mir einen Gefallen und erzählt mir nichts über diese tollen Bauten! Das Chrysler Building macht dicht, das Viertel ist total verkommen, und mit Sanierungsmaßnahmen scheint wenig gewonnen. Wenn ihr glaubt, dass ich die Fassade des Commodore nach hergebrachtem Muster renoviere, dann seid ihr im Irrtum. Ich denke gar nicht daran!"

Merkwürdig, wie sich die Meinungen ändern. Viele, die sich damals über mein Design aufgeregt haben, finden es heute fantastisch. Die neue Außenfront des Grand Hyatt besteht aus vier Spiegelglaswänden, und wenn man die 42nd Street oder die Park Avenue entlanggeht und einen Blick auf das Hotel wirft, spiegeln sich darin der Grand Central Terminal, das Chrysler Building und all die benachbarten Wolkenkratzer wider, die man angesichts der Vielzahl sonst vielleicht gar nicht bemerkt hätte.

Das zweite stilistische Element, das für Aufsehen sorgte, war das Foyer. Die Empfangshallen der meisten New Yorker Hotels sind langweilig und unpersönlich. Ich hatte beschlossen, unserem Foyer ein ganz außergewöhnliches Design zu geben und es zu einer Attraktion zu machen. Für die Böden wählten wir bräunlich schimmernden Marmor, und das Treppengeländer sowie die Säulen bestehen aus Messing. Es gibt ein 150 Quadratmeter großes Restaurant mit Glaswänden, das wie ein riesiger Vogelkäfig in die 42nd Street hinausragt – eine Idee, auf die bisher niemand gekommen war. Ich bin überzeugt, wenn ich das Commodore so belassen hätte, wie es war – altmodisch, langweilig und anonym –, wäre kaum jemand darauf aufmerksam geworden, und es würde heute sicher nicht so erstklassige Bilanzen aufweisen können.

Das Commodore wurde im September 1980 unter dem Namen Grand Hyatt eröffnet, und es hatte vom ersten Tag an einen Riesenerfolg. Die Bruttobetriebsgewinne belaufen sich heute auf mehr als 30 Millionen Dollar pro Jahr. Die Hyatt-Kette übernahm die Leitung des Hotels, womit meine Aufgabe eigentlich beendet war. Tatsache ist jedoch, dass ich mit 50 Prozent beteiligt und nicht gerade der Typ bin, der sich mit der Rolle des Zuschauers zufriedengibt. Das brachte am Anfang einige Probleme mit sich. Ich schickte oft irgendeinen meiner leitenden Mitarbeiter oder Ivana in das Hotel, damit sie sich ein Bild machen konnten, wie der „Laden" lief. Die Geschäftsleitung war von diesen Stippvisiten nicht gerade entzückt. Eines Tages rief mich der Leiter der Hyatt-Hotelkette, Patrick Foley, an und sagte: „Donald, wir haben da ein Problem. Der Hotelmanager steht kurz vor einem Nervenzusammenbruch. Ihre Frau kommt hier hereingeschneit, findet in einer Ecke der Empfangshalle ein Staubkörnchen und zitiert die Pagen zum Saubermachen herbei. Oder sie entdeckt eine Knitterfalte in der Uniform des Portiers und ordnet an, seine Livree sofort bügeln zu lassen. Leider hat unser Hotelmanager sowieso Probleme im Umgang mit Frauen. Dazu kommt, dass er sich in der Defensive befindet; er leitet ein Hotel mit 1500 Angestellten, und wenn es da keine eindeutige Befehlshierarchie gibt, läuft das Geschäft nicht."

Ich erwiderte: „Ich verstehe, was Sie meinen, und ich gebe zu, dass das ein echtes Problem ist. Aber solange mir 50 Prozent des Hotels gehören, werde ich nicht so tun, als ob dort alles in bester Ordnung sei, wenn das nicht den Tatsachen entspricht." Pat schlug vor, in Ruhe darüber zu reden. Ich wollte diese Sache auch klären, denn ich mag Pat und respektiere ihn. Er ist in meinen Augen ein erstklassiger Manager – und ein typischer Ire. Er geht durch das Hyatt Regency in Washington D. C. oder in West Palm Beach, Florida, und er kennt alle Angestellten mit Namen, fragt sie nach ihren Familien, klopft dem Chefkoch auf die Schulter, lobt den Portier und begrüßt das Sicherheitspersonal und die Zimmermädchen. Wenn er das Hotel eine Stunde später verlässt, fühlt sich jeder so wichtig und bedeutend, als sei er einer der reichsten Gäste.

Ich traf mich also mit Pat, und er meinte: „Ich habe eine Lösung gefunden. Ein neuer Hotelmanager muss her, und ich habe auch schon den richtigen Kandidaten gefunden. Er stammt aus Osteuropa wie Ihre Frau und ist sehr kooperativ. Ich bin sicher, die beiden werden sich großartig verstehen. Auf diese Weise kann sie ins Hotel kommen, wann sie will, und mit jedem reden, ohne dass es Probleme gibt."

Pat führte sein Vorhaben tatsächlich aus, und der neue Manager hatte einen glänzenden Einfall: Er bombardierte uns mit den trivialsten Problemen. Mehrmals in der Woche rief er an und sagte: „Donald, wir wollen die Tapeten im 14. Stock auswechseln und brauchen Ihre Zustimmung." Oder: „Wir möchten ein neues Gericht in einem der Restaurants einführen", oder: „Wir haben die Absicht, die Wäscherei zu wechseln." Er lud uns auch zu allen Besprechungen mit seinen leitenden Mitarbeitern ein. Er fragte bei jeder Kleinigkeit nach unserer Meinung und bezog uns so stark in den Hotelalltag ein, dass ich schließlich sagte: „Ich habe die Nase voll. Machen Sie, was Sie wollen, aber belästigen Sie mich in Zukunft nicht mehr." Er war der geborene Diplomat, denn er erreichte sein Ziel nicht mit Gewalt, sondern durch seine geschickte und zugleich überaus verbindliche Art.

So erfolgreich die Partnerschaft auch wurde, es gibt eine Klausel in unserem Vertrag, die unter Umständen noch vorteilhafter ist als meine Beteiligung am Grand Hyatt. Wir haben eine Abmachung getroffen, die besagt, dass die Hyatt-Hotelkette zu meinen Lebzeiten ohne meine ausdrückliche Genehmigung keine weiteren Hotels in den fünf Boroughs von New York bauen darf.

Der Erste, mit dem ich diese Klausel vertraglich festlegen wollte, war Jay Pritzker; er lehnte ab. Jay ist ein smarter Geschäftsmann, und er wollte sich nicht die Chance verbauen, seiner Hotelkette in einer der größten Städte der Welt eine breitere Basis zu verschaffen. Als wir kurz vor Vertragsabschluss standen, setzte ich mich noch einen Augenblick lang mit dem Bankdirektor zusammen, der das Projekt finanzierte. Ich machte ihn darauf aufmerksam, dass die Investition für sein Haus ein relativ großes Risiko darstelle, solange er nicht auf einer Klausel bestehe, die das Hyatt daran hindere, zwei Jahre später in derselben Straße ein zweites Hotel zu eröffnen. Der Bankier war sich sofort über die möglichen Folgen im Klaren. Er stürmte in den Raum, in dem die Hyatt-Repräsentanten saßen, und sagte: „Also, wir sind bereit, Zehntausende von Dollars zu investieren. Aber Sie erhalten das Darlehen nur unter der Bedingung, dass das Hyatt uns die schriftliche Zusage gibt, keine weiteren Hotels in New York zu eröffnen."

Ich hatte hoch gepokert, denn der Bankier wäre möglicherweise imstande gewesen, uns das Darlehen überhaupt zu streichen. Was mir bei diesem Schachzug letztlich zugute kam, war, dass Jay Pritzker der Vertragsunterzeichnung nicht beiwohnte. Der Manager, der das Hyatt vertrat, versuchte noch, Jay zu erreichen, aber dieser befand sich gerade auf einer Bergtour in Nepal. Der Bankier räumte dem Hyatt nun eine Stunde Bedenkzeit ein. Hätte sich die Kette geweigert, die Klausel aufzunehmen, wäre es aus gewesen mit dem Kredit. Während wir auf die Entscheidung warteten, setzte ich meinen eigenen Text auf, der im Wesentlichen besagte, dass die Hyatt-Kette keine neuen Hotels vom Format des Grand Hyatt im Großraum New York, einschließlich der Region um die beiden Flughäfen, eröffnen dürfe. Sie hatte allerdings das Recht, ein kleineres Luxushotel zu bauen, was in meinen Augen wirtschaftlich gesehen wenig sinnvoll sein würde. Noch bevor die

Bedenkzeit abgelaufen war, unterzeichneten die Hyatt-Repräsentanten das von mir vorbereitete Dokument.

Ich habe eine Klausel in mein Testament aufgenommen, die die Bedeutung dieser Abmachung hervorhebt, für den Fall, dass einer meiner Erben nicht von selbst darauf kommt. Ich will nicht, dass nach meinem Tod irgendein schlauer Hyatt-Manager meine Familie aufsucht und sagt: „Sie haben doch sicher nichts dagegen, wenn wir ein kleines Hotel am Kennedy Airport bauen ... oder?" Tatsache ist, dass das Hyatt liebend gerne weitere Hotels eröffnen möchte. Aber mit dem Recht, ja oder nein zu sagen, habe ich etwas sehr Wertvolles in der Hand.

Den Beweis dafür bekam ich erst vor kurzem geliefert. A. N. Pritzker, ein wunderbarer Mann und echter Patriarch, der inzwischen verstorben ist, rief mich immer an, wenn er sich in New York aufhielt. A. N. und sein Sohn Jay waren völlig gegensätzliche Persönlichkeiten. Das Einzige, was sie beide gemeinsam hatten, war ihre Geschäftstüchtigkeit: Jay ist eher introvertiert, während sein Vater extrovertiert, ja geradezu überschwänglich und gutmütig wie ein Teddybär wirkte. Sie ergänzten sich perfekt. A. N. schuf sein Imperium buchstäblich aus dem Nichts; er konnte immer mit der Unterstützung der Banken rechnen – nicht, weil er erstklassige Sicherheiten zu bieten hatte, sondern weil ihn jeder mochte. Heute besitzt der Konzern eine stabile finanzielle Basis, und Jay, der gerne auf Distanz geht, ist längst nicht mehr auf das Wohlwollen der Banken angewiesen. Er kann ein knallharter Verhandlungspartner sein, und trotzdem reißen sich die Banken darum, mit ihm ins Geschäft zu kommen.

Also A. N. kam häufig nach New York, rief mich an und sagte: „Hallo, Don, ich bin gerade mal wieder in der Stadt. Ich würde gerne auf einen Sprung vorbeikommen." Und ich antwortete: „A. N., ich weiß, was du planst. Du möchtest mal wieder ein

Hotel in New York bauen, stimmt's?" Und er darauf: „Ach Don, wenn du doch nur einverstanden wärst! Du hättest dadurch bestimmt keine Nachteile, und für uns – für alle – wäre es gut." Ich versuchte dann immer krampfhaft das Thema zu wechseln, denn ich mochte ihn und hätte es nie fertiggebracht, ihm eine direkte Abfuhr zu erteilen.

Es gibt nur wenige Menschen, zu denen ich ein ähnlich enges Verhältnis hatte wie zu A. N. Er ist 1986 gestorben, und am Tag seiner Beerdigung, die in Chicago stattfand, hatte ich in meinem Büro eine außerordentlich wichtige Besprechung. Es ging um ein Geschäft, um das ich mich schon seit Längerem bemüht hatte. Die Vorbereitungen liefen seit Monaten, und die Teilnehmer der Gesprächsrunde waren von weither angereist. Trotzdem vertagte ich die Sitzung und flog nach Chicago; aus dem Geschäft wurde nichts. Ich habe es nie bedauert. Es gibt Leute, denen man unbedingt die letzte Ehre erweisen möchte, gleichgültig, welche Opfer man dafür bringen muss. Ich glaube, dass die Partnerschaft mit der Hyatt-Kette nicht zuletzt deshalb die Jahre überdauert hat – abgesehen davon, dass das Hotel nach wie vor ein Bombenerfolg ist –, weil ich A. N. Pritzker so sehr geschätzt habe.

Mein Vater, Fred Trump,
auf einem Foto aus den 80er-Jahren

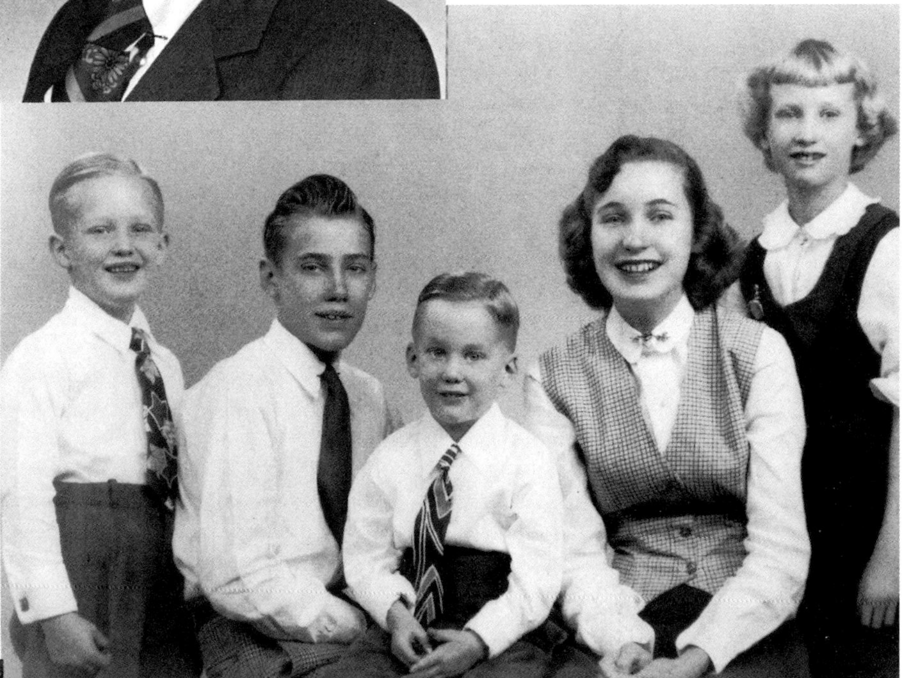

Mit meinen Geschwistern, 1951
Von links nach rechts: Ich, Freddy,
Robert, Maryanne und Elisabeth

Mit zwölf Jahren bei der Inspektion
des Fundaments für ein sechsstöckiges Wohnhaus in Queens, New York

Als Absolvent der
New York Military Academy,
Mai 1963

Mit meinen Eltern auf dem
Gelände der Militärakademie,
Frühjahr 1964

Foto anlässlich des Examens,
Juni 1964

An der Spitze der Parade, die die New York Military
Academy am Columbus Day auf der Fifth Avenue veranstaltet, Oktober 1963. Das war der erste Blick, den ich auf die
hochkarätigen Fifth Avenue-Immobilien werfen konnte.

Ivana 1975 als Topmodel in Montreal, Canada

Mit Ivana auf Hochzeitsreise, 1977

OBEN: 1975, mit 29 Jahren, bei einer Besprechung über den Bau des Kommunikationszentrums auf dem Gelände des ehemaligen Rangierbahnhofs an der 34th Street, ein Grundstück, auf das ich eine Kaufoption hatte. 1978 entschieden sich die städtischen und staatlichen Behörden für diesen Standort.

LINKS: Pressekonferenz im Juni 1976; ich erkläre den Reportern die Vorzüge meines Grundstücks als Standort für das Kommunikationszentrum der Stadt New York.

RECHTS: Mit den Architekten Jordan Grunzen und Der Scutt während einer Pressekonferenz im Hilton Hotel, Juni 1976

Auf dem ersten künstlichen Eis nach der gelungenen Renovierung der sechs Jahre lang stillgelegten Wollman-Rink-Schlittschuhbahn im Central Park, an der die Stadt gescheitert war.

Beim Durchschneiden des Bandes anlässlich der Wiedereröffnung der Schlittschuhbahn am 13. November 1986. Von links nach rechts: Toller Cranston, Michael Seibert, Judy Blumberg, Debbi Thomas, Dorothy Hamil, Scott Hamilton, Bezirksvorsitzender David Dinkins, Robert Douglas von der Chase Manhatten Bank, ich, Referent Henry Stern, Bürgermeister Ed Koch, Aja Zanova-Steindler, Dick Button, Jayne Torvil, Christopher Dean, Robin Cousins, Peggy Fleming.

Das Verbrennen der Hypotheken nach Spendeneingängen von mehr als 100 000 Dollar, mit denen Mrs. Annabel Hilll ihre Farm in Georgia retten konnte; 23. Dezember 1986.

Mit Bobe Hope und Ivana, Oktober 1986

Bei der Parade der Vietnam-Veteranen auf dem Broadway, Mai 1985, die ich ebenso finanziell unterstützt hatte wie den Bau des Denkmals im Zentrum Manhattans, das den Gefallenen des Vietnamkrieges gewidmet ist.

Mit Runningback Herschel Walker bei der Unterzeichnung des Vertrages mit den New Jersey Generals, 23. September 1983

Im Human Resources Center anlässlich des zwanzigjährigen Bestehens, das am 29. Mai 1986 mit einem Galaabend der Sportler gefeiert wurde.

Mit dem Bürgermeister Ed Koch, meinem Vater, Ivana und meiner Mutter Mary Trump in der City Hall

Parade, die ich zu Ehren von Dennis Conner und seiner Crew veranstaltet habe, die mit der Jacht *Stars and Stripes* den America's Cup von Australien in die USA zurückgeholt hatten. 500 000 Zuschauer säumten die Straßen New Yorks und bereiteten der siegreichen Mannschaft an einem bitterkalten Februartag 1987 einen begeisterten Empfang.

Mit Freund und Partner Lee Iacocca
bei einem Empfang in den 1980er-Jahren

Dreharbeiten mit der Partnerin Valerie Bartinelli für
die Serie *I'll Take Manhatten*, die mit großem Erfolg
von CBS ausgestrahlt wurde, Juli 1986.

Begrüßung durch den amerikanischen Präsidenten Ronald Reagan und
Mrs. Reagan, 1986

Mit Michail Gorbatschow
am 9. Dezember 1987 im
State Department

In einem meiner
Spielcasinos in
Atlantic City

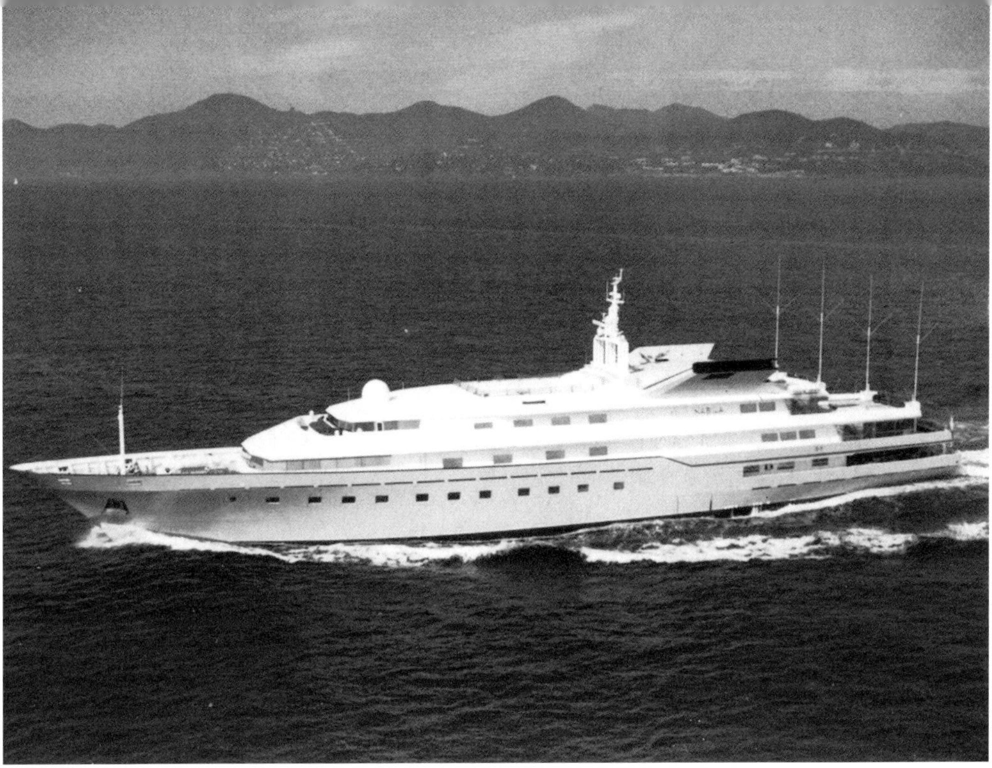

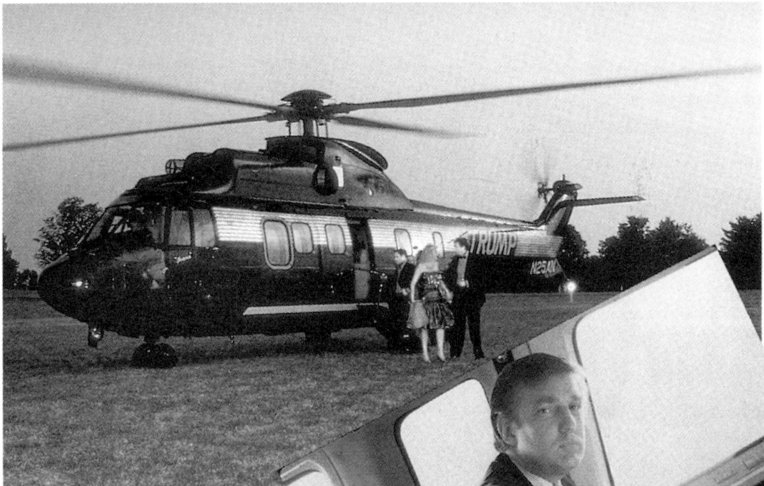

© ANTHONY SAVIGNANO RON GALLELA; LTD.

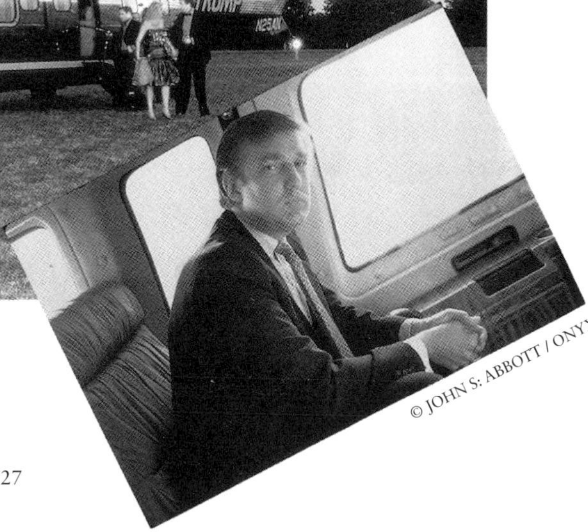

© JOHN S: ABBOTT / ONYX

OBEN: Mit meiner Jacht »Nabila«; früher gehörte sie Adnan Khashoggi

MITTE: Mit Ivana vor dem Hubschrauber

UNTEN: In meinem Flugzeug, einer Boeing 727

Oben und links unten:
Mit Ivana

Beim Golfspiel

Das Jacob Javits-Kommunikationszentrum der Stadt New York auf dem ehemaligen Rangierbahnhof an der 34th Street. Die Stadt übernahm trotz meines Angebotes die Bauleitung in eigener Regie. Kein Wunder, dass man mit dem Projekt den Zeitrahmen um Jahre und das Budget um mehrere hundert Millionen Dollar überschritt.

Flankiert vom St. Moritz und Trump Parc erhebt sich der Sitz der Trump Organization über die beiden Zwillingstürme an der Avenue of the Americas, Central Park South.

Modell von Trump Parc, der als teuerster und begehrtester Wohnturm New Yorks gilt, mit Luxusapartments, großen Terrassen und Marmorbädern. Neben Trump Parc befindet sich Central Park South 100, ein elegantes Gebäude aus der Vorkriegszeit mit 80 Mietwohnungen.

© BAEHR

Modell von Trump Plaza, ein Wohnturm mit 175 Apartments, nahe Bloomingdale's, Ecke 61st Street und Third Avenue auf der Upper East Side New Yorks.

Modell des Grand Hyatt-Hotels. Das 34-stöckige Luxushotel und Tagungscenter ist ein 100-Millionen-Dollar-Projekt und liegt an der 42nd Street zwischen Lexington und Park Avenue neben der Grand Central Station.

Der Grand Central Terminal, den wir 1979 während der Errichtung des benachbarten Grand Hyatt-Hotels restauriert haben.

Modell des Trump Tower, Sitz der Trump Organization an der Ecke Fifth Avenue und 56th Street, neben Tiffany's. In dem 68-stöckigen Wolkenkratzer befinden sich exklusive Wohnungen, Boutiquen und Büros; das sechs Etagen hohe Atrium *(kleines Bild oben)* mit seinem spektakulären künstlichen Wasserfall ist zu einer Attraktion New Yorks geworden.

OBEN: 23. Oktober 1986, der glücklichste Tag meines Lebens. Während der Errichtung einer Parkgarage mit 2700 Stellplätzen neben dem Trump Plaza Casino-Hotel in Atlantic City zerschmettert der Schwenkarm des Krans das Dach. Noch Minuten vor dem Unglück befanden sich mindestens hundert Arbeiter auf der Baustelle. Der Trupp machte gerade eine Kaffeepause, sodass niemand verletzt wurde.

OBEN: Modell des Trump Plaza, Atlantic Citys größtes und weltweit erfolgreichstes Casino-Hotel am Boardwalk.

RECHTS: Modell des 320 Millionen Dollar teuren Trump Castle Casino-Hotels am Jachthafen von Atlantic City. Der massive Bau wird zurzeit um einen Ballsaal und Superluxus-Suiten sowie eine spektakuläre eigene Marina für 600 Boote erweitert.

Zu meinem Anteil am Resorts International zählt das Taj Mahal in Atlantic City, das im September 1988 fertiggestellt und das flächenmäßig größte Casino-Hotel der Welt wurde.

Der Trump Tower

Eines der ersten Modelle von Television City

Die West Side railyards, das größte unentwickelte Wassergrundstück in Manhattan, das von der West 59th bis zur 72nd Street am Hudson entlang läuft und für den Bau von Television City vorgesehen ist. Hier sollten das höchste Gebäude der Welt, der modernste Fernsehproduktions-Komplex, rund 8000 Wohungen, Geschäfte und weitläufige Grünanlagen sowie eine Uferpromenade entstehen.

Mar-a-Lago, unsere Winterresidenz in Palm Beach, Florida, wurde Mitte der 20er Jahre von Joseph Urban für Marjorie Merriweather Post, Erbin des Post-Konzerns (Getreideerzeugnisse) erbaut. Das 118-Zimmer-Haus steht auf einem Anwesen, das sich vom Atlantischen Ozean bis Lake Worth im Westen erstreckt und weitläufige Rasenflächen, einen Golfplatz mit neun Löchern, eine Zitrusplantage, ein Treibhaus und Gemüsebeete, Gästehäuser, Personalwohnungen, Tennisplatz und Swimmingpool umfasst. Es gilt als eines der wertvollsten Immobilien der Vereinigten Staaten.

Trump Plaza of the Palm Beaches, Luxuswohnkomplex mit 260 Apartments am Intercoastal Waterway in Florida, mit herrlichem Ausblick auf den Lake Worth und den Atlantischen Ozean.

7
DER TRUMP TOWER

Das Tiffany-Juwel

Meine erste Begegnung mit Franklin Jarman war alles andere als vielversprechend.

Seit ich 1971 nach Manhattan gezogen war und nach günstigen Immobilien Ausschau hielt, hatte das elfstöckige Hochhaus an der 57th Street/Ecke Fifth Avenue, Sitz des Bonwit-Teller-Konzerns, meine Aufmerksamkeit erregt. Der Hauptgrund war die vorzügliche Lage, aber auch die außergewöhnliche Größe des Grundstücks spielte eine Rolle. Ich hielt es aufgrund dieser Kombination für das attraktivste Immobilienprojekt in ganz New York. Hier bot sich eine Gelegenheit, ein spektakuläres Bauwerk in erstklassiger Lage zu errichten.

Bonwit gehörte zu Genesco, einem Unternehmen, das Ende der 50er Jahre von einem Mann namens W. Maxey Jarman gegründet und zu einem stark expandierenden Konglomerat ausgebaut worden war. Maxey hatte mit einer Schuhfirma angefangen; er kaufte nach und nach kleinere Konkurrenten auf und wechselte schließlich mit der Übernahme von Tiffany und Henry Bendel sowie Bonwit Teller zum Einzelhandel über. Mitte der siebziger Jahre kam es zwischen ihm und seinem Sohn Franklin zu erbitterten Machtkämpfen. Beide waren dominierende Persönlichkeiten, die nach der Führungsrolle strebten. Die Auseinandersetzungen nahmen solche Ausmaße an, dass sich die aufgestauten Spannungen schließlich bei einer Aktionarsversammlung entluden. Da ich ein so gutes Verhältnis zu meinem Vater habe, fällt es mir schwer zu glauben, dass es Franklin gelang, seinen Vater auszubooten und das Geschäft zu übernehmen. Und deshalb war er derjenige, mit dem ich 1975 wegen des Bonwit-Buildings zu verhandeln begann.

Zu diesem Zeitpunkt war ich noch ein unbeschriebenes Blatt. Ich versuchte, das Grand-Hyatt-Projekt voranzutreiben, und kämpfte noch immer für den Bau des Kommunikationszentrums auf meinem Stück Land, ohne dass nennenswerte Fortschritte zu verzeichnen waren. Franklin Jarman willigte ein, sich mit mir zu treffen – aus welchen Gründen auch immer. Ich erklärte ihm mit aller Offenheit, dass ich am Bonwit-Teller-Geschäfts- und Wohnkomplex interessiert sei. Ich war mir darüber im Klaren, dass die Verhandlungen hart werden würden, und deshalb versuchte ich, ihm den Handel möglichst schmackhaft zu machen. Ich schlug zum Beispiel vor, oberhalb seiner Geschäftsräume mit den Bauarbeiten zu beginnen, sodass der übliche Arbeitsablauf während der Bauphase nicht gestört werden würde. Das ist praktisch unmöglich, aber ich hätte fast alles getan, um dieses Gebäude zu erwerben.

Noch bevor ich meine Präsentation beendet hatte, konnte ich an seinem Gesichtsausdruck ablesen, dass er meine Pläne für Hirngespinste hielt. Dann sagte er sehr höflich, aber bestimmt: „Sie müssen verrückt sein, wenn Sie glauben, wir würden ein so fantastisches Objekt aus der Hand geben." Wir verabschiedeten uns, und ich verließ ihn in dem festen Glauben, dass dieser Besitz unverkäuflich und jeder Versuch, Jarman zu seiner Sinnesänderung zu bewegen, aussichtslos sei.

Trotzdem gab ich nicht auf. Ich begann, Franklin Jarman regelmäßig zu schreiben. Als Erstes dankte ich ihm dafür, dass er mir seine wertvolle Zeit geopfert habe. Ein paar Monate später fragte ich an, ob er über mein Angebot nicht noch einmal nachdenken wolle. Als eine gewisse Zeit verstrichen war und ich keine Antwort erhielt, schickte ich ihm einen weiteren Brief, in dem ich ihm mitteilte, ich hätte demnächst in der Gegend zu tun und würde gern auf einen Sprung vorbeikommen. Nach einiger Zeit meldete ich mich erneut bei ihm. Ich schlug vor, das Geschäft auf eine ganz andere Art abzuwickeln. Ich war beharrlich, auch wenn das kleinste Zeichen einer Ermutigung fehlte. Aber diese Hartnäckigkeit entscheidet viel öfter über Erfolg oder Misserfolg, als man denkt. Franklin Jarman wich keinen Millimeter von seiner Einstellung ab. Aber die Briefe, die ich ihm schrieb, verfehlten schließlich doch nicht ihre Wirkung.

Fast drei Jahre waren seit meinem ersten Treffen mit Franklin vergangen. In dieser Zeit begann sich bei Genesco eine finanzielle Krise bemerkbar zu machen, der ich keine besondere Aufmerksamkeit geschenkt hatte, bis ich eines Tags im Juni 1978 in der *Business Week* einen Artikel las, in dem ein Führungswechsel bei Genesco angekündigt wurde. Die Banken, die den maroden Konzern vor dem Bankrott retten wollten, hatten darauf bestanden. Zum neuen Firmenchef wurde Jack Hanigan ernannt, der schon eine Reihe artistischer Glanzleistungen vollbracht hatte, wenn es um die Sanierung eines angeschlagenen Konzerns ging. Es war ihm zum Beispiel gelungen, AMF-Brunswick buchstäblich in letzter Minute vor dem Bankrott zu retten. Er verstand sich besonders auf eine Taktik, die man als Entflechtung bezeichnet, das heißt, dass er bestimmte Geschäftsbereiche eines Unternehmens abstieß und mit dem Erlös die Schulden bei Banken und anderen Gläubigern tilgte. Hanigan war ein Mann ohne emotionale Beziehung zu den sanierungsbedürftigen Unternehmen, seinen Mitarbeitern oder Produkten, und deshalb fiel es ihm nicht schwer, unliebsame Maßnahmen zu ergreifen. Er war ein skrupelloser, smarter, einzig auf das Endergebnis fixierter Mann.

Am nächsten Morgen rief ich Punkt neun Uhr bei Genesco an und wurde mit Hanigan verbunden. Er hatte sein Amt gerade erst angetreten, aber zu meiner Überraschung sagte er: „Ich wette, ich weiß, warum Sie anrufen."

„Wirklich?" fragte ich.

„Sie sind der Mann, der den Wust von Briefen geschrieben hat und Bonwit Teller kaufen wollte. Wann können wir miteinander sprechen?"

„Sobald wie möglich", erwiderte ich.

„Können Sie in einer halben Stunde hier sein?" wollte er wissen.

Das zeigt, wie wichtig bei manchen Geschäften die Wahl des richtigen Zeitpunktes ist. Wenn ihn ein anderer Interessent ein paar Tage oder Wochen vor mir angerufen hätte, dann wäre die Sache für mich vielleicht anders abgelaufen. Ich suchte ihn also auf, und wir führten ein angeregtes Gespräch. Es war offensichtlich, dass der Konzern dringend und schnellstmöglich Bargeld brauchte. Er hatte keine Bedenken, Bonwit oder irgendeinen anderen Unternehmensbereich abzustoßen. Es herrschte eine Stimmung wie bei einem Räumungsverkauf. Als ich ging, hatte ich das Gefühl, dass wir uns schnell handelseinig werden würden.

Dann passierte etwas Unerklärliches: Jack Hanigan weigerte sich, mit mir zu sprechen. Ich habe ihn in den darauffolgenden Tagen mindestens zehn- bis fünfzehnmal angerufen, aber ich bekam ihn nie zu fassen. Ich vermutete, dass jemand ein höheres Angebot gemacht habe und meine Chancen deshalb gesunken seien. Ich bat Louise Sunshine, mit ihrer Freundin Marilyn Evans zu reden, deren Mann Genesco vor ein paar Jahren sein Schuhgeschäft verkauft hatte. Er war einer der größeren Genesco-Aktionäre und besaß daher ziemlich viel Einfluss. Marilyn versprach dafür zu sorgen, dass ihr Mann mit Hanigan sprechen würde, und unmittelbar danach rief dieser mich an. Ich habe nie herausgefunden, welche Gründe es für sein Schweigen gab, aber er schlug einen weiteren Gesprächstermin vor. Diesesmal erschien ich in Begleitung meines Anwalts Jerry Schrager, und wir wurden uns einig. Die Abwicklung war im Grunde ganz einfach. Genesco besaß das Bonwit-Gebäude, nicht aber das Grundstück. Dieses war noch für weitere neunundzwanzig Jahre gepachtet. Ich erklärte mich einverstanden, ihnen das Haus und den Pachtvertrag für 25 Millionen Dollar abzukaufen.

Das war für mich allerdings nur ein Anfang. Um das Bauprojekt, das mir vorschwebte, verwirklichen zu können, musste ich weitere, angrenzende Immobilien finden und dabei die unterschiedlichen Abweichungen vom Bebauungsplan berücksichtigen. Das ist in New York nichts Ungewöhnliches, aber in diesem Fall handelte es sich um ein äußerst begehrtes Grundstück, das gewissermaßen auf dem Präsentierteller lag, und jeder meiner Schritte würde extrem schwierig und genau beobachtet werden.

Mein größtes Problem bestand für den Augenblick darin, die Transaktion geheimzuhalten. Falls jemand noch vor der endgültigen Vertragsunterzeichnung erfuhr, dass das Bonwit-Objekt zum Verkauf stand, würde mir das Geschäft unter Umständen entgehen. Sollte es auf dem freien Markt angeboten werden, dann würde jeder mitbieten und den Preis in astronomische Höhen treiben. Deshalb bat ich Jack, nachdem wir das Geschäft per Handschlag besiegelt hatten: „Ich möchte eine kurze, simple Absichtserklärung aufsetzen, die besagt, dass ich bereit bin, den Besitz für 25 Millionen Dollar zu erwerben, und dass Sie einverstanden sind zu verkaufen, sobald die Verträge ausgefertigt sind. Auf diese Weise kann keiner einen Rückzieher machen." Zu meiner Überraschung antwortete Jack: „Das klingt ganz vernünftig."

Na ja, Jack ist ein cleverer Geschäftsmann, aber er lebte nicht in New York und wusste nicht, wie begehrt dieses Objekt war – und so wertvoll, dass die Kaufinteressenten sich selbst auf dem Höhepunkt der Wirtschaftsflaute darum gerissen hätten.

Jerry und ich setzten noch an Ort und Stelle die Absichtserklärung auf. Jack las das Dokument durch und verlangte nur eine einzige Änderung: Der Verkauf sollte von der Zustimmung seines Vorstandes abhängig gemacht werden. Als er mir das Schriftstück zurückgab, erklärte ich ihm: „Hören Sie, Jack. Ich bin über diese Bedingung nicht besonders glücklich. In drei oder vier Wochen legen Sie dem Vorstand vielleicht nahe, seine Zustimmung zu verweigern, und das wäre nicht im Sinne der Absichtserklärung." Dann fragte ich ihn, ob er das Einverständnis des Vorstandes tatsächlich brauche. Er verneinte, und ich sagte: „Dann sollten wir diesen Absatz streichen." Er dachte eine Weile darüber nach und war schließlich einverstanden. Ich hatte es geschafft – und ein Dokument in der Tasche, auf dem die Transaktion schwarz auf weiß bestätigt wurde.

Mit der von Jack Hanigan – noch bevor der eigentliche Kaufvertrag vorlag – unterschriebenen Absichtserklärung ging ich zu Conrad Stephenson von der Chase Manhattan Bank. Mein Vater hatte schon seit Jahren mit der Bank zusammengearbeitet, und deshalb wandte ich mich als Erstes an sie wegen des 25-Millionen-Dollar-Krediters, den ich für den Kauf des Bonwit-Hauses benötigte. Ich erklärte Connie, dass ich das Gebäude und den Pachtvertrag, der noch weitere 29 Jahre gültig sei, übernehmen und dort einen riesigen Wolkenkratzer bauen wolle. Er meinte: „Da Sie den Grund nicht besitzen, sondern das Land nur für relativ kurze Zeit pachten, erscheint mir eine Finanzierung nicht gerechtfertigt." Mit anderen Worten, er zögerte, mir einen Kredit für den Kauf eines Objektes zu geben, das neunundzwanzig Jahre später – nach Auslaufen des Pachtvertrages – an den Besitzer des Grundstückes übergehen würde. Diese Überlegung hatte ich auch schon angestellt, und deshalb erwiderte ich: „Es gibt zwei Möglichkeiten, dieses Problem zu lösen, und ich glaube, dass sich beide in die Praxis umsetzen lassen."

Die Erste, erklärte ich ihm, bestünde darin, das Gebäude möglichst kostengünstig zu einem Bürokomplex, mit Einzelhandelsgeschäften im Erdgeschoss, umzubauen. Da ich bis zum Auslaufen des Vertrages eine niedrige Pacht zu zahlen hatte – 125 000 Dollar pro Jahr, was selbst damals nahezu geschenkt war –, konnte ich die Hypotheken mühelos tilgen und in den kommenden dreißig Jahren zudem noch mit einem ansehnlichen Gewinn rechnen. Aber Connie ließ sich einfach nicht überzeugen, und auch ich begann, diese Option als absolut letzte Rettung zu betrachten.

Mir sei viel mehr daran gelegen, erklärte ich, nicht nur das Haus und den Pachtvertrag zu übernehmen, sondern auch das Grundstück. Dann könne ich darauf in großem Stil bauen, ohne Angst haben zu müssen, meinen Besitz bei Beendigung des Pachtvertrages zu verlieren. Als ich Connie erzählte, der Grundstückseigner sei die Equitable Life Assurance Society, wurde er zum erstenmal hellhörig. Er musste zugeben, dass das für mich von Vorteil war, denn ich unterhielt bereits gute Geschäftsbeziehungen zur Equitable. Sie hatte einen Teil der Finanzierung des Hyatt übernommen, und zu diesem Zeitpunkt waren die Bauarbeiten am Hotel bereits im Gange, alles lief wie am Schnürchen, und jeder schien mit dem Deal äußerst zufrieden.

Als Nächstes machte ich mit George Peacock einen Gesprächstermin aus, dem Leiter der Equitable Real Estate. Das war im September 1978, knapp einen Monat, nachdem ich zum erstenmal mit Jack Hanigan verhandelt hatte. Ich erklärte George, dass ich beabsichtige, den Bonwit-Pachtvertrag zu übernehmen; vielleicht bestünde eine Chance, mit der Equitable, der ja das Grundstück gehöre, eine Partnerschaft einzugehen, die beiden zugute komme. Ich würde meine Pacht und sie ihr Land in das Geschäft einbringen, und wir könnten gemeinsam einen neuen Wohn- und Geschäftskomplex auf diesem fantastischen Grundstück errichten.

Equitable könne natürlich das Ende des Bonwit-Pachtvertrages abwarten; danach würde der Gesellschaft das daraufstehende Gebäude ohnehin gehören. Aber der Nachteil bestehe darin, erklärte ich George, dass man sich solange mit einer extrem niedrigen Pacht zufriedengeben müsse, die zu einer Zeit ausgehandelt worden sei, als man noch nichts von der Explosion der Immobilienpreise in New York ahnte. Ich wies George darauf hin, dass es außerdem die Möglichkeit gebe, das Gebäude zu renovieren und in den kommenden dreißig Jahren damit einen bescheidenen Gewinn zu erzielen. Ich muss gestehen, es war mehr als fraglich, ob ich für ein solches Projekt überhaupt einen Geldgeber finden würde. Aber ich wollte um jeden Preis den Eindruck vermeiden, eine Partnerschaft mit Equitable sei meine einzige Alternative, denn dann hätte George mir seine Bedingungen diktieren können. Zum Glück sagte ihm der Gedanke an ein Joint Venture auf Anhieb zu. Er war zwar skeptisch, ob man mir die Baugenehmigung für den geplanten Wolkenkratzer erteilen würde, aber er wusste, was ich beim Umbau des Commodore erreicht hatte. Als ich sein Büro verließ, besaß ich eine schriftliche Zusage, dass ich das Grundstück kaufen könne, vorausgesetzt ... Wieder einmal musste ich mit provisorischen Vereinbarungen jonglieren.

Als Nächstes musste ich versuchen, mit Hilfe der ersten beiden Zusagen, die den Bonwit-Pachtvertrag und das Equitable-Grundstück betrafen, die Luftrechte über dem Tiffany zu erwerben (in New York besteht die Möglichkeit, brachliegenden Luftraum über einem Gebäude zu kaufen oder zu verkaufen), das direkt neben dem Bonwit-Grundstück an der Ecke 57th Street/Fifth Avenue lag. Mit dem Kauf der Luftrechte traten die sogenannten erweiterten Bebauungsrichtlinien in Kraft, die es mir ermöglichten, einen höheren Wolkenkratzer zu errichten. Leider kannte ich niemanden bei Tiffany, und der Inhaber, Walter Hoving, war nicht nur ein nahezu legendärer Geschäftsmann, sondern auch als schwieriger, zäher und launenhafter Verhandlungspartner bekannt. Ich hatte ihn schon immer bewundert, weil er alles, was er anfasste, in Gold verwandelte. Unter seiner Leitung wurde Lord and Taylor die Nummer eins der Branche; auch Bonwit Teller und Tiffany machte er zu Marktführern. Ich hatte ihn auf Partys getroffen – er war ein Mann mit untadeligen Manieren und schlohweißem Haar, der sündhaft teure, maßgeschneiderte Anzüge trug und ehrfurchtgebietend wirkte. Sollte jemand auf die Idee kommen, einen Film über den Präsidenten von Tiffany zu drehen, dann wäre Walter Hoving die ideale Besetzung.

Ich entschied mich für den direkten Weg: Ich rief Hoving an und stellte mich vor. Ich bat ihn sehr höflich und respektvoll um ein Gespräch, und er willigte ein. Zu diesem Zeitpunkt hatte Der Scutt bereits ein Modell des Tiffany-Hauses angefertigt, über dem ich zu bauen hoffte, und ein weiteres von einem anderen Gebäude parat – für den Fall, dass ich Tiffanys Luftrechte nicht erhalten sollte. Ich zeigte Walter Hoving beide und sagte: „Ich möchte die Luftrechte über dem Tiffany Building erwerben und etwas darauf bauen, was Ihnen sicher gefallen wird. Wenn Sie mir die Luftrechte abtreten, können Sie das Tiffany-Gebäude der Nachwelt erhalten. Niemand ist in der Lage, noch höher hinauszubauen, und deshalb wird auch keiner auf die Idee kommen, es abzureißen." Es gäbe noch einen zweiten Grund, der für den Verkauf spreche, erklärte ich Hoving. Ohne die Luftrechte würde mir die Stadt zur Auflage machen, Wabenfenster in das neue Bonwit-Building einzusetzen, winzige, hässliche Fensteröffnungen mit drahtgesicherten Scheiben, die fünfzig Stockwerke über dem Tiffany in den Himmel hineinragen würden. Wenn ich aber die Luftrechte besitze, dann dürfe ich wundervolle Panoramascheiben auf der Seite des Wolkenkratzers anbringen, die dem Tiffany zugewandt sei.

Ich zeigte Hoving die beiden Modelle; das eine stellte eine großzügige Konstruktion dar, die im Wesentlichen dem heutigen Bild des Trump Tower glich, das andere war meine hässliche Wohn- und-Bürokomplex-Alternative. „Ich biete Ihnen fünf Millionen Dollar, wenn Sie mir erlauben, das Tiffany der Nachwelt zu erhalten", sagte ich. „Dafür verkaufen Sie mir etwas, was Sie ohnehin nicht nutzen werden – Ihre Luftrechte."

Hoving leitete das Tiffany schon seit fünfundzwanzig Jahren. Er hatte ein in seiner Branche einmaliges Unternehmen aufgebaut und war stolz auf sein Lebenswerk. Und genau darauf spielte ich an – mit dem erhofften Erfolg. Ihm gefiel mein Konzept auf Anhieb. „Hören Sie, junger Mann", meinte er. „Ich mache das Geschäft mit Ihnen, zu dem Preis, den Sie genannt haben. Ich hoffe nur, dass Sie Ihr Versprechen auch halten können, weil ich auf das Gebäude stolz sein möchte. Es gibt allerdings ein kleines Problem: Ich gehe mit meiner Frau einen Monat in Urlaub, und vor meiner Rückkehr habe ich keine Zeit mehr, mich mit der Sache zu befassen."

Ich wurde nervös und sagte: „Mr. Hoving, hier handelt es sich zweifellos um ein großes Problem. Wenn ich Tiffanys Luftrechte besitze, dann kann ich in einer ganz anderen Größenordnung bauen und Sondergenehmigungen bei der Planfestsetzung beantragen. Sollten Sie Ihre Meinung während Ihres Urlaubs aus irgendeinem Grund ändern, dann war die ganze Mühe mit dem Design und der Fluchtlinienplanung umsonst."

Walter Hoving sah mich an, als ob ich ihn zutiefst beleidigt hätte. „Junger Mann", sagte er, „vielleicht haben Sie mich nicht richtig verstanden. Das Geschäft ist per Handschlag besiegelt." Ich war sprachlos. In der Immobilienbranche gibt es zweifellos auch ehrliche Geschäftsleute, aber einen Handel mit Handschlag zu besiegeln ist nicht üblich, weil jeder weiß, dass diese symbolische Geste rein gar nichts besagt. Hier hat man es mit Verhandlungspartnern zu tun, für die nichts anderes zählt als das, was man schwarz auf weiß besitzt.

Walter Hoving gehörte, wie ich feststellen konnte, zu einer ganz anderen Kategorie von Geschäftsleuten. Er war ein Gentleman der alten Schule, der echt schockiert darüber zu sein schien, dass jemand annahm, er könne nicht zu seiner Zusage stehen. Er sah mich so indigniert an, dass ich mich fast schämte, auch nur einen Augenblick lang mit dem Gedanken gespielt zu haben, er würde sich nicht an unsere Abmachung halten.

Walter Hoving ging also in Urlaub. Kurz nach seiner Abreise kaufte Philip Morris die Luftrechte über der Grand Central Station – zu einem weit höheren Preis, als ich Hoving für die Nutzung des Luftraumes über dem Tiffany-Building angeboten hatte, das überdies noch in einem der begehrtesten Stadtviertel lag. Im selben Monat wurden zahlreiche Luftrechte verkauft, ebenfalls für beträchtliche Summen. New York schien nun endlich aus seiner Lethargie zu erwachen, und der Immobilienmarkt erlebte einen neuen Aufschwung. Obwohl ich wusste, dass Hoving zu seinem Wort stehen würde, fühlte ich mich nicht besonders wohl bei dem Gedanken, wie er denn auf die wachsende Nachfrage nach Luftrechten reagieren werde.

Einige Tage nach seiner Rückkehr trafen wir uns, um noch die letzten Einzelheiten zu besprechen. Es kam, wie ich insgeheim befürchtet hatte: Kaum saßen wir, versuchten auch schon zwei seiner leitenden Mitarbeiter, ihm den Handel auszureden. Sie wiesen auf die Entwicklung am Markt hin. Ich war wütend, aber Hoving reagierte noch vehementer. „Meine Herren", schnauzte er seine Leute an, „ich habe das Geschäft schon vor Monaten mit diesem jungen Mann per Handschlag besiegelt. Geschäft ist Geschäft, gleichgültig, ob es sich nun als gut oder schlecht erweist. Ich denke, mehr gibt es dazu nicht zu sagen." Und das war's dann.

Später hörte ich, dass Hoving sogar noch einen Schritt weitergegangen war. Er hatte – offensichtlich im gleichen Zeitraum – eine Transaktion von noch größerer Tragweite angebahnt: Tiffany wurde an die Avon Corporation verkauft. Ich war zwar der Meinung, Avon sei kein ebenbürtiger Partner für ein so renommiertes Juweliergeschäft wie Tiffany, aber wahrscheinlich hatte man Hoving einen so hohen Preis geboten, dass man ihm den Zusammenschluss nicht verübeln konnte. Avon stellte die Bedingung, die Luftrechte nicht zu veräußern. Hoving war jedoch, wie ich später erfuhr, nicht bereit, sein Wort zu brechen. Falls der Konzern auf dieser Forderung bestünde, erklärte er den Avon-Managern, dann müsse er auf Tiffany verzichten. Avon gab nach, übernahm das Tiffany, und ich blieb im Rennen.

Walter Hoving war eben ein durch und durch integrer Mann, der Stil besaß. Das machte sich auch in der Geschäftsführung bemerkbar. Seit er die Leitung abgegeben hat, ist Tiffany nicht mehr das, was es einmal war. Nur ein kleines Beispiel: Hoving gestattete seinen gutsituierten und prominenten Stammkunden, sich Schmuckstücke auszusuchen, den Erhalt zu quittieren und zu einem späteren Zeitpunkt zu bezahlen – eine simple und sehr elegante Art, Geschäfte abzuwickeln. Als Avon Tiffany übernahm, änderte man als Erstes die Zahlungsmodalitäten und führte die kleinen blauen Tiffany-Kreditkarten ein. Dagegen ist im Grunde nichts einzuwenden, aber das Problem war, dass auch die Stammkundschaft von jetzt an nur auf Tiffany-Kreditkarten kaufen konnte. Diese Geschäftspolitik war nicht nur idiotisch, sondern geradezu selbstmörderisch, denn Tiffany hatte es bisher verstanden, seinem elitären Kundenkreis das Gefühl zu geben, etwas ganz Besonderes zu sein.

Es dauerte nicht lange, bis Hoving, der sich zunächst einverstanden erklärt hatte, nach der Übergabe an Avon eine Beraterfunktion zu übernehmen, die Nase gestrichen voll hatte und sein Amt niederlegte. Von nun an ging es bergab. Solange er Tiffany geleitet hatte, sah man zum Beispiel nicht einen fliegenden Händler auf der Straße, der seine imitierten Tiffany-Uhren und -Schmuckstücke anbot, den Strom der Passanten mit seinem Klapptisch behinderte und die elegante Fifth Avenue verschandelte. Sobald Walter Hoving einen Straßenverkäufer entdeckte, machte er seinen Mitarbeitern eine wenn auch nicht lautstarke, so doch wirkungsvolle Szene. Er brauchte nur zu sagen: „Wie können Sie so etwas zulassen?", und innerhalb weniger Minuten war der Stein des Anstoßes verschwunden. Nach seinem Ausscheiden machten sich sofort die Händler vor dem Tiffany breit, und seither sind sie dort Stammgäste. Ich habe eines von Walter Hoving und aus dieser Entwicklung gelernt: Ich beschäftige heute ein ganzes Heer von Sicherheitskräften, die dafür sorgen, dass der Gehweg vor Trump Tower sauber, in einem Top-Zustand und frei von Straßenhändlern bleibt.

Als ich Tiffanys Luftrechte hatte, brauchte ich nur noch ein zusätzliches Grundstück. Direkt neben dem Tiffany Building an der 57th Street lag eine winzige Parzelle von rund 400 Quadratmetern Größe, das Bonwit verpachtet hatte und das für die Genehmigung meiner Baupläne von entscheidender Bedeutung war. Laut Bebauungsrichtlinien der Stadt New York muss nämlich auf der Rückseite jedes Gebäudes eine Fläche von mindestens drei Quadratmetern frei bleiben, eine Art Miniatur-Hinterhof. Ohne die Parzelle hätte ich diese Auflage nicht erfüllt, und das wäre eine Katastrophe gewesen.

Das Grundstück gehörte einem Mann namens Leonhard Kandell. Mit der Übernahme des Bonwit-Pachtvertrages hatte ich gleichzeitig auch das Verfügungsrecht über diese Parzelle erworben, aber das Problem war auch hier wiederum die Dauer des Vertrages. Er lief nur noch knapp zwanzig Jahre und enthielt Klauseln, die eine Änderung der Fluchtlinien praktisch unmöglich machten. Zum Glück ist Leonhard Kandell ein ebenso honoriger Geschäftsmann wie Walter Hoving. Er hatte seine Karriere in der Immobilienbranche begonnen und in den dreißiger und vierziger Jahren Apartmenthäuser in der Bronx aufgekauft. Aber im Gegensatz zu vielen anderen Landlords (= Mietshausbesitzern) stieg er rechtzeitig aus dem Geschäft aus, bevor die gesetzlich festgelegten Höchstmieten eingeführt wurden. Er verkaufte seine Miethäuser und ging nach Manhattan, wo er Pachtgrundstücke in erstklassiger Lage aufkaufte – also das Land, auf dem die Gebäude standen. Als in New York der Bauboom einsetzte, wurde Leonhard ein reicher Mann. Da die Verwaltung der Hochhäuser nicht in seinen Aufgabenbereich fiel, blieben ihm zum Glück viele Probleme erspart. Die Hausbesitzer, die sich von ihren Anwesen in der Bronx nicht trennen konnten, hatten wenig zu lachen, denn die Mietpreis-Kontrolle war für sie ein wahres Desaster.

Ein Grund, warum ich Brooklyn und das väterliche Unternehmen verlassen hatte, war eben diese bevorstehende Mietpreis-Kontrolle; Leonhard und ich hatten also eines gemein. Mein Problem war nur, dass Leonhard nicht verkaufen wollte. Das lag nicht am Preis oder daran, dass er eine Vorliebe für die Parzelle an der 57th Street gehabt hätte. Er war prinzipiell nicht bereit, seinen Grundbesitz zu veräußern. Er hatte die Theorie entwickelt, dass die Bodenpreise in Manhattan langfristig nur steigen konnten, womit er recht behielt. Obwohl wir uns prächtig verstanden, ließ Leonhard sich nicht erweichen. Aber eines Tages machte ich eine unerwartete und für mich äußerst vorteilhafte Entdeckung: Ich sah gerade noch einmal den Luftrecht-Vertrag mit Tiffany durch, als mir eine Klausel ins Auge sprang. Sie sicherte Tiffany innerhalb eines bestimmten Zeitrahmens eine Kaufoption auf das benachbarte Kandell-Grundstück zu.

Ich sah auf Anhieb eine Chance, Leonhard doch noch umzustimmen. Ich nahm sofort Kontakt zu Walter Hoving auf und sagte ihm: „Es sieht nicht so aus, als ob Sie das Kandell-Grundstück irgendwann einmal kaufen wollten. Hätten Sie etwas dagegen, wenn ich Ihre Option zusammen mit den Luftrechten übernehme?" Walter war einverstanden, wir nahmen die Klausel in unseren Vertrag auf, und ich konnte mein Optionsrecht ausüben. Zuerst vertrat Leonhard den Standpunkt, dass ich dazu nicht befugt sei, weil die Option im Besitz von Tiffany und nicht übertragbar sei. Vielleicht stimmte das, aber ich hätte es auf einen Rechtsstreit ankommen lassen und den Prozess möglicherweise sogar gewonnen.

Als ich Leonhard dieses Argument vor Augen führte, gab er sich geschlagen, und in weniger als zwanzig Minuten schlossen wir ein Geschäft ab, das für beide Seiten vorteilhaft war. Ich willigte ein, auf mein Optionsrecht zu verzichten. Als Gegenleistung erklärte

Leonhard sich bereit, meinen Pachtvertrag von zwanzig auf hundert Jahre zu verlängern, also auf einen Zeitraum, für den sich die Investition in ein so immenses Bauprojekt lohnen würde. Der Vertragstext wurde neu entworfen und sämtliche Bebauungseinschränkungen aufgehoben. Ich hatte nun zwar mehr Pacht zu zahlen, aber sie war noch immer gering in Anbetracht der Pachtdauer und der erstklassigen Lage des Grundstücks. Leonhard und ich besiegelten unseren Handel per Handschlag, und seither sind wir gute Freunde.

Merkwürdig, wie sich die Dinge im Leben ändern! Leonhard ist nicht mehr der Jüngste, und in den letzten Jahren hat er viel über seine Erben und seinen Nachlass nachgedacht. Anfang 1986 rief er mich an und sagte, er wolle mir 15 Prozent seines Grundstücks am Central Park South vermachen, eines seiner wertvollsten Besitztümer, auf dem das Hotel Ritz Calton steht. Außerdem soll mir das Verfügungsrecht über den gesamten Grund und Boden zukommen, wenn der Pachtvertrag des Hotels in rund fünfundzwanzig Jahren ausläuft. Leonhard erklärte mir, er wolle seinen Besitz in die Hände eines Mannes legen, der das Beste daraus zu machen verstehe – was wiederum seinen Erben zugute kommen würde, die ja die Mehrheitsanteile besaßen. Leonhard ist ein großzügiger Mensch und außerdem ein smarter Geschäftsmann. Ich würde für die Kandell-Familie durchs Feuer gehen.

Im Dezember 1978 wechselte das Kandell-Grundstück an der 57th Street endlich den Besitzer. Trotzdem befand ich mich in einer vertrackten Lage: Ich hatte die erforderlichen Kaufverträge in der Tasche, und es war mir gelungen, die gesamte Transaktion geheimzuhalten. Nur eines fehlte noch – der Vertrag mit Genesco. Anfang 1979 stritten sich meine und die Genesco-Anwälte immer noch über einige Konditionen. Wir hofften allerdings, dass die Verträge spätestens bis Februar unterzeichnet werden konnten.

Mitte Januar tauchte in der Immobilienbranche plötzlich das Gerücht auf, Genesco plane, das Bonwit-Grundstück zu verkaufen. Wie ich vorausgesehen hatte, wurde Genesco sofort von Kaufinteressenten belagert; zu ihnen gehörten vor allem reiche Araber, die ihre Petrodollars investieren wollten. Es konnte keinen Zweifel daran geben, dass Genescos Interesse, das Geschäft mit mir abzuschließen, merklich abkühlte. Selbst als der Vertrag schon vorbereitet wurde, suchte Genesco noch nach Mitteln und Wegen, den Handel rückgängig zu machen.

In dieser Situation konnte ich nur von Glück sagen, dass ich die von Jack Hanigan unterschriebene Absichtserklärung in der Tasche hatte. Ohne sie hätte ich vermutlich nicht die geringste Chance gehabt, das Geschäft abzuschließen. Ich bin mir nicht sicher, ob dieses Dokument von einem Gericht anerkannt worden wäre, aber zumindest hätte ich es auf einen Rechtsstreit ankommen lassen und den Verkauf des Bonwit-Grundstückes dadurch für Jahre unterbinden können. Ich machte auch den Genesco-Repräsentanten klar, dass ich einen solchen Schritt in Erwägung ziehe – für den Fall, dass sie sich nicht an unsere Abmachung hielten. Und da sie überdies noch von ihren Gläubigern bedrängt wurden, konnte ich mir ausrechnen, dass ihnen nicht viel Zeit für eine Entscheidung blieb.

Am Morgen des 20. Januar erhielt ich einen Anruf, der sich als wahrer Segen erweisen sollte. Dee Wedemeyer, ein Reporter der *New York Times*, wollte wissen, ob es stimme, dass ich der Käufer des Bonwit-Buildings sei. Genesco, immer noch verzweifelt auf der Suche nach einem Ausweg, hatte jeglichen Kommentar dazu verweigert. Ich beschloss, hoch zu pokern. Ich hatte mich nach besten Kräften bemüht, die Verhandlungen geheimzuhalten, solange der Vertrag noch nicht unterschrieben war, weil andere Genesco sonst vielleicht ein höheres Angebot gemacht hätten. Aber nun waren doch Gerüchte durchgesickert, und mein Vertragspartner konnte sich noch immer nicht entscheiden. Deshalb teilte ich Wedemeyer mit, dass mit der Genesco eine Kaufvereinbarung bestehe, dass der Besitzerwechsel voraussichtlich in den nächsten Monaten stattfinden werde und dass ich den Bau eines Wolkenkratzers auf dem Grundstück plane.

Mit der Ankündigung wollte ich die Genesco zwingen, sich an die Zusage zu halten. Mein Schachzug sollte mir noch einen weiteren, ungeahnten Vorteil bringen. Als Wedemeyers Artikel in der Morgenausgabe erschien, verließen die besten Bonwit-Manager reihenweise die Firma und wechselten zu Bergdorf Goodman, zu Saks an der Fifth Avenue und Bloomingdale über. Die Massenflucht machte einen reibungslosen Geschäftsablauf nahezu unmöglich. Ich glaube, dass dieser Umstand Genesco endlich zur Raison brachte. Plötzlich gingen die Verhandlungen zügig weiter. Fünf Tage nach Erscheinen des Artikels in der *New York Times* fand die Vertragsunterzeichnung statt. Die Zwangslage des Konzerns hatte sich zu meinen Gunsten ausgewirkt.

Eine solche Krisensituation heraufzubeschwören ist allerdings ein zweischneidiges Schwert. Da Genesco schnellstens Bargeld brauchte, bestand die Firma auf ziemlich ungewöhnlichen Zahlungsmodalitäten. Normalerweise muss der Käufer bei Vertragsunterzeichnung zehn Prozent der Kaufsumme als Anzahlung hinterlegen, die restlichen 90 Prozent werden bei Inkrafttreten des Vertrages fällig. Die Genesco verlangte jedoch, dass ich bereits bei der Unterzeichnung 50 Prozent – also 12,5 Millionen Dollar – und die zweite Hälfte bei Inkrafttreten des Vertrages auf den Tisch legte. Meine Anwälte rieten mir, mich nicht darauf einzulassen. Sie wiesen mich darauf hin, dass die Firma noch vor Inkrafttreten des Vertrages Konkurs anmelden könne. In diesem Fall sei das Gericht – das als Konkursverwalter mit schier unglaublichen

Vollmachten ausgestattet ist – berechtigt, mit meinem Geld die Gläubiger zu befriedigen. Es sei unklug und ein viel zu großes Risiko, eine so hohe Vorauszahlung zu leisten.

Ich sah das aus einer völlig anderen Perspektive. Natürlich war ich nicht gerade erfreut darüber, 12,5 Millionen Dollar flüssig zu machen, aber je mehr Bargeld die Genesco in die Hand bekam, desto mehr Schulden konnte sie zurückzahlen und somit ihre Gläubiger zufriedenstellen. Die Zeitspanne, die für mich kritisch sein würde, war ohnehin kurz, da es sowohl in meinem als auch im Interesse der Genesco lag, das Geschäft so schnell wie möglich unter Dach und Fach zu bringen. Der Zeitraum zwischen Unterzeichnung und Inkrafttreten eines Vertrages kann sechs Monate und mehr betragen. In diesem Fall setzten wir eine Frist von sechzig Tagen fest.

Darüber hinaus hatte ich bereits eine Menge Zeit und Geld in das Geschäft investiert. Seit August, nach meinem ersten Gespräch mit Jack Hanigan, hatte ich an den Bauplänen gearbeitet und begonnen, mit der Stadt über die Bebauungsrichtlinien zu verhandeln. Unmittelbar nachdem ich Hanigans Büro verlassen hatte, bat ich Der Scutt, sich mit mir auf dem Bonwit-Grundstück zu treffen. Als er dort eintraf, fragte ich ihn, was er davon halte. „Die Lage des Grundstücks ist fantastisch", erwiderte er. „Aber was haben Sie damit vor?"

„Hier soll der höchste Wolkenkratzer New Yorks entstehen", antwortete ich ihm. „Machen Sie sich sofort an die Arbeit. Ich will wissen, wie hoch ich bauen kann."

Von Anfang an war die Größe des geplanten Bauprojektes ausschlaggebend. Mit der Anzahl der Wohnungen, die ein Wohnturm in solch einmaliger Lage enthält, erhöht sich auch die Rendite. Und je mehr Stockwerke man bauen darf, desto atemberaubender ist das Panorama – und desto höher sind die Mieten, die man verlangen kann. Arthur Drexler, Leiter des *Museum of Modern Art*, hat einmal sehr treffend gesagt: „Wolkenkratzer sind die reinsten Goldesel." Drexlers Ausspruch war als Kritik an der Wolkenkratzer-Architektur gemeint; für mich stellte er eine Herausforderung dar.

Am Anfang bezweifelten alle, mit denen ich über meine Pläne sprach, dass man mir die Baugenehmigung für einen riesigen gläsernen Wolkenkratzer an der Fifth Avenue erteilen würde, die von niedrigen Kalk- und Backsteinhäusern im klassischen Stil gesäumt ist. Dasselbe hatte ich schon einmal gehört, beim Bau des Hyatt, und so nahm ich die Unkenrufe nicht besonders ernst. Abgesehen von rein wirtschaftlichen Erwägungen gefielen mir Wolkenkratzer besser als der Baustil, der in der unmittelbaren Umgebung üblich war. Der Scutt ließ sich von meinem Elan anstecken. Als sich jemand in einem Hearing des Planungsausschusses darüber beschwerte, dass unser Super-Tower zu groß sei und den angrenzenden Häuserblocks das Sonnenlicht nehmen werde, konterte Der schlagfertig: „Wenn Sie Sonne brauchen, dann ziehen Sie doch nach Kansas."

Die zulässige Höhe eines geplanten Neubaus richtet sich nach der Etagen-Grundstücks-Relation (Floor-Areal-Ratio), auch FAR genannt. Das heißt, die Gesamtnutzfläche darf die Grundstücksmaße nur um ein bestimmtes Vielfaches übersteigen. Es gibt natürlich Ausnahmegenehmigungen, aber für dieses Grundstück war der FA-Koeffizient auf maximal 21,6 festgelegt. Genau dort musste ich ansetzen und mich Stockwerk für Stockwerk nach oben durchkämpfen. Als Der Scutt mir die ersten Berechnungen zeigte, wobei er lediglich das Bonwit-Grundstück ohne die Luftrechte von Tiffany oder die Parzelle von Kandell zugrunde gelegt hatte, betrug der maximale FA-Koeffizient 8,5; das bedeutete, ich hätte auf rund 10 000 Quadratmetern Nutzfläche nur zwanzig Stockwerke hochziehen dürfen. Daraufhin gab ich ihm die Anweisung, ein vierzigstöckiges Gebäude mit 5000 Quadratmetern Nutzfläche pro Stockwerk zu konzipieren, was zwei Vorteile bot: Erstens hatte man von den Wohnungen in den oberen Stockwerken einen besseren Ausblick, und zweitens waren weniger Wohnungen auf die einzelnen Etagen verteilt – was die Mieter sich normalerweise gerne etwas kosten lassen.

Natürlich hatte ich nicht die Absicht, mich damit zufriedenzugeben. Zum einen würde sich der FA-Koeffizient erhöhen, sobald ich in der Lage war, die Luftrechte von Tiffany vorzuweisen. Zum anderen erhält man auch die Genehmigung aufzustocken, wenn man bestimmte Vorstellungen und Wünsche des Planungsausschusses berücksichtigt. Auf diesem Grundstück konnte ich mir zum Beispiel dadurch zusätzliche Höhenmeter verschaffen, dass ich bestimmte Bereiche für Wohnungen reservierte, statt einen reinen Bürokomplex zu errichten, der den Fußgängerstrom verdichten und in der *Rushhour* zu noch größerem Chaos führen würde. Außerdem brachte es Pluspunkte, wenn ich das Erdgeschoss als öffentlichen Durchgang für Fußgänger freigab – zum Beispiel Arkaden einplante, durch die man von einem Straßenblock zum nächsten gelangte. Weitere Vorteile versprach ich mir davon, dass ich die gewerbliche Nutzfläche größer auslegte, als es den gesetzlichen Bestimmungen entsprach. Und wenn ich innerhalb der Einkaufszone unter den Arkaden Grünanlagen anlegte, konnte ich weitere Pluspunkte sammeln.

Ich versuchte jeden Vorteil, der sich mir bot, zu nutzen und bat Der Scutt, ein Foyer zu entwerfen, das sich über mehrere Stockwerke erstreckte und Boutiquen beherbergen sollte. Für einen New Yorker Geschäftsmann war der Bau eines überdachten Einkaufszentrums ein ehrgeiziges und ziemlich riskantes Projekt.

Überall in den USA waren sie wie Pilze aus dem Boden geschossen, nur in New York fanden sie wenig Anklang. Ein typisches Einkaufszentrum ist in der Regel blitzsauber, frei von unerwünschten Elementen unserer Gesellschaft, das heißt, gefahrlos zu betreten, und wirkt fast ein wenig steril. Die New Yorker zogen anscheinend das pulsierende Leben auf dem Asphalt vor und kauften lieber bei Straßenhändlern ein.

Ich war allerdings der Meinung: Selbst wenn das Foyer mit seinen Läden nicht den gewünschten Erfolg bringen sollte, würden die zusätzlichen Stockwerke, die ich – sozusagen als Gegenleistung – für den Bau von Wohnungen nutzen durfte, mögliche Verluste mehr als ausgleichen. Erst viel später, als sich die exklusivsten Geschäfte der Welt um einen Standort im Trump Tower rissen, erkannte ich, dass das Foyer ein ganz besonderes Flair besaß und meine Idee wie eine Bombe eingeschlagen hatte.

In den ersten Phasen der Planung richtete ich meine Aufmerksamkeit vor allem auf das Design des Hochhauses. Ich wollte ein himmelstürmendes, monumentales Bauwerk schaffen. Aber mir war auch bewusst, dass wir ohne völlig neue stilistische Elemente niemals die Genehmigung erhalten würden, einen so gigantischen Wolkenkratzer zu errichten. Die monotonen viereckigen Glastürme und -kästen, die in New York zum Standard gehörten, regten die Stadtplaner schon längst nicht mehr zu geistigen Höhenflügen an. Der Scutt machte sich unverzüglich an die Arbeit. Er legte mir wohl drei oder vier Dutzend Zeichnungen vor, und ich suchte mir nach und nach die besten Elemente heraus.

Zunächst entschieden wir uns für einen gläsernen Turm, der auf einem viereckigen Kalkstein-Fundament ruhen sollte; aber diese Lösung war optisch wenig ansprechend. Später gaben wir einem Design den Vorzug, das durch drei gläserne Fahrstühle an den Außenwänden bestach. Ich fand die Idee großartig, aber es stellte sich heraus, dass dadurch ein zu großer Teil der Nutzfläche, die ja vermietet werden sollte, verlorenging. Schließlich legte Der Scutt ein Konzept für einen Terrassenbau vor, der vom Niveau der Straße aus bis zur Höhe des benachbarten Tiffany Buildings eine rückläufige Fluchtlinie bildete. Ivana und ich waren der Meinung, dass dieses stilistische Element das Gebäude auflockerte und ihm ein weniger kompaktes Aussehen gab als steil und gerade hochgezogene Außenwände, wie man sie bei den meisten Wolkenkratzern findet. Die oberen Stockwerke wollten wir wie nach dem Muster eines Sägeblattes anordnen; auf diese Weise entstand ein Zick-Zack-Effekt mit achtundzwanzig verschiedenen Profilen, ähnlich einer Wendeltreppe, die man hochkant stellt.

Dieses Design würde vermutlich teurer werden als die Standard-Bauweise, aber die Vorteile lagen klar auf der Hand. Mit seinen 28 unterschiedlichen Profilebenen würde sich das Gebäude unverkennbar von den benachbarten Wolkenkratzern abheben. Außerdem bot jedes Apartment durch die versetzten Stockwerke auf mindestens zwei Seiten einen herrlichen Ausblick, was sich in höheren Mieten niederschlagen würde. Ich fand, dass das Design gelungen war. Das geplante Gebäude wirkte optisch ansprechend, und das garantierte geradezu eine rege Nachfrage. Und um am Markt Erfolg zu haben, braucht man beides.

Die nächste Hürde, die es zu nehmen galt, war die Baugenehmigung der Stadt. Das bedeutete unter anderem, dass wir Abweichungen vom allgemeinen Bebauungsplan durchsetzen mussten. In einem Punkt gelang uns das mit Hilfe rein logischer Erwägungen. Laut Bebauungsrichtlinien mussten die Arkaden quer durch das Erdgeschoss in Nord-Süd-Richtung verlaufen, also von der 57th zur 56th Street führen. Das bedeutete, der Haupteingang zum Gebäude würde an der 57th Street statt an der weit belebteren Fifth Avenue liegen. Wir wiesen die Stadtplaner darauf hin, dass das IBM Building – das zwischen unserem Grundstück und der Madison Avenue lag – bereits einen Nord-Süd-Durchgang besaß, sich also ein weiterer erübrige. Wenn wir unsere Passage auf die West-Ost-Achse verlegten, konnten wir eine Verbindung von der Fifth Avenue bis zum IBM-Foyer und somit zur Madison Avenue schaffen. Erstaunlicherweise hielt man unseren Vorschlag für eine glänzende Idee, und wir erhielten die Genehmigung, unseren wirklich spektakulären Eingang an der Fifth Avenue zu bauen.

Womit die Stadt sich anfangs gar nicht anzufreunden schien, war die Größe des geplanten Wolkenkratzers – inzwischen auf 70 Stockwerke angewachsen, wobei die gesamte für dieses Grundstück zulässige Nutzfläche (mit dem FA-Koeffizienten 21,6) beansprucht werden sollte. Anfang Dezember 1978, noch bevor das Geschäft mit Bonwit unter Dach und Fach war, teilten uns die Stadtplaner mit, man sei zu der Ansicht gelangt, unser Bauwerk sei zu hoch. Man werde nicht zulassen, dass wir aufgrund der Sondergenehmigungen aufstocken könnten, und außerdem sei man der Meinung, dass unser Super-Tower nicht zur Silhouette der weit niedrigeren Gebäude in der unmittelbaren Nachbarschaft passe.

Als ich mich Anfang 1979 mit Bonwit geeinigt hatte, konnten wir mit den Stadtplanern endlich Klartext reden, und ich hatte ihnen weiß Gott einiges zu sagen. Ich hätte natürlich auch ein Standard-Hochhaus, für das man keine Sondergenehmigungen benötigte, bauen können. Wie schon bei den Verhandlungen mit Walter Hoving, so bat ich Der Scutt auch diesesmal, ein Modell des Standard-Typs anzufertigen, das ich den Stadtplanern zeigen wollte. Es sah ziemlich hässlich aus: ein pfeilgerade hochgezogener Kasten mit 80 Stockwerken, der das Tiffany überragte. Wir machten den Vertretern der Stadt klar, dass wir genau dem Standard entsprechend bauen würden, wenn man unsere Pläne ablehne, und führten ihnen das in allen Einzelheiten wirklichkeitsgetreue Modell vor. Sie waren entsetzt. Ich weiß nicht, ob sie wirklich fürchteten, wir könnten unsere Drohung wahrmachen und ein so monströses Bauwerk hinstellen, aber ganz auszuschließen war es nicht.

Völlig unerwartete Hilfe wurde uns von Bonwit Teller zuteil. Zuerst hatte ich geplant, das alte Gebäude auf dem Bonwit-Grundstück, in dem sich der Firmensitz befand, abzureißen. Aber kurz nach der Vertragsunterzeichnung kaufte ein Unternehmen namens Allied Stores Corporation von Genesco zwölf der noch florierenden Bonwit-Teller-Niederlassungen auf, die sich über Palm Beach, Florida, bis nach Beverly Hills, Kalifornien, erstreckten. Es dauerte nicht lange, bis Thomas Macioce, Präsident und CEO (= Chief Executive Officer) der Allied Stores Corporation, eine der besten Führungskräfte seiner Branche, Kontakt mit mir aufnahm.

Allied selbst hatte kurz vor dem Bankrott gestanden, als Macioce 1966 das Ruder übernahm. Im Laufe der nächsten zehn Jahre sanierte er den maroden Konzern und sicherte ihm einen Platz unter den Marktführern. Macioce erklärte mir, dass einige der Bonwit-Filialen, die er übernommen hatte, recht gut liefen, dass es aber von entscheidender Bedeutung sei, dass Bonwit die Niederlassung in Manhattan, sozusagen sein Aushängeschild, behielt. Am liebsten wäre ihm natürlich der alte Standort an der Ecke 57th Street/Fifth Avenue gewesen, nicht nur, weil die Firma dort schon seit fünfzig Jahren ansässig, sondern weil die Lage einmalig sei.

Ich sagte Tom rundheraus, dass es mir unmöglich sei, Bonwit in dem neuen Gebäude soviel Fläche, wie es früher hatte, zu überlassen. Ich könne ihm jedoch einen erstklassigen Standort an der 57th Street anbieten, mit direktem Zugang zum Foyer des Trump

Tower. Ich zeigte ihm meine Pläne, und innerhalb kürzester Zeit wurden wir uns einig.

Für Tom war das ein Riesengeschäft: Wir setzten nämlich einen langfristigen Vertrag auf, und die Pacht pro Quadratmeter war beträchtlich geringer als die Summen, die ich später für die gewerblich genutzten Flächen erhielt. Aber auch ich hatte dadurch Vorteile. Ich verpachtete der Allied knapp 5000 Quadratmeter – eine Fläche, die fast um ein Viertel größer war als der Raum, der ihr vorher zur Verfügung stand – für eine Jahrespacht von drei Millionen Dollar, zuzüglich eines bestimmten Prozentsatzes an ihren Gewinnen. Der Preis, den ich für das Bonwit-Grundstück nebst Gebäude gezahlt hatte, betrug 25 Millionen Dollar; mit der hypothekarischen Belastung in Höhe von zehn Prozent beliefen sich meine laufenden Kosten pro Jahr schätzungsweise auf 2,5 Millionen Dollar. Mit anderen Worten, ich musste 2,5 Millionen Dollar auf den Tisch blättern, damit mir der Komplex gehörte, und erhielt von der Allied für die Verpachtung eines kleinen Teils der Gesamtfläche drei Millionen zurück. Das bedeutete wiederum, ich konnte jedes Jahr einen Gewinn von 500 000 Dollar verbuchen und bekam den Grund und Boden umsonst, und das alles, noch bevor die Bauarbeiten überhaupt begonnen hatten. Und da die neue Bonwit-Niederlassung nur einen kleinen Teil der Gesamtfläche einnahm, konnte ich den Rest anderweitig verpachten.

Aber der größte Pluspunkt, den mir Bonwit einbrachte, war, dass die Stadt das Unternehmen mit allen Mitteln in New York halten wollte. Ich hatte also ein zwingendes Argument zur Hand, um die Leute vom Planungsausschuss zu überzeugen: Wenn ihr wollt, dass Bonwit an die Fifth Avenue zurückkehrt, hielt ich ihnen entgegen, dann müsst ihr mir die geforderten Sondergenehmigungen erteilen.

Trotz dieses Schachzuges war ich alles andere als sicher, dass man meinem Antrag stattgeben würde. Der kommunale Bauausschuss erhob wegen der Höhe des geplanten Gebäudes Einspruch. Um Zeit zu gewinnen, schlug er die Einführung eines sechsmonatigen Moratoriums für alle Neubauten vor: Man wollte prüfen, ob das Bauvolumen in diesem Bezirk nicht ohnehin schon zu hoch sei. Über Nacht wurde ein Komitee gegründet, das den Bauboom stoppen sollte, und die lokalen Politiker sahen natürlich eine Chance, auf den fahrenden Zug aufzuspringen und mitzuwettern.

Ich bin der Überzeugung, dass wir unseren Erfolg letztlich weder unserem diplomatischen Geschick noch einer besonderen Taktik zu verdanken haben, sondern allein dem Baustil, dessen Einzigartigkeit man einfach anerkennen musste. Und niemand hatte damals größeren Einfluss auf die Meinungsbildung als Ada Louise Huxtable, die Architekturkritikerin der *New York Times*.

Ich hatte Mrs. Huxtable schon vor der Abstimmung des Stadtplanungsausschusses über die Bebauungsrichtlinien eingeladen, sich unser Modell und die Zeichnungen anzusehen. Die Macht der *New York Times* ist nahezu erschreckend. Sie zählt zu den einflussreichsten Institutionen der Welt, und mir war klar, dass Mrs. Huxtables Urteil einiges Gewicht haben würde. Ich wusste außerdem, dass sie eine Abneigung gegen Wolkenkratzer hatte und den alten klassischen Baustil den modernen Mammutkonstruktionen aus Glas und Metall vorzog. Mitte 1979 begann auch ich langsam daran zu zweifeln, ob man uns die Baugenehmigung erteilen werde. Ich rechnete mir aus, dass Mrs. Huxtable meine Chancen zwar verringern, aber auch verbessern könne, wenn ihr Urteil positiv ausfiel.

Anfang Juni stattete sie uns einen Besuch ab, um die Pläne einzusehen. Am 1. Juli, einem Sonntag, brachte die *Times* in der Sparte

Kunst und Unterhaltung ihren Artikel über den Trump Tower. Er trug die Überschrift: *Ein New Yorker Wahrzeichen von bestechendem Design*. Diese Schlagzeile hatte auf die Planungskommission größeren Einfluss als alle Argumente oder Maßnahmen, die mir eingefallen wären. Merkwürdig war nur, dass sich Mrs. Huxtable bei ihrem Besuch zunächst nur darüber beschwert hatte, dass das Gebäude zu hoch sei und ich keinen Trick ausgelassen hätte, um seine Ausmaße noch zu vergrößern. Interessanterweise gab sie eher der Stadt als mir die Schuld an dieser „Gigantomanie", denn die bestehenden Richtlinien ermutigten ihrer Meinung nach Bauherren wie mich geradezu, derartige Super-Türme zu errichten. Der Artikel endete mit einem gewaltigen Lob. „Man hat dem Design große Aufmerksamkeit gewidmet", hieß es, und: „Dieses Bauwerk ist zweifellos faszinierend."

Im Oktober entschied sich die Stadtplanungskommission ohne eine einzige Gegenstimme, unser Bauvorhaben zu genehmigen. Man hätte sich zwar eine etwas herkömmlichere Fassade und mehr Anpassung an die Silhouetten der Nachbargebäude gewünscht, aber man bestand nicht auf der Standard-Bauweise, da der Trump Tower „der Öffentlichkeit außerordentliche Annehmlichkeiten" zu bieten versprach. Man einigte sich schließlich auf einen FA-Koeffizienten von 21, knapp unter der Höchstgrenze von 21,6. Das bedeutete, dass ich nur zwei Stockwerke streichen musste. Der Trump Tower würde mit seinen 68 Stockwerken und dem Foyer, das sich über sechs Etagen erstreckte, zu den größten Wohn- und Geschäftskomplexen New Yorks gehören. Außerdem nahmen sich die Stadtplaner Mrs. Huxtables Kommentar über die Bebauungsrichtlinien zu Herzen. Sie reagierten auf meine Taktik, mit Hilfe aller erdenklichen Sonderbestimmungen und des Erwerbs der Luftrechte so hoch wie möglich hinauszubauen, mit einer Änderung der Baubestimmungen, um ähnliche Projekte ein für allemal zu unterbinden.

Als ich endlich meine Baugenehmigung hatte, konnte ich den nächsten Schritt einleiten und mit den Bauarbeiten beginnen. Das Projekt würde nicht billig werden. Wenn man beim Bau eine bestimmte Höhe überschreitet, nehmen die Kosten geradezu astronomische Ausmaße an. Das liegt vor allem daran, dass sämtliche anfallenden Arbeiten so mühevoll sind, ob es sich dabei um die Verbesserung der Infrastruktur oder den Transport von Rohrleitungen in schwindelerregende Höhen handelt. Andererseits war die Lage so erstklassig, dass mir die hohen Ausgaben gerechtfertigt erschienen. Wenn der Trump Tower so wurde, wie ich es mir vorstellte, konnte es kein Problem sein, entsprechend hohe Mieten zu bekommen, sodass die Extrakosten kaum ins Gewicht fallen durften.

Im Oktober 1980 bewilligte mir die Chase Manhattan Bank einen Kredit für den Trump Tower. Die Firma HRH übernahm die Bauarbeiten. Unser Gesamtbudget, das sämtliche Ausgaben umfasste – Kaufpreis des Grundstücks sowie Bau-, Betriebs- und Werbekosten –, betrug rund 200 Millionen Dollar. Zur Projektleiterin und zu meiner persönlichen Stellvertreterin ernannte ich Barbara Res, die erste Frau, die mit der Bauüberwachung eines Wolkenkratzers in New York betraut wurde. Sie war damals dreiunddreißig Jahre alt und hatte für die HRH gearbeitet. Ich lernte sie beim Umbau des Commodore-Hotels kennen, wo sie als Projektleiterin fungierte. Ich beobachtete sie in zahllosen Besprechungen, und mir gefiel, dass sie sich von niemandem einschüchtern ließ. Sie war nur halb so groß wie die meisten der Gesprächsteilnehmer, von denen einige wie Preisboxer wirkten, aber sie hatte keine Hemmungen, ihnen, wenn nötig, die Meinung zu sagen, und besaß Durchsetzungsvermögen.

Irgendwie ist es merkwürdig: Meine Mutter hatte nie einen Beruf ausgeübt, und dennoch habe ich zahllose Frauen mit verantwortlichen Positionen betraut und festgestellt, dass sie zu meinen besten Mitarbeitern zählten. Sie leisten oft weit mehr als ihre männlichen Kollegen. Louise Sunshine, die zehn Jahre lang als Vizepräsidentin in meinem Unternehmen fungierte, besaß eine echte Kämpfernatur. Blanche Sprague, die für den Verkauf und die Innenausstattung meiner Apartments verantwortlich war, kann es mit jedem Spitzenverkäufer und -manager aufnehmen. Norma Foerderer, meine Assistentin, ist eine kluge, äußerst charmante Frau von Format, aber unter der glatten Oberfläche verbirgt sich ein stahlharter Kern. Wer glaubt, mit ihr machen zu können, was er will, findet bald heraus, dass er sich geirrt hat. Ivana, meine Frau, ist eine erstklassige Chefin, die mit ihren Mitarbeitern großartig auskommt, aber sie stellt hohe Ansprüche und ist sehr ehrgeizig. Ihre Mitarbeiter respektieren sie, weil sie wissen, dass sie von sich selber ebensoviel verlangt wie von ihnen.

Die Abbrucharbeiten am Bonwit-Gebäude begannen am 15. März 1980. Es dauerte nicht lange, bis sich eine harte Kontroverse wegen der beiden Art-Deco-Reliefs anbahnte, die die Außenmauern des alten Hauses schmückten. Bis 1979, lange nachdem meine Pläne bekannt und die Verhandlungen wegen der Baugenehmigung in Gang waren, hatte niemand auch nur das mindeste Interesse für diese Reliefs bekundet. Weder die Stadtplaner noch Repräsentanten des Denkmalschutzes oder lokaler Künstlerverbände waren der Meinung, es lohne sich, sie zu erhalten. Mitte Dezember 1979, kurz vor Beginn der Bauarbeiten, bekam ich einen Anruf von einem Mitarbeiter des *Metropolitan Museum of Art*. Er wollte wissen, ob ich bereit sei, dem Museum die Reliefs und bestimmte Teile des eisernen Gitterwerkes zu verkaufen. Ich antwortete ihm, dass ich sie dem Museum gerne schenken würde, wenn man sie bei den Abbrucharbeiten retten könne.

Als die Abbrucharbeiten begannen und es an der Zeit war, die Reliefs abzulösen, kamen meine Leute zu mir und meinten: „Mr. Trump, sie sind viel schwerer, als wir gedacht hatten, und wenn Sie sie erhalten wollen, brauchen wir, schon aus Sicherheitsgründen, ein Spezialgerüst. Außerdem verzögern sich dadurch die Abbrucharbeiten um mehrere Wochen." Die Zinsen für den Kredit, mit dem ich dieses Projekt finanziert hatte, waren enorm – ganz abgesehen von den zusätzlichen Kosten, die eine Erweiterung des Zeitrahmens mit sich bringen würde. Ich sah nicht ein, dass ich Hunderttausende von Dollars opfern sollte, um ein paar Art-Deco-Reliefs zu retten, die meiner Meinung nach nur einen Bruchteil dieser Ausgaben wert waren. Deshalb gab ich meinen Leuten die Anweisung, sie niederzureißen.

Ich hatte allerdings nicht mit dem Aufruhr gerechnet, den dieser Schritt auslöste. Am darauffolgenden Tag erschien auf der Titelseite der *New York Times* ein Bild, das die Bauarbeiter beim Abbruch der Reliefs zeigte. Man brandmarkte mich als ein Symbol für all die schlechten Eigenschaften, die „Geschäftemachern" gemeinhin zugeschrieben werden. In einem Leitartikel der *Times* hieß es, die Abbrucharbeiten seien „ein denkwürdiges Beispiel für den Sieg nüchternen Kalküls über die Interessen der Öffentlichkeit" und „Mammutbauten sagen nichts über menschliche Größe und große Geschäfte nichts über den Kunstverstand aus".

Diese Art von Publizität ist nicht besonders erbaulich. Heute tut es mir leid, dass die Reliefs zerstört wurden. Ich bin noch immer nicht davon überzeugt, dass sie wirklich einen Wert darstellten, und ich glaube, dass viele meiner Kritiker entweder wenig von Kunst verstanden oder Heuchler waren. Aber ich weiß inzwischen, dass manchen Ereignissen eine geradezu symbolische Bedeutung beigemessen wird. Vielleicht war ich damals noch zu jung und zu ungeduldig, um diesen Aspekt zu berücksichtigen.

Damit will ich sagen, dass es mir im Gegensatz zur Meinung vieler Leute nicht besonders gefällt, den Bösewicht zu spielen, wenn es nicht absolut notwendig ist.

Es ist wohl als Ironie des Schicksals zu betrachten, dass der ganze Wirbel mir beim Verkauf der Apartments im Trump Tower eher nutzte als schadete. Die Artikel begannen nahezu ausnahmslos mit dem stereotypen Satz: „Um einem der luxuriösesten Gebäude der Welt Platz zu machen ..." Trotz der durchweg negativen Kritik erreichte man damit, dass der Trump Tower im Brennpunkt der Öffentlichkeit stand, was wiederum dazu beitrug, dass uns die Wohnungen buchstäblich aus den Händen gerissen wurden. Ich will damit nicht sagen, dass ich diese Art der Werbung gut finde; sie sagt aber einiges über den Kulturkreis aus, in dem wir leben. Ich bin Geschäftsmann, und ich habe aus dieser Erfahrung eines gelernt: dass eine gute Publizität zwar einer schlechten vorzuziehen ist, dass aber selbst die schlechteste bisweilen besser sein kann als gar keine. Kontroversen zahlen sich, wie man daran sieht, mitunter aus.

Genau wie ein gewisses Ambiente. Noch vor Beginn der Bauarbeiten wusste ich, dass das Foyer eines der charakteristischsten Merkmale des Trump Tower sein würde. Zu Anfang hatten wir es lediglich als attraktives Einkaufszentrum geplant. Aber ich erkannte rechtzeitig, welche Möglichkeiten sich mir hier boten, und beschloss, alles daranzusetzen, um es zu einer Riesenattraktion zu machen.

Das beste Beispiel ist die Wahl des Marmorgesteins für das Interieur. Zuerst wollte ich dafür den braunen Paradisio-Marmor verwenden, der das Foyer des Grand Hyatt schmückte. Aber dann dachte ich, dass man mit einem Material, das für eine Hotelhalle bestens geeignet ist, in einem Einkaufszentrum nicht unbedingt die gleiche Wirkung erzielt. Der Scutt, Ivana und ich prüften Hunderte von Marmormustern. Schließlich entschieden wir uns für eines mit der Bezeichnung Breccia Perniche, eine seltene Marmorart in einer Farbe, die keiner von uns je zuvor gesehen hatte – einer exquisiten Mischung aus Rosé, Pfirsichgelb und Pink, die uns den Atem verschlug. Natürlich war dieser Marmor extrem teuer, wozu sicher auch die unregelmäßige Maserung beitrug. Als wir den Steinbruch besichtigten, entdeckten wir, dass viele der Marmorblöcke große weiße Einschlüsse und Adern aufwiesen. Das störte mich, da es die vollkommene Schönheit des Gesteins beeinträchtigte. Deshalb markierten wir die besten Teile mit schwarzem Klebeband. Der Rest – insgesamt vielleicht 60 Prozent – war Abfall. Als wir fertig waren, hatten wir die Spitze des Hügels abgetragen und einen großen Teil der bereits gebrochenen Steine für uns reserviert. Als Nächstes suchte ich mir die besten Steinmetze, die den Marmor behauen und die Platten auslegen sollten. Nur wenn man Spitzenhandwerker engagiert, lassen sich Kerben an den Ecken, eine schlechte farbliche Übereinstimmung, mangelnde Symmetrie und somit eine Minderung des Gesamteffektes vermeiden.

Die Wirkung wurde noch dadurch verstärkt, dass wir den Marmor in großen Mengen verwendeten – für die Böden und die Wände aller sechs Stockwerke des Foyers. Es wirkte dadurch äußerst luxuriös und elegant. Die meisten Besucher sind der Meinung, dass das Foyer und insbesondere die Marmorverkleidung eine ungeheure Wärme ausstrahlt, aber gleichzeitig auch ein prickelndes, anregendes Gefühl vermittelt, also Impulse verstärkt, die gerade in einem Einkaufszentrum wichtig sind: Die Passanten sollen sich wohlfühlen und zum Kaufen angeregt werden.

Natürlich macht der Marmor nur einen Teil des Ambiente aus. Das ganze Foyer ist unglaublich dekorativ und mit keinem anderen vergleichbar. Statt der üblichen Treppengeländer aus Aluminium, die billig und praktisch zugleich sind, verwendeten wir poliertes Messing, was teurer, aber auch eleganter ist und wundervoll zu der Farbe des Marmors passte. Die Seite des Gebäudes, auf der sich die Aufzüge befinden, haben wir mit Spiegelglas verkleidet, wodurch dieser relativ kleine Bereich optisch größer und weniger profan wirkte. Der Eindruck von Größe und Geräumigkeit wurde noch dadurch unterstrichen, dass das gesamte Foyer lediglich auf zwei Säulen ruht, was einen ungehinderten Blick von jedem Punkt des Raumes aus gestattet und Weitläufigkeit suggeriert.

Das dritte für das Foyer charakteristische Element ist der ungewöhnlich große Eingang an der Fifth Avenue, gegen den ich mich anfangs sträubte. Laut Bauvorschriften war nur eine Breite von rund 4,50 Metern erforderlich, und ich wollte so viel Raum wie möglich für die Geschäfte zur Verfügung haben, die an der Fifth-Avenue-Seite liegen sollten. Die Stadt bestand dann aber auf einem Eingang von neun Metern Breite, und schließlich erklärte ich mich, wenn auch widerwillig, damit einverstanden. Dadurch verlor ich ein paar Quadratmeter Gewerbefläche, die für mich sehr wertvoll waren. Aber heute bin ich der Meinung, dass der dekorative Eingang, den ich dafür bekam, diese Einbuße mehr als wettmachte – und das habe ich der Stadtplanungskommission zu verdanken.

Das letzte Wahrzeichen des Trump Tower ist der künstliche Wasserfall, der an der Ostseite des Gebäudes aus rund 24 Metern Höhe über vier Stockwerke herabplätschert und knapp zwei Millionen gekostet hat. Die meisten meiner Mitarbeiter hatten anfangs dafür gestimmt, Gemälde an den Wänden aufzuhängen. Ich fand diese Lösung altbacken, wenig originell und langweilig. Der Wasserfall ist ein Kunstwerk und wirkt fast wie ein Wandrelief. Außerdem lockt er mehr Schaulustige an als jedes Gemälde, mag es auch noch so meisterhaft gemalt sein. Einkaufsstraßen und -zentren sind meiner Meinung nach deshalb so gut besucht, weil sie eine gewisse Geborgenheit und Homogenität ausstrahlen; für den Trump Tower gilt, soweit ich es beurteilen kann, das Gegenteil: Der Komplex ist genauso vielschichtig wie das Leben selbst, und man fühlt sich inspiriert, in eine Märchenwelt versetzt, wenn man durch die Räume wandert.

Auch bei der Gestaltung der Wohnungen bemühten wir uns, diesen Eindruck einer abgeschlossenen kleinen Welt inmitten der typischen Hektik einer Großstadt zu vermitteln. Das Beste, was wir zu bieten hatten, war natürlich das Panorama. Da der Wohnbereich erst im 13. Stockwerk begann, lag er oberhalb der benachbarten Gebäude. Das gestattete auf der Nordseite einen freien Ausblick auf den Central Park, im Süden auf die Freiheitsstatue, im Osten auf den East River und im Westen auf den Hudson. Darüber hinaus ermöglichte die terrassenförmige Anordnung der Apartments einen ungehinderten Blick in mindestens zwei Richtungen. Um den Effekt noch zu verstärken, bauten wir Fenster ein, die praktisch vom Boden bis zur Decke reichten. Ich hätte auch Panoramascheiben ohne Sockel verwenden können, aber man sagte mir, dass manche Menschen ohne diesen festen Bezugspunkt unter Schwindelgefühlen leiden.

Merkwürdig ist, dass die Innenausstattung der Wohnungen unwichtiger war als die meisten anderen Stilelemente. Die Käufer, die sich eine Zweizimmer-Wohnung in einem der unteren Stockwerke für eine Million Dollar oder eine Vierzimmerwohnung in den oberen Etagen für fünf Millionen Dollar leisten konnten, zogen es vor, einen Innenarchitekten zu engagieren, um ihr künftiges Domizil nach eigenen Wünschen zu gestalten.

Dass die Nachfrage nach den teuren Wohnungen so hoch war, lag allerdings nicht nur an dem Hauch von Luxus, den wir boten, sondern vielmehr an der Tatsache, dass der Trump Tower eine nahezu magische Aura besaß. Das war nicht zuletzt der gelungenen Kombination von außergewöhnlichem Design, erstklassigen Materialien, der günstigen Lage, einer wirkungsvollen Werbung, ein wenig Glück und der Wahl des richtigen Zeitpunktes zu verdanken. Es gibt viele Bauten, die man als aufsehenerregend bezeichnen könnte. Aber nur wenige besitzen, unabhängig von der Epoche, in der sie entstanden sind, genau die Voraussetzungen, die reiche und prominente Käufer dazu verlocken, selbst die höchsten Preise zu zahlen.

Diese magische Ausstattung besaß bis zum Bau des Trump Tower nur der Olympic Tower an der 51th Street/Ecke Fifth Avenue, der in den siebziger Jahren entstand. Sie war vor allem auf die Tatsache zurückzuführen, dass der Turm Aristoteles Onassis gehörte. Damals stand der griechische Tankerkönig im Blickpunkt des öffentlichen Interesses. Er war mit Jackie Kennedy verheiratet und galt als Inbegriff des Jet-Set. Mit seinen zahllosen Villen, seiner Luxusjacht und seiner Insel Skorpios gehörte er zu den reichsten und mächtigsten Männern der Welt. Obwohl der Olympic Tower kein besonders originelles oder optisch ansprechendes Bauwerk ist, wurde er zum richtigen Zeitpunkt und vom richtigen Mann gebaut. Er verdrängte sogar den Galleria Tower, einen Apartment-Komplex, der etwa zur gleichen Zeit an der East 57th Street entstand, von der Spitze des Marktes für Luxuswohnungen.

Mit dem Bau des Trump Tower gelang es mir, einen meiner größten Konkurrenten zu schlagen. Lange bevor das Geschäft mit dem Bonwit-Grundstück perfekt war, hatte dieser seinen Plan angekündigt, über dem Museum of Modern Art nahe der Ecke Fifth Avenue und 53th Street einen Apartment-Turm zu errichten. Das Projekt hätte nach menschlichem Ermessen ein Riesenerfolg werden müssen: Das Museum selbst galt als Prestigebauwerk, die Lage war günstig, der Architekt, Cesar Pelli, besaß in der Fachwelt einen Namen, und mein Konkurrent hatte angedeutet, er werde keine Kosten scheuen, um alle anderen Wolkenkratzer der neuen Generation in den Schatten zu stellen.

Trotzdem stahl der Trump Tower dem Museum Tower die Show. Obwohl wir mit den Bauarbeiten später begonnen hatten, konnten wir die Wohnungen zur gleichen Zeit wie der Museum-Tower-Konzern verkaufen. Von Anfang an ließ sich nicht leugnen, dass wir einige Vorteile gegenüber der Konkurrenz hatten. Zum einen war der Standort, die Fifth Avenue, besser. Dazu kam, dass das Design des Museum Tower nicht gerade überwältigend wirkte: Die farbige Glasfassade hob sich in keiner Weise von der Nachbarschaft ab; auch das Foyer wich in keiner Weise vom Standard ab. Außerdem wurde der Wohnkomplex ungeschickt vermarktet. Die Werbung war langweilig. Man versäumte, dem Gebäude ein charakteristisches Image, eine eigene Identität zu verleihen, und so blieb es, was es war: mittelmäßig.

Wir vermieden diese Fehler und bauten die Werbung auf unseren Stärken auf. Wir wiesen nicht nur darauf hin, dass der Trump Tower ein fantastischer Wohn- und Geschäftskomplex in einer erstklassigen Gegend war, sondern wir priesen ihn als das Bauwerk des Jahrhunderts an. Wir konzentrierten uns bewusst auf eine bestimmte Zielgruppe – die reichsten und prominentesten Bürger New Yorks, für die der Trump Tower das einzig angemessene Domizil sei. Kurz gesagt, wir verkauften keine Wohnungen, sondern einen Traum.

Die alteingesessene Oberschicht New Yorks interessierte uns nicht. Sie zog ohnehin prachtvolle Villen aus früheren Epochen vor. Es gab genügend andere Gruppen wohlhabender Mitbürger, die als potenzielle Käufer in Frage kamen.

Dazu gehörten unter anderem Leute aus dem Show-Business, die sich durch den Glamour des Trump Tower angezogen fühlten. Auch Ausländer zählten dazu – reiche Europäer, Südamerikaner, Araber und Asiaten. Der Trump Tower bot einen Riesenvorteil: Er war der einzige Komplex in New York, in dem Wohnungen direkt von einem einzigen Bauherrn zum Kauf angeboten wurden. Alles, was man zum Erwerb brauchte, war das nötige Kapital. Damals wurden die meisten Eigentumswohnungen in der Stadt von großen Baugemeinschaften errichtet, und für den Kauf brauchte man die Zustimmung des Vorstandes, der nahezu allmächtig und zu zahlreichen Auflagen berechtigt war. Er konnte von den Kaufinteressenten unter anderem Einsicht in ihre Finanzlage, Referenzen und persönliche Auskünfte verlangen. Er hatte das Recht, Bewerber ohne Angabe von Gründen abzulehnen, eine Praxis, die der Diskriminierung Vorschub leistete. Das Schlimme daran ist, dass viele Vorstandsmitglieder es geradezu darauf anlegten, ihre Macht zu demonstrieren. Das war absurd und rechtswidrig, aber für den Trump Tower von Vorteil. Viele begüterte Ausländer können die nötigen Referenzen nicht vorweisen oder haben keine Lust, sich einer eingehenden Befragung durch neugierige Fremde auszusetzen. Deshalb kamen sie zu uns.

Ich erinnere mich noch gut an den Morgen, als der Verkauf beginnen sollte. Einer meiner Mitarbeiter aus dem Vertrieb stürzte in mein Büro. „Mr. Trump", erklärte er atemlos. „Wir haben ein Problem. Museum Tower hat gerade seine Preise bekanntgegeben. Sie liegen viel niedriger als unsere." Ich sah darin alles andere als ein Problem; unser Konkurrent hatte sich mit dieser Ankündigung selbst geschadet. Die Zielgruppe, die wir ansprechen wollten, feilscht nicht, wenn es um die eigene Wohnung geht. Sie mag bei allen anderen Geschäften auf ihren Vorteil bedacht sein, aber bei der Wahl ihres Domizils ist nicht der Preis, sondern die Wohnqualität ausschlaggebend. Dadurch, dass der Museum-

Tower-Konzern den Kaufpreis der Wohnungen niedriger als wir angesetzt hatte, gab man indirekt zu, nicht so exklusiv wie Trump Tower zu sein.

Viele Leute glauben, dass es uns nur durch unsere prominenten Käufer oder mit Hilfe einer renommierten Public-Relations-Firma gelungen ist, dem Komplex so viel Attraktivität zu verleihen. Aber wir haben keine PR-Agentur gebraucht, um die Werbetrommel zu rühren – die Showstars, die eine Wohnung gekauft haben, zum Beispiel Johnny Carson, Steven Spielberg, Paul Anka, Liberace und viele andere, kamen auch so zu uns. Ich habe keinen von ihnen bevorzugt behandelt. Viele Bauherren haben es sich zur Gewohnheit gemacht, Prominenten besondere Konditionen einzuräumen; für mich ist das ein Zeichen von Schwäche. Es sagt weit mehr aus, wenn diese bereit sind, für eine Wohnung den vollen Preis zu zahlen.

Falls es überhaupt eine „Werbemaßnahme" gab, die das Image des Trump Tower noch erhöhte, dann war das – wie ich vermute – eine Pressemeldung, bei der es um ein Geschäft ging, das nie stattgefunden hat. Kurz nachdem der Verkauf angelaufen war, rief mich ein Reporter an und fragte, ob es richtig sei, dass sich Prinz Charles eine Wohnung im Trump Tower habe reservieren lassen. Da der britische Thronfolger und Lady Di gerade erst geheiratet hatten, waren sie für die Medien damals das interessanteste Paar der Welt. Ich habe es mir zur Regel gemacht, keinen Kommentar zu meinen Geschäften abzugeben, und das erklärte ich auch dem Reporter. Mit anderen Worten, ich weigerte mich, das Gerücht zu bestätigen oder zu dementieren. Offenbar beschloss der Mann daraufhin, sich mit dem Buckingham-Palast in Verbindung zu setzen. Da das junge Paar gerade seine Flitterwochen auf der königlichen Jacht Britannia verbrachte, erteilte der Sprecher des Buckingham Palastes dem Reporter die gleiche Auskunft wie ich: Es erfolgte weder eine Bestätigung noch ein Dementi.

Die Tatsache, dass ein „Nein" von offizieller Seite fehlte, reichte den Medien aus. Sie stürzten sich geradezu auf die Story, und selbst international renommierte Blätter brachten auf den Titelseiten die Sensationsmeldung, dass der Thronfolger und seine Gattin den Kauf einer Wohnung im Trump Tower in Erwägung zögen. Diese Kolportage schadete uns nicht, aber insgeheim fand ich sie ziemlich komisch. Einen Monat zuvor war Prinz Charles nämlich nach New York gekommen, und die IRA-Anhänger hatten ihren Unmut über den Gast offen bekundet. Als er am Abend im Lincoln Center ein Konzert besuchte, empfingen ihn Hunderte von Demonstranten mit einem Flaschenhagel und wüstem Geschrei. Dieses Erlebnis muss ihn verstört haben, und ich kann mir nicht vorstellen, dass er danach noch große Lust verspürt haben soll, sich eine Wohnung in New York City zu kaufen. Und außerdem – der Trump Tower ist zwar ein großartiges Bauwerk, aber ich glaube nicht, dass sich Prinz Charles, der im Buckingham Palast aufgewachsen ist, in irgendeiner Wohnung wohlfühlen würde.

Da die Nachfrage so ungeheuer groß war, entschieden wir uns für eine Marketing-Strategie, die im Gegensatz zum üblichen Konzept steht: Wir gaben uns den Anschein, es mit dem Verkauf nicht eilig zu haben. Wenn man in seinem Büro sitzt, den Vertrag fix und fertig in der Schublade, und zeigt, dass einem jeder Käufer recht ist, dann wird den Interessenten sehr schnell klar, dass die Nachfrage wohl nicht sehr groß sein kann. Wir ließen keine Eile erkennen, Kaufverträge abzuschließen. Wenn ein Interessent kam, zeigten wir ihm ein Modell unserer Wohnungen, führten mit ihm ein ausgiebiges Gespräch und erklärten ihm, dass es eine Warteliste für die begehrtesten Wohnungen in den oberen Stockwerken gebe. Je schwieriger es schien, eine Wohnung zu erwerben, desto versessener waren die Leute auf den Kauf.

Mit wachsender Nachfrage erhöhte ich auch die Kaufpreise, insgesamt zwölfmal. Wir hatten das Preisniveau schon zu Beginn höher als das des Olympic Tower angesetzt, der damals als exklusivster Wohnturm New Yorks galt. Innerhalb kurzer Zeit konnten wir den Preis für die Wohnungen in den obersten Stockwerken nahezu verdoppeln. Eine Zweizimmerwohnung kostete zirka 1,5 Millionen, und bevor die Bauarbeiten beendet waren, hatten wir bereits die meisten verkauft.

Die Käufergruppen, die sich in chronologischer Reihenfolge für Wohnungen im Trump Tower interessierten, spiegelten die weltweite Wirtschaftslage wider. Als die Ölpreise in schwindelnde Höhen stiegen, kamen die Araber in Scharen. Nachdem die Preise gefallen waren, blieben sie aus. 1981 hatten wir plötzlich eine Welle von Kunden aus Frankreich. Der Grund ließ sich nicht eindeutig bestimmen, aber ich glaube, dass viele weitsichtige, vermögende Franzosen nach der Wahl Mitterands zum Präsidenten Angst vor einer wirtschaftlichen Talfahrt hatten. Er war nicht nur Sozialist und folglich bestrebt, die Schlüsselindustrien in Frankreich zu verstaatlichen, sondern er ließ auch bald seine Maske fallen, hinter der sich ein skrupelloser, unberechenbarer Staatsmann verbarg. Was soll man von jemandem halten, der nukleare Waffensysteme wahllos an den Meistbietenden verkauft? Und es findet sich immer jemand, der bereit ist, noch höher zu bieten.

Auf die Welle der Europäer folgte die der Südamerikaner und Mexikaner. Der Dollar war schwach, und ihre Volkswirtschaft noch relativ stabil. Als sich die ersten Anzeichen einer Inflation bemerkbar machten, wurden ihre Währungen abgewertet. Die jeweiligen Regierungen versuchten mit allen Mitteln, die Kapitalflucht zu stoppen, und damit endete auch dieser Zyklus.

Während der letzten Jahre fanden sich zwei neue Kategorien von Käufern ein: Amerikaner – das heißt, vor allem Wall-Street-Magnaten, Broker und professionelle Anleger, die sich am Börsenboom gesundgestoßen hatten. Es ist eigentlich merkwürdig, wenn man überlegt, dass es Broker gibt – manche gerade erst volljährig –, die über Nacht ein Vermögen verdienen, weil ihre Klienten ihnen den Auftrag erteilt haben: „Kaufen Sie 50 000 General-Motors-Aktien für mich." Sie drücken nur eine Taste am Computer, und schon haben sie eine fette Kommission verdient. Sobald Kursrückgänge zu verzeichnen sind – und damit muss man rechnen, weil der Markt bestimmten Zyklen unterworfen ist –, stehen sie auf der Straße und müssen sich nach einem anderen Job umsehen.

Die zweite neuere Käuferschicht waren die Japaner. Ich empfinde großen Respekt für ihre Leistungen, die zu einem ungeahnten wirtschaftlichen Aufschwung ihres Landes beigetragen haben, aber für meinen Geschmack sind sie ziemlich schwierige Geschäftspartner. Erstens treten sie grundsätzlich in sechs- bis manchmal zwölfköpfigen Gruppen auf, und man muss jeden Einzelnen überzeugen, bevor man ein Geschäft abschließen kann. Bei einem oder zwei gelingt das vielleicht noch, aber es ist weit anstrengender, sich mit allen zwölf zu einigen. Außerdem lächeln sie nur selten und wirken so verbissen, dass es wenig Spaß macht, mit ihnen zu verhandeln. Zum Glück fehlt es ihnen nicht am nötigen Geld, und sie scheinen eine Vorliebe für Immobilien zu haben. Weniger glücklich ist dagegen der Umstand, dass Japan seit Beginn des wirtschaftlichen Aufschwunges gegenüber den USA eine Handelspolitik betreibt, die ausschließlich dem Schutz der heimischen Wirtschaft dient.

Da die 263 Wohnungen im Trump Tower so heiß begehrt waren, beschloss ich, rund ein Dutzend für mich zu behalten, wie ein Hoteldirektor, der immer ein paar Zimmer in Reserve hat. Ich wollte eine der drei Penthouse-Wohnungen, die sich über die obersten drei Etagen erstreckten und insgesamt 1200 Quadratmeter groß waren, für meine Familie behalten. Ende 1983 zogen wir dort ein. Ich hatte Angebote bis zu zehn Millionen Dollar für jede der beiden angrenzenden Wohnungen vorliegen, aber ich widerstand der Versuchung, sie zu verkaufen, weil ich mir vorstellen konnte, dass ich eines Tages vielleicht mehr Raum für uns brauchte.

Und genauso war es auch. Mitte 1985 lud mich Adnan Khashoggi, ein milliardenschwerer Saudi, in seine Wohnung im Olympic Tower ein. Sie gefiel mir zwar nicht besonders, aber die Weitläufigkeit beeindruckte mich. Er besaß das größte Wohnzimmer, das ich je gesehen hatte. Die Räume in meiner Wohnung waren zwar auch nicht gerade klein, aber warum sollte ich nicht genausoviel Platz haben, wie ich es mir erträumte? Schließlich hatte ich den Trump Tower ja gebaut!

Ich beschloss also, eine der Wohnungen ganz oben zu behalten und mit meiner zu verbinden. Die Renovierungsarbeiten dauerten fast zwei Jahre, aber es hat sich gelohnt: Ich kann mir nicht vorstellen, dass es auf der ganzen Welt eine Stadtwohnung gibt, die sich mit meiner vergleichen lässt. Ich muss zwar gestehen, dass ich nicht unbedingt ein Wohnzimmer von rund 25 Metern Länge brauche, aber mir gefällt es.

Die Wohnungen im Trump Tower gingen an reiche und prominente Käufer, ebenso wie die Ladenfläche im Foyer Spitzenfirmen anzog. Der Boom begann, als Asprey, ein Unternehmen mit Hauptsitz in London, das sich auf edles Kristall, erlesenen Schmuck und Antiquitäten spezialisiert hat, zum erstenmal in seiner zweihundertjährigen Geschichte eine Filiale im Ausland, nämlich bei uns, eröffnete. Zunächst mietete Asprey eine kleine Boutique im Foyer. Das Geschäft ging so gut, dass man bald expandieren musste. Ein renommierter Pächter zieht den nächsten nach sich, und schon bald hatten wir Verträge mit vielen international vertretenen Topfirmen – Asprey, Charles Jourdan, Buccatelli, Cartier, Martha, Harry Winston u. v. a.

Es sollte sich auch nicht als Schaden erweisen, dass wir im April 1983, kurz nach der Eröffnung der Ladenstraße im Foyer, von Paul Goldberger, der inzwischen Ada Louise Huxtables Stellung als Architekturkritiker der New York Times übernommen hatte, mit großem Lob bedacht wurden. Der Artikel trug die Überschrift *Eine angenehme Überraschung: Das Trump-Tower-Foyer.* In der Einleitung hieß es, dass sich die Kritiker geirrt hätten. Goldberger schrieb: „Das Foyer stellt für das Flair der Stadt eine viel größere Bereicherung dar, als den Architekturexperten lieb gewesen sein mag." Und er fuhr fort: „Es ist wohl das schönste der Öffentlichkeit zugängliche Gebäude, das in New York in den letzten Jahren gebaut wurde. Es strahlt Wärme, Luxus und eine anregende Wirkung aus und ist in jeder Beziehung einladender als die Arkaden und Foyers in Bauten wie dem Olympic Tower, der Galleria und dem Citicorp Center."

Dieser Artikel wirkte sich in zweifacher Hinsicht positiv aus. Erstens verstärkte er in den frischgebackenen Wohnungseigentümern und Ladenbesitzern das Gefühl, mit Trump Tower die richtige Wahl getroffen zu haben. Und zweitens – und das sollte sich als noch wichtiger erweisen – kamen dadurch noch mehr Kunden in die Einkaufsarkaden. Dieser wachsende Zustrom war der eigentliche Schlüssel zum Erfolg des Trump Tower.

Merkwürdig ist, dass zuerst niemand so recht überzeugt war, dass das Foyer für die Geschäfte ein vorteilhafter Standort sei. Schon am Eröffnungstag kursierten die verschiedensten Gerüchte. Es hieß, es sei in erster Linie eine Attraktion für Touristen, aber dort würde kaum jemand einkaufen. Man munkelte, die europäischen Filialen müssten mit Verlusten rechnen, wären aber gezwungen, ihr „Aushängeschild" zu behalten. Dann erzählte man sich, dass nur die Läden im Erdgeschoss florierten, die in den oberen Stockwerken hingegen schlecht gingen. 1986 kam ein Reporter der *New York Times* zu mir, der sich offensichtlich vorgenommen hatte, das Foyer in seiner Story gründlich zu verreißen. Nach der Besichtigung schilderte er in seinem Artikel, der auf der ersten Seite des Wirtschaftsteils erschien, unseren Erfolg in den glühendsten Farben.

In der Regel wechseln Ladeninhaber in einem typischen Einkaufszentrum im Stadtkern innerhalb der ersten Jahre nach der Eröffnung bis zu dreimal. Der Trump Tower verlor in diesem Zeitraum nur eine Handvoll der ursprünglichen Pächter. Ganz abgesehen davon standen fünfzig Kandidaten auf der Warteliste und freuten sich über jeden, der auszog. Selbst Läden mit dem teuersten Warenangebot haben in unserem Foyer hervorragende Umsätze zu verzeichnen.

Natürlich ist der Standort nicht für jedes Geschäft geeignet, mag es auch noch so renommiert sein. Das beste Beispiel ist Loewe, ein weltweit bekannter Lederwarenhersteller, der zu unseren ersten Pächtern zählte. Loewe bietet wirklich erstklassige Produkte an. Aber man musste feststellen, dass viele Frauen zwar bereit sind, horrende Summen für ein Schmuckstück oder ein Abendkleid auszugeben, das im Laden an der nächsten Ecke angeboten wird, aber dass ihnen Lederhosen für 3000 Dollar, auch wenn sie sich noch so butterweich anfühlen, zu teuer sind. Loewe konnte die erhofften Umsätze nicht erzielen. Dass sich schließlich doch noch alles zum Guten wendete, hatte die Firma ihrem Nachbarn Asprey zu verdanken, der die Ladenfläche übernahm. Loewe konnte aus dem langfristigen Pachtvertrag aussteigen, Asprey bekam endlich die 4600 Quadratmeter, die man so dringend benötigte, und ich hatte einen erstklassigen Ersatz für den alten Pächter.

Ein weiterer Faktor, der entscheidend zum Erfolg des Trump Tower beitrug, war ein Gesetz, das unter der Bezeichnung 421 A beachtliche Steuervorteile einbrachte. Um diese Erleichterungen in Anspruch nehmen zu können, musste ich mehr Zeit aufwenden, als ich für den Erwerb des Grundstücks und den Bau des Trump Tower gebraucht hatte.

Die Stadt erließ dieses Steuergesetz im Jahre 1971, um den Wohnungsbau zu fördern. Als Gegenleistung für die Entwicklung eines Wohngebietes waren die Bauherren zehn Jahre lang von der Grundsteuer befreit. Danach wurde der Steuersatz alle zwei Jahre um 20 Prozent gesenkt. Die Steuererleichterung wurde fast automatisch jedem gewährt, der darum nachsuchte – bis ich sie für den Trump Tower beantragte.

Es konnte keinen Zweifel daran geben, dass ich einen Anspruch darauf hatte. Ich plante ja, aus einem abbruchreifen zehnstöckigen Gebäude einen achtundsechzigstöckigen Supertower zu bauen, der sowohl gewerblichen Zwecken diente als auch Wohnraum bereitstellte. Anders als im Fall Grand Hyatt, wo mir alle anfallenden Steuern erlassen wurden, konnte ich laut Gesetz 421 A zwar nicht die mit dem Erwerb des Grundstücks anfallenden Steuern umgehen – wohl aber erreichen, aufgrund des geschätzten Wertzuwachses steuerlich niedriger veranschlagt zu werden. Wer würde schon bestreiten, dass das Grundstück mit dem Bau des Trump Tower nicht aufgewertet und gewinnbringender genutzt werden konnte?

Genau das tat New Yorks Bürgermeister Ed Koch, und zwar aus Gründen, die nicht auf sachlichen, sondern auf politischen Erwägungen beruhten. Koch und seine Parteifreunde sahen in diesem Fall eine Chance, sich zum Fürsprecher der Verbraucher aufzuspielen und einen „geldgierigen" Unternehmer anzuprangern. Aus der Perspektive der Öffentlichkeit war ich zweifellos verletzbar. Es bedurfte keiner Worte, um zu erkennen, dass die Fifth Avenue nicht gerade ein entwicklungsbedürftiges Stadtrandgebiet war und dass mir der Trump Tower vermutlich auch ohne Steuervergünstigung finanzielle Vorteile bringen würde.

All diese Argumente änderten in meinen Augen jedoch wenig an der Tatsache, dass mir die 421-A-Regelung rechtmäßig zustand. Im Dezember 1980 stellte ich den ersten Antrag. Einen Monat später traf ich mich mit Tony Gliedman, dem Leiter der HPD (= Referat für Wohnungsbau, Erhaltung und Entwicklung von Wohnraum), um ihm mein Anliegen persönlich vorzutragen. Im März wurde mein Antrag von Gliedman und der HPD abgelehnt.

Ich rief Koch an und erklärte ihm, dass ich diese Entscheidung unfair fände und nicht aufgeben würde, für mein Recht zu kämpfen. Die Stadt müsse damit rechnen, viel Geld in einen Prozess zu investieren, den ich schließlich doch gewinnen würde.

Im April 1981 wandte ich mich mit einer Eingabe, die auf dem Artikel 78 beruhte, an das Oberste Bundesgericht, das das Urteil des Bezirksgerichts außer Kraft setzen konnte. Der Bundesgerichtshof entschied zu meinen Gunsten, aber das Urteil wurde vom Appellationsgericht verworfen. Deshalb ging ich bis zur höchsten Instanz, dem Bundesberufungsgericht. Im Dezember 1982 – fast zwei Jahre nach meinem ersten Antrag – entschieden die sieben Richter einstimmig, dass die Stadt mir die Steuervergünstigung zu Unrecht verweigert habe. Aber anstatt anzuordnen, dass das Steuergesetz ab sofort auch für mich gelten müsse, legte man der Stadt nahe, meinen Antrag noch einmal zu prüfen. Das tat sie – und prompt erhielt ich wieder eine Absage.

Inzwischen war ich so wütend, dass die Prozesskosten keine Rolle mehr spielten. Wir strengten ein neues Verfahren an, und haargenau die gleiche Szene spielte sich ein zweitesmal ab: Wir gewannen in erster Instanz, das Urteil wurde in zweiter Instanz verworfen, und wir endeten wieder vor der höchsten Instanz, dem Bundesberufungsgericht. Mein Anwalt, Roy Cohn, war brillant und trug den Fall ohne eine einzige schriftliche Notiz vor. Wieder fiel das Urteil zu unseren Gunsten aus – aber diesesmal machte das Bundesberufungsgericht der Stadt die Auflage, mir die Steuererleichterung ohne weitere Verzögerung zu gewähren.

Diese Vergünstigung war allerdings nicht mehr als der Zuckerguss auf einer Torte: Zu diesem Zeitpunkt hatte sich bereits erwiesen, dass der Trump Tower ein triumphaler Erfolg war. Mit dem Bau hatte ich einen Riesenvorsprung vor der Konkurrenz, Glaubwürdigkeit und Prestige gewonnen. Auch aus finanzieller Sicht konnte ich zufrieden sein. Ich hatte in das gesamte Projekt – einschließlich Grundstückserwerb, Baukosten, Architektenhonorare, Werbekosten sowie Zinsen für den Kredit – bis dahin rund 190 Millionen Dollar investiert. Unsere Verkaufsabteilung konnte schon jetzt Einnahmen von mehr als 240 Millionen Dollar verbuchen. Das hieß, dass mir der Trump Tower einen Gewinn von zirka 50 Millionen Dollar eingebracht hatte, noch bevor die ersten Pachtgelder der Geschäfte und Büros fällig waren. Weitere zehn Millionen stammten aus Kommissionen, die ich für den Verkauf der Wohnungen im Trump Tower berechnete. Und schließlich kamen noch die Pachtsummen für die Büro- und Geschäftsräume hinzu, die sich jährlich auf mehrere Millionen beliefen.

Der Trump Tower bedeutet mir mehr als jedes andere Projekt, mag es mir auch noch so viele Vorteile bringen. Hier lebe und arbeite ich, und deshalb liegt mir der Wolkenkratzer der Superlative besonders am Herzen. Und da ich eine so enge emotionale Beziehung dazu habe, beschloss ich 1986, meinen Partner – die Equitable – auszukaufen. Die Gründe sind schnell erklärt: Die Equitable übergab einem neuen Mann die Leitung ihrer Immobiliengeschäfte im New Yorker Raum. Eines Tages rief er mich an und meinte: „Mr. Trump, ich habe gerade unsere Bilanzen durchgesehen und würde Ihnen gerne erklären, warum die Instandhaltungskosten für den Trump Tower so hoch sind." Wir gaben jährlich rund eine Million Dollar dafür aus, eine astronomische Summe. Sie resultiert allerdings daraus, dass es teuer ist, ein Gebäude zu erhalten, in dem nur erstklassige Materialien verwendet wurden. Zum Beispiel verlangte ich, dass die Messingteile im Foyer zweimal im Monat poliert werden sollten. Der Equitable-Repräsentant fragte mich, ob wir nicht Geld einsparen könnten, wenn man sie nur in größeren Zeitabständen putzen würde.

Zuerst reagierte ich noch relativ gutmütig. Ich erklärte ihm, dass das Foyer nicht zuletzt deshalb eine Attraktion sei, weil es so makellos gepflegt wirke. Ich hätte außerdem nicht die Absicht, meine Grundsätze in puncto Sauberkeit aufzugeben, und schlug ihm vor, einmal intensiv darüber nachzudenken, ob er seine Sparmaßnahmen wirklich in dieser Form durchsetzen wolle. Er rief mich vierundzwanzig Stunden später wieder an und teilte mir mit, er bestehe darauf, das Budget für die Instandhaltung zu kürzen. Das war das Ende meiner Partnerschaft mit Equitable. So gut wir auch miteinander auskamen – ich sah nicht ein, warum wir unseren Geschäftserfolg gefährden sollten, nur um ein paar Dollar einzusparen. Diese Form der Einschränkung hätte uns mit Sicherheit geschadet.

Ich war zwar wütend, versuchte aber, philosophische Gelassenheit zu zeigen. Ich suchte meinen Freund George Peacock, den Leiter der Equitable, auf und erklärte ihm, dass wir vor einem unlösbaren Problem stünden, bei dem es um Grundsatzfragen gehe. Deshalb sei es mir lieb, wenn Equitable bereit sei, mir ihre Anteile zu verkaufen. Wir konnten uns in kurzer Zeit einigen, und heute bin ich der einzige Eigentümer des Trump Tower. Nach Unterzeichnung der Verträge erhielt ich einen Brief von Peacock, der mit dem Satz endete: „Unser Zeitalter unterliegt wie die meisten Dinge im Leben einem ständigen Wandel, und es bleibt uns keine andere Wahl, als diese Tatsache zu akzeptieren. Ich bin stolz, den Trump Tower mitgeschaffen zu haben, und werde mich immer gerne an unsere gemeinsame Arbeit erinnern."

Über diesen Brief war ich sehr glücklich. Er setzte einen stilvollen Schlusspunkt unter eine Partnerschaft, die sich von Anfang an durch ihren Stil ausgezeichnet hatte.

8
VABANQUESPIEL

Wie gründet man ein Casino?

Zum erstenmal kam mir der Gedanke, dass das Casinogeschäft lukrativ sein müsse, Ende 1975. Ich fuhr gerade zu einer Besprechung wegen des Commodore-Hotels, als ich eine Meldung im Radio hörte: Das Hotelpersonal in Las Vegas, Nevada, hat soeben beschlossen zu streiken. Eine der daraus resultierenden Folgen war ein merklicher Kursrückgang der Hilton-Aktien. Die Hotelkette betrieb in Las Vegas zwei Spielcasinos. Zu diesem Zeitpunkt wusste ich so gut wie nichts über das Hotelgewerbe, aber mir war die Nachricht unbegreiflich. Wie konnten die Aktien eines renommierten Konzerns mit mindestens hundert Niederlassungen im In- und Ausland durch einen Streik, der nur zwei seiner Hotels betraf, so rapide verfallen?

Als ich in mein Büro zurückgekehrt war, stellte ich einige Recherchen an; die Lösung dieses Rätsels ließ mir keine Ruhe. Hilton besaß, wie ich feststellen konnte, weltweit mehr als 150 Niederlassungen, aber mit den beiden Casino-Hotels in Las Vegas erzielte man knapp 40 Prozent der Nettogewinne. Im Vergleich dazu trug das Hilton in New York – eines der größten und, wie ich dachte, profitabelsten Hotels in Manhattan – nur weniger als ein Prozent zum Gesamtgewinn des Unternehmens bei. Der Gedanke war ernüchternd: Fast zwei Jahre lang hatte ich Tag und Nacht geschuftet, um mein Hotel an der 42nd Street zu errichten. Mir fehlte noch immer die Baugenehmigung, die Finanzierung war alles andere als gesichert, und ich hatte Grund zu der Annahme, dass das Geschäft noch im letzten Moment platzen würde. Selbst wenn ich die Bauerlaubnis erhielt und mich in einer Stadt wie New York gegen die Konkurrenz behaupten konnte, würde mein Hotel bei Weitem nicht so viel Gewinn abwerfen wie ein Spielcasino in einer Kleinstadt mitten in der Wüste, das zudem noch im Vergleich zu anderen bescheidene Umsätze tätigte.

Zu diesem Zeitpunkt hatte ich schon eine Menge Zeit in das Commodore-Projekt investiert, und ich gebe äußerst ungern etwas auf, was ich einmal begonnen habe. Trotzdem fuhr ich, kurz nachdem ich die Meldung im Radio gehört hatte, nach Atlantic City. Im Vorjahr war mit großer Mehrheit der Antrag abgelehnt worden, das Glücksspiel im Staat New Jersey zu legalisieren. Für 1976 hatte man erneut eine Abstimmung darüber anberaumt, ob das Glücksspiel zumindest in Atlantic City zugelassen werden sollte.

Es lohnte sich in meinen Augen, einmal an Ort und Stelle Informationen zu sammeln. Ich bin nicht aus moralischen Gründen gegen das Glücksspiel; die meisten Argumente, die von den Gegnern vorgebracht werden, halte ich für pure Heuchelei. Die Börse in New York ist in meinen Augen die größte Spielbank der Welt. Sie unterscheidet sich von anderen Spielbetrieben nur in puncto Kleiderordnung: Die Besucher laufen in dunklen Nadelstreifenanzügen und mit ledernen Aktenkoffern herum. Wenn es gesetzlich erlaubt ist, an der Börse zu spekulieren, wo mit höheren Einsätzen gepokert wird als in jeder anderen Spielbank, warum sollte man dann Blackjack, Craps (= Würfelspiel) oder Roulette nicht offiziell gestatten?

Meine Gedanken über die Zulassung des Glücksspiels in Atlantic City kreisten weniger um die Frage nach der Moral; für mich standen rein wirtschaftliche Erwägungen im Mittelpunkt. War der Zeitpunkt für meinen Einstieg in das Casinogeschäft richtig gewählt? Ließen sich die Kosten, die mit dem Branchenwechsel auf mich zukamen, rechtfertigen? War der Standort günstig? Atlantic City liegt rund zweitausend Kilometer von New York entfernt an der Südküste von New Jersey. Früher gehörte die Stadt zu den beliebtesten Ferien- und Tagungsorten der Ostküste. Als mehr und mehr namhafte Konzerne ihre Veranstaltungen in größere Städte und ein wärmeres Klima verlegten, begann für Atlantic City der wirtschaftliche Abstieg. Ich hatte allerdings nicht geahnt, wie weit der Verfall bereits fortgeschritten war. Atlantic City glich einer Geisterstadt mit ihren zahllosen ausgebrannten Ruinen, den mit Brettern vernagelten Geschäften und der Atmosphäre dumpfer Verzweiflung, die sich überall dort ausbreitet, wo die Arbeitslosigkeit extrem hoch ist.

Man könnte es wohl als Ironie des Schicksals bezeichnen, dass allein die Aussicht auf eine Legalisierung des Glücksspiels in Atlantic City die Immobilienpreise in schwindelnde Höhen getrieben hatte, insbesondere rund um eine der begehrtesten Straßen der Stadt, den Boardwalk, der direkt am Meer liegt. Spekulanten – Strohmänner mit ominösen Auftraggebern, aber auch namhafte und angesehene Konzerne – hatten sich wie die Geier auf die Stadt gestürzt. Für winzige abbruchreife Katen, die ein Jahr vorher nicht einmal 5000 Dollar eingebracht hätten, bot man nun inzwischen 300 000, 500 000, ja sogar eine Million Dollar.

Die Entwicklung war abnorm, und ich beschloss, nicht auf diesen fahrenden Zug aufzuspringen. Ich halte nicht viel davon, eine

Menge Geld zu investieren, wenn das Risiko unverhältnismäßig hoch ist. Angenommen, ich könnte noch vor der Abstimmung über die Gesetzesänderung für 500 000 Dollar ein Grundstück kaufen. Würde der Antrag abgelehnt, so wäre meine Investition über Nacht quasi wertlos. Sollte das entsprechende Gesetz allerdings verabschiedet werden, dann würde mich dasselbe Land unter Umständen mehr als zwei Millionen Dollar kosten. Trotzdem gebe ich lieber mehr Geld für ein sicheres Geschäft aus. Die Gewinne, die sich mit einem gut geführten Spielcasino erzielen lassen, sind so enorm, dass der höhere Kaufpreis für ein Grundstück in bester Lage letztlich kaum ins Gewicht fällt.

Der Gesetzesantrag wurde im November 1976 angenommen und Mitte 1977 verabschiedet. Zu diesem Zeitpunkt machte das Grand-Hyatt-Projekt endlich die ersten sichtbaren Fortschritte; die Grundstückspreise in Atlantic City waren inzwischen jedoch weit höher geklettert, als ich angenommen hatte. Genau wie fünf Jahre zuvor in Manhattan, wo mir die Immobilienpreise ebenfalls übertrieben hoch erschienen waren, beschloss ich, vorerst noch abzuwarten. Wenn ich mich in Geduld übte und die weitere Entwicklung am Markt genau verfolgte, würde sich mir irgendwann einmal eine gute Gelegenheit bieten.

Fast drei Jahre vergingen. Im Winter 1980 rief mich ein Architekt aus Atlantic City an, den ich gebeten hatte, die Augen für mich offenzuhalten. Er teilte mir mit, am Boardwalk stünde ein erstklassiges Grundstück zum Verkauf, an dem ich schon seit Längerem interessiert sei. Der Zeitpunkt hätte nicht besser sein können. Zum einen war die anfängliche Euphorie über die Legalisierung des Glücksspiels inzwischen verflogen, und zum anderen wurde der Konkurrenzkampf in dieser Branche zunehmend härter. Nur wenige Casinos – zum Beispiel das Resorts, das Golden Nugget oder Caesar's – konnten noch die erhofften Riesengewinne verbuchen.

Die neueren Etablissements sahen sich mit zahllosen Problemen konfrontiert.

Das Bally, das gerade erst fertiggestellt worden war, lag mit mindestens 200 Millionen Dollar über dem Budget. Das Tropicana, das zur Ramada-Inn-Kette gehört, plagte sich mit Terminverzögerungen und enormen Kostenüberhängen herum. Bob Guccione, der Herausgeber des *Penthouse-Magazins*, hatte den Bau eines Casinos am Boardwalk angekündigt und stellte erst nach dem Kauf des Grundstücks fest, dass er das nötige Kapital nicht auftreiben konnte. Hugh Hefners Plan, ein Playboy-Casinohotel zu errichten, scheiterte daran, dass die Casino-Kontrollkommission ihm die Lizenz verweigerte. Mindestens ein halbes Dutzend weiterer „Hasardeure" war mit ähnlich verwegenen Träumen nach Atlantic City gekommen und schien nun ernüchtert, weil es schier unüberwindliche Probleme mit der Finanzierung oder der Lizenz gab oder weil sie vor den astronomischen Baukosten zurückschreckten.

Inzwischen hatte auch das Ansehen der Stadt erheblich gelitten. Bei einer Untersuchung des FBI wurden zahlreiche Fälle von Korruption aufgedeckt. 1980 trat der Vizepräsident der Casino-Kontrollkommission, Kenneth MacDonald, von seinem Amt zurück. Er hatte zugegeben, Zeuge der Übergabe von Bestechungsgeldern in Höhe von 100 000 Dollar gewesen zu sein, die Investoren einem lokalen Politiker für seine Hilfe bei der Erteilung einer Konzession für ein Spielcasino zukommen ließen. Das örtliche Klima trug ebenfalls zur Ernüchterung bei, und der Winter 1980 war ganz besonders streng gewesen. Eisige Kälte und stürmische Winde sorgten dafür, dass man sich im Januar und Februar am Boardwalk nur mit Mühe auf den Beinen halten konnte.

Urplötzlich ließ man eine Stadt, die jahrelang im Brennpunkt des Interesses gestanden hatte, wie eine heiße Kartoffel fallen. Es war keine Rede mehr davon, neue Casinos zu bauen. Das Glücksspiel galt bestenfalls als ein Saisongeschäft, in dem sich nur wenige behaupten konnten. Und gerade das war meine Chance. Ich bin der Meinung, dass sich gerade in den wirtschaftlich schlechtesten Zeiten die besten Möglichkeiten ergeben, geschäftliche Erfolge zu erzielen.

Das etwa einen halben Hektar große Grundstück, auf das mich der Architekt aufmerksam gemacht hatte, lag zirka auf halber Höhe des Boardwalk, neben der Hauptverkehrsstraße, die vom Atlantic-City-Expressway, der Schnellstraße, in die Stadt führt. Außerdem befand es sich direkt neben dem Convention Center, dem größten Tagungs- und Freizeitzentrum der Stadt. Das Casino würde also an einem strategisch wichtigen Punkt liegen. Ich war überzeugt, dass es in der ganzen Stadt keinen besseren Standort für ein Casino gab. Vielleicht sollte sich der Zusammenschluss der einzelnen Parzellen zu einem großen Grundstück deshalb als so enorm schwierig erweisen.

Bis zum Jahre 1980 hatten sich schon zahllose Kaufinteressenten darum bemüht, mit dem Ergebnis, dass inzwischen juristisch gesehen ein Chaos herrschte. Ungeklärte Besitzverhältnisse, widersprüchliche mündliche und schriftliche Vereinbarungen, anfechtbare Kaufoptionen, umstrittene Pfandrechte auf einzelne Parzellen und Kontroversen zwischen den verschiedensten Parteien hatten dazu beigetragen, dass im Grunde niemand mehr recht wusste, wer welche Rechte besaß, geschweige denn, wie sich der gordische Knoten lösen ließ. Alle ortsansässigen Anwälte und Immobilienmakler rieten mir von dem Grundstück ab, wenn es mir mit meinem Plan, in Atlantic City ein Casino zu bauen, wirklich ernst sei. Ich hörte mir ihre Warnungen an, aber überzeugen konnten sie mich nicht.

Erstens versuche ich immer, das beste Grundstück einer Gegend zu kaufen, sofern der Preis angemessen ist. Zweitens habe ich eine schon fast perverse Vorliebe für vertrackte Geschäfte, zum einen, weil sie interessanter sind, und zum anderen, weil man dabei in der Regel mehr verdienen kann.

Hätte ich versucht, die Parzellen 1976 zusammenzuschließen, dann wäre der Ausgang vermutlich ein ganz anderer gewesen. Zu diesem Zeitpunkt hatte ich in New York noch nichts Nennenswertes gebaut; kaum jemand kannte damals meinen Namen. 1980, als das Hyatt-Projekt Fortschritte machte und der Bau des Trump Tower die Aufmerksamkeit der Presse fesselte, besaß ich bereits weit mehr Profil und Glaubwürdigkeit. Wenn man mit Leuten zu tun hat, denen mehr als einmal der Himmel auf Erden versprochen wurde und die am Ende immer wieder mit leeren Händen dastanden, dann ist die persönliche Integrität ein entscheidender Verhandlungsfaktor.

Das Grundstück bestand aus drei großen Parzellen, die verschiedenen Investmentgesellschaften gehörten, und rund einem halben Dutzend kleiner Häuschen, in denen Einwandererfamilien lebten. Das Areal war nur dann für mich interessant, wenn es mir gelang, sämtliche Parzellen zusammenzuschließen und darauf meinen Traum von einem Casino in großem Stil zu verwirklichen. Es wäre unsinnig gewesen, eine Menge Geld zu investieren, nur um hinterher feststellen zu müssen, dass einer der Eigentümer erkannt hatte, wie sich aus dem noch fehlenden Teil meines Puzzles Kapital schlagen ließ.

Genau das passierte Bob Guccione, der das Grundstück nebenan erworben hatte. Bis zum heutigen Tag steht unter dem inzwischen halbverrosteten Stahlskelett des halbfertigen Neubaus ein Einfamilienhaus, das Guccione nicht kaufen konnte. Selbst wenn man ihm die nötigen Kredite für den Bau bewilligt hätte, wäre ein Problem geblieben: Das prachtvolle Luxuscasino für 300 oder 400 Millionen Dollar musste rund um eine heruntergekommene Bruchbude errichtet werden.

Meine stärkste Waffe in den nachfolgenden Verhandlungen war also meine persönliche Glaubwürdigkeit. Ich erklärte den Grundstückseigentümern, ich hätte ihnen ein faires Geschäft vorzuschlagen, das ich – im Gegensatz zu meinen Vorgängern – auch zu realisieren gedenke. Ich wies auf meine Erfahrungen und bisherigen Erfolge im Bauwesen hin. Ich machte ihnen auch unmissverständlich klar, dass ich möglicherweise der Einzige sei, der überhaupt noch ein Interesse daran habe, die verfahrene Rechtslage zu klären. Sollten wir uns nicht handelseinig werden, müssten sie damit rechnen, in den nächsten Jahren auf ihrem Grund und Boden sitzenzubleiben.

Der langwierigere und schwierigere Teil der Verhandlungen betraf die drei großen Parzellen. Als Eigentümer waren die SSG, Magnum und Network III eingetragen, und ich musste mit dem Repräsentanten jeder dieser Gruppen Einzelabsprachen treffen. Ich schlug vor, die Parzellen langfristig zu pachten, mit der Möglichkeit eines späteren Kaufs. Ich wollte meine anfänglichen Investitionen so gering wie möglich halten und die Banken nicht gerade zu einer Zeit um Kredite bitten, da man die wirtschaftliche Entwicklung in Atlantic City bis zum Überdruss und ohne nennenswerte Erfolge gefördert hatte. Die Pacht konnte ich aus eigener Tasche aufbringen. Mein Angebot war im Grunde simpel: Ich war bereit, die Eigentümer schnell und auf faire Weise abzufinden. Als Gegenleistung verlangte ich, dass sie mit mir und den anderen Grundstücksbesitzern kooperierten, sodass alle Verträge gleichzeitig unter Dach und Fach gebracht werden konnten. Außerdem mussten sie sich verpflichten, die Klagen zurückzuziehen, die sie bei früheren Versuchen, das Land gemeinsam zu verkaufen oder zu verpachten, angestrengt hatten. Ich wollte in dieses „Gesetzeslabyrinth", aus dem es kein Entrinnen gab, nicht hineingezogen werden.

Ich kaufte lediglich die Grundstücke, auf denen die Wohnhäuser standen. Ich engagierte ortsansässige Makler, die für mich die Verhandlungen führen sollten; eine Reihe der Hausbesitzer waren Einwanderer, die kaum Englisch sprachen und Fremden gegenüber äußerst misstrauisch reagierten. Es gab – wie schon gesagt – Leute, die für ein winziges Grundstück in einer „strategischen Schlüsselstellung" annähernd eine Million gezahlt hatten. Aufgrund der wirtschaftlichen Misere der Stadt gelang es mir, die Häuser zu einem weit günstigeren Preis zu kaufen.

Im Juli 1980 hatte ich mein Ziel, den Zusammenschluss sämtlicher Parzellen, endlich erreicht. Ich erinnere mich noch genau an den Tag, als die Verträge unterzeichnet wurden. Wir hatten vereinbart, dass alle Dokumente gleichzeitig – an einem Freitagnachmittag in einer Anwaltskanzlei in Atlantic City – unterschrieben und notariell beglaubigt werden sollten. Die Prozedur dauerte genau 28 Stunden. Alle Beteiligten standen am Rande der totalen Erschöpfung, aber was machte das schon aus! Ich besaß endlich das beste Grundstück in ganz Atlantic City!

Nun konnte ich mich an die nächsten Hürden wagen, nämlich die Beschaffung der nötigen Kredite, der Baugenehmigung und der Lizenz für das Casino. Außerdem musste ich, was im Grunde noch wichtiger war, genau überlegen, ob der Zeitpunkt für mein geplantes Mammutprojekt günstig sei. Zum Glück konnte ich mir mit der endgültigen Entscheidung Zeit lassen. Ich hatte zwar mehrere Millionen investiert – einschließlich des Honorars für Anwälte, für Baupläne, Personalkosten, Kauf beziehungsweise Pacht der Parzellen und Häuser, aber ich war mir sicher, dass ich die Kosten mühelos wieder hereinbringen konnte, wenn ich es mir anders überlegen und das inzwischen komplette Grundstück verkaufen würde. Bei einem qualitativ hochwertigen Angebot besteht immer eine Nachfrage.

In der Zwischenzeit war der wichtigste Schritt der Antrag auf die Erteilung einer Lizenz, über den die Casino-Kontrollkommission zu befinden hatte. Ich wusste genug über die Entwicklung in Atlantic City, um mir in diesem Punkt keine Illusionen zu machen: Mit der Eingabe begann ein langwieriger und schwieriger Prozess, dessen Ausgang mehr als ungewiss war.

Playboychef Hugh Hefner erhielt zum Beispiel deshalb keine Lizenz, weil er vor zwanzig Jahren angeblich Bestechungsgelder gezahlt hatte, um eine Genehmigung zum Ausschank alkoholischer Getränke im Playboy Club in Manhattan zu bekommen. Hefner gab in New Jersey eine eidesstattliche Erklärung ab, in der er behauptete, man habe ihn zu der Zahlung erpresst, und außerdem seien weder er noch sein Playboy-Imperium jemals unter Anklage gestellt worden. Trotzdem wurde sein Antrag abgelehnt. Der Vertreter des Staates, der Hefner während des Anhörungsverfahrens ins Kreuzverhör nahm, gab später zu, dass einigen Kommissionsmitgliedern Hefners Auftreten missfallen hatte. Ich kann mir nicht vorstellen, dass es ihm Pluspunkte einbrachte, als er den Saal, in dem das Hearing stattfand, mit qualmender Pfeife, im grellfarbenen Seidenanzug, an der Seite einer wasserstoffblonden Sexbombe betrat. Die Entscheidung über die Vergabe einer Spielcasino-Lizenz ist, wie viele andere, subjektiv gefärbt. Hätte er seine kluge und charmante Tochter Christie damals gebeten, ihn zu begleiten, so wäre das Ergebnis vielleicht anders ausgefallen.

Viel schwerwiegendere Vorwürfe im Zusammenhang mit dem organisierten Verbrechen wurden gegen einige andere Bewerber erhoben, zum Beispiel gegen Caesar und Bally. Aber am Ende erhielten doch beide Unternehmen eine Konzession. In meinen Augen verlangte der Prozess der Lizenzvergabe zu viele „Blutopfer": Manche Antragsteller waren gezwungen, mindestens ein „Lamm" zu schlachten. Im Fall von Caesar's World traf es die Perlman-Brüder, die aus dem Unternehmen ausscheiden mussten; Bally trennte sich von William O'Donnell. Aber im Gegensatz zu diesen beiden Mammutkonzernen konnte ich es mir nicht leisten, derartige Opfer darzubringen. Deshalb musste ich der Kommission beweisen, dass ich eine absolut blütenweiße Weste besaß.

Als Erstes engagierte ich einen Anwalt, der mich in allen Rechtsfragen und in den Hearings beraten sollte. Nick Ribis wurde mir von der Familie Newhouse empfohlen, für die er schon des Öfteren gearbeitet hatte. Nick war mir auf Anhieb sympathisch. Er besaß Stil. Er war schätzungsweise dreißig, sah aber um Jahre jünger aus. Als ich ihn kennenlernte, sagte ich zu ihm: „Ich weiß nicht recht, ob ein junger Anwalt wie Sie einen so großen Fall bewältigen kann." Nick konterte schlagfertig: „Um ehrlich zu sein, Mr. Trump, ich hatte auch noch nie einen so jungen Mandanten wie Sie, der es sich leisten konnte, mein Honorar zu zahlen."

Nick und ich einigten uns auf eine Strategie: Ich sollte die Bauarbeiten einstellen, bis die Entscheidung über die Lizenz gefallen sei.

Bisher hatten alle Unternehmen, die Grundstücke in Atlantic City gekauft oder Parzellen zusammengelegt hatten, den Lizenzvertrag eingereicht und gleichzeitig mit dem Bau begonnen. Auf den ersten Blick gesehen war dieses Vorgehen nur logisch: Der Lizenzvergabeprozess konnte unter Umständen genauso lange dauern wie die Fertigstellung des Bauprojektes. Und je früher ein Casino betriebsbereit war, desto schneller ließ sich damit Geld verdienen. In diesem Gedankengang steckte jedoch ein Fehler: Alles hing davon ab, dass die Lizenz tatsächlich erteilt wurde. Im Gegensatz zu vielen anderen Bewerbern hatte ich nicht die Absicht, während der Wartezeit -zig Millionen aufs Spiel zu setzen. Außerdem wollte ich mich nicht in eine schwache Verhandlungsposition gegenüber der Casino-Kontrollkommission begeben. Wenn man bereits Unsummen in ein Projekt investiert hat, bleibt einem kaum die Möglichkeit, Forderungen abzulehnen. Wenn ich die endgültige Entscheidung abwartete, musste ich zwar noch eine Weile länger die laufenden Kosten tragen, die mit dem Grundstückserwerb anfielen, und konnte auch erst zu einem späteren Zeitpunkt die ersten Gewinne erzielen, aber meine Geduld würde sich am Ende doch auszahlen. Damit behielt ich recht, denn heute sind nur mehr wenig Unternehmer oder Firmen bereit, eine Spielcasino-Lizenz für den Staat New Jersey zu beantragen. Die Prozedur ist ein Alptraum und trägt dazu bei, dass viele Investoren Nevada den Vorzug geben.

Die Einstellung meiner Bauarbeiten in Atlantic City sollte sich als meine größte Trumpfkarte erweisen. Der Staat und die städtischen Behörden waren gleichermaßen an sichtbaren Beweisen dafür interessiert, dass es sich immer noch lohnte, in Atlantic City zu investieren. Da ich mir im Bauwesen inzwischen einen Namen gemacht hatte, war ich zuversichtlich, dass die Vertreter des Staates und der Stadt die Errichtung eines riesigen neuen Casino-Hotels begrüßen würden. Ich wollte mich vor ihnen nicht als Bittsteller präsentieren, sondern zumindest als gleichberechtigter Verhandlungspartner anerkannt werden, dem genauso viel an einer erfolgreichen Abwicklung des Projektes liegen musste wie ihnen.

Ich hatte inzwischen meinen Bruder Robert gebeten, in meine Firma einzutreten. Robert war nach dem Examen zu den Wall-Street-Insidern gestoßen. Er sah darin wohl eine Möglichkeit, sich aus dem Schatten der Familie zu lösen. Er arbeitete zunächst in der Finanzabteilung der Firma Kidder Peabody. Drei Jahre später wechselte er zu Eastdil Realty über, wo er sich auf das Rechnungswesen im Immobiliensektor spezialisierte. Nach fünf Jahren trat er in die Firma Shearson Loeb Rhodes ein und baute dort einen

Geschäftsbereich auf, der mit der Finanzierung von Immobilienprojekten befasst war. Er leitete seine Abteilung vorzüglich, bis er zu mir kam. Ich glaube, wir beide hatten immer gewusst, dass er eines Tages wieder in den Familienbetrieb zurückkehren würde.

Atlantic City bot ihm die Chance, sich zu profilieren: Ich hatte vor, 200 Millionen Dollar in einer Kleinstadt zu investieren, die rund 2000 Kilometer von New York entfernt lag – zu weit, um ständig präsent zu sein und die aktuelle Entwicklung zu steuern. Ich brauchte jemanden, der kompetent, ehrlich und loyal war und das Projekt für mich leitete. Es gibt keinen besseren Stellvertreter als ein Familienmitglied, das etwas vom Geschäft versteht, denn erfahrungsgemäß kann man der eigenen Familie immer mehr vertrauen als einem Außenseiter. Ich rief Robert eines Abends im Mai 1980 an. Wir hatten in meiner Wohnung ein langes Gespräch, und am nächsten Tag willigte er ein, die täglich anfallenden Aufgaben in Atlantic City zu übernehmen. Das bedeutete unter anderem, dass wir beide eine Lizenz beantragen mussten.

An einem Morgen im Februar 1981 fuhren Robert, Nick Ribis und ich nach New Jersey zu einem Gespräch mit dem Generalstaatsanwalt des Bundesstaates und dem Vorsitzenden des Casino-Überwachungsausschusses, der unter anderem gegenüber der Casino-Kontrollkommission eine Empfehlung abgibt. Ich zollte ihnen den nötigen Respekt, aber ich nahm auch kein Blatt vor den Mund. Ich erklärte, dass ich in Betracht ziehe, eine größere Investition in New Jersey zu tätigen – Privatkapital und keine Firmengelder –, und dass ich bereits mehrere Millionen in mein Grundstück am Boardwalk investiert hätte. Ich sei beunruhigt darüber, dass New Jersey in dem Ruf stünde, potenziellen Anlegern den Einstieg in das Casinogeschäft zu erschweren. Die Entscheidung über die Lizenzvergabe ziehe sich mitunter achtzehn Monate und länger hin. Ich sei zwar sehr daran interessiert, auf meinem Grundstück ein großes neues Spielcasino zu errichten, aber da ich gleichzeitig auch noch ein äußerst erfolgreiches Immobilienunternehmen in New York leite, würde ich das Projekt in Atlantic City ohne zu zögern fallenlassen, falls sich das Verfahren als zu schwierig oder zeitraubend erweisen sollte. Ich machte ihnen in aller Deutlichkeit klar, dass ich weder weitere Summen zu investieren noch die Bauarbeiten fortzusetzen gedenke, bis eine Entscheidung über meinen Lizenzantrag gefallen sei, wie immer sie auch ausfallen möge.

Der Generalstaatsanwalt meinte daraufhin: „Mr. Trump, Sie täuschen sich. Die Lizenzvergabe wird in New Jersey sehr effektiv gehandhabt. Ich kann Ihnen nichts versprechen, was das Ergebnis anbetrifft. Vielleicht stellen wir fest, dass Sie für die Konzession nicht in Frage kommen. Aber eines kann ich Ihnen versichern: Wenn Sie bereit sind, uns voll bei den Recherchen zu unterstützen, dann haben Sie unsere Antwort spätestens in sechs Monaten." Dann wandte er sich an den Vorsitzenden des Casino-Überwachungsausschusses und fragte: „Geht das in Ordnung?"

Der versuchte sich aus der Affäre zu ziehen. „Wir werden unser Bestes tun", meinte er. „Aber es kann unter Umständen ein Jahr dauern."

Das war mein Stichwort. „So lange kann ich nicht warten. Ich bin bereit, Sie in jeder Hinsicht zu unterstützen, aber ich sitze nicht untätig herum und drehe Däumchen, während Sie sich zu einer Entscheidung durchringen." Der Generalstaatsanwalt nickte zustimmend, und auch der Vorsitzende zeigte Verständnis. Es konnte keinen Zweifel daran geben, dass wir die Frist von sechs Monaten nicht verlängern und dass sie sich nach besten Kräften bemühen würden, den Termin einzuhalten.

Als Nächstes setzten wir uns mit den Mitgliedern der Casino-Kontrollkommission zusammen. Um ein Casino-Hotel bauen zu können, braucht man zahllose Genehmigungen, die sich zum Beispiel auf die Größe der Räume, das Design des Casinos, die Anzahl der darin befindlichen Restaurants oder die Ausmaße des Fitness-Clubs beziehen, sofern man solche oder ähnliche Einrichtungen plant. Wir hatten beschlossen, der Kommission detaillierte Baupläne und Konstruktionszeichnungen vorzulegen, damit sie schon vor Beginn der Bauarbeiten Einsicht nehmen und eventuelle Änderungen fordern konnte.

Manche Investoren, die zwar mit dem Casinobetrieb, nicht aber mit der Baubranche vertraut waren, glaubten, auf eine ähnlich minuziöse Planung verzichten zu können. In ihrer Eile, das Casino zu eröffnen, begannen sie mit den Bauarbeiten, bevor die Genehmigungen von offizieller Seite vorlagen. Als dann die Inspektoren der Casino-Kontrollkommission auftauchten, begannen die Probleme: Entweder waren die Räume zu klein, oder die Spielautomaten standen am falschen Platz und so weiter und so fort. Ich weiß aus langjähriger Erfahrung, dass Änderungen während der Bauarbeiten außerordentlich teuer sind. Vielleicht entstehen deshalb bei so vielen Projekten riesige Kostenüberhänge.

Trotz der zahllosen gesetzlichen Bestimmungen und der ebenso zahlreichen Wünsche der Gesetzesvertreter, nach denen wir uns richten mussten, hatten wir einen entscheidenden Vorteil: In unserer Firma gibt es keine hierarchische Ordnung. In den meisten großen Konzernen werden mehrere Unternehmensebenen – wovon die meisten ohnehin überflüssig sind – an der Entscheidungsfindung beteiligt, was natürlich zur Folge hat, dass der Prozess entsprechend lange dauert. Bei uns kann sich jeder, der eine Frage hat, direkt an mich wenden, und er erhält postwendend eine Antwort. Genau das ist der Grund, warum ich in vielen Fällen wesentlich schneller reagieren kann als meine Konkurrenten, wenn sich eine günstige Gelegenheit ergibt, ein gutes Geschäft zu machen.

Der Ausschuss beendete am 16. Oktober 1981 – genau sechs Monate nach Beginn – seine Recherchen und erstellte den Abschlussbericht; er hatte den Termin eingehalten. Robert und ich waren geprüft und für würdig befunden worden. Der Ausschuss sprach die Empfehlung aus, uns beiden eine Lizenz zu erteilen.

Das Hearing vor der Casino-Kontrollkommission, die nun noch erfolgen musste, war erst einige Monate nach Erstellung des Abschlussberichtes zu erwarten. In der Zwischenzeit gelang es uns, die nötigen Baugenehmigungen zu erhalten. Dazu gehörte unter anderem auch eine Erlaubnis der Stadtverwaltung, oberhalb des Boardwalk eine direkte Verbindung zwischen unserem Casino und dem benachbarten Tagungs- und Freizeitzentrum zu schaffen. Das gab uns die Möglichkeit, einen Teil des Komplexes über unsere Straßenseite hinaus zu verlagern und das größte Gebäude zu errichten, das auf einem so kleinen Grundstück stand. Im Gegensatz zu vielen Hotels am Boardwalk richteten wir unsere Zimmer und Restaurants nach der Meerseite aus. Warum sollte man auch das herrliche Panorama, das sich hier bot, nicht optimal nutzen?

Das zweite Problem, an dem wir arbeiteten, war die Finanzierung, die alles andere als gesichert schien. Die meisten Banken hielten sich an das ungeschriebene Gesetz, keine Kredite an Unternehmen zu vergeben, die in irgendeiner Form mit dem Glücksspiel zu tun hatten; dieses Gewerbe galt damals bei vielen als anrüchig. In meinem Fall verhielt es sich genau umgekehrt: Wir standen bei den Banken in gutem Ruf, konnten aber keinerlei Erfahrung im Casinogeschäft vorweisen. Aber unter Umständen war diese Unkenntnis ein Vorteil: Vielleicht hielten die Banken es für besser, einem angesehenen Unternehmen ohne Branchenerfahrung einen Kredit zu geben als einem „alten Hasen" mit zweifelhafter Reputation. Und da wir uns als Landentwicklungs- und Bauunternehmen hinreichend profiliert hatten, befanden wir uns in einer weit besseren Position als die meisten potenziellen Casinobetreiber und konnten den Kreditgebern glaubhaft versichern, dass wir unser Projekt pünktlich und ohne das Budget zu überziehen beenden würden.

Der Manufacturers Hanover Trust, der sich schon an der Finanzierung des Grand Hyatt beteiligt hatte, gehörte zu denen, die wenig Neigung zeigten, ihr Geld in ein Spielcasino zu investieren. Aber aufgrund der positiven Erfahrungen, die sie mit mir beim Bau des Hyatt gemacht hatte, bewilligte man mir den Kredit. Ich war zwar nicht gerade begeistert von den Konditionen, aber ich konnte mich auch nicht beklagen: Ich musste schließlich froh sein, dass sich überhaupt ein Geldgeber gefunden hatte.

Am 15. März 1982, als der vorläufige Finanzierungsplan stand und meine Baupläne und -zeichnungen genehmigt waren, fuhr ich zum Hearing, das die Casino-Kontrollkommission in Trenton, New Jersey, anberaumt hatte. Die Anhörungsverfahren hatten sich bei anderen Bewerbern zum Teil über sechs bis acht Wochen hingezogen. Kurz nach 10.15 Uhr trat ich in den Zeugenstand. Die Befragung dauerte genau siebzehn Minuten. Noch vor zwölf Uhr mittags hatten die Ausschussmitglieder einstimmig entschieden, Robert und mir als Repräsentanten der Trump Plaza Corporation die Konzession zu erteilen. Endlich hatte ich es geschafft!

Die nächste Überraschung ließ nicht lange auf sich warten. An einem Junimorgen erhielt ich einen Anruf von Michael Rose. Ich fühlte mich ziemlich geschmeichelt. Ich hatte den Mann nie persönlich kennengelernt, wusste aber, dass er Vorstandsvorsitzender des Holiday Inn war und in Memphis lebte. Rose stellte sich vor und fragte, ob er mich aufsuchen dürfe.

Ich fragte nicht nach dem Anlass. Ein Mann in seiner Position schlägt kein Treffen vor, wenn es dafür nicht einen triftigen

Grund gibt. Außerdem war ich mir ziemlich sicher, was er von mir wollte – nämlich ein Objekt, das ich vor einigen Jahren gekauft hatte: das Barbizon-Plaza-Hotel an der Ecke Central Park South und Avenue of the Americas. Ich wusste, dass Holiday Inn schon seit geraumer Zeit nach einem erstklassigen Standort in New York City suchte. Deshalb hatte ich in einschlägigen Kreisen durchsickern lassen, ich sei unter Umständen bereit, das Barbizon zu verkaufen.

Eine Woche später fand das Gespräch mit Mike Rose statt. Auch Robert und Harvey Freeman nahmen daran teil. Rose war ein stattlicher Mann, groß, makellos gekleidet und von Kopf bis Fuß ein Gentleman. Ich kam sofort zur Sache und schilderte die Vorzüge des Barbizon, vor allem seine einmalige Lage im Herzen des Big Apple (= New York). Dann beglückwünschte ich ihn zu seinem Entschluss, mich unverzüglich aufzusuchen. Eigentlich wolle ich nicht verkaufen, erklärte ich ihm, aber vielleicht würde ich in seinem Fall meine Meinung ändern. Zehn Minuten lang schwärmte ich in den höchsten Tönen, während der Vorstandsvorsitzende des Holiday Inn schweigend und höflich zuhörte. Dann sah er mich ein wenig irritiert an und meinte: „Ich glaube, da liegt ein Missverständnis vor, Donald. Ich bin nicht am Barbizon-Plaza interessiert. Ich wollte Ihnen eine Partnerschaft in Atlantic City vorschlagen. Das ist der Grund meines Besuches."

Zum Glück bin ich ein Mensch, der blitzschnell umdenken und reagieren kann. Ich hatte nie eine Partnerschaft in Atlantic City in Betracht gezogen, aber ich griff das Stichwort sofort auf und redete mit demselben Elan über meine Pläne wie vorher über das Barbizon. Ich erklärte ihm, wir besäßen das beste Grundstück am Boardwalk, der Bau würde ein architektonisches Meisterwerk werden, sämtliche Genehmigungen lägen bereits vor, die Finanzierung sei gesichert, und wir rechneten damit, das Casino-Hotel in weniger als zwei Jahren in Betrieb zu nehmen.

Zwei Dinge sprachen für eine Partnerschaft mit Holiday Inn. Erstens hatte die Kette hinreichende Erfahrung mit dem Casinogeschäft. Zweitens war sie in der Lage, das Projekt zu finanzieren, sodass ich persönlich „aus dem Schneider" war. Unklar schien, warum Rose an einer Partnerschaft interessiert sein mochte. Der Holiday-Inn-Konzern besaß bereits ein gutgehendes Casino in Atlantic City, das Harrah's am Yachthafen. Ich wusste, er hätte gerne ein zweites am Boardwalk gehabt; vor Jahren hatte man hier schon ein teures Grundstück gekauft, und ich war der Meinung gewesen, dass es auf diesem Areal gebaut werden sollte.

Ich verlegte mich auf die Taktik, den Unentschlossenen zu spielen. Schließlich war Rose ja zu mir gekommen. „Hören Sie, Mike", sagte ich, „meine Finanzierung steht, ich habe eine Lizenz und die Baugenehmigungen. Ehrlich gesagt, ich brauche eigentlich keinen Partner. Und wieso kommen Sie überhaupt auf mich?"

Rose erklärte mir, dass er zum einen wegen der Lage des Grundstücks an einer Partnerschaft mit mir interessiert sei und zum anderen wegen meines Rufs, Bauprojekte ausnahmslos termingerecht und ohne Kostenüberhänge fertigzustellen. Wie so viele andere Casinobetreiber hatte das Holiday Inn beim Bau des Harrah's endlose Probleme zu bewältigen gehabt und das Budget beträchtlich überzogen. Rose schien besonders davon angetan, dass die Bauarbeiten bereits liefen. Der springende Punkt sei, erklärte er mir, dass Holiday Inn seinen Aktionären einfach keine weiteren Kostenüberhänge mehr zumuten könne. Unsere Partnerschaft gewährleiste eine optimale Verbindung zwischen ihrem Management-Know-how und unseren Spitzenleistungen im Baubereich.

Rose hatte ganz bestimmte Vorstellungen von dieser Partnerschaft. Wir würden die Bauarbeiten und sie die Leitung des Casino-Hotels übernehmen; die Gewinne sollten fünfzig zu fünfzig geteilt werden. Außerdem sei Holiday Inn bereit, 50 Millionen Dollar in den Bau zu investieren und mir rund 22 Millionen Dollar meiner bisherigen Kosten rückzuerstatten. Wir einigten uns darauf, dass Holiday Inn die Bürgschaft für die Finanzierung übernehmen sollte, was uns ermöglichte, von den Banken einen besonders günstigen Zinssatz zu erhalten, der nur den besten Kunden vorbehalten ist. Als weiteren Anreiz bot man uns an, vom Tage der Eröffnung an fünf Jahre lang für eventuelle Betriebsverluste aufzukommen und mir als Bauherrn eine beachtliche Prämie zu zahlen.

Das Geschäft war fast zu gut, um wahr zu sein. Ich blickte mehrmals zu Robert und Harvey hinüber, um in ihren Mienen nach Anzeichen zu suchen, dass ich vielleicht irgendeine „Fußangel" übersehen hätte. Aber sie lächelten mir aufmunternd zu. Als Mike Rose mein Büro verließ, besiegelten wir unsere Partnerschaft mit einem Handschlag. Noch mussten die Dokumente ausgefertigt und die Zustimmung des Aufsichtsrats eingeholt werden, und ich nahm an, dass man uns bis dahin noch einige Zugeständnisse abringen würde. Aber solange sich nichts am Grundkonzept änderte – nicht das geringste Risiko für mich, aber 50 Prozent vom Kuchen –, war das ein einmaliges Geschäft. Ich war überzeugt, dass ich keinen kompetenteren und renommierteren Partner finden konnte. Holiday Inn war nicht nur mit dem Hotelgewerbe, sondern auch mit dem Spielbetrieb vertraut. Schließlich hatte ich ja nicht die geringste Erfahrung, wie man ein riesiges Casino-Hotel leitet.

Sobald meine Verhandlungen mit Rose abgeschlossen waren, konnte man den letzten Schritt in Angriff nehmen, die Zustimmung des Holiday-Inn-Aufsichtsrats. In vielen Fällen ist das eine reine Formsache. Ich fürchtete allerdings, dass Rose den Aufsichtsrat als Vorwand benutzen könne, um doch noch einen Rückzieher zu machen, oder zumindest, um grundlegende Änderungen in unserer Absprache durchzusetzen.

Rose beraumte die Aufsichtsratssitzung in Atlantic City an, sodass die Direktoren die Möglichkeit hatten, das Gelände und den Fortschritt der Bauarbeiten vor Ort zu prüfen. Der letzte Punkt machte mir besondere Sorgen, denn in Wirklichkeit war das Projekt noch lange nicht so weit, wie ich vorgegeben hatte. Eine Woche vor der Sitzung kam mir die rettende Idee.

Ich rief den Bauleiter in mein Büro und erklärte ihm, dass jeder verfügbare Bulldozer und jeder Lkw, den er auftreiben könne, ab sofort auf meiner Baustelle gebraucht würden. In den nächsten Wochen müsse das nahezu verwaiste Stück Land einer Baustelle gleichen, auf der fieberhaft gearbeitet werde. Welche Aufgaben die Bulldozer- und Lkw-Fahrer übernehmen sollten, spiele keine Rolle, solange sie den Anschein erweckten, als seien sie mehr als ausgelastet. Wenn die Arbeiten tatsächlich notwendig seien, umso besser, aber wenn nötig sollten sie auch nur die Erde von einer Seite des Areals auf die andere befördern – und das so lange, bis sie von mir anderslautende Instruktionen erhielten.

Der Bauleiter sah mich völlig perplex an und meinte: „Mr. Trump, ich muss Ihnen sagen, dass ich schon ziemlich lange im Geschäft bin, aber so eine merkwürdige Anweisung habe ich noch nie erhalten. Trotzdem, Sie sind der Boss, und ich werde mein Bestes tun."

Eine Woche später begleitete ich die Topmanager des Holiday Inn und den Aufsichtsrat zum Boardwalk. Es sah aus, als seien wir gerade dabei, den Assuan-Staudamm zu errichten. Auf dem Grundstück befanden sich so viele Maschinen, dass die Lkw ihnen nur mit Mühe und Not ausweichen konnten. Meine Besucher staunten nur; manche sahen ziemlich erschrocken aus. Einer kam zu mir und meinte bewundernd: „Soll ich Ihnen einmal etwas sagen? Es ist fantastisch, dass ein Privatmann wie Sie alle Hebel in Bewegung setzen kann."

Ein paar Minuten später näherte sich mir ein anderer Direktor und fragte: „Wie kommt es eigentlich, dass der Bauarbeiter da drüben das Loch, das er gerade erst gegraben hat, wieder auffüllt?" Diese Frage zu beantworten fiel mir nicht leicht, aber zum Glück war der Mann eher neugierig als skeptisch veranlagt. Der Aufsichtsrat verließ die Baustelle in der festen Überzeugung, dass alles wie am Schnürchen laufe. Drei Wochen später, am 30. Juni 1982, wurde der Vertrag signiert, der unsere Partnerschaft besiegelte.

Wir hatten ein Budget von 220 Millionen Dollar zur Verfügung – 50 Millionen, die uns das Holiday Inn direkt zahlte, und weitere 170 Millionen in Form des Darlehens, für das der Konzern die Bürgschaft übernommen hatte. Von dieser Summe waren alle möglichen Ausgaben zu bestreiten: die laufenden Instandhaltungskosten, Baukosten und Personalkosten. Außerdem musste eine bestimmte Summe als Reserve zurückbehalten werden. Wir rechneten damit, das Bauprojekt im Mai 1984 zu beenden, aber ich hoffte, früher fertig zu sein und unter dem Budget zu bleiben, da wir unsere Planung mit größter Sorgfalt durchgeführt hatten.

Größere Einsparungen konnten wir zum Beispiel dadurch erzielen, dass unsere Ingenieure die Einbauten noch einmal unter dem Kosten/Nutzen-Gesichtspunkt überprüften. Ein Beispiel: der Architekt wollte ursprünglich Türen mit vier Scharnieren verwenden. Bevor ich meine Einwilligung gab, sah sich ein Ingenieur den Plan noch einmal an und stellte fest, dass auch zwei Scharniere oder maximal drei ausreichten. Da ein Scharnier zehn Dollar kostete und 2000 Türen vorgesehen waren, konnten wir so 20 000 Dollar einsparen. Ein anderes Beispiel war die Installation der Kühltürme für die Klimaanlage. Ursprünglich sollten sie auf dem Dach des Hotels stehen. Bei der Überprüfung stellten wir fest, dass sich eine Menge Geld einsparen ließ, wenn man sie auf einer tiefer liegenden Ebene, zum Beispiel über der Decke des siebten Stockwerkes, installierte, weil diese eher eingezogen wurde. Dadurch konnten wir sechs Monate früher beginnen, sämtliche Rohre und elektrischen Leitungen zu verlegen.

Kostendämpfend wirkte sich auch aus, dass unsere Baupläne sehr detailliert waren, sodass die Vertragsfirmen unsere Vorstellungen genau erkennen konnten. Wenn die Zeichnungen unvollständig sind, legt ein cleverer Unternehmer Ihnen vielleicht ein bestechend niedriges Angebot vor; er weiß, dass er aufgrund der Änderungen, die ausnahmslos anfallen, sobald die Pläne Konturen gewinnen, die Kosten spielend decken und noch seinen Schnitt machen kann.

Dass wir die Kosten niedrig halten konnten, hatten wir nicht zuletzt der Lage der Bauwirtschaft in Atlantic City im Frühling 1982 zu verdanken. Das einzige Casino, an dem damals noch gearbeitet wurde, war das Tropicana, und Tausende von Bauarbeitern standen entweder auf der Straße oder kurz vor der Entlassung. Dadurch befanden wir uns in einer starken Verhandlungsposition, denn den Baufirmen blieb keine andere Wahl, als die Durststrecke entweder durchzustehen oder Konkurs anzumelden. Ich hatte kein Interesse daran, sie so unter Druck zu setzen, dass sie mit Verlust arbeiten mussten, aber ich konnte dadurch vernünftige Preise aushandeln.

Das Casino-Hotel wurde termingerecht fertig und konnte wie geplant am 14. Mai eröffnet werden – rechtzeitig zum Memorial-Day-Wochenende, das im Casino-Geschäft in Atlantic City traditionsgemäß zu den umsatzstärksten zählt. Da ich mit den Gesamtkosten von 218 Millionen Dollar außerdem noch knapp unter dem Budget blieb, durfte ich mich rühmen, das erste Casino-Hotel der Stadt gebaut zu haben, das pünktlich und innerhalb des vorgegebenen finanziellen Rahmens errichtet wurde.

Die Zahl der Besucher, die am 14. Mai zur Eröffnung strömten, überstieg noch meine kühnsten Erwartungen. Tausende von Menschen drängten sich, um dem von der Presse angekündigten großen Ereignis beizuwohnen, einschließlich der offiziellen Vertreter der Stadt und des Staates New Jersey. Hauptredner war der Gouverneur Thomas Kean, der unsere Leistungen mit überschwänglichem Lob bedachte. Auch Richard Goeglein, der damalige Präsident des Harrah's, sparte nicht mit Anerkennung. Er sagte, es sei heutzutage ein Wunder, dass ein so gigantisches Bauprojekt wie das unsere termin- und kostengerecht fertiggestellt worden sei.

In dem Augenblick, als sich die Türen öffneten, setzte sich eine riesige Menschenmenge in Bewegung. Jeder war begierig, das neueste Casino der Stadt in Augenschein zu nehmen. Innerhalb weniger Minuten waren die Spieltische und Spielautomaten von Dreier- und Viererreihen umringt.

Natürlich wissen inzwischen die meisten, dass es zwischen dem Holiday Inn und mir zahllose Diskrepanzen wegen des Managements gab. Aber da wir uns schließlich in gutem Einvernehmen trennten, möchte ich nicht näher auf diese Konflikte eingehen. Meine Anwälte sind zwar der Überzeugung, ich hätte jeden Prozess aufgrund des ersten Absatzes in unserem Vertrag gewonnen, aber das ist nicht mein Stil. Was mich betrifft, so ist ein Geschäft ein Geschäft, und ich halte mich an meine Zusagen, selbst wenn ich weiß, dass ich de jure nicht dazu verpflichtet wäre.

Es ist wohl überflüssig zu erwähnen, dass meine Entscheidung, die Holiday-Inn-Anteile am Casino-Hotel im Februar 1986 aufzukaufen, zu den besten gehörte, die ich je getroffen habe.

Ein Grund, warum ich es vorzog, das Casino in eigener Regie statt zusammen mit einem Partner zu leiten, ist die Abschreibung. Abschreibung heißt in diesem Fall, dass dem Besitzer eines Immobilienobjektes ein bestimmter Prozentsatz des Gesamtwertes steuerlich vergütet wird. Man geht dabei von der Überlegung aus, dass diese Summe für notwendige Instandhaltungsarbeiten aufgewendet und nicht steuerpflichtig sein sollte.

Mit einfacheren Worten, die Abschreibung ermöglichte mir, weniger Einkommensteuern zu zahlen. Ein Beispiel: Wenn man die Kosten für den Bau unseres Casinos in Atlantic City mit 400 Millionen Dollar veranschlagte und die Steuerbehörden uns eine Abschreibung von vier Prozent pro Jahr bewilligten, konnten wir 16 Millionen Dollar von den jährlich zu versteuernden Erträgen abziehen. Mit anderen Worten, wenn wir vor Abzug der Steuern Erträge in Höhe von 16 Millionen Dollar vorweisen konnten, machten wir aufgrund der Abschreibungsmöglichkeiten praktisch keinen Gewinn.

Die meisten Aktionäre und Wall-Street-Insider interessiert lediglich das, was unter dem Strich übrigbleibt, und das sind die Gewinne nach Abzug der Abschreibungssummen. Die meisten Unternehmer und Topmanager sind von derartigen Steuerpraktiken nicht sonderlich begeistert; sie schmälern ihren Erfolg. Mir liegt nichts daran, der Wall Street zu gefallen, und deshalb nehme ich Abschreibungsmöglichkeiten gerne wahr. Für mich ist nicht wichtig, was die Bilanz ausweist, sondern was ich von den Steuerbehörden vergütet bekomme.

Der wichtigste Grund, die Partnerschaft zu lösen, war allerdings, dass ich lieber mein eigener Herr sein wollte. Ich wusste, wenn ich das Casino-Hotel selbst leiten würde, konnte ich höhere Gewinne erzielen. Außerdem plante ich eine Erweiterung der Bettenkapazität und zusätzliche Restaurants.

Die Finanzierung war jetzt natürlich mein Problem. Die Zinsen, die die Banken in Atlantic City ihren besten Kunden gewährten, betrugen damals, als ich mich nach einem Grundstück umzusehen begann, noch 14 Prozent. Mitte 1986 waren sie auf neun Prozent gefallen. Weniger erfreulich war allerdings der Umstand, dass ich mit meinem persönlichen Vermögen für die Rückzahlung der Kredite haften musste. Obwohl der Zinssatz relativ niedrig war, behagte mir das gar nicht.

Deshalb beschloss ich, das Projekt auf breiterer Basis, durch Anleihe-Emissionen, zu finanzieren. Der Nachteil war, dass ich einen höheren Zinssatz festsetzen musste, um Käufer zu finden. Der Vorteil bestand darin, dass ich nicht mehr persönlich haftbar gemacht werden konnte, sobald die Anleihen untergebracht waren. Bear Stearns erzielte mit der Emission 250 Millionen Dollar. Damit konnte ich nicht nur die 50 Millionen in bar bezahlen, die dem Holiday-Inn-Konzern für seine Anteile zustanden, und die Hypothek von 170 Millionen Dollar ablösen, die noch auf dem Casino lag, sondern mir blieb auch noch genug Geld übrig, um Parkplätze zu bauen. Die Zinsen, die nun anfielen, beliefen sich auf rund 30 Millionen Dollar pro Jahr – sieben Millionen mehr, als ich für den Bankkredit gezahlt hatte, aber dieses Geld war in meinen Augen bestens investiert. Dadurch, dass ich nicht mehr mit meinem persönlichen Vermögen haftete, konnte ich nachts besser schlafen.

Im selben Zeitraum sah ich mich nach einem neuen Manager für das Hotel um, das inzwischen Trump Plaza Hotel und Casino hieß. Ich begann meine Suche nach einem geeigneten Kandidaten in den Reihen meiner Konkurrenten. Stephen Hyde war damals stellvertretender Vorsitzender und Steve Wynn Geschäftsführer im Golden Nugget. Vorher hatte er im Sands und Caesar's gearbeitet, beides Etablissements der Spitzenklasse. Ich fragte verschiedene Experten in der Stadt, wen sie für den fähigsten Mann in der Branche hielten, und jedesmal fiel der Name Hyde. Als ich ihn kennenlernte, wusste ich sofort, warum. Er hatte große Erfahrung, galt als kluger Kopf, als ehrgeizig und, was noch wichtiger war, als kostenbewusster Manager. Viele Führungskräfte konzentrieren sich heute vornehmlich auf die Maximierung der Unternehmenserträge, weil diese in den Jahresberichten aufgeführt werden und einen besonders nachhaltigen Eindruck machen. Ein smarter Geschäftsmann weiß, dass beachtliche Erträge sich zwar gut auf dem Papier ausnehmen, dass es aber im Grunde viel mehr darauf ankommt, Soll und Haben auszubalancieren – denn daraus errechnet sich der tatsächliche Gewinn.

Sobald ich Steve engagiert hatte, folgten ihm ein Dutzend seiner ehemaligen und langjährigen Mitarbeiter. Dazu gehörte unter anderem auch Paul Patay, der in Atlantic City als der Beschaffungsexperte für Lebensmittel und Getränke galt. Was das Management anbetrifft, so habe ich mich immer an eine Faustregel gehalten: Ich versuche, die besten Leute von der Konkurrenz abzuwerben, zahle ihnen höhere Gehälter und spare nicht mit Zulagen und Leistungsprämien. Auf diese Weise ist gewährleistet, dass sie erstklassige Arbeit leisten.

1985, im ersten vollen Geschäftsjahr, als Harrah's (Holiday Inn) das Casino leitete, konnten wir einen Bruttobetriebsgewinn – das heißt vor Abzug der Zinsen, Steuern und ohne Abschreibung – von rund 35 Millionen Dollar erzielen. Für 1986 hatte Harrah's eine Steigerung auf 38 Millionen prognostiziert. Ging man vom Niveau der ersten fünf Monate des Jahres aus, in denen das Casino noch dem Harrah's-Management unterstand, dann mussten die tatsächlichen Gewinne unter den erwarteten liegen.

Am 16. Mai übernahmen wir die Leitung. Unsere Bruttobetriebsgewinne für das volle Geschäftsjahr lagen bei knapp 58 Millionen Dollar, also um 20 Millionen höher, als Harrah's vorausgesagt hatte – trotz der Tatsache, dass wir im Juni den vorhandenen Parkplatz schlossen und die Bauarbeiten an der neuen Parkgarage begannen. Wir schätzen unsere Bruttobetriebsgewinne für das Jahr 1988 auf 90 Millionen Dollar.

Eigentlich könnte man nun sagen, Ende gut, alles gut. Aber der Erfolg, der sich einstellte, seit das Casino am Boardwalk unter meiner eigenen Leitung stand, eröffnete mir ganz neue Perspektiven. Ich hielt nach Möglichkeiten Ausschau, weitere Casinos zu übernehmen. Holiday Inn war der vielversprechendste Kandidat. Nachdem ich den Anteil des Konzerns am Boardwalk-Casino aufgekauft hatte, besaß die Hotel-Kette noch drei weitere Casinos – eines in Atlantic City und zwei in Nevada – sowie tausend Hotels in aller Welt.

Mitte August, zwei Monate, nachdem unsere Partnerschaft gelöst war, begann ich, Holiday-Inn-Aktien zu kaufen. Am 9. September besaß ich bereits fünf Prozent des Konzerns, das heißt einige Millionen Anteile. Zu diesem Zeitpunkt boten sich mir zwei Möglichkeiten: Ich konnte das Aktienpaket entweder als Kapitalanlage betrachten – oder versuchen, die Aktienmajorität und damit die Kontrolle über das Unternehmen zu erlangen.

Es konnte keinen Zweifel daran geben, dass der Konzern unterbewertet war. Da er über einen riesigen Immobilienbesitz verfügte, waren die Abschreibungsmöglichkeiten entsprechend groß. Deshalb erschienen in den Bilanzen auch Nettogewinne, die weit unter dem lagen, was der Konzern tatsächlich erzielen konnte. Da der Preis pro Aktie Anfang August 1986 bei 54 Dollar lag, hätte es mich nicht viel mehr als eine Milliarde Dollar gekostet, Mehrheitsanteile zu erwerben. Es bestand zum Beispiel die Möglichkeit, die Hotels ohne Casinobetrieb abzustoßen – was mir ungefähr 700 Millionen Dollar eingebracht hätte – und nur die drei Casino-Hotels zu behalten, die alleine schon so viel wert waren.

Sobald publik wurde, dass ich in verstärktem Maß Holiday-Inn-Aktien kaufte, zog der Kurs an. Ich vermute, dass einige Arbitrageure mit massiven Aufkäufen dazu beitrugen, weil sie mit einer Übernahme rechneten. Anfang Oktober kletterte der Preis pro Aktie auf 72 Dollar.

Am 11. November, einem Mittwoch, erfuhr ich von Alan Greenberg, der für Bear Stearns arbeitete, dass Holiday Inn eine Umstrukturierung des Unternehmens plante, um einen Übernahmeversuch abzuwehren. Außerdem wollte der Konzern einen Kredit in Höhe von 2,8 Milliarden Dollar aufnehmen, um den Aktionären sofort eine Dividende von 65 Dollar pro Anteil auszahlen zu können. Der Kurs zog postwendend auf 76 Dollar an. Ohne zu zögern wies ich Alan an, mein Aktienpaket abzustoßen. Ich glaube noch immer, dass ich die Barrieren überwunden hätte, die Holiday Inn mir in den Weg zu legen versuchte, aber ich hatte wenig Lust, mich mit den Leuten vor Gericht herumzustreiten. Die Alternative – mit friedlichen Mitteln eine gute Rendite zu erzielen – erschien mir weit vorteilhafter. Am Ende der Woche hatte ich sämtliche Holiday-Inn-Aktien verkauft, und das bedeutete, ich konnte innerhalb von nur acht Wochen einen Millionengewinn verbuchen. Wenn man es aus einem anderen Blickwinkel betrachtet, dann könnte man sagen, ich hatte mir mit meinem Aktienpaket einen großen Teil des Geldes zurückgeholt, das ich drei Monate früher ausgeben musste, um die Anteile des Holiday Inn am Casino in Atlantic City zurückzukaufen.

Wie Sie sehen, konnte ich mich nicht beklagen. Vielleicht hat niemand mehr von Holiday Inn profitiert als ich. Diese Erfahrung brachte mir allerdings etwas Wertvolleres ein als Geld: Ich hatte Tuchfühlung mit der Crème de la Crème des amerikanischen Topmanagements genommen.

9
DER FALL „WYNN":
EIN UNERWARTETER GEWINN

Kampf um Hilton

Selbst in meinen kühnsten Träumen hätte ich mir nicht vorstellen können, dass ich eines Tages das bombastische Casino-Hotel kaufen würde, das die Hilton-Hotelkette 1984 in Atlantic City zu bauen begann. Ganz im Gegenteil, ich verfolgte die Entwicklung mit einiger Besorgnis. Mir konnte kaum daran gelegen sein, dass ein zweiter starker Wettbewerber in der Stadt auftauchte, zumal mein Boardwalk-Casinohotel unter Harrah's Leitung nicht einmal im Vergleich zu den bereits vorhandenen Konkurrenten besonders gut abschnitt. Und, was noch gravierender war, das Hilton setzte nach seiner anfänglichen Unschlüssigkeit, ob es sich überhaupt in Atlantic City zu investieren lohne, mit seinem Mammutbau alles auf eine Karte.

Für mich war der neue Konkurrent ein unberechenbarer Faktor. Das Unternehmen wurde 1921 von Conrad Hilton gegründet. Er baute es zu einer der größten Hotelketten der Welt aus. Sein Sohn Barron trat in den fünfziger Jahren in den väterlichen Betrieb ein, und es war nur eine Frage der Zeit, bis er das Ruder übernahm. Der Führungswechsel hatte wenig mit persönlichen Leistungen zu tun, sondern war durch Geburtsrecht gesichert. 1966 zog sich Conrad Hilton in den Ruhestand zurück, und sein Sohn Barron übernahm die Leitung des Konzerns. Es ist nicht einfach, sich im Schatten eines berühmten, erfolgreichen Mannes zu profilieren. Manche verzichten lieber darauf, in die Fußstapfen des Vaters zu treten, und suchen sich ein anderes Betätigungsfeld. Andere geben sich damit zufrieden, das zu erhalten, was ihre Vorfahren aufgebaut haben. Nur wenige entwickeln den Ehrgeiz, ihre Väter auf deren ureigenem Gebiet zu übertreffen – was besonders schwierig sein muss, wenn dieser Vater Conrad Hilton heißt.

Barrons erste größere Aufgabe bestand in der Leitung des Carte-Blanche-Kreditkartenunternehmens, das Hilton 1959 gekauft hatte. Er war dieser Aufgabe jedoch nicht gewachsen, und Carte Blanche machte in den folgenden sechs Jahren Millionenverluste. Hilton warf 1966 das Handtuch und verkaufte die Firma an Citibank. 1967 überredete Barron seinen Vater, Hiltons ausländische Niederlassungen an TWA zu verkaufen. Der Preis wurde in TWA-Aktien ausbezahlt, deren Kurs damals bei 90 Dollar lag. Es gab bei diesem Transfer nur ein Problem: die OPEC-Staaten. Die Ölpreise begannen in schwindelnde Höhen zu klettern, und viele Fluggesellschaften gerieten in die roten Zahlen. Innerhalb von achtzehn Monaten waren die TWA-Aktien um die Hälfte gefallen, und 1974 kosteten sie nurmehr fünf Dollar. Bis Carl Icahn TWA übernahm und das marode Unternehmen sanierte, wurden die Aktien weit unter ihrem eigentlichen Wert gehandelt. Die Hotels im Ausland, die Hilton abgestoßen hatte und die erst vor Kurzem für rund eine Milliarde Dollar den Besitzer gewechselt hatten, florierten dagegen. 1983 konnten die meisten von ihnen Gewinne von zirka 70 Millionen Dollar verbuchen – fast so viel, wie Hilton im selben Jahr mit all seinen Hotels in den USA zusammen erzielte. Das lag zum Teil daran, dass Hilton beträchtliche Marktanteile an aggressivere Konkurrenten wie Marriott und Hyatt – beides Hotels der Luxuskategorie – verloren hatte, weil er glaubte, sich auf seinen Lorbeeren ausruhen zu können. Aber der Name Hilton, der einst als Synonym für Spitzenklasse galt, hatte seine Zugkraft längst eingebüßt.

Barron Hilton traf nur eine Entscheidung, die sich als richtig erweisen sollte: Er stieg in das Casino-Geschäft ein. 1972 kaufte das Hilton zwei Spielcasinos in Nevada für rund zwölf Millionen Dollar, das Las Vegas Hilton und das Flamingo Hilton. Dadurch konnte man die Ertragslage des Konzerns permanent verbessern: 1976 erzielten die beiden Häuser 30, 1981 40 und 45 Prozent oder rund 70 Millionen Dollar der Gesamterträge.

Trotz des Erfolges schien Barron sich in Bezug auf Atlantic City nicht recht schlüssig zu sein. Der Hilton-Konzern hatte ein Grundstück am Jachthafen gekauft, als das Glücksspiel legalisiert wurde. Barron trieb zunächst die Planung voran, ging dann plötzlich in Wartestellung und nahm das Projekt später wieder – wenn auch halbherzig – in Angriff. Als sich der Konzern 1984 dann endlich zum Bau durchgerungen hatte, waren die meisten Casinos, beispielsweise Bally, Caesar's, Harrah's, Sands und das Golden Nugget, längst in Betrieb und verdienten sich in Atlantic City eine „goldene Nase".

Ich möchte nur noch eines zu Hiltons Vorgehen sagen: Als der Entschluss feststand, ließ der Konzern keinen Zweifel daran, dass er alles auf eine Karte zu setzen gedenke. Das rund drei Hektar umfassende Grundstück gehörte zu den größten der Stadt, und Hilton plante, darauf in bombastischem Stil zu bauen: Das Casino sollte ein riesiges Eingangsportal, Räume von rund neun Metern Höhe und eine Parkgarage mit 3000 Stellplätzen erhalten. Hilton beschreibt das Projekt in seinem Jahresbericht als „das größte Bauvorhaben in der Entwicklungsgeschichte unseres Unternehmens". Mit seinem rund 60 000 Quadratmeter großen Casino und dem darüber liegenden 615-Zimmer-Hotel ließ sich der Komplex nur noch mit dem Harrah's am Trump Plaza vergleichen, der damals größte Bau in Atlantic City. Der Unterschied bestand allerdings darin, dass Hilton eine spätere Erweiterung des Casinos auf 100 000 Quadratmeter und des Hotels auf 2000 Zimmer vorgesehen hatte.

Da das Hilton seine Investition so schnell wie möglich amortisieren wollte, reichte man den Antrag auf eine Spielcasino-Lizenz ein und begann gleichzeitig mit dem Bauprojekt. Wie schon an früherer Stelle erklärt, hatte ich zuerst die Konzession beantragt, weil ich nicht das Risiko eingehen wollte, nach Beginn der Bauarbeiten eine Absage zu erhalten. Aber die meisten anderen hatten sich wie Hilton für den umgekehrten Weg entschieden, und ich konnte verstehen, dass der Konzern fest damit rechnete, die Lizenz zu bekommen.

Zum einen besaß das Hilton bereits eine Spielcasino-Konzession für den Bundesstaat Nevada. Zum anderen war in Atlantic City damals keine nennenswerte Bautätigkeit zu verzeichnen, und Hilton hatte in ein wirtschaftlich nahezu unerschlossenes Gebiet der Stadt investiert. Dazu kam, dass in einer Branche, in der zahlreiche Newcomer ihr Glück versuchten, der Name Hilton Tradition besaß. Die Lizenzvergabe schien also kaum mehr als eine Formsache zu sein.

Es gab allerdings ein Problem: Das Hilton war ein wenig zu satt und selbstgefällig geworden. Der Konzern gab sich den Anschein, als erweise er der Stadt einen großen Gefallen, wenn er sich dort niederließ. Die Behörden sahen das völlig anders. In ihren Augen musste der Bewerber zuerst einmal nachweisen, dass er eine Lizenz verdiente, gleichgültig welche Meriten er sonst auch vorweisen konnte. Der Hilton-Konzern vertrat den Standpunkt, er habe ein Anrecht auf die Konzession, und das sollte sich als schwerwiegender Fehler erweisen.

1985 kamen mir die ersten Gerüchte zu Ohren, dass sich das Hilton in Schwierigkeiten befinde. Atlantic City ist eine Stadt mit einem ganz eigenen wirtschaftspolitischen Klima, und die hier ansässigen erfolgreichen Geschäftsleute haben gelernt, dieser Tatsache Rechnung zu tragen. Hilton suchte sich einen renommierten und cleveren Anwalt vor Ort, der mit den Gegebenheiten vertraut war. Das schien, zumindest auf den ersten Blick, ein ganz geschickter Schachzug zu sein, der sich allerdings – wie Kenner der Szene bestätigten, die an den Hilton-Hearings teilgenommen hatten – auch als Bumerang hätte erweisen können.

Der zweite Fehler, der Hilton unterlief, bestand darin, dass der Konzern die Erfahrungen früherer Bewerber ignorierte. Playboy-Chef Hefner war zum Beispiel drei Jahre vorher abgelehnt worden, unter anderem wegen seiner früheren Verbindung zu einem Anwalt namens Sidney Korshak, der angeblich Kontakte zur Unterwelt besaß. Korshak hatte zehn Jahre lang auf Hiltons Gehaltsliste gestanden und 50 000 Dollar pro Jahr als sein Repräsentant und Unterhändler mit den Gewerkschaften bezogen. Ich habe keine Ahnung, ob die Vorwürfe gegen Korshak zu Recht oder Unrecht erhoben wurden, aber was zählt, ist die Meinung der Ausschussmitglieder. Sie ließen keinen Zweifel daran, dass ihnen Korshak nicht passte. Anstatt die Beziehungen ohne Aufsehen zu lösen, behielt Hilton Korshak in seinen Diensten, bis der Ausschuss zur Überwachung der Spielcasinos 1984 konkrete Einwände gegen ihn vorbrachte.

Am nächsten Tag feuerte das Hilton den Anwalt. Barron gestand dem Ausschuss später, er habe sich zu diesem drastischen Schritt lediglich entschlossen, „weil wir wissen, wie Sie über diese Angelegenheit denken". Das war wohl das Schlimmste, was er sagen konnte. Ein Mitglied des Ausschusses, das gegen Hilton gestimmt hatte, meinte später: „Das Unternehmen hatte offensichtlich keinen blassen Schimmer von Sitte und Moral – bis es an die Tore des Lizenzparadieses klopfte."

Es nutzte wenig, dass Barron später unter Eid aussagte, Korshak habe niemals für Hilton interveniert, um die Gewerkschaften davon abzuhalten, zum Streik in den Hilton-Hotels aufzurufen. Wenige Wochen nach dieser Erklärung schrieb Korshak Barron einen Brief, den er an die Presse weitergab. Darin beschrieb er in allen Einzelheiten die Dienstleistungen, die er für Hilton in Las Vegas erbracht hatte. Außerdem legte er Kopien von Dankschreiben bei, die von Barron Hilton stammten. Korshaks Brief endete mit einem vernichtenden Satz. „Sie haben mir einen Schaden zugefügt, der nicht wiedergutzumachen ist", hieß es. „Das werde ich nicht vergessen, solange ich lebe. Wann haben Sie mich zum zwielichtigen Charakter abgestempelt? Vermutlich in dem Augenblick, als die ersten Probleme mit Ihrer Lizenz für Atlantic City auftauchten."

Das Hilton hätte sich vielleicht noch mit heiler Haut aus der Affäre ziehen können, wenn Barron bereit gewesen wäre, die Hearings ernst zu nehmen. Aber er ignorierte sie buchstäblich. Er erschien nur ein einziges Mal in New Jersey, als er seine eidesstattliche Erklärung vor der Casino-Kontrollkommission abgeben musste. Bei den meisten Anhörungen waren nicht einmal seine Topmanager anwesend.

Am 14. Februar 1985 befand ich mich gerade in meinem Büro, als mich ein Anruf von Al Glasgow erreichte, dem Herausgeber einer Informationsbroschüre für die Casino-Branche, Atlantic City Action genannt. Al ist von diesem Metier so fasziniert, dass es schon an Besessenheit grenzt. Er weiß besser als alle anderen über die Gerüchteküche in der Stadt Bescheid. „Hast du schon die Geschichte über Hilton gehört?" wollte er wissen. „Nein, was ist passiert?" fragte ich. „Der Lizenzantrag ist abgelehnt worden."

Zuerst dachte ich, er wolle mich auf den Arm nehmen. Der Lizenzantrag muss von vier Kommissionsmitgliedern befürwortet werden. Auch wenn man die Abstimmung mit einem 3:2-Ergebnis gewinnt, wie im Fall Hugh Hefner, erhält man keine Konzession. Al vermutete, Hilton werde jetzt unter Umständen beschließen, das Casino zu verkaufen, anstatt sich durch ein neues Anhörungsverfahren zu quälen.

Die Eröffnung des Hotels war in weniger als zwölf Wochen geplant. Der Konzern hatte bereits mehr als tausend Mitarbeiter eingestellt, und jeden Tag kamen rund hundert dazu. Am Eröffnungstag sollten schätzungsweise viertausend Leute auf der Gehaltsliste stehen. Immense Personalkosten und die Aussicht, dass es noch eine Zeitlang dauern wird, bis man die ersten Erträge erwarten kann, versetzen selbst das renommierteste und größte Unternehmen in Panikstimmung. Zumindest stand der Hilton-Konzern unter extremem Zeitdruck, wenn er Berufung gegen das Urteil der Kontrollkommission einlegen wollte. Und ich nahm an, dass das Unternehmen angesichts der 300-Millionen-Dollar-Investition Himmel und Hölle in Bewegung setzen würde, um doch noch an eine Lizenz zu kommen.

Nach dem Gespräch mit Glasgow und einigen anderen Kennern der Szene in Atlantic City beschloss ich, Barron Hilton, der sich gerade in Kalifornien aufhielt, anzurufen – und wenn auch nur, um ihm mein Mitgefühl auszusprechen. Der Mann konnte einem nur leid tun. „Hallo Barry, wie geht's?" fragte ich. Wie erwartet lautete die Antwort: „Nicht besonders – wenn ich ehrlich bin, hundsmiserabel." „Das kann ich mir vorstellen", meinte ich. „Zu dumm, was da gelaufen ist." „Ich muss gestehen, Donald, dass ich nicht im Mindesten damit gerechnet habe", fuhr Barron fort. Ich erklärte ihm, dass wir alle von diesem Ausgang überrascht seien, und wir redeten noch eine Weile über dies und das.

Bevor er auflegte, kam ich auf den geschäftlichen Teil zu sprechen. „Hören Sie", sagte ich, „ich weiß nicht, was Sie mit diesem Projekt vorhaben, aber wenn Sie daran denken sollten zu verkaufen – ich wäre interessiert, wenn der Preis stimmt." Barron erwiderte, er werde es sich überlegen, und bedankte sich für den Anruf; ich glaube, er meinte es ehrlich. Ich war auch überzeugt, dass es für mich hier nichts weiter zu tun gab. Hilton hatte ja schon geplant, ein neues Anhörungsverfahren zu beantragen, und diesesmal würde die Kommission vielleicht anders entscheiden.

Anfang März erhielt ich einen Anruf von meinem Freund Benjamin Lambert, dem Leiter der Eastdil Realty, einer großen Immobiliengesellschaft. Ich hatte ihn vor zehn Jahren kennengelernt, als ich einen Partner für das Commodore-Hotel suchte. Er nannte mir einige geeignete Kandidaten, und im Laufe der Zeit kamen Ben und ich noch mehrmals ins Geschäft. Wir waren zwar nicht immer einer Meinung, aber das tat unserer Freundschaft letztlich keinen Abbruch. Ben gehörte zum Hilton-Aufsichtsrat. Nachdem der Lizenzantrag abgelehnt worden war, hatten wir uns ein paarmal über die verfahrene Situation unterhalten. Ben vertrat die Überzeugung, Hilton solle unbedingt verkaufen.

Ben lud mich zu einer Party ein, die er für den Aufsichtsrat in seiner Stadtwohnung gab. In derselben Woche sollte die Hilton-Jahrestagung in New York stattfinden. Er meinte: „Das ist eine gute Gelegenheit für dich, einmal mit Barry über die gegenwärtige Lage zu sprechen."

Im Aufsichtsrat gab es, wie sich herausstellte, heftige Kontroversen darüber, wie es in Atlantic City weitergehen sollte. Die Casino-Kontrollkommission hatte gerade einem erneuten Hearing zugestimmt. Dennoch glaubten einige Direktoren, einschließlich Ben, es sei sinnvoller, das Casino schnellstmöglich abzustoßen, falls sich ein passender Käufer finde. Sie fürchteten, dass die Folgen für das Hilton-Unternehmen verheerend sein würden, sofern die Kommission ihr Urteil nicht revidiere und dem Konzern doch noch die Lizenz erteilte. Bis zur endgültigen Entscheidung könnten mehrere Monate vergehen, und die Zahl der Mitarbeiter sei bis dahin auf mehrere tausend angewachsen, argumentierten sie. Und ein Verkauf unter extremem Druck müsse sich auf den Preis auswirken.

Ich ging zu der Party. Ben stellte mich Barron vor. Wir gingen in den Garten, um ungestört miteinander zu reden. Auch dieses Gespräch brachte keine konkreten Ergebnisse. Barron machte seiner Frustration über den Gang der Ereignisse in Atlantic City Luft, und ich bekundete ihm mein Mitgefühl. Barry ist von Natur aus misstrauisch und reserviert. Er gehört nicht zu den Menschen, die impulsiv Entscheidungen treffen. Später hörte ich von Ben, dass Barry sich in meiner Gesellschaft sehr wohlgefühlt habe. Es gibt Zeiten, die ein massives Vorgehen verlangen, und solche, in denen es am besten ist, in Ruhe abzuwarten.

Kurze Zeit danach ging Steve Wynn als Repräsentant des Golden Nugget zum vollen Angriff auf Hilton über. Er setzte alles daran, das Casino-Hotel zu übernehmen. Das war das Beste, war mir passieren konnte. Wenn Wynn nicht gewesen wäre, hätte sich Barry Hilton vielleicht nicht entschlossen, mit mir oder jemand anderem ins Geschäft zu kommen.

Am 14. April schrieb Wynn Barry einen Brief und teilte ihm mit, er beabsichtige, ein größeres Hilton-Aktienpaket – schätzungsweise 27 Prozent der gesamten Unternehmensanteile – zum Preis von 72 Dollar pro Aktie zu erwerben. Hilton-Aktien wurden damals für rund 67 Dollar das Stück gehandelt. Wynn erklärte des Weiteren, er sei – wenn man sein Angebot akzeptiere – bereit, allen Hilton-Aktionären 72 Dollar je Anteil zu bieten.

Es ist wohl eine Ironie des Schicksals, dass Conrad Hilton es Wynn überhaupt erst ermöglicht hatte, dieses Übernahmeangebot zu machen. Der Unternehmensgründer, der 1979 verstorben war, hatte seinen Sohn Barron nach allen Regeln der Kunst hereingelegt. Es gibt leider keine freundlichere Bezeichnung. Man hatte allgemein angenommen, dass Conrad Hilton seinem Sohn die Mehrheitsanteile am Unternehmen hinterlassen oder sie zumindest unter den Familienmitgliedern aufteilen würde.

Stattdessen verfügte er in seinem letzten Willen, dass seine Kinder und Enkelkinder quasi leer ausgehen sollten. Zum Zeitpunkt seines Todes waren Conrads Anteile am Hilton-Aktienbestand etwa 500 Millionen Dollar wert. Conrad vertrat die Auffassung, dass ererbtes Vermögen sowohl den Charakter verderbe als auch die Motivation untergrabe. Ich muss zugeben, dass er damit für viele Fälle recht hat.

Ich halte es durchaus für sinnvoll, wenn jemand sein Geld in einem Treuhandvermögen anlegt, sodass die Kinder nicht schon am Tag ihrer Volljährigkeit über Millionen verfügen. Aber Conrad führte diese durchaus löbliche Einstellung ad absurdum. Er hinterließ Barron lediglich einen symbolischen Aktienanteil und jedem seiner Enkelkinder genau 10 000 Dollar. Der Rest seines immensen Vermögens – unter anderem auch die 27 Prozent an der Hilton Corporation – fiel an die Conrad-N.-Hilton-Stiftung. Der größte Teil der Dividende ging an die Nonnen eines katholischen Ordens in Kalifornien für karitative Zwecke.

Barry war nach dem Tod seines Vaters nichts weiter als ein bezahlter Topmanager, der zudem nicht einmal über die Macht verfügte, die jeder größere Aktionär besaß. Er konnte zwar im Laufe seiner Amtszeit als CEO Anteile erwerben, aber sie machten 1985 nur einen geringen Prozentsatz des gesamten Bestandes aus.

Barron beschloss, das Testament anzufechten, um die Aktien zurückzubekommen, die der Stiftung zugefallen waren. Seine Chancen, den Rechtsstreit zu gewinnen, standen nicht gerade zum Besten, denn seine Prozessgegner waren Priester und Ordensschwestern der katholischen Kirche, Kontrahenten, mit denen man sich nicht anlegen sollte.

Laut Conrads Testament hatte Barron das Recht, die Aktien der Stiftung zum Kurs von 1979 zu kaufen, falls diese sich – aus welchen Gründen auch immer – außerstande sah, die Schenkung anzunehmen. Laut Gesetz ist es Stiftungen und den ihnen angeschlossenen gemeinnützigen Vereinen verboten, zusammen mehr als 20 Prozent der Anteile an einem öffentlich-rechtlichen Unternehmen zu besitzen. Deshalb konnte Barron zu Recht die sieben Prozent der Stiftungs-Aktien einklagen, die über 20 Prozent des vom Gründer vermachten Bestandes hinausgingen.

Das genügte ihm jedoch nicht. Auf welcher mysteriösen Rechtsgrundlage auch immer – er versuchte, seinen Anspruch auf den gesamten Aktienbestand der Stiftung geltend zu machen. Es wäre ein fantastisches Geschäft gewesen, wenn er die Aktien für den 1979 gängigen Kurs, rund 72 Dollar, also für 170 statt 500 Millionen Dollar hätte kaufen können.

Man könnte den Prozess aber auch anders sehen, nämlich als Versuch, den letzten Willen seines Vaters außer Kraft zu setzen. Ich nehme an, dass Barron wusste, wie schwer es sein würde, seine Klage zu gewinnen, und dass er sich Wynn gegenüber in einer schwachen Position befand, falls es ihm nicht gelingen sollte, den Konzern unter seine Kontrolle zu bringen. Und solange er die Lizenz für das Casino in Atlantic City nicht besaß, bot er überdies noch ein hervorragendes Angriffsziel für die Aktionäre.

Ich weiß nicht, wie ich an Barrons Stelle reagiert hätte. Ich glaube, ich hätte verbissen darum gekämpft, Steve Wynn und seinen Übergriff abzuwehren und meine Lizenz im zweiten Anhörungsverfahren zu bekommen. Ich will damit nicht sagen, ich wäre als Sieger aus diesem Kampf hervorgegangen, aber zumindest hätte ich mich mit Händen und Füßen gegen eine Niederlage gewehrt. Ich hätte das Hotel geschlossen und verrotten lassen. Das ist eben meine Art, mich zu wehren. Ich gehe zum Angriff über, wenn man mir an den Kragen will, selbst wenn die ganze Sache teuer, verfahren und höchst riskant ist.

Aber ich leitete auch keine Aktiengesellschaft, und der Ärger mit der Wall Street, den Aktionären und dem nächsten Quartalsbericht blieb mir erspart. Es gab nur einen einzigen Menschen, den ich zufriedenstellen musste, und das war ich selbst. Barron gelangte schließlich wohl zu der Erkenntnis, dass er nicht in der Lage sei, gleichzeitig an zwei Fronten zu kämpfen – mit der Kontrollkommission um die Lizenz und um die Herrschaft im eigenen Unternehmen. Und Letzteres hatte für ihn offenbar größere Priorität.

Steve Wynns Erscheinen war für mich in zweifacher Hinsicht von Vorteil. Erstens drängte er Barron durch den Übernahmeversuch in die Defensive und hielt ihn davon ab, sich auf das Anhörungsverfahren zu konzentrieren. Und zweitens, je aggressiver die Angriffe wurden, desto mehr war Barron geneigt, in mir eine Art Ritter in schimmernder Rüstung zu sehen, der ihm zu Hilfe eilte.

Ich war zwar nicht an die Rolle gewöhnt, aber Wynn spielte mir den Ball geradewegs in die Hände. Wynn wuchs im Bingosalon seines Großvaters auf; sein Vater war ein Spieler. Später knüpfte er in Las Vegas die richtigen Verbindungen und kaufte sich in das

Golden Nugget ein, das er schließlich übernahm. Seine Welt begrenzte sich auf Las Vegas, Atlantic City und den Spielbetrieb. Er war ein redegewandter Mann, der großen Wert auf sein Äußeres legt. Seine Fingernägel waren stets frisch maniküre, und er trug nur maßgeschneiderte Anzüge und Seidenhemden, die ein Vermögen kosteten. Manche Leute fanden ihn zu geschniegelt und lehnten ihn von vornherein ab. Barron Hilton gehörte beispielsweise dazu.

Man kann sich keinen größeren Gegensatz als diese beiden Männer vorstellen. Barron gehört einer Schicht an, die ich als „VIP-Gen-Club" bezeichne. Er wurde reich geboren, wuchs wie ein Aristokrat auf und zählt zu den Menschen, die niemandem etwas beweisen müssen. Er hat nicht das geringste Interesse daran, andere mit seinem Lebensstil, seiner Kleidung oder irgendwelchen anderen Statussymbolen zu beeindrucken. Man könnte sagen, Steve Wynn neigt zur Übertreibung, während Barron Hilton tiefstapelt.

Steve würde es zwar niemals zugeben, aber ich bin überzeugt, dass er nicht eine Sekunde daran gedacht hatte, dass jemand ihm einen Strich durch die Rechnung machen könnte, als er seinen Übernahmeversuch startete. Ich glaube, er war überzeugt, dass er das Hilton in Atlantic City kaufen könne, womöglich auch noch zu günstigen Konditionen. Viele Leute meinen, Steve habe es nur auf das Hotel abgesehen, und Barron Hilton, der von allen Seiten bedrängt wurde, tue gut daran, zwei Fliegen mit einer Klappe zu schlagen und an Steve zu verkaufen. Barron hätte ihm das Hotel unter der Bedingung überlassen können, dass Wynn von weiteren Versuchen, das gesamte Unternehmen in die Hände zu bekommen, absah.

Aber Steve hatte die Tatsache unterschätzt, dass er für Barron ein rotes Tuch war. Das sollte sich als mein Vorteil erweisen. Einen

Tag, nachdem Steve sein Kaufangebot platziert hatte, zeigte sich Barron Hilton plötzlich sehr daran interessiert, mit mir ins Geschäft zu kommen.

Zunächst bot ich Hilton 250 Millionen Dollar für das Hotel. So hoch diese Summe auch sein mag, ich wusste, Barron würde nicht für diesen Preis verkaufen. Schon bei unserer ersten Begegnung hatte er mir erzählt, er habe 320 Millionen Dollar in das Objekt investiert. Der Gedanke, es aufgeben zu müssen, war für ihn schon schlimm genug; aber den Aktionären zu berichten, dass er es mit Verlust verkauft hatte, unvorstellbar. Innerhalb weniger Tage erhöhte ich mein Angebot auf 320 Millionen Dollar. Wir hatten weder Zeit für ein höfliches Geplänkel noch dafür, um den Preis zu feilschen. Entweder ich erklärte mich bereit, die geforderte Summe zu zahlen, oder ich musste auf das Geschäft verzichten.

Für mich stellte eine Investition von 320 Millionen – ja sogar 250 Millionen Dollar – das größte Risiko dar, das ich je eingegangen war. Ein Jahr zuvor hatte ich das Casino-Hotel am Boardwalk für knapp 220 Millionen Dollar gebaut, wobei Holiday Inn das gesamte Projekt finanzierte und mich zudem noch für eventuelle Betriebsverluste entschädigen wollte.

Dieses Mal lag das gesamte Risiko bei mir.

Sobald ich beschlossen hatte, 320 Millionen Dollar zu bieten, rief ich John Torell an, der nicht nur Präsident des Manufacturers Hanover Trust, sondern auch mit mir befreundet ist. Wir hatten bereits einige Transaktionen miteinander abgewickelt, und diesesmal nahm unser Gespräch nur wenige Minuten in Anspruch. „John, ich rufe an, weil ich die Möglichkeit habe, das Hilton in Atlantic City für 320 Millionen Dollar zu kaufen. Ich brauche einen Kredit von dir, und zwar innerhalb einer Woche." John stellte mir einige Fragen, und nach etwa zwei Minuten sagte er: „Wir sind im

Geschäft." Einfach so. Daran zeigt sich, wie viel Kreditwürdigkeit wert ist. Als Gegenleistung bot ich an, mit meinem persönlichen Vermögen für die Summe zu haften – etwas, wogegen ich mich immer gesträubt hatte.

Das Geschäft mit Hilton war reine Gefühlssache. Ich hatte das Hotel nie besichtigt. Einige meiner Mitarbeiter waren dort gewesen, und ich besaß ausreichende Informationen über die technischen Daten, die von den am Bau beteiligten Firmen stammten. Ich war der Meinung, es sei unpassend, persönlich dort zu einem Zeitpunkt aufzukreuzen, als Hilton sich auf dem Höhepunkt der Turbulenzen befand. Hätte ich meinem Vater die ganze Geschichte erzählt, hätte er mich mit Sicherheit für verrückt erklärt. Ich erinnere mich noch gut daran, wie ich ihn als Kind bei der Besichtigung eines Häuserblocks in Brooklyn begleitete, den er zu kaufen beabsichtigte. Gleichgültig ob der Kaufpreis 100 000 oder 200 000 Dollar betrug – wir führten die Inspektion mit der größten Sorgfalt durch. Wir verbrachten Stunden in den Gebäuden, prüften jeden Kühlschrank und jeden Ausguss, die Boiler, das Dach und die Korridore.

Mein Vater hätte die Entscheidung auch nicht wie ich im Alleingang getroffen. Ich war daran gewöhnt, dass man meine Entschlüsse durchaus nicht immer guthieß. Aber diesesmal rieten mir alle ab.

Ich musste mir die unterschiedlichsten Gegenargumente anhören: Ich hätte ohnehin genug Sorgen mit dem Holiday-Inn-Konzern wegen des Boardwalk-Projektes; mir fehle ein geeignetes Management für dieses riesige Hilton-Hotel, das in zwei Monaten eröffnet werden solle; ich müsse mit meinem persönlichen Vermögen haften; ich besitze nicht mehr als eine mündliche Zusicherung von Manny Hagen und es sei nicht abzusehen, welche Bedingungen man letztlich stellen werde, wenn die Verträge erst ausgearbeitet seien – oder ob man mit dem Verkauf nicht doch irgendwelche Hintergedanken verbinde. Außerdem bestünden berechtigte Zweifel daran, dass der Markt ein weiteres Etablissement dieser Art verkraften könne, wobei erschwerend hinzukomme, dass es mit Krediten finanziert werde, für die man augenblicklich hohe Zinsen zahlen müsse. Warum, um alles in der Welt, sei ich an diesem Geschäft interessiert?

Es gab für mich nur einen Grund, der zählte: Ich war der festen Überzeugung, dass man hier mit Hilfe eines kompetenten Managements das große Geld verdienen könne.

Nachdem wir uns auf den Preis geeinigt hatten, standen noch zahllose unwichtigere Verhandlungspunkte auf der Tagesordnung, bevor der endgültige Kaufvertrag unterzeichnet werden konnte. Am 14. April 1985 setzten wir uns mit unseren jeweiligen Anwälten in Jerry Schragers Kanzlei an der Park Avenue 101 zusammen und besiegelten die Übergabe.

Die Einigung auf den Preis ist bei einer Verhandlung oft am schnellsten und einfachsten zu erzielen. Es sind meistens die übrigen Konditionen – beispielsweise Garantieerklärungen in Bezug auf die Fertigstellung des Bauprojektes, die Klärung, wer für Schadensersatzansprüche zuständig ist, die Höhe der Anzahlung, die Verteilung der Kosten zwischen Unterzeichnung und Inkrafttreten des Vertrages und so weiter –, die Probleme schaffen und einen Abschluss gefährden. Barron Hilton steuerte schon zu Beginn einen ziemlich harten Verhandlungskurs. Er wollte das Hotel im Prinzip verkaufen, ohne irgendwelche Verpflichtungen einzugehen oder Auflagen zu akzeptieren. Barron hatte die Nase gestrichen voll von New Jersey und insbesondere von Atlantic City. Je schneller er diesen Alptraum vergessen konnte, desto besser.

Falls man mir jedoch nicht irgendwelche Garantien hinsichtlich der Kostenverteilung gab, so wäre ich das Risiko eingegangen, den Bach hinunterzugehen. Nehmen wir zum Beispiel an, es würde sich irgendwann ein größerer Defekt an den elektrischen Leitungen oder an der Klimaanlage bemerkbar machen, der mich zwingen würde, die gesamte Anlage wieder herauszureißen. Bei einem Gebäude dieser Größenordnung mussten sich die Reparaturarbeiten auf mehrere Millionen belaufen.

Zu Beginn der Verhandlungen sah es so aus, als werde man die Forderungen akzeptieren, die wichtig für uns waren. Aber dann erhielt der Hilton-Repräsentant – Gregory Dillon, der stellvertretende Vizepräsident der Kette – einen Anruf von Barron Hilton, der sich in San Francisco aufhielt. Als Dillon an den Verhandlungstisch zurückkehrte, begann sich die Atmosphäre merklich zu verändern.

Ich kann es nicht mit absoluter Sicherheit behaupten, aber ich nehme wirklich an, dass Barron aus dem Geschäft aussteigen wollte, weil ihm jemand in letzter Minute mehr Geld geboten hatte. Es wäre sogar möglich, dass das Angebot von Steve Wynn und dem Golden Nugget kam.

Wie dem auch sei – Dillon und die Hilton-Anwälte erhoben plötzlich Einwände gegen Punkte, über die wir uns längst einig waren. Ich hatte schon viele Verhandlungen geführt und spürte auf Anhieb, dass man mit dieser Taktik den Rückzug plante. Wenn wir zum Beispiel keinen Konsens hinsichtlich der Kostenverteilung bis zur Fertigstellung des Bauprojektes erzielen konnten, dann besaß Hilton einen Vorwand, sang- und klanglos aus den Verhandlungen auszusteigen und an jemanden zu verkaufen, der mehr bot als ich.

Wir hatten eine Pattsituation erreicht. Greg Dillon meldete sich zu Wort. „Auf diese Weise kommen wir nicht weiter", erklärte er. „Lassen Sie uns die Verhandlungen auf morgen vertagen."

Oberflächlich gesehen schien dieser Vorschlag ganz sinnvoll: Es war inzwischen Samstag Morgen, und wir hatten fast 48 Stunden ununterbrochen getagt. Wir konnten uns vor Erschöpfung kaum mehr auf den Beinen halten, geschweige denn, einen zusammenhängenden Satz formulieren. Aber ich befürchtete, dass wir bei einer Pause von einem ganzen Tag nie auf einen Nenner kommen würden. Als Kompromiss schlug ich vor, die Verhandlungen zu unterbrechen und am Nachmittag wieder aufzunehmen. Die Hilton-Repräsentanten waren einverstanden, und wir trennten uns.

Zu diesem Zeitpunkt versuchten meine Anwälte noch einmal, mich zu überreden, auf das Geschäft zu verzichten und mir damit einen würdevollen Abgang zu verschaffen. Jerry Schrager machte sich große Sorgen wegen der Finanzierung. Wir hatten bisher nicht einmal eine schriftliche Zusage vom Kreditgeber, dem Manufacturers Hanover Trust. Für mich war eine mündliche Absprache mit John Torell genauso viel wert wie ein unterschriebenes Dokument. Jerry führte an, dass es mir angesichts der geforderten Garantieerklärungen für die Kostenverteilung schwerfallen dürfte, Geld für andere lohnende Projekte aufzutreiben, selbst wenn Torells Zusage bindend wäre.

Die Situation schien mir reichlich merkwürdig: Ich konnte nicht sagen, wer mehr an einem Scheitern der Verhandlungen interessiert war – meine Anwälte oder die des Hilton.

Die Hilton-Repräsentanten erschienen zwei Stunden zu spät zur Verhandlung, was meinen Verdacht noch bestätigte. Als sie endlich um halb vier auftauchten, war ich zu der Überzeugung gelangt, dass ich das Geschäft nur noch retten konnte, wenn ich an ihr Ehrgefühl appellierte. Ich stand auf und ließ eine flammende Rede vom Stapel: Wie konnten sie eine Abmachung per Handschlag besiegeln und dann nicht dazu stehen? Wie konnten sie drei Tage lang mit mir verhandeln und mich dann einfach sitzenlassen? Wie konnten sie mich zwingen, Unsummen für Anwaltshonorare auszugeben, und dann einen Rückzieher machen? Dieses Verhalten sei beschämend, erklärte ich. Es sei unmoralisch, falsch und wenig ehrenhaft.

Aus meinem Tonfall war zu entnehmen, dass ich mich zutiefst verletzt fühlte. Ich ließ weder Wut noch Aggression erkennen. Ich kann ziemlich laut werden, wenn ich es für nötig halte, aber in diesem Fall hätte ich damit nicht das Geringste erreicht. Zu diesem Zeitpunkt hatten wir uns bereits auf die meisten Verhandlungspunkte geeinigt, und Hilton würde es, psychologisch gesehen, schwerfallen, aus dem Geschäft auszusteigen – es sei denn, ich lieferte ihm dazu eine gute Ausrede. Natürlich ist nicht ganz auszuschließen, dass Hiltons Sturheit nichts als eine Pose war, mit der der Konzern lediglich erreichen wollte, so wenige Zugeständnisse wie möglich machen zu müssen.

Am Ende einigten wir uns auf eine Kompromisslösung. Hilton verpflichtete sich, den Bau voranzutreiben, sodass das Hotel zum geplanten Termin eröffnet werden konnte, und bestimmte Arbeiten, die namentlich aufgeführt waren, schnellstmöglich durchführen zu lassen. Außerdem billigte man mir das Recht zu, fünf Millionen Dollar vom Kaufpreis zurückzubehalten, die erst dann gezahlt werden mussten, wenn das Hotel fertig war und in Topzustand übergeben wurde. Auch diese Konditionen legten wir im einzelnen vertraglich fest.

Ich nahm an, dass beim Bau erstklassige Arbeit geleistet worden war. Für den Fall, dass ich mich in dieser Hinsicht getäuscht hatte und die Reparaturkosten die 30-Millionen-Grenze erreichten, würde Hilton, wie ich glaubte, rechtlich gesehen haftbar sein. Am 27. April 1985, um 21 Uhr, schüttelten wir uns die Hände und unterzeichneten den Vorvertrag. Ich hinterlegte eine Kaution von 20

Millionen Dollar, die nicht zurückerstattet wurde. Die Abschlussverhandlung sollte sechzig Tage später erfolgen.

Am 1. Mai besichtigte ich zum erstenmal das Objekt, das ich soeben für 320 Millionen Dollar gekauft hatte. Vom ersten Augenblick wusste ich, dass meine Entscheidung richtig war. Es blieb zwar noch viel zu tun, aber das Gebäude sah schon jetzt imposant aus. Ich trieb meine Leute gnadenlos an, und innerhalb von sechs Wochen schafften wir das, wozu die meisten anderen Casinos ein Jahr und mehr brauchten. Wir erhielten eine vorläufige Besitzurkunde, brachten den ungeheuren Papierkrieg hinter uns, der mit der Lizenzvergabe verbunden ist, vergrößerten Hiltons ohnehin schon großen Personalbestand um weitere 1500 Mitarbeiter und bereiteten das Casino-Hotel auf die Eröffnung vor.

Außerdem entschieden wir uns für den Namen Trump's Castle. Ursprünglich wollte ich es Trump Palace nennen, aber Caesar's Palace reichte eine Klage gegen uns ein und machte sein Exklusivrecht auf den Zusatz „Palace" geltend. Ich war der Meinung, eine solche Lappalie sei einen Kampf vor Gericht nicht wert. Noch waren unsere Marketing- und Werbekampagnen nicht angelaufen, und das Unangenehmste, was uns passieren konnte, wäre eine Namensänderung gewesen, nachdem wir bereits Millionen in die Promotion von Trump's Palace investiert hatten. Sobald ich meine Absicht verkündete, das Casino-Hotel Trump's Castle zu nennen, versuchte Holiday Inn einen Gerichtsbeschluss zu erwirken und mich zu zwingen, den Namen Trump ganz fallenzulassen. Die Klage wurde jedoch nach wenigen Wochen abgewiesen.

Schon vor der Eröffnung von Trump's Castle hatte ich mit verschiedenen Emissionsbanken über die Möglichkeit gesprochen, die Finanzierung über den Manufacturers Hanover Trust durch die Ausgabe von Anleihen zu ersetzen. Dass ich mit meinem persönlichen Vermögen haftbar gemacht werden konnte, passte mir ganz und gar nicht, und ich war bereit, notfalls die höheren Zinsen in Kauf zu nehmen. Das Problem war nur, dass Trump's Castle bis dato keinerlei Geschäftsergebnisse vorweisen konnte, anhand derer sich ausrechnen ließ, wie hoch sich das Unternehmen verschulden könne. Darüber hinaus besaß die Trump Organization keine Erfahrung in der Casinobranche; wir mussten erst beweisen, ob wir konkurrenzfähig waren.

Mit anderen Worten, jeder, der Trump's-Castle-Anleihen kaufte, ließ sich auf ein Vabanquespiel ein, bei dem es um einen hohen Einsatz und um alles oder nichts ging. Wir mussten von Anfang an Erfolge vorweisen, andernfalls ließen sich die Zinsen von rund 40 Millionen Dollar pro Jahr nicht zahlen. Der Klarheit wegen möchte ich noch erwähnen, dass es in Atlantic City mehrere Casinos gab, die diese Summe nicht hätten aufbringen können.

Zu meiner großen Überraschung zeigten sich mehrere Banken auf Anhieb bereit, das Zeichnungsangebot für meine Anleihen zu übernehmen. Für einen bestimmten Prozentsatz des insgesamt erzielten Emissionspreises garantierten sie, die Anleihen zu einem festgesetzten Kurs unterzubringen. Zu den Interessenten gehörte unter anderem auch die Drexel Burnham Bank, die das Geschäft mit hochverzinslichen risikoreichen Anleihen, die sogenannten Junk bonds, konzipiert hat. Aber Bear Stearns, mit denen ich bereits seit Längerem zusammenarbeitete, boten mir an, 300 Millionen Dollar am Kapitalmarkt zu beschaffen, also rund 95 Prozent der gesamten Summe, die ich brauchte. Alan Greenberg, der Vorstandsvorsitzende, und sein Geschäftsführer und Partner Paul Hallingby waren bereit, mit hohem Einsatz zu spielen, und das gefiel mir.

Um Käufer für derartig spekulative Emissionen wie die meinen zu finden, muss man in der Regel mit einer satten Rendite locken. Bear Stearns bot bei der Ausgabe unserer Anleihen jedoch keine höhere Rendite als andere Casinos an, die im Gegensatz zu uns bereits Geschäftsergebnisse vorweisen und den Käufern weit umfangreichere Garantien als wir bieten konnten.

Bear Stearns leistete vorzügliche Arbeit. Nicht nur wir profitierten von der Emission, sondern auch die Anleihebesitzer. Jeder Käufer erzielte eine außerordentlich hohe Rendite, und der Kurs ist heute weit über den Nennwert gestiegen.

Was ich wirklich unter allen Umständen vermeiden wollte, waren Probleme, wie sie bei der Eröffnung des Casino-Hotels am Boardwalk aufgetaucht waren. Anstatt mir einen Manager auf dem freien Markt zu suchen, beschloss ich, meiner Frau Ivana die Leitung zu übertragen. Ich hatte mich lange genug mit den Verhältnissen in Atlantic City beschäftigt und erkannt, dass im Casino-Geschäft Engagement und Führungsqualitäten genauso wichtig sind wie spezifische Branchenkenntnisse. Ivana bewies, dass ich mich nicht getäuscht hatte.

Da das Geschäft mit Hilton am 15. Juni abgeschlossen wurde, waren wir in der Lage, die Sommersaison voll auszunutzen. Am nächsten Tag fand die Eröffnung des Casino-Hotels unter dem Namen Trump's Castle statt. Die Besucher kamen in Scharen, und wir konnten weit höhere Umsätze verbuchen, als wir erwartet hatten. Unsere Einnahmen aus dem Spielbetrieb betrugen am ersten Tag 728 000 Dollar, vor Abzug der Steuern. In den knapp sechs Monaten, die uns noch im Jahre 1985 blieben, konnten wir einen Bruttogesamtertrag von rund 131 Millionen erzielen, alle anderen Konkurrenten in der Stadt – mit Ausnahme von dreien – überrunden und weit bessere Ergebnisse vorweisen als das Casino am Boardwalk innerhalb derselben Periode unter dem Harrah's Management.

In den ersten Monaten tauchte allerdings ein Problem auf, das sich auf die Klausel im Vertrag bezog, die besagte, Hilton habe das Hotel in einem erstklassigen Zustand zu übergeben. Laut Vertrag war ich berechtigt, fünf Millionen Dollar vom Kaufpreis bis zur Beendigung sämtlicher Arbeiten zurückzubehalten. Im Laufe der Zeit mussten wir feststellen, dass zahlreiche technische Probleme noch nicht befriedigend gelöst waren – zum Beispiel mit dem Kühlturm, der Kanalisation, den computergesteuerten Kontrollsystemen und den Brandschutzvorrichtungen.

In den ersten sechs Monaten nach der Eröffnung verhandelten meine Anwälte und die Hilton-Repräsentanten hinter verschlossenen Türen darüber, welche Defekte davon im Einzelnen in Hiltons Zuständigkeit fielen. Meine Mitarbeiter hatten erklärt, dass sich die Kosten für die Arbeiten, die noch nicht zufriedenstellend ausgeführt waren, auf mehr als fünf Millionen Dollar belaufen würden. Trotzdem plädierte ich für eine friedliche Einigung.

Ich mag Barron Hilton; ich bedauerte sein Missgeschick in Atlantic City und war stets der Erste, der ihn verteidigt hat. Als die Auseinandersetzung darüber, wer wem Geld schuldete, in einer Sackgasse zu enden drohte, beschloss ich deshalb, mich mit ihm persönlich in Verbindung zu setzen. Ich rief ihn im Januar 1986 an.

Ich erklärte ihm, dass unsere Kontroverse noch immer nicht beendet sei und dass ich es für sinnvoll halte, wenn wir uns zusammensetzen und gemeinsam eine vernünftige Lösung suchen würden. Barron schien sich über meinen Anruf zu freuen. Er sagte mir, er habe am folgenden Montag oder Dienstag in New York zu tun und wolle dann mit mir einen Gesprächstermin vereinbaren.

Als ich jedoch am Montag morgen in mein Büro kam, lag eine Klage des Hilton auf dem Schreibtisch. Man forderte die sofortige Zahlung der fünf Millionen Dollar, die ich laut Vertrag einzubehalten berechtigt war. Ich konnte es einfach nicht fassen.

Postwendend rief ich Barron an. „Ich verstehe das nicht", erklärte ich ihm aufgebracht. „Gerade hat man mir eine Klage zugestellt, obwohl Sie mir zugesagt haben, dass wir uns treffen und gemeinsam eine Lösung suchen wollen." Barron ließ mich voll auflaufen. „Mir ist nichts von einer Klage bekannt", lautete seine Antwort. Er riet mir, mich mit Greg Dillon, Hiltons Vizepräsidenten, in Verbindung zu setzen. Auch Dillon spielte den Ahnungslosen. Ich habe nicht eine Minute lang geglaubt, dass Barron Hilton oder sein hochrangiger Stellvertreter über einen so wichtigen Prozess, den der Konzern angestrengt hatte, nicht informiert war.

Ich weiß, dass sich manche Prozesse nicht vermeiden lassen, und akzeptiere diese geschäftliche Realität. Aber wenn mir jemand erzählt, er wolle sich mit mir an den Verhandlungstisch setzen, dann erwarte ich, dass er zu seinem Wort steht. Wenn man auch dann zu keiner Einigung gelangt, steht das auf einem ganz anderen Blatt. Von diesem Tag an habe ich keinen Finger mehr zur Verteidigung von Barron Hilton gerührt.

Ich wies meine Anwälte sofort an, eine Gegenklage anzustrengen. Am 2. April 1986 reichten wir die Klageschrift ein, in der 94 verschiedene Reparaturarbeiten an Trump's Castle neben den geschätzten Kosten aufgeführt waren. Die Summe überstieg bei Weitem die fünf Millionen Dollar, die ich rechtmäßig zurückbehalten hatte. In beiden Verfahren ist bisher noch kein Urteil ergangen, aber ich glaube, dass wir letztlich unser Recht bekommen.

Abgesehen von diesem Missklang sollte sich Trump's Castle für mich als eine rundum positive Erfahrung erweisen, was ich nicht zuletzt meiner Frau Ivana zu verdanken habe. Ihr entgeht nichts. Sie stellte systematisch die besten Mitarbeiter ein, die sie in Atlantic City finden konnte – angefangen von den Croupiers über die Bedienungen bis hin zu den Topmanagern. Sie überwachte die Ausstattung der Parkanlagen rund um das Hotel, die sich sehen lassen können. Der ganze Komplex ist makellos sauber; darauf achtet sie peinlich genau. Dass sich eine erstklassige Leistung auszahlt, zeigte sich 1986 an den Erträgen – 226 Millionen Dollar, eine Rekordsumme, wenn man bedenkt, dass es unser erstes Geschäftsjahr war. Für 1987 erwarteten wir eine Ertragssteigerung auf 310 Millionen Dollar und Gewinne von mehr als 70 Millionen Dollar.

Es zahlt sich meistens aus, wenn man seinem Instinkt folgt.

10
NIEDRIGE MIETEN, HOHES RISIKO

Die Entscheidung am Central Park South

Wer eine Schlacht verliert, kann immer noch den Krieg gewinnen. Was man braucht, ist nur genügend Zeit und ein wenig Glück. Ich hatte beides beim Kampf um Central Park South Nummer 100.

Mein Gegner war eine Mieterinitiative, die mit allen Mitteln verhindern wollte, dass ihr Haus abgerissen wurde, um einem neuen Gebäude Platz zu machen. Sie hatte mit ihrem Kampf Erfolg. Aber da sich dadurch mein Bauvorhaben um mehrere Jahre verzögerte, in denen die Immobilienpreise unaufhaltsam stiegen, zwangen sie mich, meine ursprünglichen Pläne zu ändern, und verhalfen mir unbeabsichtigt zu einem kostengünstigeren und weit rentableren Objekt.

Der Erwerb des Grundstücks war in diesem Fall ein Kinderspiel. Anfang 1981 erzählte mir Louise Sunshine, die damals Vizepräsidentin meines Unternehmens war, sie habe gehört, dass zwei nebeneinanderliegende Gebäude in erstklassiger Lage zum Verkauf stünden. Es handelte sich um Central Park South 100, ein vierzehnstöckiges Mietshaus an der Ecke Central Park South/Avenue of the Americas, und das Barbizon-Plaza – ein Hotel mit 39 Stockwerken, das um das Haus Central Park 100 herumgebaut worden war, sodass seine Frontseite vis-à-vis dem Central Park und die Ostseite an der Avenue of the Americas lag.

Als Besitzer war ein Syndikat eingetragen, zu dem Marshall Loeb von der Loeb-Bank, die Lambert Brussels Corporation sowie Henry Greenberg gehörten. Aufgrund ihrer Lage zählten die beiden Gebäude zu den wertvollsten Immobilien New Yorks. Sie befanden sich nicht nur an einer der prachtvollsten und elegantesten Avenues der Stadt, sondern boten auch einen unvergleichlichen Ausblick auf den Central Park.

Das Barbizon-Plaza war ein ziemlich heruntergekommenes Mittelklasse-Hotel, das sich nur mit Mühe und Not über Wasser hielt. Das Haus Central Park South 100 enthielt zahllose kleine Apartments; mit den Mieten, die gesetzlich festgesetzt und stabilisiert waren, ließen sich kaum die Instandhaltungskosten decken.

Aufgrund dieser wirtschaftlichen Nachteile gelang es mir, einen sehr günstigen Kaufpreis auszuhandeln. Außerdem war es für mich von Vorteil, dass man die beiden Objekte noch nicht auf dem freien Markt angeboten hatte. Solange es keine weiteren Interessenten gab, konnte ich die Besitzer davon überzeugen, dass sich die niedrige Rendite wertmindernd auswirkte.

Außerdem kam mir zugute, dass das Syndikat aus einer Gruppe von wohlhabenden Geschäftsleuten bestand, die sich nicht deshalb zum Verkauf entschlossen, weil sie dringend Bargeld brauchten, sondern weil eines der Mitglieder das Alter erreicht hatte, wo man seinen Nachlass ordnet. Ich habe mich verpflichtet, den Kaufpreis nicht zu nennen, aber die Summe würde nach heutigen Maßstäben nicht einmal ausreichen, um ein unbebautes Stück

Land von einem Drittel der Größe in einem weit weniger begehrten Teil Manhattans zu kaufen.

Inwieweit die beiden Gebäude wirtschaftlich waren, interessierte mich wenig. Mir ging es in erster Linie um den Wert der Immobilien, nicht um die Erträge, die sich damit erzielen ließen. Hier bot sich die Möglichkeit, ein Objekt in erstklassiger Lage zu einem fantastischen Preis zu erwerben – ein Bombengeschäft, bei dem es nichts zu verlieren gab. Ich erhielt ohne Schwierigkeiten eine Hypothek auf die beiden Gebäude, die den Kaufpreis abdeckte. Im Zweifelsfall konnte ich es mir immer noch anders überlegen und das Objekt wieder verkaufen. Selbst in Zeiten eines konjunkturellen Tiefs findet sich immer ein Käufer für Immobilien in Spitzenlage.

Eine weitere Möglichkeit bestand darin, das Hotel so weit wie unbedingt nötig zu renovieren und die Mieten für die Läden im Erdgeschoss den Marktpreisen anzugleichen, sobald die bestehenden Verträge ausliefen. Und sollten die Bewohner des Hauses Central Park South 100 sterben oder wegziehen, durfte ich auch für die Wohnungen eine höhere Miete verlangen. Selbst mit diesen geringfügigen Veränderungen ließ sich eine bescheidene Rendite erzielen.

Aber das Wort „bescheiden" gehört nicht gerade zu meinem Standard-Vokabular. Weit vielversprechender war die Aussicht, wenn ich die beiden Gebäude abreißen und an ihrer Stelle einen riesigen, modernen Luxus-Wohnturm errichten ließ. Dabei gab es nur zwei Probleme: Erstens – und darüber war ich mir von Anfang an im Klaren – würde es weder leicht noch billig sein, ein Gebäude wie das Barbizon-Plaza niederzureißen. Trotzdem meinte ich, dass die weit höheren Mieten, die wir für einen Neubau in so erstklassiger Lage verlangen konnten, die Kosten mehr als wettmachen würden.

Das zweite Problem, das ich erst viel später in seinem vollen Ausmaß erkennen sollte, war die Tatsache, dass es aufgrund der bestehenden Gesetze extrem schwierig ist, ein Wohnhaus mit kontrolliertem Mietspiegel zu räumen. Ich musste damit rechnen, dass sich die Mieter zur Wehr setzen würden; aber ich ging auch davon aus, dass die Zeit für mich arbeitete. Ich konnte es mir leisten zu warten. Ich brauchte nur ein wenig Geduld und soviel Hartnäckigkeit wie nötig.

Allerdings hatte ich unterschätzt, was für die Bewohner von Central Park South 100 auf dem Spiel stand. Bald sollte ich eine Lektion lernen, die zwar simpel ist, sich aber immer wieder bestätigt hat: Je niedriger die Mieten, desto größer sind in der Regel die Wohnungen, und je günstiger die Lage, desto verbissener kämpfen die Mieter um ihr Wohnrecht. Wenn man in einer dürftigen Behausung in einem heruntergekommenen Stadtviertel lebt, fällt einem der Gedanke an einen Umzug nicht besonders schwer. Dasselbe gilt, wenn man Mietern, die an ein wenig mehr Komfort gewöhnt sind, eine gleichwertige Wohnung zum selben Preis und zusätzlich noch einen finanziellen Anreiz bietet.

Aber in dem Haus an der Central Park South 100 kämpften die Mieter um das Nonplusultra am New Yorker Wohnungsmarkt: um prachtvolle Altbauwohnungen mit hohen stuckverzierten Decken, eingebautem Kamin und einzigartigem Panorama – in bester Lage. Und da die Mieten festgesetzt und stabilisiert waren, blieben sie zudem noch von den horrenden Mietpreiserhöhungen am freien Wohnungsmarkt verschont. Dort wurde für eine gleichwertige Wohnung das Zehnfache verlangt. Wäre ich als Mieter von der Räumung des Hauses Central Park South 100 betroffen gewesen, hätte ich mich auch mit Händen und Füßen gegen jeden gewehrt, der mich aus diesem Paradies vertreiben wollte.

Die gesetzlich festgesetzten Höchstmieten sind eine Katastrophe für jeden – mit Ausnahme der privilegierten Minderheit, zu deren Schutz sie konzipiert wurden. Wenn man überhaupt einen einzelnen Faktor für die desolate Situation am Wohnungsmarkt verantwortlich machen kann, dann ist es die Mietkontrolle, mit der sich die Stadt New York City schon seit zwei Jahrzehnten herumplagen muss.

Wie bei so vielen staatlichen Maßnahmen entwickelte sich die Praxis der Mietkontrolle aus einem ursprünglich sinnvollen Konzept, mit dem man allerdings genau das Gegenteil von dem erreichte, was beabsichtigt war. Die Mietkontrolle wurde 1943 auf Bundesebene und auf einen bestimmten Zeitraum begrenzt eingeführt. Die Regierung fror die Mieten für sämtliche Wohnungen in den USA ein, um erschwingliche Wohnungen für die heimkehrenden Kriegsveteranen bereitzustellen. 1948, als das Gesetz seinen Zweck erfüllt hatte, wurde es wieder abgeschafft. Aber New York führte 1962 ein eigenes Mietkontrollgesetz ein, dem nach den Statuten der Stadt jedes vor 1947 gebaute Haus unterlag. Damit schuf man für fünf Millionen New Yorker Bürger ein unveräußerliches Recht: nämlich das Recht auf eine billige Wohnung.

Das klingt vernünftig. Aber das Problem war, dass die Stadt keine Anstalten machte, die Verantwortung für die Auswirkungen des Gesetzes in der Praxis zu übernehmen. Stattdessen zwang sie die Hausbesitzer, ihre Mieter zu subventionieren. Die Heizöl-, Personal- und Instandhaltungskosten stiegen ständig, aber die Stadt verweigerte den Hausbesitzern das Recht, die Mieten zu erhöhen, um mit der Inflation – geschweige denn dem freien Wohnungsmarkt – Schritt zu halten.

Als die Besitzer die laufenden Kosten schließlich nicht mehr decken konnten, begannen viele, ihre Häuser zu räumen. Allein zwischen 1960 und 1976 standen in New York schätzungsweise 300 000 Wohnungen leer. Die ersten Wohnungen, die entweder der Massenflucht oder dem Feuer zum Opfer fielen, lagen in den sanierungsbedürftigen Stadtvierteln. Hier waren die Mieten am niedrigsten. Die Hausbesitzer hatten die geringsten Gewinnspannen zu verzeichnen und konnten die Kostensteigerung nicht mehr verkraften. Gleichermaßen betroffen waren die sozialen Randgruppen, die sich hier angesiedelt hatten. Ganze Wohnviertel in der South Bronx und in Brooklyn glichen einer Geisterstadt. Die Stadt New York gehörte ebenfalls zu den Verlierern: Sie büßte -zig Millionen Dollar ein, nachdem die Hauseigentümer ihren Besitz dem Verfall preisgegeben hatten und keine Grundsteuern mehr dafür zahlten.

Das vielleicht Schlimmste am Mietkontroll-Gesetz ist, dass es ausgerechnet den Bürgern Nachteile bringt, zu deren Schutz es eigentlich konzipiert wurde. Die komfortabelsten Wohnungen mit kontrolliertem Mietspiegel waren schon von jeher teurer und so schwer zu bekommen, dass sie zumeist Leuten mit Geld oder Einfluss vorbehalten blieben. In den 80er-Jahren erarbeitete der Marktforscher und Autor William Tucker eine Studie, in der die krassesten Beispiele dokumentiert sind. Zu ihnen gehört auch ein Wohnhaus am Central Park West/Ecke 73rd Street – das durch sein Design, großräumige Wohnungen, architektonische Details, ein Marmor-Foyer, das sich über zwei Stockwerke erstreckt, und das herrliche Panorama besticht. Kein Wunder, dass sich viele Prominente mit Geld und Geschmack hier ansiedelten. Mia Farrow bewohnt zum Beispiel zehn Zimmer mit Blick auf den Central Park. Sie zahlt rund 2000 Dollar Miete für eine Wohnung, die auf dem freien Markt 10 000 Dollar kosten würde. Die Sängerin und Texterin Carly Simon lebt im selben Haus ebenfalls in einer Zehnzimmerwohnung. Die Miete beträgt 2200 Dollar.

Tucker stellte bei seinen Recherchen fest, dass Suzanne Farrell, die Primaballerina des New York City Ballet, für ihre Vierzehnzimmerwohnung direkt neben dem Lincoln Center weniger als 1000 Dollar hinblättern muss. William Vanden Heuvel, Staranwalt und US-Botschafter bei den Vereinten Nationen während der Carter-Ära, zahlt knapp 650 Dollar Miete für seine Sechszimmerwohnung in einem fantastischen Gebäude an der East 72nd Street, in unmittelbarer Nähe der Fifth Avenue. Der bekannte Fernsehstar Alistair Cooke muss für eine Achtzimmersuite an der Fifth Avenue nicht mehr als 1100 Dollar ausgeben. Und William Shawn, der ehemalige Herausgeber des Magazins *The New Yorker*, bewohnt eine Achtzimmerwohnung im selben Haus, die ganze 1000 Dollar kostet.

Das aufschlussreichste Beispiel ist wohl Ed Koch. Der Bürgermeister von New York hat eine sehr schöne Dreizimmerwohnung mit Terrasse und festgesetztem Mietspiegel in einer der bevorzugten Gegenden von Greenwich Village. Er zahlt 350 Dollar Miete, rund ein Fünftel der Summe, die auf dem freien Markt für eine vergleichbare Wohnung verlangt wird. Viel schlimmer ist jedoch, dass Koch dort nicht einmal wohnt. Er residiert im Gracie Mansion, dem Amtssitz der New Yorker Bürgermeister.

Im Gegensatz zu vielen anderen Hausbesitzern bin ich nicht generell für die Abschaffung der Mietkontrollen. Ich meine nur, man müsste einmal überprüfen, wer in den Wohnungen lebt. Nach meinen Vorstellungen sollten Mieter, die unterhalb einer bestimmten Einkommensgrenze liegen, ihre Wohnungen zum derzeitigen Mietpreis behalten dürfen. Mietern mit einem höheren Einkommen könnte man die Wahl lassen, entsprechend mehr zu zahlen oder sich eine andere Bleibe zu suchen.

Die Situation im Haus Central Park South 100 war ein perfektes Beispiel für Tuckers Erkenntnisse. Nach dem Kauf des Hauses informierte ich mich über die finanzielle Lage der Bewohner und machte eine faszinierende, wenn auch keineswegs überraschende Entdeckung. Es gab drei unterschiedliche Kategorien von Mietern: Die Mieter, die in den größeren Wohnungen mit Blick auf den Central Park und in den oberen Stockwerken lebten, waren in der Regel erfolgreich im Beruf, wohlhabend und teilweise ziemlich prominent.

Der Modedesigner Arnold Scaasi hatte zum Beispiel eine Sechszimmerwohnung mit Blick auf den Park, für die er monatlich 985 Dollar zahlte; so viel kostet auf dem freien Markt ein Studio mit nur einem Zimmer. Angelo DeSapio, ein gefragter Architekt, bewohnte den gesamten sechsten Stock gegenüber dem Central Park – neun Zimmer für sage und schreibe 1600 Dollar pro Monat! Ein anderer Mieter besaß ein prachtvolles braunes Backsteingebäude an der 63rd Street, das mindestens fünf Millionen Dollar wert war; aber er lebte in vier zu einer Wohnung zusammengelegten Apartments im dreizehnten Stockwerk des Hauses Central Park South 100, mit unbeschreiblichem Blick auf den Park und Mietkosten von weniger als 2500 Dollar pro Monat. All diese Wohnungen hätte man für das Zigfache des Preises vermieten können, den die damaligen, nicht gerade arm zu nennenden Bewohner zahlten.

Die zweite Kategorie von Mietern setzte sich aus sogenannten Yuppies zusammen, jungen Leuten, die als Börsenmakler, Journalisten und Anwälte Karriere gemacht hatten. Auch wenn sie nicht alle Millionäre waren, so verfügten die meisten von ihnen doch über das nötige „Kleingeld" und bewohnten Ein- oder Zweizimmerwohnungen mit Blick auf den Central Park.

Die dritte Mietergruppe war in den Mini-Apartments zu finden, mit einer winzigen Küche und Blick auf den Hinterhof. Dass diese Menschen über ein bescheidenes Einkommen verfügten, überraschte nicht. Viele von ihnen gehörten der älteren Generation an und lebten von einer bescheidenen Rente. Ihre Mieten ließen sich zwar auch nicht mit denen am freien Wohnungsmarkt vergleichen, aber der Preisunterschied war nicht annähernd so groß wie bei ihren finanziell besser gestellten Nachbarn in den Wohnungen an der Frontseite des Gebäudes. Für ein vergleichbares Studio im selben Stadtviertel musste man in etwa doppelt so viel Miete zahlen.

Der Sprecher der Mieterinitiative, John Moore, ließ sich eigentlich in keine der Gruppen einordnen. Er war Anfang Vierzig und stammte aus einer Familie, die sowohl über Geld als auch über einiges Ansehen verfügte. Sein Großvater war einer der größten Tiffany-Aktionäre gewesen, bevor der Konzern an Walter Hoving überging; Moore selbst hatte bisher keine nennenswerten eigenen Leistungen vorzuweisen. Ich glaube, dass er die Rolle des Sprechers der Mieterinitiative deshalb übernahm, weil er darin eine nützliche Aufgabe und einen Statusgewinn sah. Natürlich hatte auch er durch den Abbruch des Hauses etwas zu verlieren: eine schöne Wohnung mit zwei Schlafzimmern und Blick auf den Park, für die er eine bescheidene Miete zahlte.

Die Räumung des Barbizon-Plaza ging problemlos vonstatten. Wir vermieteten einfach keine Hotelzimmer mehr. Bevor ich auf diese Einnahmen verzichtete, wollte ich jedoch das Haus Central Park South 100 räumen lassen. Leider unterlief mir gleich zu Beginn ein schwerwiegender Fehler: Ich hätte diese Aufgabe selbst in die Hand nehmen sollen. Ich hatte mich bisher immer persönlich um meine Geschäfte gekümmert, und deshalb lief auch alles wie am Schnürchen. Aber Mieter zum Auszug zu bewegen ist etwas, was mir keinen Spaß macht. Deshalb beschloss ich, eine Räumungsfirma damit zu beauftragen. Citadel Management wurde mir von mehreren Topmanagern bekannter Unternehmen empfohlen, die schon mit dieser Firma zusammengearbeitet hatten und sich für ihren erstklassigen Ruf verbürgten. Ich wollte keine Schlägertypen. Die beiden Gebäude lagen sozusagen auf dem Präsentierteller, und es gab bereits einige Neider, die es auf mich abgesehen hatten. An einer öffentlich ausgetragenen Kontroverse konnte mir also kaum gelegen sein.

Ich hatte vor, meine Karten offen auf den Tisch zu legen. Wir informierten die Bewohner des Hauses Central Park South 100, dass das Gebäude sowie das Barbizon-Plaza nebenan abgerissen werden solle. Wir boten an, ihnen bei der Suche nach einer vergleichbaren neuen Wohnung behilflich zu sein und ihnen eine bestimmte Summe in bar zu zahlen, wenn sie freiwillig ausziehen würden.

Die Betroffenen organisierten sich innerhalb kürzester Zeit. Sie gründeten eine Mieterinitiative und engagierten einen Anwalt, der ihre Interessen vertreten sollte. Die Kosten schienen keine Rolle zu spielen. Die gutsituierten Mieter hatten am meisten zu verlieren und waren mehr als bereit, die Anwaltskosten zu übernehmen. Manche zahlten bis zu 8000 Dollar pro Jahr in die Gemeinschaftskasse ein, eine vergleichsweise geringe Summe, wenn man bedenkt, dass sie am freien Markt für ihre Wohnungen monatlich 10 000 Dollar bezahlt hätten.

Das Anwaltsbüro, das von den Mietern engagiert wurde, hatte bereits einige spektakuläre Erfolge vorzuweisen. Diese Anwälte verdienten in der Regel mehr an einem Räumungsprozess als die Kollegen, die aufseiten der Hausbesitzer kämpften. Ihre Taktik bestand darin, sich mit allen nur erdenklichen Mitteln gegen die Räumung zu sperren und das Gerichtsverfahren so lange wie möglich hinauszuzögern, in der Hoffnung, den Hausbesitzer auf diese Weise zu einer großzügig bemessenen finanziellen Entschädigung zu zwingen.

Meiner Meinung nach konnte mir niemand das Recht streitig machen, das Mietshaus Central Park South 100 räumen zu lassen und dort ein neues, größeres Gebäude zu errichten. Um Wohnungen zu räumen, die nicht der Mietkontrolle unterliegen, braucht man lediglich Pläne vorzuweisen, aus denen hervorgeht, dass das alte Haus abgerissen und ein neues gebaut werden soll. Bei der Räumung von Wohnungen mit festgesetzten Mieten sind die gesetzlichen Auflagen umfangreicher und vielfältiger, aber ich sah darin kein unüberwindliches Hindernis.

Als erstes musste ich nachweisen, dass ich mit dem neuen Gebäude um mindestens 20 Prozent mehr Wohnraum schuf, als im alten vorhanden war. Das bereitete mir keine Schwierigkeiten, weil es für mich ohnehin finanziell interessanter sein würde, in großem Stil zu bauen. Zweitens verlangte man von mir Belege darüber, dass die Mieteinnahmen, die mit dem alten Gebäude erzielt wurden, nach Abzug der laufenden Kosten weniger als 8,5 Prozent seines Schätzwertes betrugen. Aufgrund der Mietkontrolle belief sich der Schätzwert auf knapp 1,5 Millionen Dollar, was bedeutete, dass die Stadt nur geringfügige Steuern auf den Komplex erheben konnte. Und obwohl es mir nicht gestattet war, die Rückzahlung meines Krediets für den Kauf des Hauses unter den laufenden Kosten zu verbuchen, erreichten die Erträge bei Weitem nicht die vorgeschriebene Grenze von 8,5 Prozent des Schätzwertes. Hätte ich die Tilgung des Darlehens steuerlich absetzen können, so wäre ich sogar in die roten Zahlen geraten. Wenn die Stadt allein nach dem wirtschaftlichen Nutzen urteilte, musste sie meiner Ansicht nach dem Abbruch zustimmen und eine Zwangsräumung veranlassen.

Als Citadel 1981 mit der Räumung des Gebäudes begann, hatte die Firma zwei Anweisungen von mir erhalten: Erstens, sie musste für möglichst viele Mieter eine neue, adäquate Wohnung suchen, und zweitens auch weiterhin alle für die Mieter wesentlichen Dienstleistungen erbringen.

Es ist einfach, ein Gebäude zu räumen, wenn man nicht von seinem sozialen Gewissen geplagt wird – was in den Kreisen der Hausbesitzer selten der Fall ist. Viele Grundstücks- und Häuserspekulanten, die ein Gebäude mit der Absicht kaufen, es schnellstmöglich räumen zu lassen, operieren unter Firmennamen, die nur schwer zu identifizieren sind. Dann heuern sie organisierte Banden an, die mit dem Vorschlaghammer die Boiler außer Betrieb setzen, das Treppenhaus demolieren und Löcher in die Rohrleitungen schneiden, wodurch Überschwemmungen entstehen. Sie holen sich Drogensüchtige, Prostituierte und Diebsgesindel von der Straße und überlassen ihnen die leerstehenden Wohnungen, damit diese ihre Mitbewohner in Angst und Schrecken versetzen.

Diese Methode, mit Hilfe von Gewalt und Terror sein Ziel zu erreichen, lehne ich prinzipiell – sowohl aus moralischen Gründen als auch aus rein praktischen Erwägungen heraus – ab. Ich ziehe es vor, meine Immobilien unter eigenem Namen zu kaufen, und schließlich habe ich einen guten Ruf zu verlieren.

Die Bewohner des Hauses Central Park South 100 hatten jedenfalls auch nach der Ankündigung meiner Räumungsabsichten intakte Heizungen und ausreichend heißes Wasser. Ich vergewisserte mich, dass auch die geringste vorsätzliche Beschädigung an dem Gebäude unterblieb, was sogar bei den zum Abbruch bestimmten eleganteren Wohnhäusern auf der Upper East Side des Öfteren vorkam. Mir konnte nicht daran gelegen sein, den Mietern eine gesetzliche Handhabe gegen mich zu geben.

Ich hatte allerdings auch nicht vor, aus Central Park South 100 eine Luxusherberge, wie sie an der Park Avenue standen, zu machen. Mit den Mieteinnahmen ließen sich kaum die laufenden Kosten decken, geschweige denn, überflüssiger Komfort finanzieren. Das konnten die Bewohner, die eine weit geringere Miete als am freien Markt bezahlten, meiner Meinung nach auch kaum erwarten. Deshalb wurden einige Veränderungen notwendig: Als wir den Komplex kauften, befand sich im Foyer des Hauses ein Telefon – für Notfälle gedacht; die Benutzung war kostenlos. Wir mussten später feststellen, dass einige der Mieter von hier aus Freunde in Gstaad und St. Moritz angerufen hatten.

Die Uniformen des Wachpersonals an der Eingangstür wurden abgeschafft. Dadurch, dass die Reinigungskosten entfielen, sparten wir eine Menge Geld ein. Aus Sicherheitsgründen durften die Wachmänner auch nicht mehr auf die Straße hinausgehen, um den Mietern Pakete tragen zu helfen, sondern mussten auf ihrem Posten bleiben. Die Beleuchtung in den Korridoren wurde mit Hilfe von Birnen mit niedrigerer Wattzahl gedämpft. Allein dadurch spart man, wie jeder Hausbesitzer bestätigen kann, Tausende von Dollars bei der Stromrechnung ein.

Wir konnten nicht voraussehen, dass die Bewohner uns trotz der unverminderten Wohnqualität vorwarfen, wir würden sie unter Druck setzen und ihnen das Leben schwermachen. In gewisser Weise war das typisch: Viele Reiche und Prominente empören sich bereits, wenn es ihnen nicht eine halbe Stunde vor ihrem Eintreffen in einem Nobelrestaurant gelingt, einen Tisch zu reservieren. Inzwischen weiß ich, dass jemand, der vom Leben verwöhnt worden ist, selbst die geringste Einschränkung als unzumutbare Härte empfindet.

Die Mieter versuchten sogar, unsere Hilfe bei der Wohnungssuche als Nötigung darzustellen. Sie behaupteten, wir übten „ständig und in schlimmster Weise Druck" aus, um sie zur Räumung zu zwingen. In Wirklichkeit boten wir jedem an, bei der Beschaffung einer geeigneten Wohnung behilflich zu sein. Wurde unsere Hilfe abgelehnt – was in der Regel der Fall war, weil sich die Mieter darauf geeinigt hatten, uns in jeder Hinsicht Paroli zu bieten –, war die Sache für uns erledigt. Manche erzählten uns sogar, dass die Mieterinitiative sie mit Nachdruck davor gewarnt hatte, unser Angebot auch nur in Betracht zu ziehen. Es ist wohl eine Ironie des Schicksals, dass wir für die Bewohner der weniger komfortablen Wohnungen bessere Unterbringungsmöglichkeiten bereitstellen konnten.

Ich muss zugeben, dass der Vorwurf der Nötigung ein recht geschickter Schachzug war. Dieser Begriff war in New York inzwischen zum Reizwort geworden. Man stellte sich dabei auf Anhieb die Hausbesitzer als blutsaugende Vampire und die Mieter als deren beklagenswerte Opfer vor. Sollte es dem Anwalt der Mieterinitiative gelingen, die Schöffen im Gerichtssaal davon zu überzeugen, dass der Vorwurf der Nötigung zu Recht bestand, dann würde man uns automatisch die Abbruchgenehmigung verweigern. Die Mieter des Hauses Central Park South 100 konnten dann seelenruhig in ihren Wohnungen bleiben und die Presse auf mich hetzen – einzig aufgrund der Behauptung, ich hätte sie zum Auszug genötigt. Dass ich die Anschuldigung energisch zurückwies, machte die Story nur noch spannender.

Leider ergriffen wir einige Maßnahmen, die der Gegenpartei und ihrer Hetzkampagne geradezu in die Hände spielten. Zum Beispiel strengten wir eine Räumungsklage gegen jeden an, der seit Längerem mit der Miete im Rückstand war oder seine Wohnung nicht ständig bewohnte, wie es gesetzlich vorgeschrieben ist. In den USA finden Tag für Tag unzählige Prozesse dieser Art statt; sie sind völlig legitim, und wir gewannen sie in mehreren Instanzen.

Unglücklicherweise reichten wir aber auch verschiedene Klagen ein, ohne vorher gründlich zu recherchieren. In einem Fall ging es zum Beispiel um einen Mietrückstand. Der Beschuldigte erklärte, er habe den Scheck storniert und als Beweismittel zurückbehalten. Der Eingang war in den Büchern von Citadel nicht vermerkt. Citadel schlug daraufhin dem Mieter vor, die Klage fallenzulassen, wenn er den Scheck vorlegen könne. Der Anwalt des Beschuldigten sah jedoch eine günstige Gelegenheit, ein Exempel zu statuieren. Der Mieter weigerte sich, das Dokument herauszugeben; der Fall kam vor Gericht und wurde gegen uns entschieden. Ein anderes Mal versäumten wir es, einen Mieter rechtzeitig von der bevorstehenden Räumungsklage zu informieren. Wir glaubten uns zwar im Recht, aber das Gericht erklärte, wir hätten wissen müssen, dass das Gesetz kürzlich geändert worden sei und eine entsprechende Benachrichtigung nunmehr langfristig erfolgen müsse.

Als weiterer Fehler erwies sich, dass wir die Fenster der leerstehenden Wohnungen vernagelten. Genau diese Maßnahmen trifft auch die Stadtverwaltung, um leerstehende Gebäude vor Vandalismus zu schützen. Allerdings besitzt die Stadt keine Häuser in so exklusiven Vierteln wie am Central Park South. Es wäre klüger gewesen – und hätte uns viel Ärger erspart –, wenn wir von Anfang an andere Mittel und Wege gesucht hätten, um unser Eigentum zu schützen.

Die Kontroverse erreichte ihren Höhepunkt, als ich die leerstehenden Wohnungen Obdachlosen anbot. Im Sommer 1982 – ein Jahr nach dem Kauf des Mietshauses – begannen die Medien, dem Obdachlosen-Problem in New York verstärkte Aufmerksamkeit zu widmen. Eines Morgens, als ich im Central Park spazierenging, wo viele Clochards auf den Bänken schliefen, kam mir eine Idee.

Im Haus Central Park South 100 standen mehrere Wohnungen leer. Da ich das Gebäude abzureißen plante, wollte ich keine langfristigen Mieter mehr aufnehmen. Warum sollte ich die Wohnungen eigentlich nicht der Stadt als zeitweiliges Quartier für Obdachlose zur Verfügung stellen? Ich gebe zu: Der Gedanke, dass meine gutbetuchten Mieter eine Weile in enger Nachbarschaft mit den sozial Benachteiligten unserer Gesellschaft leben mussten, bereitete mir wenig Kopfzerbrechen. Ich war vielmehr der Meinung, dass es eine Schande sei, Wohnungen leerstehen zu lassen, während zahlreiche Menschen keine Bleibe hatten und auf der Straße leben mussten.

Für die Presse war das ein gefundenes Fressen, mich wieder einmal in die Mangel zu nehmen. Die Stadtverwaltung befürchtete, dass mein Angebot in der Öffentlichkeit hohe Wellen schlagen werde, und lehnte dankend ab. Dass ich mit dieser Geste keine Hintergedanken verfolgte, bezweifelte man erst recht, als ein Journalist in einem Artikel behauptete, ich hätte mich nach der Unterbreitung meines „großzügigen" Vorschlages geweigert, die Wohnungen polnischen Flüchtlingen zur Verfügung zu stellen. Tatsache ist, dass ich meine ursprüngliche Idee zu diesem Zeitpunkt bereits wieder verworfen hatte. Meine Anwälte hatten die Rechtslage eingehend geprüft und mich darauf hingewiesen, dass ich mit enormen Schwierigkeiten rechnen müsse, neue – selbst kurzfristige – Mieter wieder loszuwerden. Das gab den Ausschlag.

Eine öffentliche Rechtfertigung hätte die ohnehin schon gespannte Situation noch verschlechtert. Deshalb hielt ich es für besser, zu den Vorwürfen zu schweigen. Diese Erfahrung mit den Medien war nicht gerade angenehm, aber eines habe ich daraus gelernt: Man sollte nie impulsiv handeln – selbst wenn es um eine gute Sache geht –, sondern zuerst alle Vor- und Nachteile abwägen.

Anfang 1984 reichte eine Gruppe von Mietern beim Bundesgericht Klage wegen Nötigung gegen uns ein. Es handelte sich dabei in fast allen Fällen um lapidare Anschuldigungen, aber ich wies meine Leute trotzdem an, jeder einzelnen nachzugehen. Aber auch das war nicht genug. Im Januar 1985 gab der US-Bundesgerichtshof der Klage statt. Zugegeben, wir hatten von Anfang an Fehler gemacht, aber dadurch war kein größerer Schaden entstanden. In meinen Augen stellte das Vorgehen der Mieter viel eher eine Form der Nötigung dar. Sie wussten, dass ich sie in keiner Weise unter Druck gesetzt hatte, schmiedeten aber ein regelrechtes Komplott, um in ihren Wohnungen bleiben oder zumindest eine satte Entschädigung von mir fordern zu können.

Hinter dieser Kampagne stand eindeutig die Mieterinitiative. Rund fünfzig Bewohner des Hauses Central Park South 100 hatten die Nötigungsklage unterschrieben. Ihre Anschuldigungen glichen sich aufs Haar. Ihre Klageschriften endeten mit demselben Satz: „Donald Trump ist ein Freibeuter." Als meine Anwälte eigene Nachforschungen anstellten, machten sie eine interessante Entdeckung: Mehrere der gutsituierten Mieter hatten sich schon vor zehn, zwanzig und dreißig Jahren bei der Stadtverwaltung über dieselben Unzulänglichkeiten beschwert – und aufgrunddessen eine Mietsenkung gefordert. Die Bewohner des Hauses Central Park South 100 wussten, wie man gut – und billig – lebt.

Sie hatten allerdings nicht damit gerechnet, dass ich nicht zu den Hauseigentümern gehöre, die jegliche negative Presse scheuen oder sparen, wenn es darum geht, Vorwürfe zu entkräften, vor allem, wenn ich der Überzeugung bin, ich sei im Recht. Ich gedachte mich zu wehren, ungeachtet der Anwalts- und Gerichtskosten und ohne Rücksicht darauf, dass ich meine Strategie notfalls noch einmal überdenken musste. Ich war nicht gewillt, mich erpressen und zu einer Entschädigung zwingen zu lassen.

Es gab allerdings auch Ereignisse, die mir zugute kamen, insbesondere die Wertsteigerung der Immobilien in New York. Seit 1974 waren die Preise unaufhaltsam geklettert; sie kamen erst Anfang 1981, zu dem Zeitpunkt, als ich die beiden Häuser am Central Park South kaufte, zum Stillstand. In den nächsten zwei

Jahren zeigte der Immobilienmarkt eine rückläufige Tendenz. Ich hatte ursprünglich angenommen, dass meine beiden Bauprojekte in diesem Zeitraum beendet sein würden. Viele Leute glaubten, der Boom sei endgültig vorbei.

1984 zog der Markt plötzlich wieder an. Die Konjunktur belebte sich. Im Herbst 1981 zahlte man für eine Einzimmer-Eigentumswohnung in einer Bauherrengemeinschaft durchschnittlich 94 000 Dollar. Anfang 1983 war der Preis auf 67 000 Dollar gefallen. Im Januar 1985 – als meine Kontroverse mit den Mietern des Hauses Central Park South 100 ihren Höhepunkt erreichte – verlangte man für ein solches Apartment Rekordsummen: durchschnittlich 124 000 Dollar. Mit anderen Worten: Während meine Mieter mit allen Mitteln versuchten, mein Bauvorhaben zu verzögern, waren die Immobilienpreise in New York nahezu auf das Doppelte gestiegen.

Selbst wenn ich nur die Parzelle bebaute, auf der das Barbizon-Hotel gestanden hatte – was meiner Meinung nach die einfachste Lösung war –, konnte ich mehr verdienen, als wenn ich zwei Jahre vorher mit der Bebauung des gesamten Grundstücks begonnen hätte. Darüber hinaus standen im Haus Central Park South 100 nun schon zahlreiche Wohnungen leer, und im Laufe der Zeit würden weitere dazukommen. Laut Gesetz durften wir einige der freistehenden Wohnungen zum Marktpreis vermieten. Aus dieser Perspektive gesehen saß ich auf einer Goldmine.

In diesem Zeitraum hatte sich noch eine weitere, günstige Entwicklung angebahnt: Der architektonische Stil und Geschmack begann sich zu verändern. Als ich die Häuser am Central Park South gekauft hatte, bevorzugte man beim Bau von Wolkenkratzern noch die schlanken, monolithisch und ultramodern wirkenden Glastürme; der Trump Tower ist vielleicht das beste Beispiel für diese charakteristische Wolkenkratzer-Generation. Da das

Design so großen Anklang gefunden hatte, war es nur logisch, das Bauprojekt am Central Park South ähnlich zu gestalten.

1984 spürte ich jedoch, dass sich in der Architektur eine neue Welle bemerkbar zu machen begann – eine Art Renaissance der klassizistischen Bauweise. Die Käufer exklusiver Wohnungen in New York richten sich – in der Architektur wie auch in anderen Bereichen – nach dem Zeitgeist. Ich bin ein praktisch denkender Mensch. Wenn Nostalgie „in" ist, richte ich mich eben danach; schließlich habe ich keine Lust, auf meinen Wohnungen sitzenzubleiben. Anfang 1985 beauftragte ich einen Architekten, ein neues Design für das geplante Hochhaus auf dem Barbizon-Plaza-Grundstück auszuarbeiten, das sich an klassischen Bauelementen orientierte und zu dem Mietshaus Central Park South 100 passte.

Ehrlich gestanden, das war nicht ganz nach meinem Geschmack. Ich bin kein Anhänger der Postmoderne, eines Baustils, der klassische Elemente und zeitgemäßes Design miteinander verbindet. In meinen Augen stellt diese Architekturform eine misslungene Kombination dar. Meistens lassen sowohl die verwendeten Materialien als auch die rein handwerkliche Verarbeitung zu wünschen übrig, weil die meisten Bauherren sich weder erstklassige Baustoffe noch erstklassige Handwerker leisten können. Darüber hinaus wirken die klassischen Elemente oft wie eine schlechte Imitation, die zudem nicht besonders gut zu dem modernen Design passen, auch wenn dieses noch so hervorragend ist.

Als mein Architekt mir die ersten Skizzen vorlegte, stellte ich fest, dass das neue Gebäude viel kleiner konzipiert war als das, was es ersetzen sollte. Auf die Frage nach dem Grund erwiderte der Architekt: „Wegen der Fluchtlinienbestimmungen. Als das Barbizon-Plaza gebaut wurde, gab es keine vorgeschriebene Höhenbegrenzung. Das hat sich inzwischen geändert: Nach den heutigen

Bebauungsrichtlinien dürfen Sie auf diesem Grundstück nicht mehr so hoch hinaus."

„Wollen Sie damit sagen, dass ich eine Baugenehmigung erhalten würde, wenn ich das Innere völlig umbaue und nur die Fassade und das Stahlgerüst stehenlasse? Und dass ich das alte Gebäude nur durch ein niedrigeres, weniger imposantes ersetzen darf?"

„Genau", lautete die Antwort.

„Wenn das der Fall ist", erwiderte ich, „warum sollten wir dann das alte Gebäude abreißen und ein neues bauen, das nur halb so hoch ist, nicht annähernd so gut aussieht und zudem einiges kosten wird?"

„Ganz einfach, Mr. Trump", meinte der Architekt. „Weil die Fenster im Barbizon-Plaza zu klein sind für ein luxuriöses Wohnhaus."

Es gab offenbar nur eine annehmbare Lösung: das Gebäude so zu belassen, wie es war, und nur die Tür- und Fensteröffnungen zu vergrößern.

Inzwischen hatte sich auch mein Geschmack verändert. Ich begann allmählich, die dekorativen Details und die gediegene Eleganz der klassischen architektonischen Bauwerke zu schätzen, zu denen auch die beiden Gebäude am Central Park South 100 gehörten. Wie sehr sie die Skyline in diesem Stadtgebiet bestimmten, erkannte ich erst jetzt.

Wir hatten die Kosten für den Abriss des Barbizon-Plaza auf rund 250 Millionen Dollar geschätzt. Als wir ausrechneten, wie teuer es sein würde, das Innere völlig umzubauen und sämtliche Fenster zu vergrößern, kamen wir auf 100 Millionen Dollar. Allein die Nachbildung des Steingiebels, eines der Wahrzeichen des Barbizon-Plaza, das mir besonders gut gefiel, hätte schon zehn Millionen Dollar gekostet – ganz davon abgesehen, dass es an das Original nie herangekommen wäre. Das alte Gebäude gründlich zu renovieren schien nicht nur kostengünstiger, sondern auch die bessere architektonische Lösung zu sein.

Dann trat ein Ereignis ein, das den Ausschlag für die Entscheidung gab. Ich hatte schon seit mehreren Jahren versucht, das St. Moritz Hotel zu kaufen, das vis-à-vis Central Park South 100 liegt. Als Besitzer waren Harry Helmsley und Lawrence Wein eingetragen, zwei der wohl größten Immobilienkenner unserer Zeit. Der Verkauf scheiterte immer am Preis. Die beiden verlangten weit mehr für das Hotel, als mir – aufgrund der Erträge – gerechtfertigt schien. Sie hatten schon mehrmals mit anderen Interessenten in Verhandlung gestanden, wobei es allerdings nie zu einem Vertragsabschluss kam. Das passiert heute oft, wenn man sich mit potenziellen Käufern einlässt, die Höchstsummen für ein Haus oder Grundstück bieten. Ihre Augen sind meistens größer als ihr Bankkonto, und am Ende kommt der Handel nur selten zustande.

Helmsley hatte diese Erfahrung schon mehrfach gemacht. Ich rief ihn an und sagte: „Ich würde gerne das St. Moritz kaufen; aber ich bin nicht bereit, den Preis dafür zu zahlen, den Sie sich vorgestellt haben." Wie erwartet lautete seine Antwort: „Ihr Angebot ist zu niedrig." Nach zähen Verhandlungen konnten wir uns dann doch noch auf einen fairen Preis einigen, der auf der Ertragslage des Hotels basierte.

Aber ich hatte noch ein Ass im Ärmel: das Barbizon-Plaza mit seinen 1400 Betten, kaum einen Steinwurf entfernt. Noch wusste es niemand, aber ich plante, das Barbizon zu schließen, sobald mir das St. Moritz gehörte. Eigentlich war dieser Gedanke ganz logisch. Wenn das Barbizon-Plaza seine Pforten schloss, konnte ich Charles Frowenfeld, einen erstklassigen Hotelmanager, sowie seine besten Mitarbeiter bitten, die Leitung des St. Moritz zu übernehmen. Viele der Stammgäste würden ihm folgen, denn das

St. Moritz war das einzige Hotel am Central Park South, das annehmbare Preise verlangte. Wenn ich das Barbizon-Plaza schloss, würde ich einige Gäste verlieren – und zwar an das St. Moritz. Ich war mir sicher, dass ich sowohl bei der Bettenbelegung als auch bei den Erträgen des St. Moritz buchstäblich über Nacht eine Zuwachsrate von 25 Prozent erzielen konnte.

Die Banken waren wohl auch meiner Meinung, denn ich erhielt auf Anhieb einen Kredit, dessen Höhe den Kaufpreis noch um sechs Millionen Dollar überstieg. Kurzum, ich konnte das St. Moritz ohne einen Pfennig Eigenkapital erwerben – und hatte außerdem noch sechs Millionen in Reserve. Als der Vertrag abgeschlossen wurde, blätterte Harry Helmsley in den Dokumenten und entdeckte dabei, wie ich die Transaktion finanziert hatte. Er sah nicht gerade begeistert aus. Aber schließlich war das Geschäft auch für Harry und Larry äußerst vorteilhaft: Sie hatten das Hotel vor Jahren für „einen Apfel und ein Ei" gekauft.

Ich übernahm das St. Moritz im September 1985; kurz danach wurde das Barbizon-Plaza geschlossen. Im ersten Geschäftsjahr stiegen die Erträge um 31 Prozent, erreichten also ein noch höheres Niveau, als ich prognostiziert hatte. Und unter dem neuen Management konnte es seine Gewinne nahezu vervierfachen.

Das Einzige, was mir nun noch Probleme bereitete, war die Nötigungsklage, die die Bewohner des Hauses Central Park South 100 gegen mich angestrengt hatten. Aber da ich meine Absicht inzwischen aufgegeben hatte, das Gebäude räumen und abreißen zu lassen, konnte selbst eine Verurteilung vor Gericht meine Pläne nicht gefährden. Trotzdem rieten mir meine Anwälte zu einer gütlichen Einigung, um diese unangenehme Situation aus der Welt zu schaffen. Sie schlugen mir vor, den Mietern das Gebäude für zehn Millionen Dollar zu verkaufen; als Gegenleistung sollten sich diese verpflichten, die Nötigungsklage fallenzulassen.

Oberflächlich gesehen war das kein schlechtes Geschäft für mich. Ging man von dem Preis aus, den ich für das Haus gezahlt hatte, konnte ich bei einer Verkaufssumme von zehn Millionen Dollar einen beachtlichen Gewinn erzielen. Aber am Ende verzichtete ich doch darauf. Ich konnte den Gedanken nicht ertragen, dass es den Bewohnern von Central Park South 100 mit ihrer Nötigungsklage gelingen sollte, mich so unter Druck zu setzen, dass ich ihnen das Haus unter Marktwert verkaufte. Die Mieterinitiative und ihre gerissenen Anwälte hatten es sich selbst zuzuschreiben, dass ihnen der große Coup misslang: Heute reißen sich nämlich die Käufer um die Wohnungen der ehemaligen Mieter.

In der Zwischenzeit befand sich die Nötigungsklage auf ihrem langen Irrweg durch die verschiedenen Instanzen. Im August 1985 entschied ein Bundesgerichtshof, dass es keine zwingenden Beweise für die Anschuldigungen gebe. Im Dezember 1986 bestätigte das Bundesappellationsgericht das Urteil.

Die Anwälte verhandelten weiterhin über eine friedliche Einigung. Ende 1986 stimmten schließlich sämtliche Mieter zu, weitere Verfahren gegen mich einzustellen. Da ich meine Pläne inzwischen geändert hatte und das Haus nicht mehr abgerissen werden sollte, verpflichtete ich mich, auf sämtliche Räumungsklagen zu verzichten und den Bewohnern neue Mietverträge zu geben. Ich gab außerdem die Zusage, den Mitgliedern der Initiativgruppe für drei Monate keine Miete zu berechnen. Als Gegenleistung sollten alle Bewohner, die Zahlungen zurückgehalten hatten – zum Teil ein ganzes Jahr lang –, ihre Mietschulden bezahlen. Die Gesamtsumme belief sich auf mehr als 150 000 Dollar.

Der Bundesgerichtshof ließ die Klage fallen, aber die Stadt beschloss, die Nötigungsklage weiterhin zu verfolgen. Selbst John Moore, der Sprecher der Mieterinitiative, war von dieser Entwicklung überrascht. Das Vorgehen der Stadt, so erklärte er einem Reporter, sei genauso unsinnig, „als würde man ein Pferd, das aus der Koppel ausgebrochen ist, nach seiner Rückkehr auspeitschen". Die eigentlichen Opfer waren die Steuerzahler. Die Stadt bestand darauf, weiterhin Geld und Arbeitskraft in ein Problem zu investieren, das längst gelöst war – obwohl es unzählige Probleme gab, für die man noch keine Lösung gefunden hatte. Meiner Meinung nach verfolgte die Stadt den Fall nur deshalb weiter, weil ich den Bürgermeister Ed Koch gezwungen hatte, mir die zustehende Steuererleichterung zu gewähren und einzugestehen, dass die Renovierung des Wollman-Rink-Projektes in eine katastrophale Sackgasse geraten war.

Mittlerweile hatte ich das Barbizon-Plaza in Trump Parc umbenannt und mit den Umbauten begonnen. Als Erstes beauftragte ich die Firma Holes Inc., die winzigen Fensteröffnungen zu vergrößern. Sie leistete ganze Arbeit. Die neuen, riesigen Panoramafenster boten eine großartige Aussicht, und gerade dieser Faktor ist oft ein Vermögen wert.

Obwohl zu jener Zeit in New York täglich zahllose neue Bauten entstanden, hatten wir etwas Einzigartiges zu bieten: eine gelungene Kombination von klassischen Elementen und modernem Design. Die reichen Details und Ornamente, mit denen die Fassade geschmückt war, blieben erhalten, zum Beispiel der dekorative Dachfirst und die hohen Stuckdecken in den Wohnungen, die man bei Neubauten schon allein aus Kostengründen selten findet. Die Renovierung brachte aber auch einen Wohnkomfort, den man bei vielen Altbauten vermisst: neue sanitäre Einrichtungen, glatte Wände, moderne elektrische Leitungen, schnelle Fahrstühle – und natürlich riesige Thermopen-Scheiben.

Der Umbau sollte im Herbst 1987 fertig sein. Im November 1986 begannen wir mit der Werbung. Innerhalb von acht Monaten hatten wir 80 Prozent – das heißt rund 270 Wohnungen – verkauft. Ein Käufer legte sich sogar sieben Wohnungen für insgesamt 20 Millionen Dollar zu. In dem Augenblick, da sämtliche Wohnungen vergeben wären – was nach meinen Berechnungen noch vor Einzug der neuen Eigentümer der Fall sein würde –, hätten wir mit dem Verkauf mehr als 240 Millionen Dollar verdient, wobei weder Central Park South 100 noch die dazugehörigen Läden entlang der Straße miteinbezogen sind.

Ende gut, alles gut – könnte man in diesem Fall sagen. Die Mieter konnten in ihren Wohnungen im Haus Central Park South 100 bleiben, das Central-Park-South-Viertel behielt seine beiden spektakulärsten Wahrzeichen, und die Stadt nahm bald mehr Steuern aus diesem Besitz ein als je zuvor. Auch ich ging nicht leer aus: Ich rechnete mit einem Gewinn von über 100 Millionen Dollar, der sich mit einem Geschäft erzielen ließ, von dem mir alle abgeraten hatten. Und das hatte ich zum großen Teil der Mieterinitiative zu verdanken, die mich mit allen Mitteln zu bremsen versucht hatte.

11
LANGE PÄSSE

Frühling und Herbst der USFL

Meine Devise heißt: Qualität fordert ihren Preis. Als es um die United States Football League ging, verfolgte ich allerdings einen ganz anderen Kurs.

Als ich im Herbst 1983 die Footballmannschaft New Jersey Generals kaufte, befand sich die USFL, zu der mein Team gehörte, bereits mit rund 30 Millionen Dollar im Minus. Die Generals, die damals einem Ölmillionär aus Oklahoma namens J. Walter Duncan gehörten, hatten nicht nur Verluste in Höhe von zwei Millionen Dollar, sondern auch zahlreiche Niederlagen auf dem Spielfeld zu verbuchen. Wäre es um Immobilien gegangen, dann könnte man wohl sagen, ich hatte in der desolaten South Bronx statt in der eleganten Fifth Avenue oder der 57th Street investiert.

Die Übernahme der Generals war eine für mich untypische Transaktion. Ich betrachtete sie langfristig als ein Verlustgeschäft, das ich mir leisten konnte. Ich war schon seit Langem ein Football-Fan. Die Welt des Profi- und Hochleistungssports hatte mich immer fasziniert, und mit dem Besitz eines Footballteams hoffte ich, meine geheimsten Träume zu verwirklichen. Außerdem gefiel mir der Gedanke, die NFL (= National Football League) herauszufordern. Sie war satt, selbstgefällig und daher verletzlich geworden und nahm eine Monopolstellung ein, die ein aggressiver Konkurrent durchaus zu brechen vermochte.

Auch bei diesem Geschäft gefielen mir die Konditionen. Die anfänglichen Investitionen waren geringfügig, aber die möglichen Gewinne dafür umso größer. Für weniger als sechs Millionen Dollar – basierend auf den laufenden Einnahmen des Vereins – konnte ich ein Profi-Footballteam in einer der begehrtesten Regionen des Landes kaufen. (Zum Vergleich: eine Franchise-Lizenz für die NFL hätte rund 70 Millionen Dollar gekostet.) Wenn es mir gelingen sollte, das Team und die Liga wieder „aufzubauen", dann konnte ich ein Vielfaches meiner Kapitaleinlage verdienen. Zumindest würde mir der Versuch Spaß machen.

Die gravierendsten Probleme, mit denen die USFL zu kämpfen hatte, sprangen geradezu ins Auge und schienen nicht allzu schwer lösbar. Erstens fanden die Spiele der USFL im Frühling statt. Jede Sportart hat ihre Saison, und Footballfans ziehen nun einmal den Herbst für die Austragung der Spiele vor. Außerdem blättern die Fernsehstationen, die als wichtigste Förderer des Profisports gelten, keine großen Summen für die Übertragung von sportlichen Wettkämpfen hin, die im Frühjahr ausgetragen werden. Als ich die Generals übernahm, zahlte die ABC für das Exklusivrecht, sämtliche Spiele der USFL im Frühling live zu übertragen, eine Million Dollar pro Jahr. Im Vergleich dazu gaben die drei größten Fernsehsender des Landes zusammen etwa 359 Millionen Dollar für den Mitschnitt der NFL-Begegnungen im Herbst aus. Als Erstes musste ich also erreichen, dass die Spieltermine der USFL auf den Herbst verlegt wurden.

Meine zweitwichtigste Aufgabe bestand darin, eine erstklassige Mannschaft aufzubauen. Das bedeutete, dass ich Zeit und Geld investieren musste, um Spitzenspieler zu engagieren, eine wirkungsvolle Werbekampagne zu starten und die Schar unserer Anhänger zu vergrößern. Nur so konnten wir mit der NFL um Fans und Einschaltquoten konkurrieren, die bei der Festsetzung des Preises, den die Fernsehstationen für die Übertragungsrechte zahlen, zu Buche schlagen.

Es gab bereits zwei Ligen, die versucht hatten, der NFL die Spitzenposition streitig zu machen – mit recht aufschlussreichem Ergebnis. Die eine war die American Football League, AFL, die 1962 von acht erfolgreichen Unternehmern gegründet wurde. Sie hatte sich vorgenommen, nur die besten Spieler des Landes unter Vertrag zu nehmen, und der Aufbau eines schlagkräftigen Teams verschlang Unsummen. 1966 war es der AFL bereits gelungen, rund ein Dutzend Spitzenspieler von der NFL und zahlreiche Fans abzuwerben. Als die AFL ihre „Fischzüge" auszudehnen begann, kapitulierte der Vorsitzende der Liga, Pete Rozelle. Er schlug einen Zusammenschluss vor, und heute zählen die besten, ehemaligen AFL-Teams zu den erfolgreichsten Franchise-Nehmern der NFL. Aber ich bin sicher, die AFL hätte es auch ohne diese Fusion geschafft.

Der zweite Verband, der es mit der NFL aufzunehmen versuchte, war die World Football League, die 1973 von einer Gruppe von Geschäftsleuten aus der Taufe gehoben wurde, deren Mittel und Perspektive wesentlich begrenzter waren. Im Gegensatz zu den AFL-Gründern verpflichteten sie nur wenige namhafte Spieler, suchten sich ihre Franchise-Nehmer vornehmlich in Kleinstädten und kümmerten sich wenig um Verträge mit den großen Fernsehstationen. Innerhalb von zwei Jahren stand die WFL vor dem Bankrott. Die Verluste der Gründer hielten sich nur deshalb in Grenzen, weil die Investitionen gering waren.

Sollte es uns gelingen, die Spiele der USFL auf den Herbst zu verlegen und Spitzenteams aufzubauen, mussten wir mit zwei Möglichkeiten rechnen: Entweder würde uns wenigstens eine der drei großen Fernsehstationen einen Vertrag für die Übertragung der Herbstspiele anbieten und uns somit die Chance geben, aus den Mannschaften einen gleichwertigen Gegner für die NFL-Teams zu machen; oder die drei Fernsehstationen würden aus Angst vor der allmächtigen NFL unsere Herbstspiele boykottieren, gleichgültig wie publikumswirksam und schlagkräftig unsere Teams auch wären. In diesem Fall hatten wir meiner Meinung nach ausreichend klare Gründe, um gegen die NFL Klage wegen einer Verletzung des Kartellgesetzes einzureichen.

Natürlich war nicht ganz auszuschließen, dass wir den Prozess doch verlieren würden; das hätte das Aus für die gesamte Liga bedeutet. Trotzdem hatte ich das untrügliche Gefühl, dass uns ein Rechtsstreit Vorteile bringen konnte. Falls uns das Gericht zum Beispiel eine angemessene Entschädigung zusprach – die bei Antitrust-Prozessen in der Regel dreimal so hoch ist wie die geforderte Summe –, hatten wir endlich die finanzielle Basis, die wir so dringend benötigten. Außerdem bestand die Möglichkeit, dass uns die NFL aus Furcht vor einer teuren und blamablen Niederlage vor Gericht eine außergerichtliche Regelung vorschlug, ähnlich der, die sie zwanzig Jahre vorher der AFL angeboten hatte.

Ich machte aus meinen Spekulationen kein Geheimnis. Zwei Jahre später versuchte die NFL das Gericht davon zu überzeugen, dass mein Plan, die Spiele unserer Liga auf den Herbst zu verlegen, in aller Stille geschmiedet worden und reichlich intrigant gewesen sei. Tatsache ist jedoch, dass ich gleich nach der Übernahme der Generals keinem Reporter, der mich um ein Interview bat, meine Gedankengänge vorenthielt. Auch am 18. Oktober 1983, einen Monat nach dem Kauf, als ich zum erstenmal an einer Tagung der USFL-Teambesitzer in Houston, Texas, teilnahm, sah ich keinen Grund, ein Blatt vor den Mund zu nehmen.

Als die Reihe an mir war, eine Rede zu halten, erklärte ich den Anwesenden, dass ich mich nicht in die USFL eingekauft hätte, um in einer zweitklassigen Liga, die außerhalb der Football-Hauptsaison spielt, zu versauern. Ich wies darauf hin, dass die höchsten Einschaltquoten und Einnahmen aus Fernseh-Übertragungsrechten im Herbst erzielt wurden. Ich führte an, dass viele Fans unzufrieden seien, weil die Spieler der NFL im vergangenen Herbst in einen langen und erbitterten Streik getreten seien. Und als Letztes brachte ich das Argument vor, dass wir jetzt gute Chancen hätten, die NFL noch weiter in die Defensive zu drängen, wenn es uns gelinge, Spitzenspieler, deren Verträge ausliefen, zu übernehmen und die Stars der Universitäts-Footballmannschaften zu verpflichten.

Bei der Einschätzung der Aussichten, die die USFL besaß, war mir allerdings ein verhängnisvoller Fehler unterlaufen: Ich hatte die Stärke der übrigen Teambesitzer in unserer Liga falsch beurteilt. Eine Partnerschaft, gleich auf welchem Gebiet, ist nur so stark wie ihr schwächstes Glied. In der USFL gab es mehrere sowohl finanziell als auch strategisch starke Teambesitzer, beispielsweise Al Taubman, dem die Michigan Panthers gehörten, und der Eigentümer der Philadelphia Eagles, Myles Tanenbaum; beide hatten ihr Vermögen mit dem Bau von Einkaufszentren erworben. Zu ihnen zählte auch der Besitzer der Memphis Showboats, Billy Dunavaut, sowie Fred Bullard mit seinem Jacksonville-Bulls-Team.

Leider musste ich schon bald entdecken, dass vielen USFL-Teambesitzern sowohl die finanziellen Ressourcen als auch der Ehrgeiz fehlte, eine Spitzenliga aufzubauen, die die NFL überflügeln konnte. Sie schreckten vor einer offenen Konfrontation mit dem mächtigen Konkurrenten zurück und gaben sich damit zufrieden, die Spiele im Frühjahr, in der „Saure-Gurken-Zeit", auszutragen.

Sie investierten wesentlich mehr Zeit in die Suche nach kostendämpfenden Maßnahmen als in Überlegungen, wie sich die Liga stärken ließ.

Für mich hatte zunächst das Team, das mir nun gehörte, höchste Priorität. Die New Jersey Generals befanden sich in einer beklagenswerten Lage. Sie hatten in der letzten Saison nur vier Spiele gewonnen und vierzehn verloren. Es gab einen Spitzenathleten und Superstar in der Mannschaft: den *Runningback*[3] Herschel Walker, den Gewinner des Heisman-Pokals, der aus Georgia stammte; aber selbst er ließ die Leistungen vermissen, die man von ihm erwarten durfte. Obwohl die Generals gerade eine volle Saison als Profifootballteam hinter sich gebracht und an allen größeren Austragungsorten gespielt hatten, konnten sie in der Medienmetropole New York nur wenig Aufmerksamkeit erringen oder Fans gewinnen.

Um hier Abhilfe zu schaffen, musste sich das Team ändern. Footballfans geben nun einmal den Siegern den Vorzug. Sie strömen in die Stadien, um Superstars und Spitzenleistungen zu sehen. Herschel besaß zweifellos außerordentliches Talent, aber eine Football-Mannschaft steht und fällt mit ihrem *Quarterback*[4]. Die New York Jets – und damit auch die AFL – hatten ihren Aufstieg in erster Linie dem Quarterback Joe Namath zu verdanken, der im Footballteam der Universität von Alabama gespielt hatte und für sage und schreibe 400 000 Dollar pro Jahr verpflichtet worden war. Namath verhalf den Jets und der AFL zum ersten Sieg im Supercup. Aber er war allein schon aufgrund seiner schillernden, charismatischen Persönlichkeit eine der Trumpfkarten der AFL.

Der erste Spieler, um den ich mich bemühte, war der Quarterback der Cleveland Browns, Brian Sipe. Sipe galt schon seit Jah-

---

[3] Spieler, der den Ball im Lauf statt durch lange Pässe in die vorderste Linie bringt
[4] Offensivspieler und Libero einer Mannschaft

ren als bester Spieler der NFL – ein absoluter Superstar, dessen Können unbezweifelt war. Sein Vertrag lief in Kürze aus. Sipe war sowohl für mein Team als auch für die Liga ein unschätzbarer Gewinn; gleichzeitig würden wir mit diesem Schachzug der NFL eins auswischen. Die Verhandlungen waren langwierig und hart, aber am 27. Dezember 1983 konnte ich auf einer Pressekonferenz bekanntgeben, dass es den Generals gelungen sei, Sipe langfristig und für 800 000 Dollar pro Jahr unter Vertrag zu nehmen.

Als Sipe zu uns stieß, hatten wir bereits eine Reihe der besten NFL-Spieler abgeworben. Als einer der Ersten kam der *Safetyman*[5] Gary Barbaro von den Kansas City Chiefs zu uns, mit dem wir am 5. November einen Vertrag machten. Dieser Transfer hatte noch einen weiteren positiven Nebeneffekt: Er zeigte den übrigen NFL-Spielern, dass es uns ernst mit unserem Vorhaben war, Spitzenspielern Spitzengehälter zu zahlen. Am 28. November nahmen wir Kerry Justin in unser Team auf, der sich als *Cornerback*[6] der Seattle Seahawks einen Namen gemacht hatte. Im Dezember schlossen sich uns zwei *Linebacker*[7], Willie Harper und Bobby Leopold vom Supercup-Gewinner, dem Team San Francisco 49ers, an. Für Sipes Deckung sollte Dave Lapham aus Cincinnati sorgen, ein Veteran unter den *Offensive guards*[8].

Für einiges Aufsehen sorgten auch meine Verhandlungen mit Don Shula, dem Coach der Miami Dolphins. Er zählte zu den erfolgreichsten Trainern und Betreuern, die es in der Geschichte des NFL je gegeben hatte, und er war unterbezahlt. Ich bot Shula deshalb eine weit höhere Summe an, als er augenblicklich erhielt. Ich war außerdem bereit, auf den größten Teil seiner Forderun-

---

[5] Defensivspieler, der die Aufgabe hat, Pässe oder Gegner im Ballbesitz zu stoppen
[6] Defensivspieler, der für die Verteidigung der Flanken zuständig ist
[7] Defensivspieler, der auf Gegner angesetzt wird, die die Ziellinie durchbrechen oder kurze Pässe zu stoppen versuchen
[8] Spieler, der für die Deckung der Offensivspieler verantwortlich ist

gen einzugehen, aber als er eine Wohnung im Trump Tower verlangte, musste ich passen. Ich konnte mir das Footballteam nicht zuletzt deshalb leisten, weil ich meine Wohnungen nicht zu verschenken pflege. Trotzdem brachten die Verhandlungen mit mir Shula einen Vorteil ein: Die Dolphins waren gezwungen, ihm in seinem neuen Vertrag ein höheres Gehalt zuzusichern – was ihm zweifellos zustand.

Eine echte Sensation stellte der Vertragsabschluss mit Lawrence Taylor dar, der sich bei den New York Giants als Linebacker profiliert hatte und wohl als der beste Allround-Spieler der NFL galt. Am 31. Dezember 1983 gaben wir bekannt, dass Taylor einen Vierjahresvertrag mit den Generals unterschrieben hatte und insgesamt 3,25 Millionen Dollar verdienen sollte. Die Sache hatte nur einen Haken: Er war erst 1988 frei, wenn sein Vertrag mit den Giants auslief. In gewisser Hinsicht war das noch vorteilhafter, als wenn er sofort das Team gewechselt hätte. Dadurch, dass wir der NFL einen Mann von Taylors Format vor der Nase wegschnappten und ihn für einen späteren Zeitpunkt verpflichteten, signalisierten wir, dass keiner ihrer Spieler – selbst solche, mit denen sie langfristige Verträge abgeschlossen hatten – vor unserem Zugriff sicher war.

Als Taylors Transfer publik wurde, rasten die Giants vor Wut. Zwei Wochen später, am 17. Januar 1984, boten sie ihm eine Verlängerung seines Vertrages auf sechs Jahre und 6,55 Millionen Dollar an. Ich zwang also die Giants, Taylors Gehalt um mehr als drei Millionen Dollar zu erhöhen, nur damit dieser darauf verzichtete, seinem Team in drei Jahren den Rücken zu kehren. Als Gegenleistung dafür, dass ich Taylor aus dem Vertrag mit den Generals entließ, verpflichteten sich die Giants, mir eine Entschädigung in Höhe von 750 000 Dollar zu zahlen.

Die Zielstrebigkeit, mit der ich die besten NFL-Spieler ins Visier nahm, schien andere USFL-Teambesitzer anzuspornen. Am

4. Januar 1984 hielten wir eine zweite Sitzung ab, um weitere Rekrutierungsstrategien festzulegen. Das Pittsburgher Team nahm Kontakt mit dem Gewinner der Heisman-Trophäe, Mike Rozier, auf, der vorher in einem NFL-Team in Nebraska gespielt hatte, und konnte ihn fünf Tage später unter Vertrag nehmen. Die Zahl der Besucher stieg schlagartig von 6000 auf 20 000 an. Der Quarterback Steve Young, Star der Brigham Youngs, einer College-Football-Mannschaft, schloss einen Millionenvertrag mit dem USFL-Team Los Angeles Express ab. Don Klosterman, Präsident des LA-Express, gelang es, vierzehn weitere hoffnungsvolle Talente zu engagieren, die samt und sonders auf der Rekrutierungsliste der NFL standen. Außerdem konnten wir etwa die Hälfte der besten College-Spieler für unsere Liga gewinnen. Sports Illustrated stellte in einem Artikel über unsere erfolgreichen „Ausfälle" die entscheidende Frage: „Kann die NFL es sich leisten, weitere Spieler vom Kaliber eines Rozier oder Young zu verlieren?"

Als sich die Teambesitzer unserer Liga am 17. Januar in New Orleans trafen, brachte ich das Thema „Saisonverlagerung" erneut zur Sprache. Einen günstigeren Zeitpunkt könne es nicht geben, erklärte ich. Es sei uns gelungen, der NFL eine Reihe von Topspielern und den hoffnungsvollsten College-Nachwuchs vor der Nase wegzuschnappen. Ich bat um eine sofortige Abstimmung, aber viele der Teambesitzer zögerten noch und schlugen einen Kompromiss vor: Sie wollten ein Planungskomitee gründen, das sich mit der Frage der Saisonverlagerung befassen sollte.

In meinen Augen dienen Komitees nur dazu, die eigene Unsicherheit zu kaschieren und schwerwiegende Entscheidungen aufzuschieben. Aber für mich gab es trotzdem keinen Grund zur Unzufriedenheit: Ich hatte es zumindest geschafft, dass man die Frage, ob eine Austragung der Spiele im Herbst sinnvoll sei, ernsthaft in Erwägung zog. Da auch ich dem Komitee angehörte, hoffte ich, meine Partner doch noch zu überzeugen, dass uns die Herbstsaison die besseren Chancen bot.

In der Zwischenzeit ließ die NFL erste Anzeichen von Nervosität erkennen. Ein Beweis dafür war die Sitzung, die im Februar 1984 in Cambridge, Massachusetts, einberufen wurde, um künftige Strategien zu erörtern, mit denen man sich den Konkurrenten vom Hals schaffen könne. Im Mittelpunkt der Veranstaltung stand – wie wir erst viel später erfahren sollten – ein Beitrag des hochangesehenen Professors Michael Porter, der an der Harvard Business School lehrt. Sein Vortrag, dem er den Titel „USFL versus NFL" gegeben hatte, stützte sich auf eine siebenundvierzigseitige Studie und wurde von rund 85 Topmanagern der NFL besucht. Zum Kreis seiner Zuhörer gehörten auch Jack Donlan, der Vorsitzende des NFL-Führungsausschusses, sowie zahlreiche NFL-Teambesitzer.

Porter entwickelte einen minuziös ausgearbeiteten Schlachtplan, um die USFL mit Hilfe verschiedener wettbewerbshemmender Maßnahmen zu zerstören. Sein zweieinhalbstündiges Referat war in einzelne Abschnitte untergliedert, in denen die Rede war von „offensiven Strategien", „Guerilla-Taktiken" und der „klassischen Kriegsführung der alten Chinesen". Porter schlug unter anderem vor, ABC „nahezulegen", der USFL nicht einmal mehr einen Vertrag für die Übertragung der Frühjahrsspiele anzubieten, die USFL-Spieler zu überreden, sich gewerkschaftlich zu organisieren, um unsere Kosten zu steigern, und den einflussreichsten und finanziell gutsituierten USFL-Teambesitzern eine NFL-Lizenz anzubieten, damit sie aus unserem Verband austraten.

Als im Frühjahr 1984 unsere zweite Saison begann, wussten wir noch nichts von der geheimen Kriegserklärung der NFL, aber die ersten Auswirkungen bekamen wir bereits zu spüren. Manche unserer schwächeren Teams in Chicago, Washington, San Antonio und Oklahoma sahen sich vor ernsthafte finanzielle Probleme gestellt. Die Gefahr für unsere Liga bestand weniger darin, eine Reihe von Franchise-Nehmern zu verlieren, sondern vielmehr, an Glaubwürdigkeit einzubüßen. Solange wir in einer Krise steckten, würde sich die Aufmerksamkeit der Medien auf die schwächsten und nicht auf die stärksten Glieder der Kette konzentrieren. Die Sportberichterstatter stürzten sich auf Sensationsmeldungen über die rückläufigen Besucherzahlen in den Städten, in denen wir eine schwache Basis hatten, und auf die Finanzmisere mancher USFL-Teambesitzer.

Das Planungskomitee erzielte, wie ich befürchtet hatte, keine nennenswerten Fortschritte. Die Mehrzahl der Teambesitzer hatte dafür gestimmt, eine externe Beratungsfirma – McKinsey and Company – mit der Durchführung einer Marktstudie zu beauftragen. McKinsey gehört sicher zu den besten der Branche, aber ich muss gestehen, dass ich von Beratern noch weniger halte als von Komitees. Wenn es darum geht, die bestmögliche Entscheidung zu treffen, dann kann sich selbst das effizienteste Planungskomitee, das mit den teuersten Beratern zusammenarbeitet, nicht mit einer Gruppe von Männern messen, die über eine gehörige Portion gesunden Menschenverstand verfügen und ihr eigenes Geld aufs Spiel setzen.

Die McKinsey-Berater brauchten für ihre Studie drei Monate und forderten ein fürstliches Honorar: 600 000 Dollar. Am Morgen des 22. August 1984 teilte die Leiterin des Consulting-Unternehmens, Sharon Patrick, den in Chicago versammelten Teambesitzern endlich das Ergebnis mit. Es sei für unsere Liga am besten, erklärte sie, wenn die Spiele weiterhin im Frühjahr ausgetragen würden; auf diese Weise ließen sich erhebliche Kosten einsparen. Eine Verlegung auf den Herbst könne man später immer noch in Erwägung ziehen. Die Mehrzahl der Fans, die man in einer Meinungsumfrage habe zu Worte kommen lassen, habe eindeutig der Frühjahrssaison den Vorzug gegeben. Sie können sich sicher vorstellen, was ich von Meinungsumfragen halte.

Tatsache war, dass wir es uns gar nicht leisten konnten, die Ratschläge der McKinsey-Leute zu befolgen. Selbst wenn es uns gelingen würde, unsere Verluste im Frühjahr zu reduzieren, konnten wir noch keine Gewinne erzielen, und viele der finanzschwächeren Teambesitzer waren nicht in der Lage, weitere Einbußen zu verkraften. Innerhalb von zwei Stunden nach Mrs. Patricks Zusammenfassung schaffte ich es, das Thema Herbstsaison zur Abstimmung zu bringen. Die Entscheidung für eine zeitliche Verlagerung fiel mit mehr als der nötigen Zweidrittelmehrheit. Am Nachmittag desselben Tages gaben wir bekannt, dass die nächste Frühjahrssaison zugleich unsere letzte sein werde.

Außerdem debattierten wir während der Sitzung, ob eine Klage gegen die NFL wegen Verletzung des Kartellgesetzes angeraten sei. Wir beauftragten den Sprecher unserer Gruppe, Pete Rozelle, dem Vorsitzenden der NFL, von unserem Vorhaben Mitteilung zu machen. Simmons formulierte den Brief sehr vorsichtig: „Der Newcomer USFL hat nur dann eine faire Wettbewerbs-Chance, wenn sich die NFL und ihre Franchise-Nehmer an die Gesetze und Vorschriften halten, die das Verhalten eines Marktführers regulieren." Im Klartext war das eine Warnung: Wenn ihr uns weiterhin zu schaden versucht, sehen wir uns vor Gericht.

Im Oktober konnte es keinen Zweifel mehr daran geben, dass das Interesse von CBS und NBC, die Senderechte für unsere Spiele zu erwerben, merklich abgekühlt war. Solange wir lediglich in Betracht gezogen hatten, unsere Spiele auf den Herbst zu verlegen, schienen beide Fernsehstationen durchaus geneigt, mit uns einen Vertrag abzuschließen; sobald der Beschluss jedoch feststand und bekanntgegeben war, zeigte man uns die kalte Schulter. Ich hatte das Gefühl, dass die NFL enormen Druck auf die beiden Fernsehgesellschaften ausübte – insbesondere auf ABC, mit der ein Vertrag für das kommende Frühjahr bestand.

Pete Rozelle leugnete später, mit Roone Arledge, dem Leiter der ABC-Sportredaktion, je unsere Absichten erörtert zu haben. Mir erschien diese Behauptung ziemlich unglaubwürdig. Rozelle und Arledge waren seit Langem in der gleichen Branche tätig und intime Freunde. Wollte Rozelle tatsächlich jemandem weismachen, dass er seinem Freund Arledge gegenüber mit keinem Sterbenswort die bedrohlichen Konsequenzen erwähnt hatte, die sich aus der Verlagerung der USFL-Spiele auf den Herbst ergeben mussten? Und dass Arledge, der Mann, der ABC mit seiner Sendung NFL Monday Night Football Millionen eingebracht hatte, nicht zu allem bereit gewesen wäre, um seinem Freund Rozelle unter die Arme zu greifen?

Es ist wohl eine Ironie des Schicksals, dass die NFL-Spiele für alle drei großen Fernsehstationen – nicht nur für ABC, sondern auch für NBC und CBS – ein Verlustgeschäft darstellten. Eigenen Angaben zufolge zahlten sie für die Senderechte mehr als 350 Millionen Dollar im Jahr; die Übertragung der Spiele hatte ihnen in der Saison 1985 Millionenverluste beschert.

Dennoch wagte keine der Fernsehstationen, die allmächtige NFL zu verärgern. Die Übertragung von Football-Spielen hat im amerikanischen Fernsehen hohen Prestigewert, und so sahen sich die Sender – um konkurrenzfähig zu bleiben – gezwungen, die NFL als unvermeidlichen Kostenfaktor zu verbuchen. Der USFL blieb nun keine Wahl mehr: Am 17. Oktober 1984 reichten wir beim Bezirksgericht Süd unsere Kartellklage ein. Wir verlangten, dass der NFL künftig untersagt werde, mit mehr als zwei Fernsehstationen Verträge abzuschließen, und forderten eine Entschädigung in Höhe von 1,32 Milliarden Dollar.

In der Zwischenzeit gab es ein noch dringlicheres Problem für die USFL: nämlich zu überleben.

Am 3. Januar 1985 unternahmen wir unseren dritten Fischzug in den „Gewässern" der College-Seniorenmannschaften. Die Generals hatten sich spieltechnisch zwar enorm verbessert und lockten nun durchschnittlich 40 000 Zuschauer in die Stadien, aber andere Teams gerieten immer tiefer in die roten Zahlen. Wir brauchten dringend eine Finanzspritze.

Ich beschloss, die besten und bewährtesten Senioren zu rekrutieren. Wer damals zu dieser Elite zählte, galt als offenes Geheimnis. Angeführt wurde die Liste von Doug Flutie, einem Mitglied des Bostoner College-Teams, der als einer der Anwärter auf den Heisman-Pokal galt. In seinem letzten Spiel gegen die Universität von Miami, das landesweit übertragen worden war, setzte Flutie mit einer 50-Meter-Bombe einen glanzvollen Schlussstrich unter seine Karriere als Amateur und verhalf damit in letzter Sekunde seiner Alma Mater zu einem 47-zu-45-Sieg. Der Pass wurde immer wieder im Fernsehen gezeigt und Flutie über Nacht zur Legende. Ich habe ihn mindestens ein dutzendmal in verschiedenen aktuellen Sportsendungen und -shows gesehen.

Flutie besaß eine ungeheure Ausstrahlung, und das beeindruckte mich. Er sah blendend aus, schien nicht auf den Mund gefallen zu sein und besaß Grips. Er war genau der Typ, der bei der Presse ankommt. Es gab nur zwei, wenn auch geringfügige Probleme: Erstens hatten die Generals bereits einen ausgezeichneten Quarterback, nämlich Brian Sipe. Und zweitens war Doug Flutie nur 1,70 Meter groß und wog nicht mehr als 80 Kilo. Einige der Talentsucher bezweifelten, dass er sich in einer Profimannschaft bewähren würde, wo fast jeder Defensivspieler ein Goliath und Schwergewichtler ist.

Ich verließ mich am Ende doch auf meinen Instinkt. Brian Sipe war zwar ein Star, aber mit 36 Jahren hatte er den Höhepunkt seiner Karriere vermutlich schon überschritten. Doug Flutie besaß dagegen die besten Aussichten, ein zweiter Joe Namath zu werden. Zumindest würde er bei den Medien Interesse wecken, was sowohl unseren Besucherzahlen als auch unserem Image zugute kommen musste.

Am 5. Februar unterschrieb Flutie einen Fünfjahresvertrag, in dem ihm ein Jahresgehalt von einer Million Dollar zugesichert wurde, für das ich mit meinem persönlichen Vermögen haftete. Normalerweise ist das nicht mein Geschäftsstil, aber wer konnte einem Spieler von Fluties Format verdenken, dass er sich ohne eine solche Bürgschaft nicht an eine Liga binden wollte, die in einer finanziellen Misere steckte? Sollte die USFL die Krise nicht meistern, so blieb mir immer noch die Möglichkeit, mit einem NFL-Team über seinen Transfer zu verhandeln.

Inzwischen hatte ich Brian Sipes Wechsel zu den Jacksonville Bulls in die Wege geleitet. Schließlich konnte ich es mir nicht leisten, einen hochbezahlten Quarterback auf der Reservebank zu behalten.

Flutie gab sein Debüt am 24. Februar in einem Auswärtsspiel gegen die Birmingham Stallions. Er lief langsam, aber sicher zu voller Spielstärke auf und führte die Generals mit drei *Touchdowns*[9] im Finale zum Sieg. Unsere Kassen klingelten noch lauter, als ich erwartet hatte. Das Spiel wurde von ABC übertragen und erreichte mit neun Punkten auf der Skala der beliebtesten Fernsehsendungen beinahe doppelt so hohe Einschaltquoten, wie wir sie in der vergangenen Saison hatten erzielen können.

Noch zwei weitere Ereignisse traten an diesem ersten Wochenende nach Beginn der Saison ein. Jim Kelly, der Quarterback der

---

[9] Das Auftippen des Footballs hinter der Ziellinie des Gegners

Houston Gamblers, bewährte sich großartig in seinem ersten Spiel. Er bewies, dass er sich mit jedem namhaften Quarterback, gleich in welcher Liga, messen konnte. Die zweite Neuigkeit war weniger erfreulich. Brian Sipe zog sich bei seinem Einstand als Quarterback der Jacksonville Bulls eine schwere Schulterverletzung zu. Man musste damit rechnen, dass für ihn damit nicht nur die Saison, sondern auch die Karriere beendet war.

Am 10. März fand unser erstes Heimspiel gegen den LA-Express statt, ein Höhepunkt in der Geschichte der USFL. Über 60 000 Fans waren gekommen, um den Zweikampf zwischen dem Newcomer Flutie und dem besten Quarterback unserer Liga, Steve Young, zu verfolgen. Beide Spieler lieferten brillante Leistungen, und Flutie verhalf den Generals in einem spannenden Finale mit zwei Touchdowns zum 35:24-Sieg.

Am Tag nach Fluties Bewährungsprobe schrieb ich einen Brief an Harry Usher, den neuen Präsidenten unserer Liga, und verlangte, dass Fluties Millionenvertrag auf die USFL-Teambesitzer aufgeteilt werden sollte, da die gesamte Liga von seiner magnetischen Anziehungskraft profitierte. Ich rechnete nicht damit, dass diese sich dazu bereit erklären würden – und ich sollte recht behalten –, aber fragen kostet bekanntlich nichts.

Flutie, Kelly und Young waren für die USFL ein unschätzbarer Gewinn. Das änderte allerdings wenig an der Tatsache, dass es in unserer Liga noch immer zu viele zweitklassige Teams und mittelmäßige Quarterbacks gab.

Meine schlimmsten Befürchtungen – dass es sich nämlich eines Tages auch auf die finanzstarken Teambesitzer negativ auswirken könnte, schwache Partner zu haben – trafen mitten in der Saison '85 ein. John Bassett, einer der Gründer der World Football League, die inzwischen Schiffbruch erlitten hatte, war unser Franchise-Nehmer in Tampa Bay. Von Anfang an gab es zwischen Bassett und mir harte Kontroversen über nahezu jedes Thema, insbesondere aber in Bezug auf die Frage, ob unsere Spiele auf den Herbst verlegt werden sollten. Ich hatte die meisten Teambesitzer inzwischen von meinem Standpunkt überzeugen können. Bassett ging jedoch auf Konfrontationskurs, schloss sich aber schließlich doch, wenn auch widerstrebend, der Mehrheit an. Trotz unserer Differenzen empfand ich Mitleid für ihn. Alle wussten inzwischen, dass Bassett Krebs hatte und dass er in den letzten Monaten immer unberechenbarer geworden war.

Ich werde wohl nie mit Sicherheit sagen können, inwieweit die Krankheit Bassetts Urteilsvermögen an diesem verhängnisvollen Sonntagnachmittag Ende März getrübt hatte. Er gab dem ABC-Reporter Keith Jackson ein Interview, und dieser fragte ihn, was seiner Meinung nach mit der USFL nicht stimme. Bassett ließ daraufhin eine flammende Rede vom Stapel. Vor Millionen von Zuschauern – die Sendung wurde landesweit ausgestrahlt – monierte er die Entscheidung der USFL, die Spiele auf den Herbst zu verlegen. Er sparte auch nicht mit massiven Beschuldigungen: Der größte Feind der Liga sei sie selbst; sie habe sich des Missmanagements und jeder anderen Todsünde schuldig gemacht, die es nur gebe. Ich verfolgte das Interview auf einem Fernsehmonitor in der Pressekabine und glaubte, meinen Ohren nicht trauen zu können. Mein erster Gedanke war, dass Bassett einen hervorragenden Zeugen für die NFL in unserem Antitrust-Prozess abgeben würde. Aber dann kam ich zu der Schlussfolgerung, dass er im Grunde nur ein schrecklich frustrierter Mann war, der Dampf abließ, ohne sich über die verheerenden Folgen im Klaren zu sein.

Wenn es überhaupt jemanden gab, dem es gelingen konnte, den Schaden, den Bassett und andere, noch schwächere Teambesitzer der Liga zugefügt hatten, dann war das Harvey Myerson, den wir

Mitte 1985 mit der Wahrung unserer Interessen im bevorstehenden Kartellprozess betraut hatten. Myerson war Leiter der Abteilung Prozesswesen in der Anwaltskanzlei Finley Kumble und galt als Experte für Kartellrechtsfragen. Er zeichnete sich außerdem durch sein forsches Auftreten und seinen Kampfgeist aus – Eigenschaften, die absolut unerlässlich sind, wenn man sich als benachteiligte Minderheit gegen das Establishment zur Wehr setzt. Die Mehrzahl der USFL-Teambesitzer glaubte schon seit Langem nicht mehr daran, dass wir eine Kartellklage gewinnen könnten. Myerson erklärte uns vom ersten Augenblick an – das war im April 1985 –, dass unsere Chancen seiner Meinung nach gut stünden. Er riet uns, es unbedingt auf einen Prozess ankommen zu lassen, weil wir mehr als nur vage Aussichten hätten, mit unserer Klage durchzukommen.

In der Zwischenzeit gab es trotz aller Probleme, mit denen sich die USFL konfrontiert sah, auch einige Lichtblicke: Die Generals und insbesondere Herschel Walker zeigten wahre Glanzleistungen. In den ersten beiden Wochen nach Beginn der Saison hatte sich Herschel noch zu wenig ausgelastet gefühlt. Er rief mich völlig deprimiert in meinem Büro an und klagte: „Mr. Trump, ich bringe jeden Ball hinter die Linie, wenn meine Teamkameraden ihn mir nur überlassen würden." Ich machte unserem Coach, Walt Michaels, massive Vorwürfe, aber erst als ich ihm mit fristloser Entlassung drohte, änderte er die Spieltaktik. Im siebten Spiel der Saison ließ man Walker endlich freie Hand. Er brachte den Ball dreißigmal in die Nähe der 250-Meter-Linie und stellte damit einen neuen Rekord in unserer Liga auf. In jedem der zehn darauffolgenden Spiele kam er über die 100-Meter-Marke hinaus. Am Ende der Saison hatte er insgesamt eine Laufstrecke von rund 2000 Metern geschafft und konnte damit den Rekord im Profi-Football brechen, den bis dahin Eric Dickerson, der in einem NFL-Team spielte, gehalten hatte. Das war für mich der größte Triumph.

Leider zog sich Doug Flutie gegen Ende der Saison 1985 eine schwere Verletzung zu, was meiner Meinung nach die Generals den Meistertitel gekostet hat. In der Vorrunde verloren wir mit drei Punkten gegen die inzwischen gestärkten Baltimore Stars, während Flutie vom Spielfeldrand zuschauen musste.

Im Februar 1986 einigten wir uns auf eine „Gesundschrumpfungs"-Maßnahme, das heißt, wir beschlossen, die Zahl der USFL-Teams von vierzehn auf acht zu verringern. Die finanzschwächsten Franchise-Nehmer wurden ausgesondert. Außerdem begannen wir, unsere Schlagkraft durch Zusammenlegung der Teams zu verstärken: die Spieler der Houston Gamblers stießen zu meinen Generals; das Ergebnis war ein traumhaftes *Backfield*[10]. Die Teams, die nicht dem Konsolidierungsprozess zum Opfer gefallen waren, gehörten zu den stärksten und bei den Fans beliebtesten Mannschaften: Memphis, Baltimore, Jacksonville, Tampa, Orlando, Arizona und Birmingham.

Im April erhielten wir weitere gute Nachrichten: Der Bundesrichter Peter Leisure hatte den Beginn des Kartellprozesses gegen die NFL für den folgenden Monat anberaumt. Mit dem Urteil war also noch vor Beginn unserer ersten Herbstsaison zu rechnen. Sollten wir gewinnen, würde uns das enormen Auftrieb geben. Wenn nicht, war es unwahrscheinlich, dass die USFL auf lange Sicht eine Überlebenschance besaß. Aber zumindest konnen wir danach dieses Verlustgeschäft aufgeben.

Die Zukunft der USFL lag nun in den Händen von sechs Geschworenen, die über unser weiteres Schicksal zu entscheiden hatten.

Unser Rechtssystem garantiert eine faire Verhandlungsführung. Das Problem ist nur, dass die nach dem Zufallsprinzip ausgewähl-

---

[10] Positionen hinter der Stürmerlinie

ten Laienrichter nicht unbedingt die jeweils nötigen Kenntnisse besitzen, um einen oftmals komplexen Sachverhalt richtig zu beurteilen. Mitunter kann das von Vorteil sein, zum Beispiel wenn die eigene Beweisführung auf schwachen Füßen steht oder der Anwalt nicht besonders überzeugend wirkt. Das Ergebnis eines Prozesses ist selten vorhersehbar. Es kann passieren, dass man einen perfekt aufgebauten Fall verliert und einen mit höchst zweifelhaftem Ausgang klar gewinnt.

Harvey Myerson begann, unsere Argumente der Reihe nach aufzuzählen, und schon nach kürzester Zeit war allen im Gerichtssaal klar, dass er sich vorgenommen hatte, die NFL das Fürchten zu lehren. Er rief Pete Rozelle in den Zeugenstand und nahm ihn nach allen Regeln der Kunst in die Mangel. Rozelle hatte die NFL 26 Jahre lang erfolgreich und ohne nennenswerte Zwischenfälle geleitet. Aber natürlich muss man kein Genie sein, um einen Verband zu lenken, der eine Monopolstellung einnimmt. Erst wenn ein Mann gegen einen aggressiven Konkurrenten kämpfen muss, zeigt sich, was er kann.

Myerson setzte Rozelle stark unter Druck, und dieser war dem Stress nicht lange gewachsen. Er begann zu murmeln, verhedderte sich und brachte kaum noch einen zusammenhängenden Satz zustande, wurde krebsrot und korrigierte wiederholt seine Aussagen. Manchmal hatte man sogar den Eindruck, als sage er vorsätzlich die Unwahrheit. Das Kreuzverhör dauerte eine ganze Woche lang; Rozelle hielt es nicht durch. Er sah krank und so geschwächt aus, dass er mir irgendwie leid tat. Ich glaube, dass die Geschworenen Rozelle genauso bedauerten wie ich und dass dieses Mitgefühl ihre Entscheidung beeinflusste.

Rozelle wirkte besonders in einem Punkt unglaubwürdig: als es um den Vortrag „USFL versus NFL" ging, der in Harvard stattgefunden hatte und zum Aufhänger für unsere Klage geworden war.

Rozelle behauptete, nichts davon gewusst zu haben und dass ihn dieser Vorfall – als er Wochen nach der Veranstaltung zum erstenmal davon hörte – regelrecht „krank" gemacht habe.

„War Ihnen übel, Sir?", fragte Myerson ihn mit todernster Miene.

„Ja", antwortete Rozelle.

„Aha", meinte Myerson. „Wie lange hat es gedauert, bis Sie sich von dieser Unpässlichkeit erholt hatten?"

„Ungefähr einen halben Tag", erwiderte Rozelle. Ich bezweifle, dass irgend jemand im Gerichtssaal seinen Worten Glauben schenkte.

Zu einem anderen Zeitpunkt der Verhandlung zitierte Myerson einige eindeutig diskriminierende Aussagen, die Rozelle 1961 vor einem Untersuchungsausschuss des Senats gemacht hatte. Damals wurden die NFL-Spiele nur von einer Fernsehstation, CBS, übertragen. Einer der Senatoren stellte Rozelle während des Hearings die Frage: „Wenn sich alle Fernsehstationen auf die Spiele einer Liga konzentrieren, hat dann die andere Liga nicht einen klaren Wettbewerbsnachteil?"

„Das könnte sehr wohl möglich sein", lautete Rozelles Antwort, und er fügte schnell hinzu: „Aber wir haben nicht vor, mit mehr als einem Sender Verträge abzuschließen." 1987 gab es zwischen der NFL und allen drei Fernsehstationen Abkommen. Wie stand es also mit der Benachteiligung im Wettbewerb? Rozelle begann zu stottern und nach Ausflüchten zu suchen.

Nur ein einziges Mal hatte ich die Gelegenheit, Rozelles Aussage zu widersprechen. Es ging dabei um die Wiedergabe eines Gesprächs, das im März 1984 zwischen ihm und mir stattgefunden hatte. Damals war die Frage der Saisonverlegung noch immer nicht endgültig entschieden gewesen. Porters „Kriegserklärung" lag mehrere Wochen zurück, und eine seiner wichtigsten Strategien bestand – nach seinen eigenen Worten – darin, die USFL dadurch zu schwächen, dass er die finanzkräftigeren Teambesitzer unserer Liga mit einer NFL-Lizenz abwerben wollte.

Auf Rozelles Vorschlag hin mietete ich eine Suite im Pierre Hotel, wo wir uns am 12. März trafen. Ich halte mir gerne alle Möglichkeiten offen, und ich wollte unbedingt wissen, was der NFL-Vorsitzende plante. Rozelle sagte in der Verhandlung unter Eid aus, ich hätte in diesem Gespräch großes Interesse an einer NFL-Lizenz bekundet und betont, ich sei bereit, dafür aus der USFL auszusteigen. Diese Behauptung war einfach lächerlich. Es wäre mir nie in den Sinn gekommen, eine Football-Mannschaft außerhalb New Yorks zu übernehmen, und die beiden NFL-Teams mit Basis in New York – die Giants und die Jets – standen nicht zum Verkauf.

In Wirklichkeit versuchte Rozelle damals, mich zu ködern. Er erklärte mir, er halte mich für einen erstklassigen Anwärter auf eine NFL-Lizenz, sei es durch einen Eintritt der Generals in die NFL oder durch Übernahme eines NFL-Teams, das er mir beschaffen könne. Als Gegenleistung verlangte er, dass ich versuche, die USFL von ihrem Plan, die Spiele auf den Herbst zu verlegen, sowie von der Kartellklage gegen die NFL abzubringen.

Es konnte keinen Zweifel geben, was Rozelle damit bezweckte: Er wollte einmal erkunden, wie tief das Wasser war. Wenn er sich die USFL vom Hals schaffen konnte, indem er einige unserer Teams in die NFL intergrierte, wäre er sofort dazu bereit gewesen, da bin ich mir ganz sicher. Da er sein Angebot jedoch ziemlich vage formuliert hatte, ließ er sich – für den Fall, dass ich ablehnte – eine Rückzugsmöglichkeit offen, nämlich den Ablauf des Gesprächs auf seine Weise zu interpretieren.

Während der ersten vier Verhandlungswochen rief unser Anwalt sechzehn Zeugen auf und konnte etliche Pluspunkte verbuchen. Myerson zeigte auf, mit welchen Mitteln es der NFL gelungen war, die drei Fernsehstationen so unter Druck zu setzen, dass sie von einem Vertrag mit der USFL Abstand nahmen. Er erklärte, warum unsere Liga ohne die Einnahmen aus den Übertragungsrechten keine Überlebenschance besitze. Er legte eine Kette lückenloser Beweise vor – allen voran die Porter-Studie –, aus denen eindeutig hervorging, dass die NFL vorsätzlich und rechtswidrig alles versucht hatte, um der USFL den Todesstoß zu versetzen.

Als die Vernehmung unserer Zeugen abgeschlossen war, hielt selbst die Presse es für möglich, dass wir die Klage gewinnen könnten. In der Sports Illustrated erschien ein Bericht unter der Überschrift *Die erste Runde geht an die USFL*, der am besten die Stimmung wiedergab. Der weitere Text war noch eindeutiger: „Die arg bedrängte junge Liga hat in ihrem Antitrust-Prozess gegen die NFL, in dem es immerhin um 1,3 Milliarden Dollar geht, zweifellos Punkte gemacht. Nun ist die NFL am Ball."

Heute glaube ich, dass unsere Stärke sich für uns negativ auswirkte und dass die Schwäche der NFL bei den Geschworenen Sympathie weckte. Myersons Stil – das seidene Einstecktuch in seinem maßgeschneiderten Anzug, seine theatralische Sprechweise, seine erbarmungslosen verbalen Attacken – wurde vielleicht als ein wenig zu aggressiv und perfekt empfunden. Der NFL-Anwalt Frank Rothman sah – wie sein Mandant Rozelle, der einen Schwächeanfall erlitt und während des Kreuzverhörs wenig überzeugend wirkte – an den letzten Verhandlungstagen so mitgenommen und bleich aus, dass alle Anwesenden, ich nicht ausgenommen, Mitleid mit ihm hatten. Manche glaubten sogar, er werde den Prozess nicht mehr durchstehen, und er wurde tatsächlich kurz nach den Schlussplädoyers mit Blaulicht und Sirenen ins Krankenhaus gebracht, wo er sich einer größeren Operation unterziehen musste. Ich glaube, dass Rothmans Schicksal der NFL weitere Pluspunkte einbrachte.

Ich war an diesen Problemen nicht ganz unschuldig. Als ich in den Zeugenstand gerufen wurde, sprach ich fließend und sachlich – in krassem Gegensatz zu Pete Rozelle. Aber mein sicheres Auftreten wirkte sich zugunsten der NFL aus. Vom ersten Tag an verteufelte mich die NFL als geldgierigen, machthungrigen Milliardär, dem jede Intrige recht sei, um seine Interessen auf Kosten anderer durchzusetzen. In seiner Eröffnungsrede erklärte Frank Rothman den Geschworenen: „Die USFL ist Wachs in den Händen von Donald Trump, der auch die NFL-Teambesitzer nach Belieben manipuliert."

In Wirklichkeit waren die reichen, mächtigen NFL-Franchise-Nehmer nur zur Zusammenarbeit mit mir bereit, wenn sie damit ihren eigenen Interessen dienten. Rückblickend muss ich sagen, dass es für uns vielleicht günstiger gewesen wäre, wenn wir einige der schwächeren USFL-Teambesitzer als Zeugen benannt hätten; sie standen vor dem wirtschaftlichen Ruin und wären in der Lage gewesen, mehr Sympathie bei den Geschworenen einzuheimsen.

Die NFL konnte noch einen weiteren Pluspunkt für sich verbuchen: Sie verstand es, sich in der Öffentlichkeit in Szene zu setzen, was größtenteils Rozelles Verdienst war, der seinem Pressesprecher Joe Brown die richtigen „Regieanweisungen" gab. Brown stellte sich nach jedem Verhandlungstermin der Presse und bläute den Reportern ein, dass dies ein großartiger Tag für die NFL gewesen sei. Das machte mich rasend. Ich fragte wiederholt unseren Ligapräsidenten Harry Usher: „Warum versuchen Sie nicht, die Presse zu beeinflussen?" Aber er meinte: „Das ist unwichtig. Es kommt allein auf die Geschworenen an."

Leider entsprach das nicht ganz den Tatsachen. Die Geschworenen sind zwar gehalten, keine Zeitungs- oder Fernsehberichte zu verfolgen, die den Fall betreffen, aber dieser Versuchung können die wenigsten widerstehen, insbesondere wenn es sich um ein Verfahren handelt, auf das sich die Medien stürzen. Selbst wenn einige der Geschworenen standhaft blieben, wurde über den Fall vermutlich im Freundeskreis oder in der Familie gesprochen. Aus welchem Grund sollte Rozelle sonst Joe Brown die Anweisung gegeben haben, die Journalisten sechs Wochen lang Tag für Tag zu „impfen"?

Als sich die Geschworenen am 25. Juli 1986 zur Beratung zurückzogen, war ich davon überzeugt, dass wir unseren Fall überzeugend dargestellt hatten und dass das Gericht zu unseren Gunsten entscheiden würde.

Ich hätte mir allerdings nie träumen lassen, dass wir zwar gewinnen, aber am Ende doch als Verlierer dastehen würden. Nach fünftägigen Beratungen gaben die fünf Geschworenen am 29. Juli das Urteil bekannt: Die NFL habe mit ihrem Bestreben, das Monopol im Profi-Football an sich zu reißen, gegen das Kartellgesetz verstoßen. Sie werde damit zu einer symbolischen Entschädigung von einem Dollar verurteilt. Das war für uns ein Pyrrhussieg. Ohne eine empfindliche Geldbuße blieb die gerichtliche Entscheidung wirkungslos; die NFL erhielt eine viel zu milde Strafe dafür, dass sie gegen die Spielregeln des freien Wettbewerbs verstoßen hatte.

Als die Geschworenen kurz nach der Urteilsverkündung von Reportern interviewt wurden, stellte sich heraus, dass die Entscheidung keineswegs einstimmig getroffen worden war. Mindestens zwei der Geschworenen hatten für eine hohe Entschädigungssumme gestimmt. Die Lehrerin Miriam Sanchez war von einem Schadensbetrag in Höhe von 300 Millionen Dollar ausgegangen, gab aber zu, dass sie nicht recht wusste, ob sich ihr Vorschlag in die Praxis umsetzen ließ. „Ich habe die Anweisungen nicht richtig verstanden", erklärte sie den Reportern. „Deshalb musste ich mich auf den Richter verlassen; ich hatte gehofft, dass er der USFL mehr Geld zuerkennen würde."

Ich war mit dem Ergebnis nicht gerade zufrieden, aber in gewisser Hinsicht auch erleichtert. Meine Einstellung ist, man muss versuchen, sein Bestes zu tun, und wenn es trotzdem nicht klappt, sich der nächsten Aufgabe zuwenden. Zu dem Zeitpunkt, als die Gerichtsverhandlungen begannen, hatte ich bereits eine Menge Geld mit meinem Team, den Generals, verloren – und die USFL ein Vielfaches der Summe, die ich einbüßte. Da auch keine Aussicht mehr bestand, die Fernsehrechte für die Herbstspiele zu verkaufen, hatte es wenig Sinn, noch in dieses Verlustgeschäft zu investieren.

Viele USFL-Teambesitzer gelangten wohl zu der gleichen Schlussfolgerung. Eine Woche nach der Urteilsverkündung hielten sie eine Versammlung ab und beschlossen, auf die zeitliche Verlegung zu verzichten und das Gerichtsurteil anzufechten. Die eigentlichen Verlierer waren die Football-Fans. Die Monopolstellung der NFL ist heute gesicherter denn je, und die USFL sieht keine Veranlassung, weitere Teams und Franchise-Nehmer in die Liga aufzunehmen.

Die besten USFL-Spieler wurden inzwischen von der NFL übernommen. Herschel Walker ist zu den Dallas Cowboys gegangen. Da ich mich mit meinem persönlichen Vermögen für Walkers vertraglich festgesetztes Gehalt verbürgt hatte, wäre er berechtigt gewesen, in den nächsten sechs Jahren ohne die geringste Gegenleistung 1,2 Millionen Dollar von mir zu kassieren. Aber Herschel braucht die Herausforderung auf dem Spielfeld; das Geld ist für ihn nur von sekundärer Bedeutung.

Es gelang mir, mit den Dallas Cowboys ein gutes Geschäft abzuschließen. Sie hätten sich weigern können, meinen Vertrag mit der hohen Garantiesumme zu übernehmen. Aber da ich wusste, dass die Fans Dallas drängten, Herschel Walker unter Vertrag zu nehmen, erklärte ich ihnen, ich würde einem Transfer nur unter der Bedingung zustimmen, wenn sie die vollen Kosten übernehmen würden. Sie waren einverstanden. Der Handel sollte sich nicht nur für mich und Herschel Walker als vorteilhaft erweisen, sondern auch für die Dallas Cowboys. Herschel wechselte im August über, und obwohl er praktisch keine Zeit gehabt hatte, sich an seine neue Mannschaft zu gewöhnen, beendete er diese Saison als bester Läufer und Fänger der Dallas Cowboys.

Auch Jim Kelly wurde nach kürzester Zeit der Star-Quarterback des Buffalo-Bill-Teams. Freddie Gilbert, einer unserer starken Defensivspieler, ging nach Atlanta und sorgte in diesem NFL-Team für Aufsehen. Sogar Doug Flutie, von dem alle glaubten, er sei aufgrund seiner mangelnden Körpergröße für die NFL uninteressant, wurde von den Chicago Bears unter Vertrag genommen. Dutzende von USFL-Spielern schlossen sich den NFL-Teams an, und viele sind inzwischen die Stars ihrer neuen Mannschaften.

Wenn ich Topleute wie Herschel Walker und Jim Kelly in einem NFL-Spiel sehe, dann wünsche ich mir manchmal, unsere Liga hätte überlebt. Ich bin überzeugt: Wenn es die USFL in der letzten Saison noch gegeben hätte, dann könnten meine Generals zu den besten Teams im Profi-Football gehören.

12
KAPRIOLEN AUF DEM EIS

Die Renovierung der Wollman-Rink-Schlittschuhbahn

Geplant war dieses Projekt nicht – aber eines Tages reichten mir die Kapriolen der Stadt, und ich beschloss, endlich etwas zu unternehmen.

Am Morgen des 22. Mai 1986 erschien auf der Titelseite der New York Times ein Bericht, in dem es hieß, dass die New Yorker Stadtverwaltung noch einmal ganz von vorne mit der Renovierung der Wollman-Rink-Schlittschuhbahn im Central Park beginnen wolle. Wenn alles glattginge, sei die Wiedereröffnung in schätzungsweise zwei Jahren vorgesehen.

Ich konnte es einfach nicht glauben.

Erstens gab es nicht den mindesten Anlass zu glauben, dass irgend etwas glattgehen würde, geschweige denn „alles". Die Wollman-Rink-Schlittschuhbahn, 1950 erbaut, wurde zum erstenmal 1980 wegen Renovierungsarbeiten geschlossen. Man rechnete mit zweieinhalb Jahren bis zur Wiedereröffnung. Auch dieser Zeitraum scheint schon reichlich bemessen.

Im Juni 1980 hatte ich mit dem Bau des Trump Tower begonnen, einem achtundsechzigstöckigen Wolkenkratzer, der auf sechs Etagen Geschäfte, zahlreiche Büros und 263 Wohnungen beherbergen sollte. Zweieinhalb Jahre später waren die Bauarbeiten – pünktlich und ohne Kostenüberhänge – beendet.

Von meiner neuen Wohnung aus konnte ich die Wollman-Rink-Schlittschuhbahn sehen. Der Anblick war nicht gerade erfreulich. Obwohl bereits Millionen in die Renovierung gesteckt worden waren, konnte man selbst aus einiger Entfernung feststellen, dass die Bauarbeiten noch lange nicht beendet sein würden.

Drei weitere Jahre vergingen, und es wurden weitere Unsummen verpulvert, ohne dass die Renovierung nennenswerte Fortschritte machte. Die Situation war inzwischen so verfahren, dass sich die Stadt gezwungen sah, der Öffentlichkeit mitzuteilen, dass man noch einmal ganz von vorne beginnen müsse.

Ich hatte nicht die geringste Ahnung, welche Anforderungen die Renovierung einer Schlittschuhbahn im Einzelnen stellt, aber ich verstand etwas vom Baugewerbe. Wenn es mir innerhalb von zweieinhalb Jahren gelungen war, einen riesigen Wolkenkratzer hochzuziehen, dann musste es doch möglich sein, eine Schlittschuhbahn für zwei Millionen Dollar in wenigen Monaten instandzusetzen. Zwei Jahre zuvor, als wieder einmal Katastrophenstimmung in der Stadtverwaltung herrschte, hatte ich Henry Stern angerufen, den für die öffentlichen Anlagen New Yorks zuständigen Referenten, und ihm angeboten, die Renovierungsarbeiten zu übernehmen, unentgeltlich. Er lehnte ab. Als ich las, welches Debakel sich nun wieder anbahnte, nahm ich noch einmal Kontakt mit ihm auf und wiederholte mein Angebot. Er erteilte mir auch dieses Mal eine Abfuhr: „Nein danke", meinte er. „Das schaffen wir schon alleine."

„Das ist alles gut und schön, Henry", erwiderte ich. „Nur haben Sie dasselbe bereits vor zweieinhalb Jahren gesagt, und schauen Sie sich an, was passiert ist." Ich beschloss, dem Bürgermeister von New York, Ed Koch, einen unmissverständlichen Brief zu schreiben: Ich sei entsetzt über die Inkompetenz der Stadt und überzeugt, dass es mir gelingen werde, die Schlittschuhbahn erstklassig und termingerecht zu renovieren. Hunderttausende von New Yorkern – einschließlich meiner eigenen Kinder – warteten inzwischen sehnlichst auf die Wiedereröffnung der beliebten Freizeitstätte. Man hat zwar versucht, mir verschiedene Hintergedanken zu unterstellen, aber ich kann dazu nur sagen: Meine Motive waren lauter.

„Lieber Ed", schrieb ich. „Ich beobachte schon seit vielen Jahren, wie die New Yorker Stadtverwaltung immer wieder verspricht, die Wollman-Rink-Schlittschuhbahn zu renovieren und wiederzueröffnen, ohne dass es ihr gelingt, ihre Zusage zu halten. Da es sich hier lediglich darum handelt, eine Betondecke über die Kühlrohre zu gießen, sollten die Arbeiten nach menschlichem Ermessen in maximal vier Monaten beendet sein. Die Tatsache, dass die Wiedereröffnung nach sechsjähriger Bautätigkeit um weitere zwei Jahre verschoben wird, ist eine Zumutung für alle Bürger, die darauf warten, die Schlittschuhbahn endlich wieder benutzen zu können. Wir alle haben es satt, Zeuge der katastrophalen Missstände zu sein, die das Wollman-Rink-Projekt kennzeichnen. Die Inkompetenz, mit der die Stadtverwaltung ein so einfaches Bauprojekt handhabt, lastet man auch Ihnen und Ihren Parteigenossen an. Ich befürchte, dass die Schlittschuhbahn auch in zwei Jahren noch nicht in Betrieb genommen werden kann, und die Leidtragenden sind die New Yorker Bürger."

Erst dann kam ich auf mein eigentliches Anliegen zu sprechen.

„Ich bin bereit, die Renovierungsarbeiten und -kosten zu übernehmen, und verpflichte mich, die Schlittschuhbahn bis zum November dieses Jahres der Öffentlichkeit zugänglich zu machen. Ich biete Ihnen außerdem an, sie zu einem fairen, marktgerechten Preis zu pachten und nach der Fertigstellung zu verwalten."

Ich schickte den Brief am 28. Mai 1986 an Ed Koch. Zu meiner Überraschung lehnte er ab. Die Stadt sei nicht daran interessiert, mir die Verwaltung zu übergeben, hieß es, aber er würde sich freuen, wenn ich mit einer Spende in Höhe von drei Millionen Dollar zu den Renovierungs- und Betriebskosten beitrüge. Nach einigen weiteren sarkastischen Bemerkungen folgte der Schlusssatz: „Ich erwarte mit Spannung Ihre Antwort."

Der Ton irritierte mich. Zum Glück war ich nicht der Einzige, dem es so erging, und dafür muss ich mich bei Ed Koch bedanken. Ich verzichtete darauf, das Antwortschreiben an die Presse weiterzugeben, weil mir nicht daran gelegen sein konnte, mich der billigen Effekthascherei bezichtigen zu lassen. Koch beschloss allerdings, die Medien von seinem Brief in Kenntnis zu setzen. Wahrscheinlich rechnete er damit, dass ich mich stillschweigend aus der Affäre ziehen würde, wenn er sich öffentlich über mein Angebot mokierte.

In diesem Punkt hatte er sich jedoch total verrechnet. Erstens sieht die Presse in jeder Konfrontation ein gefundenes Fressen. Sensationen üben eine geradezu magische Anziehungskraft auf sie aus, gleichgültig, ob es sich dabei um Riesenerfolge oder Katastrophen handelt. Und diese Story gab beides her. Hinzu kommt, dass sich viele Reporter als Fürsprecher der Verbraucher verstehen. Nichts bringt sie mehr in Rage, als wenn behördliche Inkompetenz und Schlamperei auf dem Rücken der Bürger ausgetragen werden. Das Fiasko, das die Stadt angerichtet hatte, stellte für sie ein geradezu klassisches Beispiel dar.

Sogar ich war überrascht, wie sich die Presse für mich stark machte. Normalerweise wird mir diese Ehre selten zuteil. Aber dieses Mal erschienen innerhalb von drei Tagen Dutzende von Leitartikeln und Berichten, in denen Koch wegen seiner Reaktion auf mein Angebot scharf angegriffen wurde.

„Die Koch-Administration", hieß es in einem Leitartikel der *Daily News*, „versucht Donald Trumps Plan, die Wollman-Rink-Schlittschuhbahn zu renovieren und zu verwalten, mit allen Mitteln zu vereiteln. Warum? Das Angebot ist ehrlich gemeint, ohne dass damit irgendwelche Hintergedanken verbunden sind. Koch sollte unbesehen zugreifen und erleichtert aufatmen, dass ihm die Verantwortung für ein so langwieriges und kostenintensives Projekt abgenommen wird. Aber bisher hat unser Bürgermeister nur zahllose fadenscheinige Einwände vorgebracht ... Vielleicht liegt das Problem darin, dass es Koch & Konsorten peinlich ist, dass sie inzwischen Steuergelder in Höhe von zwölf Millionen Dollar für die Renovierung vergeudet haben."

„Trump bietet an, das Wollman-Rink-Projekt zu übernehmen, die Renovierung durchzuführen und die Schlittschuhbahn im November zu eröffnen, ohne die mindesten Kosten für die Stadt", schrieb die *Post*. „Nach diesem dreizehn Jahre währenden Debakel, das Millionen verschlungen hat, sollte man eigentlich annehmen, dass die Stadt vor Freude einen Luftsprung machen würde. Aber weit gefehlt: Sie scheint weitaus stärker daran interessiert zu sein, nach geeigneten Gründen zu suchen, sich nicht auf den Handel einzulassen. Die Behörden sollten Donald Trump schnellstens das Startzeichen geben – die Wollman-Rink-Farce dauert bereits viel zu lange."

„Warum gibt man Trump keine Chance?" fragte Newsday. „Schließlich hat die Stadt nichts anderes bewiesen, als dass sie dieser Aufgabe nicht gewachsen ist."

Wenn ich im Laufe der Jahre etwas über den Umgang mit Politikern gelernt habe, dann ist es eines: Wenn jemand sie dazu bringen kann zu handeln, dann ist das die Presse – oder genauer gesagt die Furcht vor der öffentlichen Meinung. In irgendeiner Form Druck auszuüben, sich auf Bitten oder Drohungen zu verlegen oder ihre Wahlkampagnen mit beträchtlichen Summen zu unterstützen führt letztlich zu nichts. Aber wenn die Gefahr besteht, dass die Presse sie verreißt, selbst wenn es sich um ein ziemlich obskures Blatt handelt, dann reagieren sie blitzschnell. Eine negative Propaganda könnte einen Verlust von Wählerstimmen nach sich ziehen, und wenn die Einbußen hoch genug sind, dann muss ein Politiker damit rechnen, nicht wiedergewählt zu werden und auf einen Job von neun Uhr morgens bis fünf Uhr nachmittags angewiesen zu sein. Und das ist das Letzte, was ihm vorschwebt.

Ich sollte zum besseren Verständnis vielleicht noch erwähnen, dass Ed Koch ein echter Macho ist. Solche Typen erwecken den Eindruck von Stärke, aber wenn sie Farbe bekennen sollen, erweisen sich die meisten als Feiglinge. Sie schüchtern nur diejenigen ein, die sie mit absoluter Sicherheit als Schwächere einschätzen. Wer sich auf eine Konfrontation mit einem starken, kompetenten Gegner einlässt, muss mit einem erbarmungslosen Kampf rechnen. Ist der Kontrahent jedoch ein Schaumschläger, fällt das ganze großtuerische Gehabe in der Regel wie ein Kartenhaus zusammen.

Und richtig, die Atmosphäre änderte sich buchstäblich über Nacht. In dem Augenblick, als sich die Presse Koch vorknöpfte, ging er auf Gegenkurs. Urplötzlich flehte mich die Stadt auf Knien an, das Wollman-Rink-Projekt zu übernehmen. Am 6. Juni fand in meinem Büro das erste Gespräch mit dem Abgeordneten der New Yorker Stadtverwaltung statt – zu denen auch Henry Stern gehörte –, um die Einzelheiten festzulegen. Bis zu diesem Zeitpunkt hatte die Stadtverwaltung für eine öffentliche Ausschreibung plädiert, wie es bei allen Bauarbeiten, die mit Steuergeldern finanziert werden, vorgeschrieben ist. Ich schlug eine einfachere Lösung vor. Ich bot an, die Kosten alleine zu übernehmen. Als Gegenleistung forderte ich eine Beteiligung an sämtlichen Gewinnen, die mit der Schlittschuhbahn erzielt wurden. Mit anderen Worten, ich erklärte mich nicht nur einverstanden, die Renovierung verantwortlich zu leiten, sondern der Stadt auch auf unbestimmte Zeit drei Millionen Dollar zu leihen, die ich unter Umständen – falls die Schlittschuhbahn mit Verlust arbeitete – in den Wind schreiben konnte.

Die „weisen" Stadtväter gerieten in Panik. „Wir können auf keinen Fall zulassen, dass Sie vom Wollman-Rink-Projekt profitieren", erklärte mir einer der Abgeordneten kategorisch.

„Sie haben mich nicht verstanden", sagte ich. „Wenn die Schlittschuhbahn mit Gewinn arbeitet, wird der Kredit damit getilgt. Mir geht es nicht darum, mich an dem Projekt zu bereichern. Sollte ich mein Geld je zurückerhalten, dann sollen alle weiteren Gewinne an eine gemeinnützige Organisation abgeführt werden." Zu meinem größten Erstaunen – und meinen Anwälten ebenso unverständlich – rückte die Stadt keinen Millimeter von ihrem Standpunkt ab. Sie machte mir stattdessen ein Gegenangebot: Ich sollte die drei Millionen Dollar vorstrecken, um eine langwierige öffentliche Ausschreibung zu vermeiden, und die gesamte Summe bei Beendigung der Renovierungsarbeiten zurückerstattet bekommen.

Meine Verhandlungspartner können sich glücklich schätzen, dass sie für die Stadt und nicht in der freien Wirtschaft tätig sind. Der Handel, den sie mir vorschlugen, war für die Stadt noch ungünstiger als mein ursprüngliches Angebot. Ich hatte nicht vor, mich auf eine Auseinandersetzung einzulassen, bei der ich den Kürzeren ziehen musste.

Am Abend des 6. Juni, einem Freitag – zehn Tage, nachdem ich der Stadt mein Angebot unterbreitet hatte, konnten wir endlich eine Vereinbarung treffen, die allerdings noch vom Bauausschuss genehmigt werden musste. Ich sollte die Renovierungskosten übernehmen und die Arbeiten bis zum 15. Dezember abschließen. Die Stadt verpflichtete sich zur Rückerstattung meiner Kosten, sofern sie drei Millionen Dollar nicht überschritten, aber nur unter der Bedingung, dass die Schlittschuhbahn betriebsbereit war. Blieb ich unter dem Budget, würde man mir nur die tatsächlichen Ausgaben ersetzen. Eventuelle Mehrkosten hatte ich aus eigener Tasche zu bestreiten. Noch mehr „Konzessionen" könne man mir beim besten Willen nicht machen.

Das hatte ich geschafft. Nun blieb nur mehr eine Herausforderung: die Schlittschuhbahn innerhalb kürzester Zeit so perfekt wie möglich zu renovieren. Sollte ich daran scheitern, das heißt den Termin auch nur um einen Tag oder das Budget um eine einzige Stelle hinter dem Komma überziehen, hätte ich meine Koffer packen und das nächste Flugzeug nach Argentinien besteigen können. Weder Ed Koch noch irgend jemand anderer würde mir nach dieser Blamage noch eine Chance geben.

Da ich selbst mit dem Bau von Schlittschuhbahnen überhaupt nicht vertraut war, machte ich mich auf die Suche nach den besten Experten. Es schien mir logisch, damit in Kanada zu beginnen. Der Schlittschuhlauf hat für die Kanadier den gleichen Stellenwert wie Baseball für die Amerikaner; er gilt als Nationalsport. Zu den Top-Unternehmen zählten nach meiner Einschätzung diejenigen, die die Anlagen für die professionellen Eishockey-Mannschaften gebaut hatten. Alle Kenner der Szene, mit denen ich sprach, hielten die Firma Cimco in Toronto für die Beste der Besten. Sie hatte unter anderem auch das Eisstadion für das Team Montreal Canadians errichtet. Ich nahm telefonischen Kontakt mit ihr auf und stellte als Erstes die Frage: „Wie baut man eine große, nicht überdachte Schlittschuhbahn?"

Ich erhielt postwendend einen Kurs in dieser spezifischen Bautechnik. Das Wichtigste war die Wahl des Kühlsystems. Die Stadt hatte sich ursprünglich für eine relativ neue Technologie entschieden, die von dem Kühlanlagen-Hersteller Freon angeboten wird. Sie hat den Vorteil, dass man wenig Strom braucht, wodurch sich geringfügige Kosten einsparen lassen. Der Nachteil des Freon-Systems besteht allerdings darin, dass es störanfälliger, von ungewisser Lebensdauer und schwieriger zu warten ist – wobei in unserem Fall noch erschwerend hinzukam, dass es in einer öffentlichen Anlage installiert werden sollte, in der das Personal ständig wechselte. Mindestens ein Drittel der Schlittschuhbahn-Betreiber, die mit dem Freon-System arbeiteten – erklärte mir der Cimco-Mitarbeiter –, habe ständig mit Problemen zu kämpfen.

Eine andere Methode, die sich schon seit Jahrzehnten bei zahllosen Schlittschuhbahnen bewährt hatte, besteht darin, Salzwasser durch die Röhren zu leiten. Dieses System ist zwar teurer als die Freon-Anlage, aber dafür auch weit robuster und hat eine unglaublich lange Lebensdauer. Die Schlittschuhbahn im Rockefeller Center wurde damit ausgestattet, und seit der Eröffnung im Jahre 1936 gab es keine größeren Probleme.

Nach dem Anruf entschied ich mich für das Salzwasser-System. Die Stadt war inzwischen wohl zu derselben Schlussfolgerung wie ich gelangt. Der einzige Unterschied bestand darin, dass sie für diese Erleuchtung sechs Jahre brauchte und Millionen dabei verschwendete.

Ich musste sehr bald feststellen, dass sich die Stadt bei den Renovierungsarbeiten am Wollman-Rink-Projekt auf jedem nur erdenklichen Gebiet die gröbsten Schnitzer geleistet hatte. Am 16. Juni, eine Woche nachdem man mir die Renovierungsarbeiten übertragen hatte, gab die Stadt einen offiziellen Bericht über die Fehler heraus, die in den letzten sechs Jahren gemacht worden waren. Man brauchte fünfzehn Monate für die Studie – rund das Vierfache des Zeitraumes, den ich für die Renovierung zur Verfügung hatte. Und was noch schlimmer war: Die Liste nahm zwar kein Ende, aber man konnte sich nicht darauf einigen, wer letztlich für das Fiasko verantwortlich war und wie sich solche Pannen in Zukunft vermeiden ließen.

Der Bericht schilderte in chronologischer Reihenfolge, wie schlampig, unentschlossen, inkompetent und geradezu stupide die Stadt ans Werk gegangen war. Wenn das Ganze nicht so traurig gewesen wäre, hätte man schallend darüber lachen können.

Das erste Mal wurde die Schlittschuhbahn 1980 renoviert. Bis die Pläne vorlagen und die Ausschreibung abgeschlossen werden konnte, war ein Jahr vergangen. Im März 1981 begann man endlich mit der Installation der rund 40 Kilometer langen, hochempfindlichen und teuren Kupferrohre, die man für das Freon-System brauchte. In der Zwischenzeit hatte das städtische Referat für öffentliche Anlagen noch einmal über den Standort der Kompressoren und das Gefriersystem, das man verwenden wollte, nachgedacht. Als die Rohre schon verlegt wurden, ließ man alle Arbeiten an der Gefrieranlage stoppen.

Selbst wenn die Arbeiten beendet und die Anlage installiert worden wäre, hätte sie nicht funktioniert. Das Fundament der Schlittschuhbahn war nicht eben, sondern fiel zur Mitte hin um 20 Zentimeter ab. Dass der Niveauunterschied in Wirklichkeit nicht zwanzig, sondern rund 28 Zentimeter ausmachte, war reiner Zufall. Diese Schräge erfüllte einen ganz bestimmten Zweck: Die Stadt wollte aus der Schlittschuhbahn im Sommer einen künstlichen Weiher machen, und dieser reflektiert das Licht offensichtlich besser, wenn der Sockel geneigt ist. Im Winter warf diese Neigung jedoch Probleme auf.

Man muss kein Genie sein, um zu erkennen, dass es bei der Nutzung als Schlittschuhbahn angesichts dieser Umstände nur zwei Möglichkeiten gibt: Entweder es bildet sich eine Eisdecke, allerdings von ungleichmäßiger Dicke, weil die Wassertiefe variiert, oder – was noch schlimmer und wahrscheinlicher ist – das Wasser gefriert an den tiefsten Stellen gar nicht erst, gleichgültig wie leistungsfähig die Gefrieranlage auch ist.

Aber selbst dieses Problem war bald nur noch von zweitrangiger Bedeutung. Im Juli setzten starke Regenfälle ein, und die Rohrleitungen, die knapp zwei Monate zuvor erst verlegt worden waren, wurden von einer dicken Schlammschicht überzogen. Erst im September schickte sich die Stadt an, den Schaden beheben zu lassen.

In der Zwischenzeit gab es im Referat für öffentliche Anlagen erneut Kontroversen, dieses Mal über das Design der asphaltierten Gehwege rund um die Schlittschuhbahn. Das Ergebnis war, dass man mit dem Gießen des Betons – einschließlich der Mengen, die für den Sockel der Schlittschuhbahn gebraucht wurden – weitere neun Monate wartete, während in der Stadtverwaltung endlose Debatten stattfanden.

Dann kam der Winter. Neun Monate lang waren die frisch verlegten, äußerst empfindlichen Kupferrohre der Witterung ausgesetzt. In dieser Zeit gab es Schneestürme und sintflutartige Regenfälle. Dazu kam, dass „Vandalen" über den Zaun geklettert waren und Teile der Rohrleitungen herausgeschnitten hatten. Da

Kupfer ein teures Material ist, brachte der Verkauf sicher gutes Geld ein. Im Frühjahr sah es auf der Baustelle aus wie auf einem Schlachtfeld. Aber niemand kam auf die Idee zu überprüfen, ob das Rohrsystem noch intakt war.

Im Juni 1982, zwei Jahre nachdem die Schlittschuhbahn zum erstenmal wegen Renovierungsarbeiten geschlossen worden war, wurde endlich das Betonfundament über die Rohrleitungen gegossen, ohne vorherige Überprüfung ihres Zustandes. Viele Baufirmen benutzen, wenn die Oberfläche uneben ist, dafür eine stark vibrierende Betonmischmaschine, um Blasenbildung zu vermeiden. Dieses hatte jedoch einen unvorhergesehenen Effekt: Die Nahtstellen der Kupferrohre lösten sich infolge der Schwingung. Gleichzeitig musste die Baufirma ein noch größeres Problem lösen: Sie hatte sich bei der Berechnung der benötigten Zementmenge total verschätzt. Wenn man ein Fundament gießt, dann muss der Beton in einem Arbeitsgang kontinuierlich gegossen werden, damit sich die Ingredienzien gleichmäßig vermischen können und haften. Aber statt den Gießvorgang zu unterbrechen, beschloss die Baufirma, den Zement mit Wasser zu „strecken" – ein Rezept, das die Katastrophe geradezu vorprogrammierte.

Es dauerte nicht einmal eine Woche, bis sich die ersten Risse an der Oberfläche zeigten. Es war kein Zufall, dass sie vor allem an dem Teil der Schlittschuhbahn auftauchten, wo der Beton von Hand mit Wasser verdünnt und die Mischmaschine abgestellt worden war.

Als weiteres Problem erwies sich der Streit darüber, wo die Gefrieranlagen untergebracht werden sollten. Als die Stadt endlich eine Entscheidung getroffen hatte – nach sechzehn Monaten hitziger Debatten –, bestand die Baufirma, die mit der Installation beauftragt worden war, auf einer „Abänderung" der ursprünglichen Vereinbarungen. Vor allem verlangte sie mehr Geld. Die

Verhandlungen schleppten sich über zwölf Monate hin; erst im Juli 1983 einigte man sich – auf die Bedingungen, die die Baufirma gestellt hatte. Der Termin für die Installation der Gefrieranlage wurde auf September 1984 verlegt.

Im Spätherbst 1984 wurde das Gefriersystem zum erstenmal getestet. Dabei stellte man fest, dass der Druck, der für die Eisbildung nötig war, nicht ausreichte, da das Rohrsystem unter der Betondecke Schadstellen aufwies. Allein von Oktober bis Dezember 1984 fand und reparierte man sechs Lecks. Das System wurde nochmals überprüft, aber es funktionierte noch immer nicht.

Zu diesem Zeitpunkt setzte ich mich mit Henry Stern in Verbindung und machte ihm zum erstenmal das Angebot, die Renovierungsarbeiten zu übernehmen. Als er rigoros ablehnte, schlug ich ihm vor, die Baustelle gemeinsam zu besichtigen; vielleicht konnte ich ja ein paar gute Ideen beisteuern. Wenige Tage später, es war mitten im Winter, trafen wir uns an der Schlittschuhbahn. Ich war schockiert über den Anblick, der sich mir bot.

Die Betondecke war von unzähligen winzigen Rissen durchzogen. An verschiedenen Stellen waren mindestens ein Dutzend große Löcher in das Fundament gebohrt worden. Auf meine Frage hin erklärte man mir, man habe schließlich irgendwie an die darunterliegenden Rohrleitungen herankommen müssen. Die Pressluftbohrer, die dazu verwendet wurden, vibrieren sehr stark, und die Kupferrohre waren, wie bereits gesagt, hochempfindlich. Die Bauarbeiter hatten mit ihrem Versuch, einen Zugang zu den Lecks im Rohrsystem zu schaffen, den ohnehin schon vorhandenen Schaden noch vergrößert.

Ich nahm deshalb auch kein Blatt vor den Mund und erklärte Stern rundheraus: „Sie haben da ein gewaltiges Problem. Auf diese Weise werden Sie die undichten Stellen nie finden. Sie erreichen damit nur, dass sich neue Lecks bilden. Vergessen Sie's und fangen Sie noch einmal ganz von vorne an!" Henry reagierte höflich, aber es war klar, dass ein neuerlicher Start beim Punkt Null für ihn nicht in Frage kam.

Im Frühjahr 1985 hatte die Stadt eine neue „glänzende" Idee. Sie engagierte für 200 000 Dollar eine technische Beraterfirma, deren Aufgabe darin bestand herauszufinden, warum die Rohrleitungen des Freon-Systems undicht waren, und Lösungsvorschläge zu unterbreiten. Die Firma versprach, in spätestens vier Monaten ihren Abschlussbericht vorzulegen. Neun Monate später – im Dezember 1985 – kapitulierte sie: Man war nicht in der Lage gewesen, die Ursache zu entdecken.

Inzwischen waren sechs Jahre vergangen, seit die Wollman-Rink-Schlittschuhbahn zum erstenmal geschlossen worden war. Die Renovierung hatte bisher 13 Millionen Dollar gekostet. Das städtische Referat für öffentliche Anlagen gelangte endlich zu der Schlußfolgerung, dass man wohl doch auf die Freon-Technologie verzichten und das Salzwasser-System verwenden müsse. Am 21. März 1986 gab die Stadtverwaltung bekannt, dass die neu veranschlagten Renovierungsarbeiten drei Millionen Dollar kosten und 18 Monate beanspruchen würden. Danach konnte ich die Stadt endlich überreden, mir die „Regie" zu übergeben.

Mitte Juni, als das Bauamt den Konditionen zustimmte, die ich ausgehandelt hatte, waren die Renovierungsarbeiten bereits im Gange. Dann entdeckte ich, dass die Stadt einer zweiten technischen Beraterfirma ein Honorar in Höhe von 150 000 Dollar für ihre Anleitungen zum Einbau des Salzwasser-Systems zugesagt hatte. Im Vertrag hieß es, dass die Firma namens St. Onge Ruff Associates (SORA) am 1. Juli 1986 mit ihrer Arbeit zu beginnen und ihren Bericht bis Ende Dezember abzuliefern habe. Mit anderen Worten: Ich hatte mich verpflichtet, die Bauarbeiten zu übernehmen, bevor die Stadt wusste, wie die Gefrieranlage installiert werden sollte.

In der vagen Hoffnung, dass die Beraterfirma einige vernünftige Vorschläge zum Einbau machen könne, setzte ich mich mit den beiden Leitern zusammen. Das Ergebnis hätte mich eigentlich nicht überraschen sollen: Die beiden Herren waren zwar Spezialisten für Gefrieranlagen, aber mit den Besonderheiten beim Einbau in Schlittschuhbahnen nie zuvor konfrontiert worden. Sie hatten nicht die leiseste Ahnung, wie sich so etwas bewerkstelligen ließ. Soweit die Hilfe, die sie mir anbieten konnten.

Ich beauftragte also die Firma Cimco mit dem Einbau der Kühlanlage sowie der Verlegung der Rohrleitungen und bat sie um Beratung bei technischen Problemen verschiedener Art. Die reinen Konstruktionsarbeiten übergab ich der HRH, die schon das Hyatt und den Trump Tower errichtet und sich als hochqualifizierte Baufirma erwiesen hatte. Sie sicherte mir großzügig zu, die Arbeiten zum Selbstkostenpreis durchzuführen. In der Zwischenzeit hatte sich die Chase Manhattan Bank, mit der ich schon seit Langem in enger geschäftlicher Verbindung stand, entschlossen, mir einen Kredit in Höhe der Baukosten zu sehr günstigen Konditionen zu geben. Einen besseren Start kann man sich nicht wünschen: Alle, die an dem Projekt mitarbeiteten, waren zufrieden.

Als ich die Wollman-Rink-Schlittschuhbahn zum erstenmal genauer unter die Lupe nahm, stellte ich fest, dass der ganze Komplex in einem noch schlimmeren Zustand war, als ich erwartet hatte. Zum Beispiel befanden sich in der Decke des angrenzenden Gebäudes riesige Löcher, sodass das Innere aufgrund der Wassereinbrüche starke Schäden aufwies. Selbst an den unscheinbarsten Details konnte man die Schlamperei der Stadt erkennen. Am Eingang der Schlittschuhbahn lagen Jutesäcke herum, teilweise von Unkraut überwuchert. Als ich hineinsah, stellte ich fest, dass sie

Pflanzen enthielten, die wohl für die Begrünung der Anlagen gedacht waren. Man hatte die Säcke ungeöffnet am Boden liegenlassen und vergessen; der Inhalt war inzwischen vermodert.

Gerade, als ich diese Entdeckung machte, kam ein städtischer Angestellter vorbei und zertrat eine der wenigen Pflanzen, die es auf dem Gelände noch gab. Er verschwendete nicht einen einzigen Gedanken daran. In gewisser Hinsicht war dieser Zwischenfall symptomatisch: Die Anlage wurde von den Leuten niedergetrampelt, die für ihre Erhaltung bezahlt wurden.

Ich erinnerte mich an einen ähnlichen Vorfall, den ich einige Jahre zuvor während eines Spaziergangs auf dem Wollman-Rink-Gelände beobachtet hatte. Es war ein wunderschöner Sommertag. Um zwei Uhr nachmittags standen vielleicht dreißig Arbeiter mitten auf der Schlittschuhbahn untätig herum. Zuerst dachte ich, sie würden eine kurze Kaffeepause einlegen. Als ich eine Stunde später wieder dort vorbeikam, hatten sie sich nicht von der Stelle gerührt; es sah aus, als seien sie angenagelt. Damals dachte ich mir wenig dabei. Heute ist mir klar, dass dieses Bild Teil eines weit schwerwiegenderen Problems bei der Renovierung der Wollman-Rink-Schlittschuhbahn war: Es gab niemanden, der sich für die Leitung des Projektes verantwortlich fühlte.

Führung und Anleitung sind notwendige Voraussetzungen, wenn eine Aufgabe, gleich welcher Art, richtig und in kürzester Zeit erledigt werden soll. Ich überwachte die Fortschritte bei der Renovierung der Schlittschuhbahn mit Argusaugen. Meistens inspizierte ich die Baustelle persönlich. Ich hatte mir für die Bauarbeiten eine Frist von sechs Monaten gesetzt, und gemessen an dem Zeitraum, den die Stadt zur Verfügung gehabt hatte, grenzte es für viele an ein Wunder, dass ich den Termin einhalten konnte. Nach meinen eigenen Berechnungen blieb mir dabei sogar noch ein „Polster" von einem Monat, für den Fall, dass irgend etwas schiefgehen sollte. Lief jedoch alles planmäßig, so hoffte ich, schon in vier Monaten fertig zu sein.

Wir hatten beschlossen, die alte Schlittschuhbahn nicht herauszureißen, sondern die neue darüber zu bauen. Am 1. August wurde ein neues Zwischenfundament gelegt. Darüber sollte das Rohrsystem installiert und darauf wiederum eine ebene Betondecke für die Schlittschuhbahn gegossen werden. Cimco baute die beiden riesigen, 17 Tonnen schweren Gefrieranlagen. Erst jetzt ging mir auf, wie groß die Wollman-Rink-Schlittschuhbahn war. Mit einer Gesamtfläche von zirka drei Hektar gehört sie zu den größten künstlich angelegten Schlittschuhbahnen in den USA.

Noch vor Beginn der Bauarbeiten hatte uns die Presse belagert. Reporter, die sich sonst nie für irgendwelche Bauprojekte interessiert hatten, erkundigten sich nun nach jedem Detail. Sie stellten Fragen zur Installation der Rohrleitungen, zum Gießen des Fundamentes oder zum Bau des Raumes für die Kompressoren.

Nachdem ungefähr ein Dutzend Anrufe eingegangen waren, beschloss ich, eine Pressekonferenz abzuhalten, um alle Fragen nur einmal beantworten zu müssen. Am 7. August – das Zwischenfundament war gerade fertig – bestellte ich die Journalisten auf das Baugelände. Zu meiner Überraschung waren schätzungsweise mehr als dreißig Reporter, Fotografen und Kameramänner erschienen, unter ihnen Repräsentanten sämtlicher Fernsehsender im New Yorker Raum sowie der beiden Kabelfernsehstationen. Dabei hatte ich gar nichts Weltbewegendes anzukündigen. Ich konnte lediglich berichten, dass alles nach Plan lief und die Schlittschuhbahn nach unserem Ermessen im Dezember eröffnet werden könne. Das reichte den Pressevertretern wohl aus. Am nächsten Tag erschienen in allen Tageszeitungen Berichte mit Schlagzeilen wie *Trump hat eine eiskalte Neuigkeit für die Fans des Schlittschuh-*

laufs in petto oder *Die Wollman-Rink-Überraschungstorte erhält ihre krönende Eisglasur.*

Es gab auch Leute, die meinten, es sei reichlich übertrieben, wegen des Wollman-Rink-Projektes eine Pressekonferenz abzuhalten. Vielleicht hatten sie recht, aber ich kann dazu nur sagen, die Medien ließen einfach nicht locker. Mindestens ein Dutzend Reporter nahm an jeder Pressekonferenz teil, die wir anberaumten.

Die Berichterstattung beschränkte sich bei Weitem nicht nur auf die lokalen Blätter. Selbst in Miami, Detroit und Los Angeles brachten die Zeitungen Auszüge aus der Wollman-Rink-Chronik. Das *Time-Magazin* widmete der Story eine volle Seite in der Rubrik „Inland". Es handelte sich dabei ja schließlich um ein hochdramatisches Ereignis, das jeden Bürger anging und einmal mehr den Kontrast zwischen der Unfähigkeit der Behörden und der Effizienz privater Wirtschaftsunternehmen verdeutlichte.

Vom 1. bis zum 10. September wurden rund 35 Kilometer Rohrleitungen verlegt. Am 11. September rückte ein Lkw-Konvoi an. Zehn Stunden lang wurde ununterbrochen Beton gegossen. Die Materialmenge, die wir errechnet hatten, reichte aus. Bei der Inspektion am nächsten Tag stellten unsere Ingenieure fest, dass das Fundament gleichmäßig und perfekt gegossen worden war. Am 15. September wurde die neu konstruierte Gefrieranlage im renovierten Kompressorraum installiert. Das einzige Problem war die Hitze. An dem Tag, als der Beton gegossen wurde, kletterten die Temperaturen auf 30 Grad Celsius. Ich fürchtete schon, dass die Bahn zwar fertig, aber das Wetter noch nicht so weit sein würde.

Ende September war alles, was man zur Herstellung der Eisdecke braucht, an Ort und Stelle. Jetzt mussten wir das System an vier aufeinanderfolgenden Tagen testen, an denen die Temperaturen unter 13 Grad lagen. Leider hatten wir in den kommenden zwei

Wochen ganz ungewöhnlich sonniges Herbstwetter. Zum ersten Mal in meinem Leben sehnte ich mich nach dem Winter.

Am 12. Oktober fielen die Temperaturen endlich. Am 15. Oktober fand der erste Test statt. Das Salzwasser wurde in die Rohre gepumpt. Es gab kein Leck, und der Druck blieb konstant. Am selben Tag regnete es, und nachts bildete sich auf der Schlittschuhbahn das erste Eis – eine wunderschöne, klare und lang ersehnte Eisschicht. Vier Monate, nachdem ich die Renovierung übernommen hatte, war die Schlittschuhbahn fertig. Außerdem blieben wir um 750 000 Dollar unter dem Drei-Millionen-Budget. Mit Zustimmung der Stadt verwandten wir den Überschuss für die Renovierung der Umkleidekabinen und des Restaurants, die an die Schlittschuhbahn angrenzten.

Während der Bauarbeiten hatte uns die Stadt weitgehend freie Hand gelassen – nicht zuletzt deshalb, weil ich meinen Leuten die Anweisung erteilt hatte, Vertreter der Behörden von der Baustelle möglichst fernzuhalten. Sobald sie sich einmischten, entstand ein Chaos. Beispielsweise war nach Fertigstellung der Schlittschuhbahn eine Abordnung des Referats für öffentliche Anlagen erschienen. Sie brachte einen Baum, den man mir zu Ehren einsetzen wollte. Die zwei oder drei Vertreter der Stadt konnten diese Aufgabe nicht bewältigen: Man zitierte daher eine Arbeitskolonne herbei, die aus sechs kräftigen Männern nebst einem Gärtner bestand, der das Einpflanzen überwachen sollte. Der Schößling selbst wurde auf einem Gabelstapler transportiert.

Zufällig befand ich mich gerade auf dem Gelände, als die Männer mit der Arbeit beginnen wollten. Der Baum war wohl der hässlichste und verkrüppeltste, den ich je zu Gesicht bekommen hatte. Das hätte ich ja noch verkraften können. Was mich aber in Rage brachte, war die Art und Weise, wie sie den Baum einsetzten. Am Vortag waren rund um die Schlittschuhbahn Grassoden eingepflanzt worden. Nachts hatte es geregnet, und der Boden war durchweicht. Und was machten diese Idioten? Fuhren mit ihrem Gabelstapler über den frisch gepflanzten Rasen und wühlten die Erde auf! In wenigen Minuten gelang es diesen sechs Männern – von denen die meisten ohnehin völlig überflüssig waren –, die Arbeit von zwei Tagen zunichte zu machen. Es dauerte drei Monate, bis die Grassoden wieder anwuchsen.

Zu diesem Zeitpunkt hatte ich einen Brief von Gordon Davis erhalten, Henry Sterns Amtsvorgänger. Davis erklärte, dass er für die anfänglichen Probleme mit dem Wollman-Rink-Projekt verantwortlich und nun sehr erleichtert sei, dass die (seine) Fehler behoben seien. Ich bin der Meinung, dass Davis nicht der Einzige war, der die Schuld an dem Debakel trug. Was mich jedoch beeindruckt hat, war, dass er im Gegensatz zu Henry Stern seine Dankbarkeit wenigstens zum Ausdruck brachte.

Während der Renovierungsarbeiten ließ Stern sich nämlich keine Möglichkeit entgehen, gegenüber der Presse unsere Verdienste zu schmälern. Die *Daily News* reagierte auf eine seiner üblichen zynischen Bemerkungen mit dem Satz: „Versuch' doch einmal, danke zu sagen, Henry. Das wäre unter diesen Umständen wohl angebrachter!"

Auch Koch freute sich nicht gerade überschwänglich. Ich glaube, das lag zum Teil auch an den Medien. Im Oktober brachten alle Lokalzeitungen Berichte, die mit Sicherheit dazu beitrugen, dass er sich in die Defensive gedrängt sah. In einem Leitartikel der *Times* hieß es zum Beispiel: „Die Stadt New York pfuscht seit sechs Jahren am Wollman-Rink-Projekt herum und hat dabei Millionen verschwendet." Der Schlusssatz lautete: „Diese Lektion sollte man nicht vergessen."

Sowohl Koch als auch Stern teilten den Reportern mit, dass sie sich nach Abschluss der Renovierungsarbeiten mit mir und meinen Leuten zusammensetzen würden; man wolle feststellen, inwieweit sich unsere Erkenntnisse und Erfahrungen auch auf andere städtische Projekte anwenden ließen. Diesen frommen Spruch habe ich nicht nur einmal, sondern ein dutzendmal gehört, auch am 13. November, als die Wollman-Rink-Schlittschuhbahn zur Benutzung freigegeben wurde.

Bis heute warte ich darauf, dass die Stadt ihre Ankündigung wahrmacht. Ich kann nicht behaupten, dass mich das überrascht. Das Interesse der Presse ist mittlerweile abgeflaut, und das war das Einzige, was den beiden den Schlaf raubte.

Ich glaube, dass die Stadt aus unseren Erfahrungen tatsächlich lernen könnte. Aber Koch ist wohl anderer Meinung. Er bastelte sich lieber seine eigene Erklärung dafür zurecht, dass uns etwas gelang, woran die Stadt gescheitert war: „Trump hat mit Netz und doppeltem Boden gearbeitet", meinte er. „Er konnte es nur schaffen, weil er die besten Leute engagiert und sie unter Druck gesetzt hat; sie wussten, dass sie nie wieder für Trump arbeiten würden, wenn sie auch nur den geringsten Fehler machten."

Diese Erklärung zeigt, dass Koch überhaupt nicht begriffen hat, worum es eigentlich ging. Die Stadt hätte dasselbe erreichen können, was mir gelungen war. Ich will damit nicht sagen, dass das Projekt unter ihrer Regie innerhalb von fünf Monaten – wie bei mir – oder in einem halben Jahr beendet worden wäre. Aber es gibt keine Entschuldigung, wenn man dafür mehr als ein Jahr braucht, geschweige denn sechs Jahre. Diese Trödelei zeugt ganz einfach von himmelschreiender Inkompetenz, und genau das ist der Schlüsselfaktor, an dem die Stadt scheiterte.

Unsere Behörden führen in der Regel zwei Gründe an, die erklären sollen, warum sie weniger flexibel als Privatunternehmen sind. Erstens bestehe ja laut Gesetz die Verpflichtung, sämtliche Arbeiten an einem Projekt öffentlich auszuschreiben und sich für die Firma mit dem niedrigsten Angebot zu entscheiden, gleichgültig, ob sie auch die am besten qualifizierte ist. Für dieses Problem gibt es zumindest eine Teillösung: Man müsste objektive Richtlinien vorgeben, die für alle Firmen gelten, die sich an einer Ausschreibung beteiligen. Eine weitere Grundvoraussetzung sollten nachweisbare Leistungen sein. Außerdem könnte man den Firmen, die bereits zur Zufriedenheit der Stadt gearbeitet haben, das heißt, ohne den Zeitrahmen oder das Budget zu überschreiten, bei künftigen städtischen Projekten den Vorzug geben.

Der zweite Grund für mangelnde Effizienz, den die Behörden anführen, ist das sogenannte Wicks-Gesetz. Es besagt, dass Bauarbeiten an einem städtischen Projekt mit einem Budget über 50 000 Dollar unter mindestens vier Firmen aufgeteilt werden müssen. Es wurde konzipiert, um den Wettbewerb zu beleben und die Baukosten zu verringern, hat aber genau das Gegenteil bewirkt. Da keine der Firmen die Verantwortung für das gesamte Bauprojekt trägt, sind Terminprobleme, Kompetenzstreitigkeiten und Kostenüberhänge an der Tagesordnung.

Ich will damit gar nicht in Abrede stellen, dass sich diese Faktoren nachteilig für die Stadt auswirken, aber ich meine, dass mangelnde Führungskompetenz hier das weit gravierendere Problem ist.

Ich weiß aus eigener Erfahrung, dass man selbst die renommiertesten Firmen nur dann dazu bringt, ihre Aufgaben im vorgegebenen Zeit- und Kostenrahmen zu beenden, wenn man ihnen immer wieder hart zusetzt. Um zu erreichen, dass sie die erwarteten Leistungen bringen, braucht man einen unbeugsamen Willen – und Sachkenntnis. Wenn Bauunternehmen, die für die Stadt tätig sind, sich an die jeweils zuständigen Behörden wenden und sagen: „Tut mir leid, aber wir haben da ein Problem und brauchen weitere ein oder zwei Millionen, um unsere Arbeit beenden zu können", dann stellt keiner der Beamten qualifizierte Fragen, weil die meisten nichts vom Baugewerbe verstehen.

Und was ich für noch schlimmer halte – keiner dieser Bürokraten wird für seine Fehler zur Verantwortung gezogen. Ich möchte Ihnen ein geradezu klassisches Beispiel nennen: 1984, als sich die Stadt bereits seit vier Jahren mit der Renovierung der Wollman-Rink-Schlittschuhbahn abmühte, hielt ein Mann namens Bronson Binger eine Pressekonferenz ab. Binger war zu diesem Zeitpunkt stellvertretender Leiter des Referats für öffentliche Anlagen, und seine Hauptaufgabe bestand darin, die Arbeiten am Wollman-Rink-Projekt zu überwachen. Binger stellte den Reportern gegenüber eine ziemlich kühne und selbstgefällige Behauptung auf: Falls die Schlittschuhbahn nicht pünktlich zu Beginn des nächsten Winters fertig sein sollte, so würde er seinen Hut nehmen.

Ein Jahr verging; die Schlittschuhbahn wurde natürlich nicht zur Benutzung freigegeben – und Binger hielt Wort. Er schied aus dem Amt aus. Die Sache hatte nur einen Haken: Kurze Zeit später wurde er zum stellvertretenden Leiter des Referats ernannt, das für die Errichtung von Justizvollzugsanstalten im Staat New York zuständig ist. Ich weiß nicht genau, welche spezifischen Kenntnisse man beim Bau von Gefängnissen braucht, aber eines wage ich mit Sicherheit zu behaupten: Die Renovierung von Schlittschuhbahnen ist leichter. Es kann nicht angehen, dass man diejenigen, die die Verantwortung für irgendwelche Missstände tragen, auch noch befördert, denn dann sind weitere Fehler geradezu vorprogrammiert.

Eine Gruppe, die von der behördlichen Inkompetenz profitiert, sind die Bauunternehmer. Wenn bei einem Projekt der Stadt, zum Beispiel dem Bau von U-Bahn-Stationen, Schnellstraßen oder Brücken, das Budget um Millionen überzogen wird, dann kann man davon ausgehen, dass sie ihr Schäfchen ins Trockene gebracht haben. Ihre Namen tauchen selten in den Schlagzeilen der Regenbogenpresse auf, und manche beherrschen nicht einmal unsere Sprache, aber sie wissen, wie man sich an der Stadt gesundstoßen kann. Sie verdienen nicht schlecht an den hohen, ungerechtfertigten Kostenüberhängen, die von den Ämtern abgesegnet und von den Steuerzahlern getragen werden.

Die Gala-Show auf dem Eis anlässlich der Eröffnung der Wollman-Rink-Schlittschuhbahn wurde von den ehemaligen Eiskunstlauf-Weltmeistern Dick Button und Aja Zanova-Steindler arrangiert. Es gelang ihnen, einige der größten Stars der Welt zu verpflichten: Peggy Fleming, Dorothy Hamill, Scott Hamilton, Debbi Thomas, Robin Cousins, Toller Cranston, die Paare Torvill/Dean und Blumberg/Seibert sowie zahlreiche andere Showgrößen. Es war ein sensationelles Ereignis.

Hätte die Stadt ein x-beliebiges Unternehmen mit der Verwaltung der Anlage beauftragt, so wäre vielleicht die nächste Katastrophe in Sicht gewesen. Aber weil man mit einer öffentlichen Ausschreibung die Wiedereröffnung der Schlittschuhbahn verzögert hätte, bat mich die Stadt, vorläufig – genauer gesagt, für die erste Saison – die Verwaltung zu übernehmen. Ich hielt nach einer Betriebsgesellschaft Ausschau, die mit dieser speziellen Aufgabe vertraut war, und fand genau das, was ich suchte: Ice Capades, ein Unternehmen, das nicht nur großartige Eisshows produziert, sondern auch zahlreiche Eislaufstadien und Schlittschuhbahnen in den USA leitet und damit die besten Geschäftsergebnisse erzielt.

Ich hätte keine bessere Wahl treffen können. Das Management sorgt nicht nur für einen reibungslosen Betrieb der Wollman-Rink-Schlittschuhbahn, sondern auch für beachtliche Gewinne.

Während der 1970er-Jahre, als die Schlittschuhbahn noch unter städtischer Leitung stand, beliefen sich die Erträge auf durchschnittlich 100 000 Dollar pro Jahr; mehr als 150 000 Dollar konnten nie erzielt werden. Obwohl unsere Eintrittspreise weit niedriger lagen als die anderer privat betriebener Schlittschuhbahnen – Erwachsene zahlen 4,50 Dollar, Kinder 2,50 –, konnten wir im ersten Geschäftsjahr einen Ertrag von 1,2 Millionen Dollar verbuchen. Der Reingewinn – mehr als 500 000 Dollar – ging in voller Höhe an gemeinnützige Einrichtungen und an das Referat für öffentliche Anlagen. Aber – was noch wichtiger war – mehr als eine halbe Million Schlittschuhläufer konnten sich endlich wieder auf der Wollman-Rink-Bahn tummeln.

Noch heute, im Frühjahr 1987, freue ich mich über den Anblick, der sich mir bietet, wenn ich aus dem Fenster meines Wohnzimmers im Trump Tower den Läufern auf der Wollman-Rink-Schlittschuhbahn zusehe. Ich belasse es beim Zuschauen, weil ich keine Lust habe, mich aufs Glatteis zu begeben. Viele Leute warten nur darauf, dass ich ausrutsche, und diesen Gefallen werde ich ihnen nicht tun, denn Schlittschuhlaufen gehört nicht zu meinen Stärken.

13
COMEBACK

Meine West Side Story

Die schwierigste Entscheidung meines Lebens musste ich im Sommer 1979 treffen, als ich beschloss, meine Kaufoption auf den alten West-Side-Rangierbahnhof zwischen der 59th und 72nd Street – wovon rund 30 Hektar direkt am Ufer des Hudson liegen – nicht auszuüben. Am einfachsten fiel mir die Entscheidung, dasselbe Stück Land, die sogenannten West Side yards, im Januar 1985 zurückzukaufen.

Ich bin normalerweise von jedem guten Grundstück begeistert, das ich kaufen kann. Aber ich glaube, nur wenige würden mir widersprechen, wenn ich behaupte, dass es sich bei diesen insgesamt 40 Hektar um das wertvollste Bauland handelt, das es heute in Amerika gibt.

Manche Zeitungen haben berichtet, ich hätte für die West Side yards 95 Millionen Dollar gezahlt, was in etwa stimmt. Berücksichtigt man den Zeitwert des Geldes, dann habe ich für das Land 1985 weniger gezahlt, als wenn ich meine Kaufoption 1979 ausgeübt hätte. Inzwischen sind die Immobilienpreise in Manhattan teilweise um das Fünffache gestiegen. Ich bin überzeugt, dass ich das Grundstück – auch ohne es zu bebauen – problemlos und mit beachtlichem Gewinn verkaufen kann. Ich habe schon mehrere Angebote abgelehnt. Kurze Zeit nachdem ich die West Side yards gekauft hatte, zahlte eine andere Immobilienentwicklungs-Gruppe für das vergleichsweise winzige Columbus Circle Coliseum, nur vier Blocks entfernt, zirka 500 Millionen Dollar.

Ich bekam das West-Side-Gelände zu einem fantastischen Preis, weil es gerade erst zur Zwangsvollstreckung freigegeben und noch nicht am freien Markt angeboten worden war. Außerdem schien ich der einzige Kaufinteressent zu sein, der sowohl gewillt als auch in der Lage war, die laufenden Kosten – die sich auf -zig Millionen beliefen – so lange zu tragen, bis das Land erschlossen und genutzt werden konnte.

Als ich 1974 die Kaufoption auf die West Side yards von der Penn Central Eisenbahngesellschaft erwarb, konnte ich mein erstes größeres Geschäft in Manhattan abwickeln. Damals stand die Stadt New York, wie schon erwähnt, am Rande des Bankrotts. Die West Side gehörte zwar zu den weniger beliebten Wohnvierteln, aber ich war der Meinung, dass man eigentlich nichts falsch machen kann, wenn man ein erstklassiges Grundstück direkt am Ufer des Hudson im Herzen von Manhattan zu einem günstigen Preis erwirbt.

Im Laufe der nächsten sechs Jahre geizte der Staat jedoch immer mehr mit den Subventionen, die früher für die Beschaffung von billigem Wohnraum zur Verfügung gestellt wurden. Die Stadtverwaltung lehnte überdies jegliche strukturelle Entwicklung im West-Side-Bezirk ab, und die Banken zeigten wenig Neigung, größere Bauvorhaben zu finanzieren. Dazu kam noch, dass ich gerade mit verschiedenen Projekten mehr als ausgelastet war – unter anderem mit dem Commodore/Hyatt, dem Trump Tower und meinem ersten Spielcasino in Atlantic City. Außerdem hatte ich keine große Lust, mich in weitere Unkosten zu stürzen, zumal meine eigenen Mittel noch äußerst begrenzt waren.

Ich konzentrierte mich also zunächst auf lohnendere Projekte. Dadurch konnte ich meine finanzielle Situation so weit verbessern, dass mir die Kostenfrage keine Kopfschmerzen mehr bereitete. Außerdem hatte ich mir bei den Banken inzwischen einen guten Ruf erworben, sodass man mir einen Kredit in jeder Höhe, gleich für welche Transaktion, bewilligt hätte.

Kurz nach meinem Verzicht auf die Option verkaufte die Penn Central die West Side yards an meinen Freund Abe Hirschfeld, der sich schnellstens einen geeigneten Partner suchte. Francisco Macri hatte in den sechziger Jahren mit dem Bau von Brücken in seinem Heimatland Argentinien ein Vermögen erworben. Macri entwickelte das Projekt später in eigener Regie. Hirschfeld stand laut Vertrag zwar noch ein beachtlicher Anteil an den Gewinnen zu, aber er spielte keine verantwortliche Rolle mehr. Macri übergab die Projektleitung einem Mann namens Carlos Varsavsky, einem ehemaligen Physikprofessor, der sich schon in Macris argentinischer Firma, der BA Capital, bewährt hatte.

Das Macri-Team bestand zwar aus brillanten Theoretikern, aber ihm fehlte die Praxis und Erfahrung, die man vor allem in New York braucht, wo die Auflagen bei der Entwicklung von Immobilien besonders vielschichtig und schwer zu erfüllen sind.

Um eine Bauerlaubnis in Manhattan zu erhalten, muss man zunächst einmal nachweisen, dass das geplante Projekt wirtschaftlich ist. Ein Planfeststellungsverfahren ist ein äußerst komplexer, hochbrisanter und zeitraubender Prozess, an dem mindestens ein Dutzend staatliche und städtische Behörden sowie lokale Interessengruppen und Politiker beteiligt sind.

Macri schaffte es schließlich, eine Baugenehmigung für sein Projekt zu erhalten, das unter der Bezeichnung Lincoln West lief. Aber er sah sich gezwungen, zahllose Konzessionen zu machen. Vielleicht wäre es besser für ihn gewesen, wenn er sich damals schon einen Käufer für Lincoln West gesucht hätte. Aufgrund der Bedingungen, die ihm die Stadt stellte, musste er mit Millionen in die roten Zahlen geraten.

Macri tat mir leid, denn er war ein sympathischer Mann, der noch kühne Träume besaß. Aber er hatte sich von Anfang an verkalkuliert: Er war davon ausgegangen, dass er bei einem Bauprojekt wie Lincoln West nicht nur die anfallenden Kosten verkraften, sondern auch noch einen Gewinn machen könne. Aber das ist ein Trugschluss: Wenn man nicht so geschickt plant, dass die laufenden Kosten schon während der Bauphase gedeckt sind, dann riskiert man, dass sie einen auffressen, bevor man auch nur einen Cent verdient hat.

Macris Problem war außerdem, dass er versuchte, die Prinzipien des Brückenbaus auf den Wohnungsbau anzuwenden. Wenn man – wie er – für den Staat Brücken errichtet, stellt man eine Kostenkalkulation auf und schließt einen Vertrag ab, in dem ein bestimmtes Budget vorgegeben ist. Um einen Gewinn zu erzielen, muss man mit seinen Kosten lediglich innerhalb dieses Rahmens bleiben. Auf dem Immobilienentwicklungssektor gelten ganz andere Spielregeln. Man kann zwar die Baukosten schätzen, nicht aber die Erträge, die sich mit dem Projekt erwirtschaften lassen, denn diese sind von der jeweiligen Marktlage abhängig. Zu den unberechenbaren Faktoren gehört zum Beispiel der Preis, den man pro Wohneinheit erzielt, der Zeitraum, den man für den Verkauf braucht, und die laufenden Kosten, die in dieser Periode anfallen. Und je geringer die anfänglichen Investitionen, desto geringer ist auch das Risiko.

Macris Fehler bestand darin, drei Jahre lang nichts als Zugeständnisse zu machen. Die Stadt forderte alle möglichen Gegenleistungen für die Erteilung einer Baugenehmigung, und Macri ging darauf ein. Als Erstes erklärte er sich einverstanden, sich mit 30 Millionen Dollar an der Renovierung der U-Bahnstation zu beteiligen, die in der Nähe seines Grundstücks lag; dabei war lediglich die Erweiterung einer einzigen Plattform um rund 1,20 Meter Breite vorgesehen. Ich meine, für 30 Millionen Dollar sollte man eigentlich die gesamte U-Bahn-Station umbauen können.

Man knöpfte Macri weitere fünf Millionen Dollar für den Bau eines Rangierbahnhofs in der South Bronx ab, der den alten West-Side-Bahnhof ersetzen sollte. Dann musste er 30 Millionen Dollar für einen Park hinblättern, der innerhalb seines Terrains geplant war. Danach verlangte man von ihm, eine Verbindungsstraße zum bestehenden Straßenverkehrsnetz zu schaffen, was mit Sicherheit -zig Millionen gekostet hätte.

Als Con Edison Macri die Kosten für den Umbau eines Rauchfangs auf seinem Elektrizitätswerk aufbürdete, das sich innerhalb des Baugeländes befand, akzeptierte er auch diese Forderung. Das fand ich ziemlich töricht. Con Edison verlangt sowieso die höchsten Preise für seine Dienstleistungen. Als ich Macri kennenlernte, fragte ich ihn, warum er sich einverstanden erklärt habe, Con Edison finanziell unter die Arme zu greifen. Dieser würde im Laufe der Jahre noch genug an ihm verdienen, wenn er erst einmal seinen Strom von diesem Versorgungsbetrieb beziehe.

„Sie haben mir gedroht, mein Projekt zu boykottieren", erklärte mir Macri. „Und überhaupt, warum so viel Aufhebens um die Sache machen? Was kann so ein Rauchfang schon kosten?"

Plötzlich ging mir ein Licht auf: Franco Macri hatte sich noch gar nicht über die Kosten informiert, die da auf ihn zukamen. Ich wollte es jedoch genau wissen und stellte fest, dass ein 150 Meter hoher Rauchabzug genauso teuer ist wie der Bau eines stattlichen Hauses. „Sie müssen mit dreißig bis vierzig Millionen rechnen", teilte ich Macri mit. Das schien ihn nicht besonders zu erschrekken. Er hatte ohnehin schon mehr als 100 Millionen Dollar ausgegeben, um jeden zu befriedigen, der Forderungen an ihn stellte. Und, was noch schlimmer war, er musste diese Summe aufbringen, bevor er mit dem Bau des Wohnkomplexes begonnen oder auch nur eine einzige Wohnung verkauft hatte.

Ein ebenso schlechtes Geschäft ging Macri ein, als er die Bauauflagen der Stadt akzeptierte. Er hatte sich auf 4300 Wohneinheiten herunterhandeln lassen, was bei einem Grundstück von 40 Hektar einer größeren Ballungsdichte entsprach, als man in manchen sechsstöckigen Apartmentkomplexen am Stadtrand findet. Darüber hinaus war er auch noch einverstanden gewesen, nur 850 Wohneinheiten im wertvollsten Teil seines Baugeländes zu errichten – zwischen der 68th und 72nd Street –, das an eine bereits bestehende Wohnsiedlung angrenzte. Die meisten Wohnungen sollten neben der Industriezone am Südrand des Geländes entstehen, wo es keine Wohnhäuser gab. Es war im Übrigen noch völlig ungeklärt, ob sich für diese Wohnungen wegen der Lage überhaupt Käufer finden würden.

Die Interessengruppen, die sich gegen eine weitere strukturelle Entwicklung der Upper West Side wehrten, hatten mit Macri ein leichtes Spiel, denn er selbst war sein größter Feind.

Der letzte schwerwiegende Fehler war das schwache Werbekonzept, das er für sein West-Side-Projekt entwickelte. In den vier Jahren, in denen er eines der besten Immobilienobjekte der Stadt besaß, ließ die Presse kein Wort darüber verlauten. Schon der Name Lincoln West war schlecht gewählt; trotz der Größe und Bedeutung des Projektes für die gesamte bauliche Entwicklung der

Stadt ließ sich daraus nicht mehr ableiten, als dass es sich neben dem Lincoln Center befand.

Um in New York einen Wohnturm mit durchschnittlich 150 Wohnungen der Luxuskategorie zu verkaufen, braucht man rund zwei Jahre, vorausgesetzt, dass der Markt stabil und die Werbung erstklassig ist. Handelt es sich um Tausende von Wohnungen in einem neu erschlossenen Wohngebiet, dann sind zwei Faktoren von entscheidender Bedeutung: Man muss etwas Außergewöhnliches anzubieten haben und eine besonders aggressive Verkaufsstrategie verfolgen. Macri fehlte sowohl das eine als auch das andere. Die Lincoln-West-Siedlung, die aus zwei Dutzend relativ niedrigen Backsteingebäuden bestehen sollte, war genauso fantasie- und gesichtslos wie die Mehrzahl der Wohnsilos, die in den sechziger Jahren im öffentlichen Wohnungsbau überall in Manhattan wie Pilze aus dem Boden schossen. Kein Wunder also, dass sich nicht eine der Banken, die Macri im Laufe von drei Jahren ansprach, bereit erklärte, sein Bauvorhaben zu finanzieren, obwohl sie mit Krediten für andere Wohnungsbauprojekte in New York nur so um sich warfen.

Ende 1983 befand sich Macri in finanziellen Schwierigkeiten. Der Falkland-Krieg hatte sich auf seine Geschäfte in Argentinien ungünstig ausgewirkt. Zu diesem Zeitpunkt beliefen sich seine Investitionen in das Lincoln-West-Projekt – unter anderem Vorauszahlungen an die Architekten, die Ausgaben für Umweltschutz-Studien und die laufenden Kosten – schon auf weit mehr als 100 Millionen Dollar. Aufgrund dieses finanziellen Engpasses war er unfähig, den Kredit der Chase Manhattan Bank zurückzuzahlen, den er für den Landkauf aufgenommen hatte.

Im Frühjahr 1984 erhielt ich einen Anruf von Abe Hirschfeld. Er teilte mir mit, dass Macri in finanziellen Schwierigkeiten stecke und bereit sei zu verkaufen. Ich nahm Kontakt zu Macri auf.

Die Verhandlungen gestalteten sich zäh und langwierig. Er wollte zwar verkaufen, aber nur, wenn dabei ein Gewinn für ihn abfiel. Er stand allerdings unter Zeitdruck, denn die Banken setzten ihm inzwischen hart zu. Im November konnten wir uns endlich auf einen Preis von rund 100 Millionen Dollar einigen, zahlbar in bar. Die Chase Manhattan Bank gab mir die Zusage, einen Teil der Transaktion zu finanzieren.

Ich bin überzeugt, Franco Macri hat nicht zuletzt deshalb an mich verkauft, weil ich ihm vor langer Zeit einmal einen Gefallen getan hatte. Kurze Zeit nach unserem ersten Gespräch, Anfang 1984, hatten wir uns auf die Konditionen geeinigt, die mit dem Verkauf verknüpft waren. Er schien noch immer nicht ganz sicher zu sein, ob er sich überhaupt von dem Projekt trennen solle, aber er war zumindest bereit, eine Absichtserklärung zu unterschreiben. Die erste Lektion, die jeder lernen sollte, der in der Immobilienbranche – besonders in New York – Fuß zu fassen versucht, besteht darin, dass man niemals eine Absichtserklärung unterzeichnen darf. Es kann Jahre dauern, bis man von einer scheinbar simplen, „unverbindlichen" Zusage entbunden ist.

Macri war das offensichtlich nicht klar, und mein Anwalt, Jerry Schrager, setzte darüber hinaus auch noch eine Absichtserklärung auf, die es in sich hatte.

Bei der Unterzeichnung der Absichtserklärung, die Mitte 1984 im Sherry Netherland Hotel stattfand, waren außer Jerry, Macri und mir noch sein Sohn und eine Dolmetscherin anwesend. Christina war eine echte Schönheit, und alle hatten Mühe, sich auf das Geschäftliche zu konzentrieren. Ich vergesse nie, wie sie mitten während der Übersetzung einer äußerst schwierigen Passage zu Macri sagte: „Sie sollten sich einen Anwalt nehmen, der Ihnen genau erklärt, was dieses Schriftstück im Einzelnen bedeutet; das Ganze ist ziemlich kompliziert."

„Nein, nein, Christina", erwiderte Macri. „Ich will nur endlich raus aus der Sache; der Rest ist nicht so wichtig." Danach gingen die Verhandlungen weiter, an deren Ende er seine Unterschrift leistete.

Wie sich herausstellen sollte, hatte Macri seinen Traum, das Projekt doch noch zu beenden, keineswegs begraben. Einige Monate später rief er an und bat mich, seine Absichtserklärung als null und nichtig zu betrachten. Ich lehnte ab, war aber bereit, mich mit ihm zu treffen.

Macri erklärte mir, dass das Projekt seine finanziellen Mittel übersteige, dass er aber einen letzten Versuch starten wolle, die Finanzierung zu sichern und mit dem Bau zu beginnen. Eigentlich konnte ich ihn ganz gut verstehen. Schließlich hatte ich selbst oft hart und lange gekämpft, um ein Projekt durchzuziehen. Außerdem schätzte ich seine Offenheit.

Ich nahm die Absichtserklärung aus der Mappe und zerriss sie vor Macris Augen. Dann sagte ich zu ihm: „Wenn Sie sich je entscheiden sollten zu verkaufen, dann denken Sie zuerst an mich. In der Zwischenzeit wünsche ich Ihnen viel Glück."

Schrager war von meiner Großzügigkeit natürlich nicht besonders erbaut, aber ich bin bis zum heutigen Tag der festen Überzeugung, dass Macri – als feststand, dass er das Projekt nicht halten konnte – mir den Vorzug vor anderen Kaufinteressenten gab, weil ich die Absichtserklärung, gleichgültig ob sie verbindlich war oder nicht, zerrissen hatte.

Noch vor der Unterzeichnung der Kaufverträge im Januar 1985 standen meine Pläne im Großen und Ganzen fest. Ich wollte weniger Häuser als Macri bauen und sie zu einem einzigen Block zusammenfassen. Das herrliche Panorama gehörte zu unseren stärksten Verkaufsargumenten, und deshalb sollte jede Wohnung auf der Westseite einen ungehinderten Blick auf den Hudson, im Osten auf die fantastische Skyline New Yorks – oder beides – bieten. Außerdem sollten die Häuser höher als die von Macri geplanten werden, zum einen, um die Sicht voll nutzen zu können, und zum anderen, weil Hochhäuser, wie ich finde, imposanter wirken und von den Käufern bevorzugt werden.

Mir schwebte eine breite Einkaufspromenade zum Flussufer hin vor, wo sich die Vorderfront der Gebäude befinden sollte. Gerade auf der Upper West Side von Manhattan fehlen Einkaufsmöglichkeiten – große Supermärkte, Schuhgeschäfte, Apotheken und Drogerien sowie Haushalts- und Eisenwarengeschäfte. Die Mieten am Broadway, an der Amsterdam und der Columbus Avenue waren inzwischen für die meisten Ladeninhaber unerschwinglich geworden. Heute findet man an der Columbus Avenue eher eine Luxusboutique für Lederwaren als einen Bäckerladen. Da ich das Land so günstig erworben hatte, konnte ich die gewerblich genutzten Flächen zu einem vernünftigen Preis verpachten.

Ich musste mich bei meinen Plänen natürlich nach den Auflagen richten, die mir die Stadt beim Bau machen würde. Ich brauchte keine komplizierten Kostenanalysen, um mir auszurechnen, dass das Projekt nur dann rentabel sein würde, wenn ich mehr Wohneinheiten errichten und ein größeres Stück Land bebauen durfte als Macri. Im Gegensatz zu meinem Vorgänger war ich jedoch gewillt und in der Lage, mich auch auf eine lange Wartezeit einzurichten, bis die Stadt – oder notfalls auch eine neue Administration – mir die Genehmigung für ein Projekt erteilen würde, das ich für wirtschaftlich hielt.

Als Erstes nahm ich mir vor, mich von Macris Projekt so weit wie möglich zu distanzieren. Jede Verbindung, die sich herstellen ließ, konnte mir nur schaden.

Als Macri an mich verkaufte, hatte er seine mündlichen Zusagen noch nicht schriftlich bestätigt, und die endgültige Bauerlaubnis der Stadt stand noch aus. Deshalb waren die von ihm getroffenen Absprachen für mich auch nicht bindend. Das bedeutete, ich musste wieder auf dem Nullpunkt beginnen, was Zeit und Geld kostete; aber mir blieb keine andere Wahl.

Zunächst musste ich der Stadt mein Projekt schmackhaft machen, sodass sie eher geneigt sein würde, meine Baupläne zu bewilligen. Es galt, gemeinsame Interessen aufzuzeigen. Ein Geschäftsabschluss kommt leichter zustande, wenn jeder der Partner etwas besitzt, was der andere haben möchte. Zufällig stieß ich kurz nach dem Kauf der West Side yards beim Durchblättern der Zeitung auf die Lösung. In einer Meldung hieß es, NBC beabsichtige, seinen langjährigen Hauptsitz im Rockefeller Center aufzugeben und den Standort zu wechseln. Diese Neuigkeit wurde mir von dem renommierten New Yorker Immobilienmakler Edward S. Gordon bestätigt. NBC hatte tatsächlich einen Umzug nach New Jersey ins Auge gefasst, weil man dort aufgrund der niedrigeren Steuersätze und Immobilienpreise erhebliche Kosten einzusparen hoffte.

Es ist bitter für eine Stadt, ein großes Unternehmen zu verlieren, aber NBCs geplanter Standortwechsel war ein harter Schlag für New York, vor allem wirtschaftlich gesehen. Das Amt für wirtschaftliche Entwicklung hatte geschätzt, dass der Stadt durch den Abzug von NBC rund 4000 Arbeitsplätze und zirka 500 Millionen Dollar an Steuergeldern verlorengehen würden.

Die psychologische Wirkung wäre genauso verheerend gewesen. Einen Industriebetrieb zu verlieren, dessen Namen niemand kennt, lässt sich verkraften. Aber ein Standortwechsel der NBC, die New Yorks Ruf als bedeutendste Medienmetropole der Welt mitbegründet hat, käme einer Katastrophe gleich. Die beiden anderen großen Fernsehstationen, ABC und CBS, strahlten ihre Sendungen mittlerweile von Los Angeles aus. Die NBC produziert ihre erfolgreichsten Programme, zum Beispiel die *Today Show*, die *NBC Nighty news* und Reportagen wie *Late Night with David Letterman*, *The Cosby Show* oder *Saturday Night Live*, auch heute noch in New York. Was es für die New Yorker bedeutet hätte, die in ihrer Heimatstadt ansässige marktführende Fernsehstation mit dem besten Unterhaltungskonzept zu verlieren, lässt sich gar nicht in Zahlen ermessen. Sie besitzt den gleichen Symbolwert wie das Empire State Building oder die Freiheitsstatue und würde eine ebenso unersetzliche Lücke hinterlassen.

Mit einem Standort auf den West Side yards hatte ich NBC etwas zu bieten, was kein anderes Immobilien-Entwicklungsunternehmen im Raum New York vorweisen konnte: ausreichend Platz für riesige eingeschossige Studios, wie sie in Hollywood errichtet worden waren. NBC musste sich im Rockefeller Center auf rund 1,11 Hektar beschränken. Ich war in der Lage, der Gesellschaft 1,86 Hektar sowie weitere Expansionsmöglichkeiten zu bieten, und hatte noch immer Platz für andere Verwendungszwecke, die mir vorschwebten.

Da der Kaufpreis des Grundstückes so günstig gewesen war, konnte ich NBC zudem noch ein Preisangebot machen, das weit unter dem in New York üblichen Niveau lag. Aber ich wusste, um die gleichen Wettbewerbschancen wie meine Konkurrenten in New Jersey zu haben, brauchte ich einen Steuernachlass. Mir war klar, dass die Stadt schon aus rein wirtschaftlichen Erwägungen heraus alles tun würde, um NBC zum Bleiben zu bewegen.

Je mehr ich darüber nachdachte, desto besser gefiel mir die Idee, auf dem Gelände Film- und Fernsehstudios zu bauen, selbst wenn sich NBC am Ende doch nicht für die West Side yards entscheiden sollte. Mit oder ohne NBC, ich sah darin die optimale Nutzungsmöglichkeit. Noch bevor ich Kontakt zu der Fernsehstation aufnahm, beschloss ich, die Studios in den Mittelpunkt des gesamten Projektes zu stellen. Als Erstes brauchte es einen Namen. Ich entschied mich für Television City.

Meine zweite Aufgabe bestand in der Ausarbeitung eines schlagkräftigen Werbekonzeptes. Je früher ich die Fantasie und Aufmerksamkeit der Öffentlichkeit fesseln konnte, desto leichter würde es mir später fallen, Käufer zu finden. Viele meiner Konkurrenten entscheiden sich für den umgekehrten Weg: Zuerst bauen sie, dann rühren sie – falls überhaupt – die Werbetrommel. Die Idee, auf diesem Terrain das höchste Gebäude der Welt zu errichten, kam mir schon, bevor ich die West Side yards kaufen konnte. Ich hatte schon immer etwas für die Wolkenkratzerarchitektur übrig. Ich erinnere mich noch daran, wie ich als Kind meinen Vater anflehte, mit mir das Empire State Building zu besichtigen, den damals höchsten Wolkenkratzer der Welt. Danach machte Chicago mit dem Bau des Sears Tower New York den Ruhm streitig. Ehre, wem Ehre gebührt, und deshalb brannte ich darauf, der Stadt New York wieder zum höchsten Gebäude der Welt zu verhelfen.

In gewisser Hinsicht hatte ich mich damit abgefunden, dass dieser Superturm für mich ein Verlustgeschäft sein würde. Wenn man höher als 50 Stockwerke baut, steigen die Baukosten linear mit jeder Etage. Wer sich vornehmlich am Gewinn orientiert, sollte deshalb besser drei Wohntürme mit 50 Stockwerken als einen mit 150 errichten. Andererseits hoffte ich, dass sich die Kosten letztlich doch amortisieren würden, weil das Gebäude eine Attraktion für Besucher aus dem In- und Ausland zu werden versprach. Waren nicht Millionen wie ich als Kind zum Empire State Building geströmt?

Als nächstes musste ich einen Architekten finden, der meinen Traum, das höchste Gebäude der Welt zu errichten, verwirklichen konnte. Zwei Männer kamen in Frage: Der erste war Richard Meier, der die Crème de la Crème der New Yorker Architekten repräsentiert; er wird von seinen Anhängern und Kritikern gleichermaßen in den Himmel gelobt. Ich stellte allerdings bald fest, dass Meier den nötigen Arbeitseifer und Elan vermissen ließ. Er gehört zu denen, die endlos analysieren und theoretisieren. Ich wartete wochenlang auf ein maßstabgerechtes Modell oder zumindest irgendwelche Rohskizzen. Er rührte sich nicht.

In der Zwischenzeit lernte ich Helmut Jahn kennen. Er war mir von Anfang an sympathisch und besaß genau die Eigenschaften, die Meier fehlten. Jahn galt in vieler Hinsicht als Außenseiter: Er ist in Deutschland geboren, lebte in Chicago und hatte sich in der New Yorker Architekturszene noch nicht profiliert. Er wirkte zwar ein wenig stutzerhaft, verstand aber etwas von Werbung und hatte bereits durch einige kühne Projekte außerhalb der Metropole Aufmerksamkeit erregt. Nach seinen Plänen waren das Xerox Center in der City von Chicago und das State of Illinois Building, ein Technologiezentrum, entstanden. Als wir uns trafen, arbeitete er gerade an vier Bauprojekten in Manhattan.

Am meisten gefiel mir, dass Helmut genausoviel wie ich für die Hochhaus-Architektur übrig hatte. Ihm lagen Bauten im großen Stil. Knapp drei Wochen nach unserem ersten Gespräch erschien er mit einem maßstabgerechten Modell in meinem Büro, in dem sämtliche Elemente, auf die es mir ankam, berücksichtigt waren. Auch hatte er in das Konzept einige gute eigene Ideen eingebracht. Im Sommer 1985 ernannte ich ihn zu meinem leitenden Architekten für das Television-City-Projekt.

Im Herbst hatten wir wohl schon ein Dutzend Entwürfe geprüft und verworfen. Wir waren der Auffassung, dass das Grundstück so riesig und markant sei, dass es wenig Sinn gehabt hätte, die darauf geplanten Gebäude der unmittelbaren Umgebung anzupassen. Hier bot sich uns die Chance, mitten in New York eine Enklave zu errichten, die sich in Stil und Charakter deutlich von den benachbarten Bauwerken abhob.

Am 18. November hielten wir eine Pressekonferenz ab, um unsere Pläne der Öffentlichkeit vorzustellen. Macri war während all der Jahre, in denen er sein Lincoln-West-Projekt zu realisieren versuchte, von den Medien ignoriert worden. Zu unserer Pressekonferenz erschienen 50 Journalisten von regionalen und überregionalen Zeitungen. Ich skizzierte kurz die Grundelemente unseres Bauprojektes: Wir hätten ihm den Namen Television City gegeben und hofften, NBC als ersten Residenten begrüßen zu dürfen. Auf einer Fläche von rund 18,5 Millionen Quadratmetern sollten Büros, Geschäfte und Wohnblocks entstehen. Es seien 8000 Wohneinheiten, eine Fläche von 3,5 Millionen Quadratmetern für Film- und Fernsehstudios sowie Bürofläche im Umfang von 1,5 Millionen Quadratmetern sowie eine Vielzahl von Einzelhandelsgeschäften vorgesehen. Außerdem sollten ein Parkhaus mit 8500 Stellplätzen, weiträumige Grünanlagen, Plätze und eine Uferpromenade angelegt werden, die sich über dreizehn Straßenblocks erstrecken würde. Im Zentrum wollten wir das höchste Gebäude der Welt errichten – rund 500 Meter hoch oder 60 Meter höher als der Sears Tower in Chicago.

Der Entwurf bestach durch seine Schlichtheit und seine Dimensionen. Neben dem höchsten Gebäude der Welt sollten nur noch sieben weitere Hochhäuser errichtet werden – drei auf der Nord- und vier auf der Südseite des Geländes. Auf dem Dach der dreigeschossigen Plattform an der Frontseite der Gebäude – die als Park- und Einkaufsbereich konzipiert war – bot sich ausreichend Platz für eine Fußgängerpromenade, die auf einer Ebene knapp oberhalb des angrenzenden West Side Highway angelegt werden sollte. Damit war von jedem Punkt des Geländes aus ein ungehinderter Blick auf den Fluss gewährleistet. Auch für weitläufige Grünanlagen blieb genug Raum. Unser Projekt sollte zwar um die Hälfte größer als das von Macri geplante werden, aber die Besiedlungsdichte war weitaus geringer als bei den üblichen Wohn- und Geschäftszentren, die in der Stadtmitte auf engstem Raum zusammengeballt sind.

Die meisten Reporter zeigten wenig Interesse an den technischen Einzelheiten des Projektes. Sie hofften auf irgendeine Mitteilung, die eine Sensation zu werden versprach. Ich hatte mich auf Fragen zur Besiedlungsdichte, zum erhöhten Verkehrsaufkommen oder zur Nutzung der Gebäude eingestellt, aber stattdessen konzentrierten sich die Pressevertreter nur auf ein Thema: den höchsten Wolkenkratzer der Welt. Das war mir nur recht: Ich pries die Faszination, ja die geradezu mystische Aura, die dieses kühne Projekt umgab. Als ich abends nach Hause kam und im Fernsehen die CBS-Abendnachrichten einschaltete, erwartete ich eigentlich, einen Bericht vom Gipfeltreffen zwischen Reagan und Gorbatschow zu sehen. Dan Rather traf in Genf bereits die ersten Vorbereitungen für das große Medienereignis, aber nach der Zusammenfassung der Tagesmeldungen sagte der Sprecher plötzlich: „Der Immobilien-Tycoon Donald Trump hat heute in New York City den Bau des höchsten Gebäudes der Welt angekündigt." Das zeigte mir, wie sehr ich die Vorstellungskraft meiner Mitmenschen mit diesem Symbol der Superlative angeregt hatte.

Nicht alle Vertreter der Medien reagierten begeistert auf meinen Plan, das höchste Gebäude der Welt zu errichten, aber das hatte ich erwartet. Auch das kam mir gelegen: Die kontroversen Meinungen trugen dazu bei, das Interesse der Öffentlichkeit wachzuhalten. Die Kritiker monierten, dass ein solch gigantisches Bauwerk überflüssig sei, dass niemand in so schwindelnden Höhen wohnen wolle und es mir sowieso nicht gelingen werde, meine visionären Vorstellungen in die Praxis umzusetzen. Newsweek brachte einen ganzseitigen Bericht unter dem Titel: *Donald Trumps Höhenflüge*. In der *New York Times* erschien ein Leitartikel, der meinem Vorhaben die nötige Glaubwürdigkeit verlieh: „Allein die Zeit wird entscheiden, ob es sich hier um die Verwirklichung eines kühnen Traums oder um reine Illusion handelt", hieß es dort. „Es ist noch zu früh, um zu beurteilen, ob Donald Trumps brennender Wunsch, mit seinem hundertfünfzigstöckigen Superturm die Skyline New Yorks und anderer amerikanischer Metropolen zu beherrschen, in die eine oder in die andere Kategorie einzureihen ist."

Die Stellungnahme, die mir am besten gefiel, stammte von dem Kolumnisten George Will. Er war mir schon immer sympathisch, weil er keine Hemmungen hat, den Zeitgeschmack in Frage zu stellen. „Donald Trump plant nicht mit dem Verstand", schrieb er. „Aber Verstand ist zum Glück nicht das Einzige, was im Leben zählt. Trump gehört zu den Menschen, die das Außergewöhnliche für eine Tugend halten. Er symbolisiert den amerikanischen Traum, ebenso wie die Skyline Manhattans Sinnbild für die überschäumende Vitalität unseres jungen Staates ist. Er behauptet, der Superturm sei eben deshalb notwendig, weil er nicht notwendig sei. Er meint, ein frischer Wind in unserer Architekturlandschaft könne uns nur guttun, und (vielleicht) hat er damit recht. Kampfgeist, Strebsamkeit und Elan haben schließlich schon immer den Charakter unseres Landes geprägt."

Ich bedauerte nur, dass Will keinen Sitz im Stadtplanungs-Ausschuss hatte.

Zu meiner Überraschung wurden die Stimmen der Opposition im Laufe der Zeit immer schwächer. Sie konzentrierte sich auf andere Aspekte des Projektes, die – wie ich glaubte – weniger Anlass zu Kontroversen boten. Der Architekturkritiker Paul Goldberger von der *Times* startete einen regelrechten Kreuzzug gegen Television City. Eine Woche nach der Pressekonferenz schrieb Goldberger einen ausführlichen Artikel, der die Überschrift trug: „Ist Trumps neuester Plan nichts als ein Luftschloss?" Seine Kritik richtete sich – abgesehen davon, dass er seiner Aversion gegen Wolkenkratzer generell Ausdruck verlieh – vor allem gegen die mangelnde Anpassung an die benachbarten Bauwerke.

Aber genau das war der Punkt, der mir am meisten gefiel. Es wäre absolut falsch gewesen, einen Komplex zu errichten, der sich nahtlos in die Umgebung einpasste. Schon vor zehn Jahren hatte ich beim Umbau des Commodore/Hyatt Hotels den gleichen Standpunkt vertreten. Das Grand-Central-Viertel starb, und die einzige Möglichkeit, es wiederzubeleben, bestand in meinen Augen darin, dort einen ästhetischen, supermodernen Glasturm zu errichten, der sich deutlich von der monotonen, anachronistischen Architekturlandschaft ringsum abhob. Das neue Hotel wurde ein sensationeller Erfolg; selbst die Kritiker konnten seine Vorzüge nicht ignorieren. Goldbergers Artikel weckte in mir das Gefühl, noch einmal dieselben Erfahrungen zu durchleben, die ich mit dem Commodore gemacht hatte.

Paul Goldberger und andere Kritiker wären bestimmt besänftigt gewesen, wenn ich mich entschlossen hätte, nur halb so gigantisch zu bauen, sodass der Komplex eher den traditionellen Vorkriegsbauten auf der West Side Manhattans gleichen würde. Das Problem war nur, dass das Projekt damit nicht nur alles Imposante, sondern auch seine Identität eingebüßt hätte, was sich mit Sicherheit auf das Kaufinteresse ausgewirkt hätte. Ich finde es irritierend, dass Kritikern, die nie in ihrem Leben den Plan eines Bauwerks entwickelt, geschweige denn ein solches Projekt realisiert haben, freie Hand gegeben wird, ihre oft mehrere Seiten füllende persönliche Meinung in renommierten Zeitungen kundzutun, während man den Opfern ihrer Angriffe selten Gelegenheit zur Verteidigung gibt. Natürlich weiß ich, dass es nichts bringt, wenn ich mich darüber ärgere. Solange Presseunternehmen wie die New York Times einen eigenen Architekturkritiker beschäftigen, wird dessen Ansicht in der Öffentlichkeit Gewicht haben – ob es mir passt oder nicht.

Im Frühjahr 1986 war noch immer keine Entscheidung in der Stadtplanungs-Kommission in Bezug auf mein Projekt gefallen. Das mag zum Teil daran gelegen haben, dass die Stadtverwaltung unter Bürgermeister Ed Kochs Ägide wie gelähmt schien.

Kochs „Leistungen" grenzten schon fast an ein Wunder: Er leitete eine Administration, die genauso korrupt wie inkompetent war. Richard Daley, der ehemalige Bürgermeister von Chicago, schaffte es, diverse Skandale zu überleben, in denen es um Bestechung ging, weil er zumindest etwas von der Verwaltung seiner Stadt verstand. Koch hatte seine Unfähigkeit längst bewiesen: Ihm war anzulasten, dass sich das Problem der Obdachlosigkeit noch verschärft hatte, dass große Teile der Stadt noch immer nicht an das Telefonnetz angeschlossen waren, dass die Schäden an Schnellstraßen nicht ausgebessert und Untergrundschächte nicht fertiggebaut wurden, dass ein Massenexodus der großen Unternehmen stattfand und dass das städtische Dienstleistungs- und Versorgungssystem zunehmend an Qualität einbüßte.

In der Zwischenzeit wurde mindestens ein Dutzend von Kochs Parteigängern wegen Bestechung, Meineid und Günstlingswirtschaft unter Anklage gestellt oder zum Rücktritt gezwungen, nachdem sie verschiedene Verstöße gegen Recht und Sitte zugegeben hatten. Zu denen, die ein gerichtliches Nachspiel erwartet, gehören Jay Turoff, der ehemalige Leiter des Ausschusses für die Vergabe von Taxi- und Mietwagen-Lizenzen, John McLaughlin, der Chef des Ressorts für die Überwachung der städtischen

Kliniken, und Anthony Ameruso, ein Mitglied der städtischen Verkehrskommission. Victor Botnick, einer der engsten Berater Kochs, schied aus seinem Amt aus, als bekannt wurde, dass er seinen persönlichen Werdegang falsch dargestellt und zahlreiche Vergnügungsreisen als Geschäftsreisen verbucht hatte. Bess Myerson, Pressesprecherin des Kulturreferats und mit Koch auch privat eng befreundet, wurde zum Rücktritt gezwungen und bald darauf unter Anklage gestellt. Sie hatte der Tochter eines Richters, den sie zu beeinflussen versuchte, eine Stellung bei der Stadt verschafft und dies wiederholt abgestritten. Später stellte sich heraus, dass Koch eindeutige Beweise für Frau Myersons Fehlverhalten geflissentlich zu übersehen geruhte.

Paradox ist, dass Koch nicht zuletzt deshalb in sein Amt gewählt wurde, weil man ihn für integer und unbestechlich hielt. Ihm scheint nicht klar zu sein, dass er letztlich die Verantwortung trägt und auch dazu stehen sollte, wenn sich seine Mitarbeiter als korrupt erweisen. Aber Koch konnte sich nicht schnell genug distanzieren, wenn einem seiner Parteigänger Schwierigkeiten drohten. Als zum Beispiel gegen Donald Manes – einen seiner besten Freunde und Leiter der für den Stadtteil Queens zuständigen Bezirksverwaltung – strafrechtlich ermittelt wurde und dieser einen Selbstmordversuch beging, bezeichnete Koch ihn in aller Öffentlichkeit als „Gangster", obwohl er noch nicht unter Anklage stand und sich zu dem Zeitpunkt im Krankenhaus befand. Manes starb einige Wochen später an einem zweiten Selbstmordversuch.

Die Koch-Protegés, die nicht einer kriminellen Handlung bezichtigt wurden, sorgten durch ihre Unfähigkeit für Skandale. Vielen fehlte einfach das nötige Talent. Andere waren wohl zu der Schlussfolgerung gekommen, dass sie sich nur dann ihren Posten sichern konnten, wenn sie überhaupt keine eigenständigen Entscheidungen mehr trafen; so boten sie wenigstens niemandem die Möglichkeit, sie einer gesetzeswidrigen Handlung zu bezichtigen. Wenn Mitglieder der Stadtverwaltung sich jedoch als entscheidungsunfähig oder -willig erweisen, dann ist der gesamte bürokratische Apparat genauso lahmgelegt wie ein Opfer, das im Spinnennetz zappelt. Ehrenrühriges Verhalten duldet unsere Gesellschaft nicht, aber Handlungsunfähigkeit und Inkompetenz können nicht minder schlimm sein.

Die Stadt schaltete wohl auch deshalb auf „stur", um mich zu Konzessionen zu zwingen. In meinen Augen war das reine Erpressung: Solange ich mich nicht mit den Vorschlägen der Behörden einverstanden erklärte, würde man mir die Baugenehmigungen vorenthalten und damit meine Kosten in die Höhe treiben.

Die Stadt verlangte zum Beispiel von mir, weitere direkte Zugänge zum Hudson-Ufer zu schaffen, zusätzliche von Osten nach Westen verlaufende Straßen zu bauen, die an das bestehende Verkehrsnetz angeschlossen werden sollten, und das höchste Gebäude der Welt an der Südseite des Geländes zu errichten, in großer Entfernung von den bereits vorhandenen, benachbarten Wohnkomplexen. Ich lehnte ihre Forderungen zunächst ab, aber mir war auch klar, dass die Planfeststellung ein Prozess ist, bei dem es auf das Verhandlungsgeschick ankommt. So hartnäckig ich auch sein kann, am Ende bin ich doch ein praktisch denkender Mensch. Wenn es sich nicht vermeiden ließ, ein paar Kompromisse zu schließen, um meine Pläne zu realisieren, und die Wirtschaftlichkeit des Projektes darunter nicht litt, dann war ich zu einigen Zugeständnissen bereit.

Im März beschloss ich, den Standort des höchsten Gebäudes der Welt auf die Südseite des Terrains, an die 63rd Street, zu verlegen. Sofort reagierte die Stadtplanungs-Kommission freundlicher. Zur gleichen Zeit veröffentlichte die *New York Times* eine Analyse über die Auswirkungen meines Projektes auf das soziale Umfeld. Manche der Schlussfolgerungen gaben mir recht: Ich war von Anfang an der Meinung gewesen, dass die Siedlungsdichte keine Probleme aufwarf. Manhattans West Side galt sogar als relativ dünn besiedelt. Statistischen Angaben zufolge war die Zahl der Bewohner von 245 000 im Jahre 1960 auf 204 000 im Jahre 1980 zurückgegangen. Zwischen 1980 und 1984 wurden nur 3 100 neue Wohnungen in diesem Bezirk gebaut. Selbst wenn ein paar tausend dazukommen würden, konnte von einem „Ballungszentrum" keine Rede sein.

Die Studie wies auch auf einige Vorzüge des Projektes hin. Unter anderem erwartete man durch den Zuzug neuer Bürger eine Umsatzsteigerung in Wirtschaft und Handel von mindestens 500 Millionen Dollar im Jahr sowie die Bereitstellung von -zigtausend Arbeitsplätzen sowohl temporär – während der Bautätigkeit – als auch langfristig. Derartige Arbeitsbeschaffungsmaßnahmen sind in meinen Augen ein viel wirksameres Mittel zur Bekämpfung der Arbeitslosigkeit als die finanzielle Unterstützung der Betroffenen durch den Staat. Und schließlich kam man in der Studie zu dem Ergebnis, dass das Problem des Verkehrszuwachses in diesem Gebiet – der den Kritikern besondere Sorgen zu machen schien – sich dadurch lösen ließ, dass man das bestehende U-Bahnnetz verbesserte und mit anderen öffentlichen Verkehrsmitteln, wie zum Beispiel Autobussen, koppelte.

Schon nach der Verlegung des Standorts, der für das höchste Gebäude der Welt vorgesehen war, hatte ich das Gefühl, dass es nunmehr auch an der Zeit sei, den Architekten zu wechseln. Helmut Jahn galt als Außenseiter, und mir persönlich war das nur recht. Aber ich glaube, dass diese Tatsache uns bei der Stadtplanungskommission eher zum Nachteil gereichte. Keines der Ausschussmitglieder schien sich in seiner Gegenwart besonders wohlzufühlen. Das war zwar kein zwingender Grund, auf seine Mitarbeit zu verzichten, aber in meinen Augen ein hinreichender. Ich konnte meine Pläne nur dann verwirklichen, wenn ein gewisses Maß an Kooperationsbereitschaft gegeben war. Also beschloss ich, wenn auch widerstrebend, mich auf die Suche nach einem neuen Architekten zu machen.

Viele Leute waren überrascht, dass meine Wahl auf Alex Cooper fiel. Er stand in mancher Hinsicht in noch krasserem Gegensatz zu Jahn als Richard Meier. Er war ein Mann mit ausgeprägtem staatsbürgerlichem Bewusstsein, der sich in der urbanen Entwicklung einen Namen gemacht und während seiner fünfjährigen Tätigkeit in der Stadtplanungskommission eben die Richtlinien jenes Planfeststellungsverfahrens mitkonzipiert hatte, an die ich mich nun halten musste. Er arbeitete gerade zusammen mit seinem damaligen Partner, Stanton Eckstut, an dem Konzept für ein Projekt, das an der südlichen Spitze Manhattans entstehen und den Namen Battery Park tragen sollte. Die Architekturkritiker reagierten begeistert und sprachen von einem klassischen Beispiel fortschrittlicher urbaner Architektur.

Ich selbst konnte Battery Park wenig abgewinnen. Zum Beispiel lag der Komplex am Hudson, aber von vielen der Wohnungen aus hatte man keinen ungehinderten Blick auf den Fluss, sondern nur auf benachbarte Hochhäuser. Außerdem fehlte einer Reihe von Gebäuden ein eigener architektonischer Stil. Coopers Beitrag zum Gesamtkonzept – die Anordnung der Straßen, Parks und anderer öffentlicher Anlagen – gefiel mir jedoch, und ich war der Meinung, dass er einige seiner Vorstellungen in mein Projekt einbringen könne.

Das erste Gespräch führte ich am 18. Oktober 1985 mit ihm, kurz bevor Helmut Jahns Entwurf der Öffentlichkeit vorgestellt werden sollte. Es zeichnete sich bereits ab, dass uns die Stadt wegen der Gestaltung der unbebauten Flächen Schwierigkeiten machen würde, und Cooper sollte gemeinsam mit Jahn eine bessere Problemlösung erarbeiten. Die Aussicht auf eine Zusammenarbeit schien für keinen der beiden verlockend, und so ließ ich meine Idee zunächst wieder fallen.

Im Mai 1986 setzte ich mich wieder mit Cooper in Verbindung und bot ihm die Leitung des Television-City-Projektes an. In meinen Augen war er am besten geeignet, mein Bauvorhaben durchzusetzen. Und was ihn betraf, so kann ich nur sagen, unsere Meinungen in puncto Architektur waren zwar früher auseinandergegangen, aber welcher smarte und ehrgeizige Architekt würde sich eine solche Chance entgehen lassen? Television City war wahrscheinlich das beste und anspruchsvollste Bauprojekt, das damals geplant war. Es sei an der Zeit, erklärte ich ihm, dass er sich an etwas Großes, Kühnes wage, anstatt sich auf architektonische Kostbarkeiten im Miniaturformat zu beschränken. Alex erkannte auf Anhieb die Möglichkeiten, die sich ihm hier als Architekt boten. „Mein Gott", erklärte er später einem Reporter, „das Projekt zieht sich über eine so unglaublich lange Strecke am Hudson entlang, dass man nicht einfach daran vorübergehen kann."

Natürlich gab es zwischen uns Differenzen, aber ich stellte bald fest, dass Alex einen weit ausgeprägteren Instinkt für das Wesentliche besitzt und dass wir viel besser miteinander auskamen, als viele angenommen hatten. Er konzipierte zusätzliche Straßen und Fußgängerwege mit direktem Zugang zum Fluss. Er zeichnete Parks ein, die auch für auswärtige Besucher problemlos erreichbar waren. Wir einigten uns darauf, die Anzahl der Gebäude zu erhöhen und dafür einige Stockwerke zu streichen. Vor den Hochhäusern sollten flachere Bauten entstehen, um das Gesamtbild aufzulockern.

Alex verzichtete darauf, die gesamte Baufläche zu reduzieren, die in meinen Augen für die Wirtschaftlichkeit des Projektes unerlässlich war. Seine Veränderungsvorschläge blieben nicht ohne Wirkung. Sogar von der Stadtplanungskommission kam eine positive Resonanz. Als wir unsere Pläne am 23. Oktober 1986 der Öffentlichkeit vorstellten, reagierten selbst unsere schärfsten Kritiker wesentlich gemäßigter als beim erstenmal. John Kowal, Leiter der Bezirksverwaltung, machte zwar noch immer seine Einwände gegen den Superturm geltend, aber er bezeichnete Alex' neues Konzept als „eine brillante Antwort auf Trumps Forderungen" und lobte das „weitaus geschicktere Design".

Cooper, der zu Beginn wegen der Größe des Projektes selbst recht skeptisch gewesen war, legte im Laufe der Zeit, als der Entwurf konkrete Formen annahm, immer mehr Begeisterung an den Tag. Im April 1987 erklärte er einem Reporter der *New York Times*: „Ich hoffe, dass man bereit ist, die Vorzüge des Projektes anzuerkennen. In unserer Stadt herrscht zurzeit ein Geist, der sich gegen jede Form der baulichen Entwicklung sträubt. Television City ist der Versuch, etwas völlig Neues zu schaffen. Wir haben das Gelände am Fluss optimal genutzt und mit den Parks und Uferpromenaden eine Oase geschaffen, die allen New Yorkern zugänglich ist. Der Bau des höchsten Gebäudes der Welt erfordert eine völlig neue Denkweise. Wenn ein solcher Superturm sinnvoll sein soll, dann muss er hier entstehen."

Ich selbst hätte es nicht besser formulieren können.

Die Möglichkeit, NBC für eine Verlagerung ihres Standortes auf das Television-City-Gelände zu erwärmen, rückte Mitte 1986 in greifbarere Nähe, als General Electric RCA übernahm, der die Fernsehstation NBC gehörte. Ich kannte Jack Welch junior, den Vorstandsvorsitzenden von GE, persönlich. Ich hielt ihn für einen hellen Kopf, der auf Anhieb die Vorteile meines Angebotes erkennen würde. Welch ernannte Bob Wright, einen der Topmanager der GE, zum neuen Leiter von NBC, und dieser schien sich in gleichem Maße durch gesunden Menschenverstand auszuzeichnen. Sie waren brillante Geschäftsleute, selbst wenn sie sich nicht für mein Projekt entscheiden sollten.

Zu der Zeit, als GE die NBC übernahm, hatte die Fernsehstation vier Standorte im Raum New York City sowie New Jersey in die engere Wahl gezogen. Im Januar 1987 gab NBC bekannt, dass – abgesehen von der Möglichkeit, im Rockefeller Center zu bleiben – nur mehr zwei Standorte in Frage kämen: Television City und das Sumpfland, das der Firma Hartz Mountain Industries gehörte und sich in Secaucus, New Jersey, befand. Die drei anderen New Yorker Bewerber waren aus dem Rennen ausgeschieden.

Es blieben also nur zwei Möglichkeiten: Entweder entschied sich NBC für uns oder für New Jersey. Die Stadt hatte vage angedeutet, dass man eventuell bereit sei, NBC Steuererleichterungen – vor allem in Form eines Grundsteuererlasses – zu gewähren, sozusagen als Anreiz für die Fernsehstation, in New York zu bleiben. Die Frage war nun, ob sie ihr auch noch andere mit New Jerseys Angebot vergleichbare Vorteile bieten konnte.

Es war schier unglaublich, aber die Stadt zog es vor, seelenruhig abzuwarten und nichts zu tun! Ich sage unglaublich, denn Anfang 1987 hatte die Mobil Oil, einer der größten Konzerne der Welt, angekündigt, dass er New York den Rücken kehren und seinen Standort nach Virginia verlegen wolle. Kurze Zeit später entschloss sich J. C. Penney, ein weiterer Großbetrieb, zu demselben Schritt, wodurch zahlreiche weitere Arbeitsplätze verlorengingen. Man hätte annehmen können, dass die Stadt angesichts des drohenden Abzugs eines weiteren bedeutenden Arbeitgebers alle Hebel in Bewegung setzen würde, um NBC zu halten. Aber nichts geschah – was typisch war für Koch.

Ende Februar 1987 erschien in der *Daily News* ein Leitartikel, der das Dilemma haargenau erfasste. Nachdem man den möglichen Standortwechsel von NBC als „schweren Schlag für die Stadt aufgrund des Verlustes an Arbeitsplätzen, Steuergeldern und Prestige" bezeichnet hatte, ging der Verfasser auf mein Projekt ein. „Es ist alles andere als gewiss, ob sich Television City verwirklichen lässt. Das Projekt muss sich seinen Weg durch das Labyrinth eines Planfeststellungsverfahrens bahnen, in dessen Verlauf es jederzeit durch bürokratische Trägheit oder politische Kurzsichtigkeit zum Tode verurteilt werden kann. Das heißt nicht, dass die Stadt Trump und seinen Plänen einen Freibrief ausschreiben sollte. Aber die Situation erfordert rasche und klare Entscheidungen. Es muss Ziel der Stadt sein, NBC zu halten. Es wäre eine Katastrophe, die Fernsehstation zu verlieren, weil es der Stadt an Mut und Entschlossenheit fehlt."

Genau das trifft meiner Meinung nach den Kern des Problems. Anfang Mai 1987 schlug ich der Stadtverwaltung ein Steuererleichterungskonzept vor, das es mir ermöglichen würde, NBC ein Angebot zu machen, welches sich mit dem New Jerseys vergleichen ließ. Alair Townsend, die Leiterin des Ressorts für wirtschaftliche Entwicklung, hatte sich inzwischen auch überlegt, dass NBC in einem Zeitraum von zwanzig Jahren zwei Milliarden Dollar einsparen könne, falls die Stadt New York ihr die Steuererleichterungen nicht zugestehen und sie sich folglich für eine Standortverlagerung nach New Jersey entscheiden würde.

Ich machte den Vorschlag, die NBC-Zentrale zu bauen; die Kosten würden sich schätzungsweise zwischen 300 und 400 Millionen Dollar bewegen. Außerdem bot ich an, NBC dreißig Jahre lang eine Vorzugsmiete von 15 Dollar pro Quadratmeter zu berechnen, weniger als die Hälfte der Miete, die ich verlangen musste, um weder Gewinn noch Verluste zu machen. Schließlich war ich noch bereit, mich zu verpflichten, die Stadt mit 25 Prozent an allen Gewinnen zu beteiligen, die Television City in einem Zeitraum von vierzig Jahren erzielen konnte. Als Gegenleistung verlangte ich einen auf zwanzig Jahre befristeten Steuernachlass für das gesamte Projekt, der erst dann in Kraft treten sollte, wenn die Bauarbeiten beendet seien – was noch Jahre dauern konnte. In der Zwischenzeit erbot ich mich, NBC aus eigener Tasche mit mindestens 30 Millionen Dollar pro Jahr unter die Arme zu greifen.

Paradoxerweise waren fast alle meine Mitarbeiter gegen dieses Angebot. Robert, Harvey Freeman und Norman Levine meinten, es sei ein viel zu großes Risiko, NBC jährlich einen Zuschuss von 30 Millionen Dollar zu geben, bevor wir wussten, wie hoch unsere Erträge sein würden. Ich hatte das Gefühl, dass es sich lohnte, dieses Wagnis einzugehen. Wenn die Stadt mir Steuererleichterungen auf unsere Wohnungen gewährte, würden sie sich leichter verkaufen lassen. Außerdem stellte NBC für das Projekt einen ungeheuren Prestigegewinn und eine touristische Attraktion dar. Die Stadt konnte bei dem Deal überhaupt nichts verlieren: Sie brauchte keinen Pfennig auszugeben, um NBC zu halten. Sie verzichtete zwar auf Steuereinnahmen, war dafür aber an allen Gewinnen beteiligt, die wir irgendwann erwirtschaften würden.

Bei diesem Vorschlag zeigte die Stadt zum erstenmal Verhandlungsbereitschaft. Ed Koch nahm an den Gesprächen nicht teil, aber seine Mitarbeiter schienen mein Angebot zu begrüßen. Am 25. Mai, nach dreiwöchigem harten Ringen, lehnte Ed Koch aus heiterem Himmel ab. Ich bin sicher, dass er sich deshalb nicht auf den Handel einließ, weil er mit mir grundsätzlich keine Geschäfte machen wollte – gleichgültig welche Vorteile sie für die Stadt brachten.

Am nächsten Tag verfasste ich einen Brief, den ich Koch schon seit mehr als einem Jahr schreiben wollte. „Lieber Ed, Ihre Einstellung zum geplanten Standortwechsel der NBC ist unglaublich und wird ohne Zweifel dazu führen, dass die Fernsehstation, wie so viele andere Unternehmen, die Stadt verlassen wird." Ich zeigte nochmals auf, welche Vorteile mit NBCs Präsenz verbunden waren, und fuhr fort: „Ich habe es satt, untätig zuzusehen, wie New Jersey und andere Bundesstaaten New York den letzten Tropfen Blut aussaugen."

Koch reagierte genau, wie ich erwartet hatte. Er weigerte sich, auf meine Vorwürfe einzugehen, und versuchte, aus dieser Kontroverse einen Privatkrieg zu machen – Koch, der edle Beschützer, contra Trump, den gierigen Spekulanten. Er hatte nur auf eine Gelegenheit gewartet, mir die Blamage heimzuzahlen, die er sich eingehandelt hatte, als mir mit der Renovierung der Wollman-Rink-Schlittschuhbahn das gelang, woran er gescheitert war. Television City bot ihm endlich die Möglichkeit, zum Gegenschlag auszuholen. Als ich noch einen weiteren Vorschlag machte, um NBC zu halten – nämlich der Stadt zirka 36 Hektar Land unter Selbstkostenpreis zu verkaufen –, lehnte Koch ohne Begründung ab.

Ich kann nicht sagen, dass ich überrascht war, als sich auch die *New York Times* gegen meinen Plan aussprach. Der Verfasser des Artikels war Kochs langjähriger Verbündeter Herb Sturz. Er gehörte erst seit einigen Wochen zum Redaktionsausschuss der Times und war früher Vorsitzender der Stadtplanungskommission und für das Television-City-Projekt zuständig gewesen. Sturz die Möglichkeit zu geben, Leitartikel über New York zu veröffentlichen, kommt in meinen Augen auf das Gleiche hinaus, als würde man Caspar Weinberger erlauben, Artikel über Reagans Militärpolitik zu publizieren.

Unterstützung fand ich jedoch bei der *Daily News*. „Der Bürgermeister hat recht, wenn er sagt, dass der Stadt bei ihrem Angebot an die NBC Grenzen gesetzt sind", hieß es dort. „Aber das ist keine Entschuldigung für den Mangel an Handlungsbereitschaft.

Koch sollte die Entscheidungsträger der NBC, des Rockefeller Centers und des Trump-Projektes am grünen Tisch versammeln und eine Strategie entwickeln, selbst wenn dabei Köpfe rollen."

Statt dessen bot Koch der NBC eine unwesentliche Steuererleichterung an, die für jeden Standort in Manhattan gelten sollte. Er gab der Fernsehstation sogar kostenlos Ratschläge bezüglich anderer Standorte, die noch in Betracht kamen. Aber Ratschläge sind oft nur so viel wert, wie man dafür bezahlt. Kurz nach Kochs Angebot erklärte ein NBC-Repräsentant, man habe kein Interesse mehr an weiteren alternativen Vorschlägen der Stadt. In der Zwischenzeit war Hartz Mountain Industries nicht untätig gewesen. Sie hatten ihre Chance erkannt, von NBC eine Entscheidung zu erzwingen, und am 1. Juni angekündigt, die Fernsehstation habe noch dreißig Tage Bedenkzeit, um ihr Angebot und die damit verknüpften Vorschläge zu akzeptieren, bei denen New York schon längst nicht mehr mithalten könne.

Manche meiner Bekannten waren der Meinung gewesen, ich würde meine Chancen aufs Spiel setzen, die Baugenehmigung zu erhalten, wenn ich den Kampf mit Koch in den Medien austrage. Vielleicht hatten sie recht. Aber ich war der Überzeugung, hier gehe es um mehr: Wenn ein Politiker so inkompetent ist und der Stadt New York solch immensen Schaden zufügt wie Koch, so muss man seine Fehler öffentlich anprangern. Als die *Daily News* eine Meinungsumfrage starteten, um herauszufinden, wie viele Leser meinen beziehungsweise Kochs Standpunkt in Bezug auf die NBC teilten, war das Ergebnis äußerst aufschlussreich: 10 000 Leser stimmten für mich, 1800 für Koch.

Ich habe lange gewartet, bis ich die West Side yards kaufen konnte, und es macht mir nichts aus – wenn nötig –, noch länger auf die Baugenehmigung zu warten. Ich weiß, dass ich den Traum von Television City eines Tages, mit oder ohne die NBC, unter der jetzigen Stadtverwaltung oder der nächsten, der Zeitpunkt ist nicht entscheidend, verwirklichen werde.

Ich hielt mir auch weiterhin sämtliche Möglichkeiten offen, weil das – wie schon gesagt – in meinen Augen die einzige Chance ist, im Geschäft zu bleiben. Falls der Wohnungsmarkt in den USA weiterhin stabil bleiben würde, würden auf den West Side yards irgendwann Apartmenthäuser mit Blick auf den Hudson stehen, für die sich ohne Zweifel leicht Käufer finden würden. Sollte der Boom abflauen – und das kann in einer Stadt wie New York zeitweilig der Fall sein –, so würde ich vielleicht nur das Einkaufszentrum bauen. Auch damit ließe sich eine Menge Geld verdienen.

Meine Zeit – und Television City – würde kommen. Ich konnte es mir zum Glück leisten, mich auf eine lange Wartezeit einzurichten, weil ich nur so bauen wollte, wie ich es mir vorstellte. Ich wusste nur eines: dass ich noch im Geschäft sein würde, wenn Ed Koch schon längst aus seinem Amt ausgeschieden wäre.

14
RÜCKBLENDE

Abschlussbericht

Ich habe am Anfang des Buches gesagt, ich mache Geschäfte um der Geschäfte willen. Aber man wird letztlich nicht nach dem Arbeitsvolumen beurteilt, sondern nach seinen Leistungen. Was nun folgt, ist eine Zusammenfassung all der Transaktionen, die in der zuvor beschriebenen Arbeitswoche über meinen Schreibtisch gingen.

Holiday Inn

Einige Wochen, nachdem ich meine Anteile an der Hotelkette mit Gewinn abgestoßen hatte – der zwar beträchtlich war, aber nicht 35 Millionen Dollar betrug, wie oft geschrieben wurde –, begann ich, Aktien einer anderen Casinogesellschaft, der Bally Manufacturing Corporation, aufzukaufen. Innerhalb kurzer Zeit konnte ich 9,9 Prozent des gesamten Aktienbestandes akkumulieren. Bally entschied sich daraufhin für die „Zyankali-Pillen-Strategie", das heißt, es verschuldete sich, um den Übernahmeversuch abzuwehren. Als sie versuchten, mich mit einer Klage daran zu hindern, weitere Anteile zu erwerben, reichte ich eine Gegenklage ein.

Zwei Tage später gab Bally bekannt, dass es das Golden Nugget für den höchsten Preis gekauft habe, der je in Atlantic City für ein Spielcasino gezahlt worden sei: knapp 500 Millionen Dollar, einschließlich der Finanzierungskosten. Wieder einmal war mein eigentliches Ziel in weite Ferne gerückt: Kein Unternehmen darf nach bestehendem Recht mehr als drei Casinos in Atlantic City besitzen, und wenn ich Bally nach dem Kauf des Golden Nugget übernommen hätte, wäre ich im Besitz von vier Casinos gewesen.

In Wirklichkeit hat mir Bally damit einen Gefallen getan. Da der Konzern für das Nugget einen so hohen Preis geboten hatte, stiegen alle Spielcasinos der Stadt, einschließlich meiner beiden eigenen, im Wert.

Schließlich unterbreitete mir Bally ein Angebot, das ich nicht ausschlagen konnte. Ich verpflichtete mich, dem Unternehmen beim Kauf des Nugget keine Schwierigkeiten zu machen. Als Gegenleistung bot Bally an, meine 9,9 Prozent der Aktienanteile zu einem Preis zurückzukaufen, der weit höher lag als der von mir gezahlte. Diese kurzfristige Investition brachte mir eine Rendite von mehr als 20 Millionen Dollar ein.

Im März 1987 versuchte ich ein drittesmal, eine Casinogesellschaft, Resorts International, zu kaufen, diesesmal jedoch auf dem Verhandlungsweg. Nach dem Tod des Firmengründers James Crosby hatten sich einige Interessenten gefunden, aber bisher waren alle Verhandlungen gescheitert. Ich kannte einige der Topmanager und Aufsichtsratsmitglieder von Resorts International. Im April 1987 kam ich mit der Gründerfamilie überein, 93

Prozent des Aktienbestandes zu kaufen oder ein Zeichnungsangebot über 135 Dollar pro Aktie zu platzieren.

Es gab Interessenten, die meinen Preis überboten, aber die Gründerfamilie hielt sich an unsere Absprache. Unter anderem war sie davon überzeugt, dass ich am besten geeignet sei, Jim Crosbys Lieblingsprojekt, das Taj Mahal am Boardwalk, zu vollenden. Beim Bau des größten und wohl luxuriösesten Casino-Hotels der Welt hatte man das Budget beträchtlich überschritten, und die Eröffnung des Etablissements war zum Zeitpunkt von Jim Crosbys Tod in weite Ferne gerückt.

Ich hoffe, das Taj im Oktober einweihen zu können. Um die Organisation zu straffen, werde ich das alte Casino in dem angrenzenden Resorts-Gebäude unter Umständen schließen und es zu einem Serviceunternehmen für das Taj Mahal umfunktionieren. Vielleicht verkaufe ich es aber auch an einen anderen Casinobesitzer, falls man mir einen entsprechenden Preis dafür bietet. Wer weiß? Vielleicht sind Holiday Inn oder Bally interessiert?

Annabel-Hill-Fonds

Es gelang uns, mehr als 100 000 Dollar für den Annabel-Hill-Fonds zu sammeln; damit konnte sie die Hypothek ablösen und ihre Farm retten. Wir ließen Mrs. Hill und ihre Tochter nach New York einfliegen, um an unserem Festakt im Trump-Tower-Foyer teilzunehmen, wo zum ersten – und ich hoffe zum letzten Mal – ein Hypothekenpfandbrief den Flammen übergeben wurde.

United States Football League

Die Teambesitzer entschieden sich einstimmig dafür, Berufung gegen das Urteil einzulegen, das der USFL eine symbolische Schadenersatzsumme von einem Dollar zusprach – obwohl die Geschworenen die NFL des Verstoßes gegen das Kartellgesetz für schuldig befunden hatten. Ich glaube, wir haben in der zweiten Instanz genauso gute Chancen wie in der ersten.

Wollman-Rink-Schlittschuhbahn

Die Schlittschuhbahn wurde einen Monat vor Termin, im November 1986, fertiggestellt. Es gelang uns, um 750 000 Dollar unter dem Budget zu bleiben. Im ersten Jahr wagten sich mehr als eine Million Besucher auf die spiegelnde Eisfläche. Vor der Eröffnung hatte uns die Stadt erhebliche Verluste prophezeit. Allen Unkenrufen zum Trotz konnten wir während unserer ersten vollen Saison einen Gewinn von knapp 500 000 Dollar erzielen. Die gesamte Summe wurde für wohltätige Zwecke gespendet.

Palm Beach Towers

Lee Iacocca wurde mein Partner, als ich die zwei Wohntürme in Palm Beach für rund 40 Millionen Dollar kaufte. Als wir das Projekt übernahmen, waren nur wenige Wohnungen verkauft. Es war eine stolze Leistung, dass wir in einem so übersättigten Markt wie Südflorida in kürzester Zeit fünfzig Wohnungen verkaufen oder verleasen und ein bankrottreifes Unternehmen sanieren konnten. Im nächsten Jahr soll im Erdgeschoss des einen Turmes ein großes Gourmet-Restaurant eröffnet werden. Zu den Interessenten zählen so renommierte Gastronomen wie der Besitzer des Club 21 in

New York und Harry Cipriani, dem Harry's New York Bar gehört. Lee verzichtete auf seinen Rechtsbeistand Sir Charles Goldstein, noch bevor wir miteinander ins Geschäft kamen.

Das Casino in Australien

Obwohl wir als Betriebsgesellschaft für das zweitgrößte Casino der Welt (nach dem Taj Mahal in Atlantic City) in die engere Wahl gezogen wurden, änderte ich noch im letzten Augenblick meine Meinung. Es ist nicht besonders sinnvoll, ein Unternehmen zu leiten, das sich vierundzwanzig Flugstunden von New York entfernt befindet – vor allem dann, wenn man vor der eigenen Haustür genug zu kehren hat. Kurz bevor die Vertreter der Regierung von New South Wales ihre Entscheidung bekanntgeben wollten, teilte ich ihnen mit, dass ich mein Angebot zurückziehe.

Das Beverly Hills Hotel

Das Hotel wurde an den Meistbietenden, den Ölmagnaten Marvin Davis, für einen Preis verkauft, den ich nie dafür gezahlt hätte. Nachdem ich die Hotelanlage inspiziert hatte, hielt ich mein Angebot niedrig. Ich bin jedoch überzeugt, dass Marvin das Projekt – sollte es je dazu kommen – mit Gewinn abstoßen könnte.

Marvin Davis gehörte später auch zum Kreis derer, die sich für Resorts International interessierten. Nachdem ich das Geschäft schon unter Dach und Fach gebracht hatte, versuchte er nicht nur, meinen Preis zu überbieten, sondern die Gründerfamilie zu überreden, ihre Abmachung mit mir rückgängig zu machen. Sie lehnte ab. Nachdem das Gericht den Handel ebenfalls für rechtsgültig erklärt hatte, votierte auch die fünfköpfige Casino-Kontrollkommission des Staates New Jersey einstimmig für die Übernahme.

Ungefähr zur gleichen Zeit besuchte ich eine Party in Kalifornien, die von Merv Adelson und Barbara Walters anlässlich ihrer Hochzeit gegeben wurde. Dort fragte mich ein Reporter nach der Höhe von Martin Davis' Angebot für das Resorts. Ich antwortete scherzhaft, dass Martin – der stark übergewichtig war – sich lieber darauf konzentrieren solle abzunehmen, statt mir bei meinem Geschäft mit Resorts Knüppel zwischen die Beine zu werfen. Später hörte ich, dass Davis mir meine Bemerkung übelnahm, aber ich sehe keinen Grund, mich dafür zu entschuldigen. Warum sollte ich mich um ein freundschaftliches Verhältnis zu meinen Feinden bemühen?

Das Parkhaus

Im Oktober 1986, mehrere Monate nach Beginn der Bauarbeiten an unserer Parkgarage, erhielt ich eines Morgens, kurz bevor ich eine Rede vor einer Gruppe New Yorker Geschäftsleute halten sollte, einen verzweifelten Hilferuf von meinem Bauleiter Tom Pippett. Er erklärte mir atemlos, dass ein Kranführer den Hebebaum zu weit ausgefahren hatte, der mitsamt einem zwanzig Tonnen schweren Balken auf das Parkhausdach gestürzt sei. Pippett berichtete, dass ein großer Teil der Decke eingestürzt sei. „Was ist mit den Arbeitern?" wollte ich wissen. „Gibt es Verletzte?"

Er erzählte mir, dass mindestens hundert Leute an der Stelle gearbeitet hätten; einer sei noch unter den Trümmern vermisst. Ich bat ihn, mich auf dem Laufenden zu halten, und ging zu meinem Vortrag. Ich versuchte, das Thema aus meinen Gedanken zu verbannen. Nach der Veranstaltung teilte man mir mit, ich möchte sofort Tom Pippett anrufen. „Sie werden es nicht glauben, Mr. Trump", strahlte er, „aber wir haben alle geborgen; es ist keiner verletzt."

Selbst wenn wir nur einen einzigen Mann dabei verloren hätten, wäre das furchtbar für uns gewesen. Durch puren Zufall waren die Bauarbeiter gerade in einem anderen Teil der Parkgarage bei einer Kaffeepause, und das rettete ihnen das Leben.

Das zeigt, wie zerbrechlich alle Dinge im Leben sind. Diese Männer hatten großes Glück, und ich auch.

Die Bauarbeiten wurden ohne weitere Zwischenfälle beendigt. Im Mai 1987 konnten wir weitere 1200 Stellplätze in dem Parkhaus bieten, das ein Fußgängerweg mit dem Trump Plaza am Boardwalk verband. In den darauffolgenden Wochen erhöhten sich unsere Einnahmen an den Spielautomaten auf das Doppelte – was wir vor allem dem Zustrom an Fußgängern zu verdanken hatten, die unsere Casinos durchqueren mussten. Bis zum Juli konnten alle 2700 Stellplätze sowie die angrenzende Bushaltestelle und Parkbucht rechtzeitig und ohne Kostenüberhänge zur Benutzung freigegeben werden.

Las Vegas

Ich zog meinen Antrag auf eine Spielcasinolizenz für Las Vegas zurück. Zwischen Atlantic City, wo sich das Resorts und meine beiden anderen Casinos befinden, und meiner Operationsbasis New York gibt es noch genug Orte, wo sich der Bau oder Kauf eines Casinos lohnen würde. Im Augenblick konzentriere ich mich auf Atlantic City, aber ich habe Nevada nicht von meiner Liste gestrichen.

Der Deal mit Drexel

Ich beschloss, das Hotelunternehmen nicht zu kaufen, das mir durch Vermittlung der Drexel Burnham Lambert Bank angeboten wurde, und sämtliche Investitionen weiterhin über Alan Greenberg und die Investmentgesellschaft Bear Stearns zu tätigen. Drexel hatte leider das Nachsehen.

Trump's Castle

Wie schon gesagt, Ivana ist nicht zu bremsen, wenn sie sich etwas in den Kopf gesetzt hat, und das bewies sie mir schon früher, als ich erwartet hatte. Der Geschäftsbericht des ersten Quartals 1987 wies aus, dass Trump's Castle den höchsten Ertragszuwachs von den insgesamt zwölf Casinos in Atlantic City vorzuweisen hatte und die Liste der profitabelsten Unternehmen der Stadt anführte. Unsere Einnahmen beliefen sich in diesen drei Monaten auf 76,8 Millionen Dollar und lagen um 19 Prozent höher als in der vergleichbaren Periode des Vorjahres. Das sind zweifellos Spitzenleistungen, bei denen so mancher vor Neid erblassen würde, aber ich kenne Ivana: Sie wird keine Ruhe geben, bis sie das Feld der Konkurrenten weit hinter sich gelassen hat.

Gulf & Western

Ich stehe auch heute noch mit Martin Davis, dem Vorstandsvorsitzenden der Gulf & Western, in Kontakt, um die Möglichkeit zu eruieren, Theater und Kinos auf einem meiner Grundstücke zu bauen. Außerdem habe ich beträchtliche Aktienanteile an der Warenhauskette Alexander's gekauft. Eine ihrer Niederlassungen befindet sich zwischen der 58th/59th und Third/Ekke Lexington Avenue. Der Standort wäre ideal für Theater und Kinos, aber auch für einen Wolkenkratzer mit Wohnungen und Geschäften.

Mar-a-Lago

Das Schwimmbad und der Tennisplatz sind inzwischen fertig und sehen genauso fantastisch aus, wie ich es mir vorgestellt hatte. Ich habe zwar wenig Zeit, mich auf meinem Besitz zu entspannen, aber wenn ich dort bin, fühle ich mich wie im Paradies.

Das Hotel in Moskau

Im Januar 1987 erhielt ich einen Brief von Yuri Dubinin, dem sowjetischen Botschafter in den USA. Er begann: „Ich freue mich, Ihnen gute Nachrichten aus Moskau überbringen zu können." Wie es weiter hieß, habe das staatliche Büro für Internationalen Tourismus, Goscomintourist, sein Interesse an einem Joint Venture – wobei mir Bau und Leitung eines großen Hotels in Moskau übertragen werden solle – bekundet. Am 4. Juli flog ich mit Ivana, ihrer Assistentin Lisa Calandra und meiner Sekretärin Norma nach Moskau. Es war ein unvergleichliches Erlebnis. Wir besichtigten mindestens ein halbes Dutzend Grundstücke, wovon mehrere in der Nähe des Roten Platzes lagen. Wir wurden in der Lenin Suite des Nationalhotels untergebracht. Ich war beeindruckt von dem Eifer, den die sowjetischen Behörden an den Tag legten, um mit mir ins Geschäft zu kommen.

Der Trump Fonds

Ich beschloss, auf meinen Plan zu verzichten, einen Fonds zu gründen; damit sollte der Kauf von Immobilien finanziert werden, die zur Zwangsvollstreckung freigegeben waren. Ich arbeite nicht gerne mit fremdem Kapital. Wenn ich mein eigenes Geld aufs Spiel setze, dann ist das meine Sache. Aber der Gedanke, für die Investitionen anderer verantwortlich zu sein – vor allem, wenn diese teilweise auch noch von Freunden stammen –, behagte mir schließlich doch nicht so recht. Aus demselben Grunde habe ich auch darauf verzichtet, mein Unternehmen in eine Aktiengesellschaft umzuwandeln. Entscheidungen lassen sich viel leichter treffen, wenn man nur sich selbst gegenüber verantwortlich ist.

Meine Wohnung

Der Umbau meiner Wohnung war im Herbst 1987 beendet. Ich konnte warten, und heute bin ich froh, dass ich nicht unter Zeitdruck stand. Das Ergebnis kann sich sehen lassen: Ich glaube, dass es auf der ganzen Welt keine zweite Suite wie die meine gibt.

Flugzeuge

Schließlich fand ich genau das Flugzeug, das ich gesucht hatte. Ich las im Frühjahr 1987 zufällig einen Artikel in der *Business Week* über ein in Texas ansässiges, kränkelndes Unternehmen namens Diamond Shamrock. Darin wurde beschrieben, mit welch unglaublichen Statussymbolen sich die Topmanager des Konzerns umgaben; sie lebten wie die Fürsten. Zum Firmenbesitz gehörte auch eine Boeing 727 mit Luxusausstattung, die den Spitzenmanagern nach Belieben zur Verfügung stand.

Ich witterte ein gutes Geschäft. An einem Montagmorgen rief ich den Shamrock-Manager an, dessen Foto auf der Seite mit dem Business-Week-Artikel veröffentlicht wurde. Es stellte sich heraus, dass er nicht mehr zur Firma gehörte und Charles Blackburn gerade erst zum neuen Vorstandsvorsitzenden ernannt worden war. Man stellte mich zu ihm durch, und nachdem ich ihm für seine neue Aufgabe alles Gute gewünscht hatte, kam ich auf die Boeing 727 zu sprechen. Ich erklärte ihm, dass ich an dem Flugzeug interessiert sei – falls er Absichten habe, es zu verkaufen. Und richtig, Blackburn antwortete mir, die Maschine sei zwar wunderschön, aber er wolle sie so schnell wie möglich abschaffen. Er bot mir an, sie nach New York fliegen zu lassen, damit ich sie mir einmal ansehen könne.

Am nächsten Tag fuhr ich zum La Guardia Flughafen. Als ich das Flugzeug sah, konnte ich ein Lächeln nicht unterdrücken. Die Maschine bot Platz für zweihundert Passagiere, war aber umgebaut und für 15 Personen ausgelegt worden. Sie enthielt ein luxuriös ausgestattetes Schlafzimmer, ein Bad mit allen Schikanen und einen separaten Arbeitsbereich. Eigentlich war es für meine Bedürfnisse ein wenig zu aufwändig, aber ich kann einfach nicht widerstehen, wenn sich mir die Gelegenheit bietet, ein günstiges Geschäft zu machen.

Eine neue Boeing 727 kostet rund 30 Millionen Dollar. Für eine G-4, die um ein Viertel kleiner ist, zahlt man ungefähr 18 Millionen Dollar. Aber ich wusste, dass Shamrock verzweifelt nach einem Käufer suchte, und die Nachfrage nach Flugzeugen vom Typ Boeing 727 ist nicht besonders groß.

Ich bot ihnen fünf Millionen, einen lächerlich niedrigen Preis. Als sie mir entgegenkamen und nur noch zehn Millionen Dollar verlangten, wusste ich, dass sich mir hier ein erstklassiges Geschäft bot, gleichgültig, wo sich der Preis am Ende einpendelte.

Wir konnten uns schließlich auf acht Millionen einigen. Ich glaube nicht, dass es irgendwo ein vergleichbares Flugzeug gibt.

Was bringt die Zukunft?

Zum Glück entzieht sich die Antwort auf diese Frage meiner Kenntnis, denn andernfalls würde mir das Leben nur halb so viel Spaß machen.

Ich weiß nur eines: Es wird nie langweilig werden.

Ich habe die ersten zwanzig Jahre meiner beruflichen Laufbahn damit verbracht zu bauen, ein Vermögen zu erwerben und Träume zu realisieren, an die niemand geglaubt hat. Die größte Herausforderung, die sich für mich in den nächsten zwanzig Jahren stellt, besteht darin, etwas von dem weiterzugeben, was ich besitze.

Ich meine damit nicht nur Geld, obwohl auch das dazu gehört. Es ist leicht, großzügig zu sein, wenn man genug Geld hat, und jeder, der nicht gerade zu den Armen gehört, sollte das als seine Pflicht betrachten. Was mir jedoch viel mehr imponiert, sind die Leute, die sich aktiv für andere einsetzen. Mich hat nie besonders interessiert, warum jemand Geld für wohltätige Zwecke ausgibt, denn meistens haben die Spender andere Motive, als sie vorgeben, und handeln selten aus reiner Nächstenliebe. Was für mich zählt, ist nicht Geld, sondern Taten, und ich halte es für wichtiger, anderen Menschen Zeit zu schenken als Geld.

Es gibt nur zwei Dinge in meinem Leben, die ich beherrsche: Ich finde immer eine Möglichkeit, Hindernisse zu überwinden, die sich mir in den Weg stellen, und es gelingt mir, meine Mitmenschen zu Spitzenleistungen zu motivieren. Ich möchte diese Fähigkeiten in Zukunft einsetzen, um anderen zu helfen, so wie ich sie bisher genutzt habe, um meine eigenen Ziele zu erreichen.

Verstehen Sie mich bitte nicht falsch: Für ein gutes Geschäft bin ich immer zu haben, notfalls rund um die Uhr.

Stichwortverzeichnis

A
ABC 25, 294, 305, 309, 358
Adelson, Merv 25, 384
AFL 298
Alexander's 387
Allen, Woody 62
Allied Stores Corporation 185
American Football League, AFL 295, 296
Ameruso, Anthony 366
Anka, Paul 199
Annabel-Hill-Fonds 12, 381
Argenbright, Frank 13
Arledge, Roone 305
Asprey 203ff.
Atlantic City 18, 21, 22, 27, 38, 41, 57, 59, 60, 61, 71, 74, 212ff., 241, 349, 380, 383, 385, 386
Atlantic City Action 246
Avon Corporation 172

B
BA Capital 349
Bally 215, 220, 221, 243, 380
Bally Manufacturing Corporation 379
Baltimore Stars 311
Barbaro, Gary 299
Barbizon-Plaza(-Hotel) 47, 228, 268, 269, 275, 276, 286ff., 290
Barclay Hotel 135
Barron, Arthur 33
Barry, Maryanne 17
Bassett, John 308, 309
Battery Park 128ff, 369
Battery Park City 31, 127
Beame, Abraham 121, 125, 130
Bear Stearns 10, 38, 261, 262, 239, 386
Bendel, Henry 161
Bergdorf Goodman 178
Bertinelli, Valerie 38
Beverly Hills Hotel 20, 21, 383
Biltmore Hotel 135
Binger, Bronson 343
Birmingham Stallions 307
Blackburn, Charles 389
Bloomingdale 19, 178
Blumberg/Seibert 344
Boesky, Ivan 20
Bonwit(-) 186
– Teller 162, 185
-Teller-Konzern 161
-Gebäude 165, 166, 190
Botnick, Victor 366
Bowery Savings Bank 153
Brigham Youngs 301
Brown, Joe 316, 317
Buccatelli 204
Buffalo-Bill-Team 319
Bullard, Fred 297
Business Week 389
Button, Dick 344

C

Cadillac Motors Division 29, 386
Caesar's 214, 220, 237, 243
 – Palace 260
Carey, Hugh 127
Carson, Johnny 199
Carter, Jimi 72
Cartier 204
CBS 304, 305, 313, 358, 362
Charles, Prinz 199, 200
Chase Manhattan Bank 50, 166, 189, 335, 353, 354
Chicago Bears 319
Chrysler 62
 – Building 154
 – Konzern 17
Cimco 329, 335, 337
Cincinnati 95
Cipriani, Harry 383
Citadel 277, 281
Citibank 242
Cleveland Browns 298
Cohn, Roy 113ff., 208
Commodore 144, 147ff., 153ff., 168
 – Hotel 27, 64, 134ff., 189, 211, 248
 -/Hyatt 348, 364
Cooke, Alistair 273
Cooper, Alexander 44, 369ff.
Cousins, Robin 344
Cranston, Toller 344
Crosby, James 380, 381
Csonka, Larry 30
Cuomo, Gouverneur 11, 12, 39

D

D'Alessio, John 51
Daily News 325, 340, 372, 375, 376
Daley, Richard 365
Dallas Cowboys 318, 319
Danforth, John 23, 25
Davis, Martin 33, 383, 384, 387
Dawkins, Pete, General 50
DeSapio, Angelo 274
Di, Lady 199
Diamond Shamrock 389
Dickerson, Eric 310
Dillon, Gregory 257, 264
Dobias, Theodore 85

Donlan, Jack 302
Drexel Burnham (Lambert) Bank 29, 261, 386
Drexler, Arthur 180
Dreyer & Traub 27
Dubinin, Yuri 36, 387
Dunavaut, Billy 297
Duncan, Walter J. 293
Dunes Hotels 26

E

Eastdil Realty 222, 248
Eckstut, Stanton 369
Edison, Con 26, 27, 351
Elizabeth Trump & Son 79
Elizabeth, Königin von England 92
Empire State Building 359
Equitable 209
 – Life Assurance Society 153, 167
 – Real Estate (Group) 50, 153, 168
Etagen-Grundstücks-Relation (Floor-Areal-Ratio, FAR) 180
Evans, Marilyn 165
Evert, Chris 56

F

FA-Koeffizient 181, 184
Farrell, Suzanne 272
Farrow, Mia 272
FBI 215
Federal Housing Administration 88
FHA 95
Flamingo Hilton 243
Fleming, Peggy 344
Floor-Areal-Ratio, FAR 180
Flutie, Doug 306ff., 311, 319
Foerderer, Norma 190
Foley, Patrick 155, 157
Fordham University 89
Fortune Magazine 42
Freeman, Harvey 26, 44, 228, 230, 374
Freon 329
Friend, Hugo M. Junior 142
Frowenfeld, Charles 287
Fugazy, Bill 51
Fugazy, William 17

G

General Electric, GE 371, 372
General Motors 29
Genesco 161, 163ff., 176, 177, 185
Gilbert, Freddie 319
Glasgow, Al 246, 247
Gliedman, Anthony 15, 207
Goeglein, Richard 234
Goldberger, Paul 30, 31, 204, 363, 364
Golden Nugget 41, 214, 237, 243, 249, 253, 257, 380
Goldstein, Charles 16, 383
Goldwyn, Sam 89
Gordon, Edward S. 357
Goscomintourist 387
Grand Central
 – Station 136, 171
 – Terminal 154
Grand Hyatt(-) 153ff., 192, 206, 227,
 – Hotel 123
 – Projekt 162
Greenberg, Alan 10, 21, 25, 29, 40, 49, 239, 261, 386
Greenberg, Henry 268
Gretenberger, John 29
Gruzen & Partners 140
Guccione, Bob 74, 215, 217
Gulf & Western 33, 387

H

Hagen, Manny 255
Hallingby, Paul 38, 261
Hamill, Dorothy 344
Hamilton, Scott 344
Hanigan, Jack 164ff., 177, 179
Hanover Trust 227
Harper, Willie 299
Harrah's 229, 234, 237, 243
Hartz Mountain Industries 372, 376
Harvard Business School 90, 302
Hefner, Hugh 215, 220, 245, 247
Helmsley, Harry 149, 287, 288
Hill, Annabel 13, 14
Hilton, Barron 60, 242, 243, 245ff., 256, 257, 259, 263, 264
Hilton, Conrad 241ff., 250, 251, 255
Hilton(-) 141, 149, 244, 258
 – Corporation 28, 250

 – Aktien 211
 – Hotelkette 241
 – Konzern 243, 245
Hirschfeld, Abraham 11, 12, 39, 349, 353
Holiday Inn(-) 27, 49, 50, 60, 65, 71, 229, 230, 232, 234, 254, 381
 -Aktien 10, 40
 -Anteile 41
 -Aufsichtsrat 231
 -Kette 11, 25, 141
 -Management 21
Holloway, Benjamin 50
Hotel Ritz Carlton 176
Houston Gamblers 308
Hoving, Walter 169ff., 275
Howe, Con 47
HPD 207
HRH 42, 189, 335
Hutton, Edward F. 34
Huxtable, Ada Louise 187, 204
Hyatt(-) 141ff., 157, 167, 180, 243
 -Hotelkette 147, 155
 -Hotels 141
 -Kette 14
Hyde, Stephen 41, 236

I

Iacocca, Lee 16, 51, 62, 382, 383
IBM Building 184
Ice Capades 344
Imus, Don 12

J

Jackson, Keith 309
Jacksonville Bulls 297, 307, 308
Jahn & Jacobs/Hellmuth, Obata & Kassabaum 140
Jahn, Helmut 44, 360, 368, 369
Jarman, Franklin 161, 163
Jarman, W. Maxey 161
Jourdan, Charles 204
Justin, Kerry 299

K

Kahan, Richard 132, 133
Kandell, Leonhard 174ff.
Kanegsberg, Henry 19
Kansas City Chiefs 299

Kean, Thomas 234
Kelly, Jim 307, 319
Kennedy Airport 158
Kennedy, Jackie 196
Khashoggi, Adnan 203
Kheel, Theodore 127
Kidder Peabody 222
Klein, Calvin 30
Klosterman, Don 301
Koch, Ed 15, 131, 206, 273, 323ff., 365, 366, 374ff.
Kommunikationszentrum 128, 129
Korshak, Sidney 245, 246
Kowal, John 371
Krantz, Judith 38, 62
Kumble, Finley 310

L
Lady Di 199
Lambert Brussels Corporation 268
Lambert, Benjamin 248, 249
Lapham, Dave 299
Las Vegas 26
Las Vegas Hilton 243
Lauder, Leonhard 90
Le Club 110
Lee, Daniel 29
Leisure, Peter 311
Leopold, Bobby 299
Letterman, David 53
Levine, Norman 374
Liberace 199
Lincoln West 350, 352
Lindenbaum, Samuel H. 126
Loeb, Marshall 268
Loeb-Bank 268
Loewe 205
Lord and Taylor 169
Lorimar-Telepictures 25
Los Angeles Express 301, 308
Lundine, Stan 11

M
MacDonald, Kenneth 215
Macioce, Thomas 185, 186
MacLeod, Mary 81
Macri, Francisco 349ff., 361
Manufacturers Hanover Trust 254, 258

Mar-a-Lago 17, 34, 35, 387
Marriott 243
Martha 204
Mason, Alice 24
Mayer, Louis B. 89
McKinsey and Company 303
McLaughlin, John 365
Meier, Richard 360
Memphis Showboats 297
Miami Dolphins 299
Miami-Dolphin-Footballteam 30
Michaels, Walt 310
Michigan Panthers 297
Milken, Michael 29
Mitchell-Lama-Programm 124
Mitterand, François 201
Mobil Oil 372
Montreal Canadians 329
Moore, John 275
Morgan Stanley and Company 21
Museum Tower 197
Myerson, Bess 366
Myerson, Harvey 40, 309, 312, 313, 315

N
Namath, Joe 298, 307
Navratilova, Martina 56
NBC 13, 19, 26, 27, 31, 36, 45, 65, 304, 305, 357, 358, 361, 371ff.
New Jersey Generals 293, 298
New York Giants 300, 314
New York Jets 298, 314
New York Post 325
New York Times 30, 46, 68, 69, 119, 123, 152, 177, 178, 187, 191, 205, 340, 363, 364, 367, 375
New York Yankees 24
NFL 14, 294ff., 382
Nicklas, Jack 56

O
O'Connor, John, Kardinal 46, 50
O'Donnell, William 221
Ohrenstein, Manfred 127
Olympic Tower 196, 201, 203, 204
Onassis, Aristoteles 196

STICHWORTVERZEICHNIS

P
Palladium 20
Palm Beach Towers 382
Palmieri, Victor 119ff., 134ff., 145, 151
Paramount Pictures 33
Patay, Paul 237
Patrick, Sharon 303, 304
Peacock, George 153, 168, 209, 210
Pearce, Henry 144ff.
Pearce, Mayer und Greer 144
Pei, I. M. 132
Pelli, Cesar 197
Penn Central(-) 122, 124, 131, 134ff., 147ff.
– Eisenbahngesellschaft 61, 348, 349
– Railroad 119
-Grundstück 65
Penney, J. C. 372
Penthouse-Magazin 215
Perelman, Ron 90
Perlman-Brüder 220
Philadelphia Eagles 297
Philip Morris 171
Pippett, Tom 384
Playboy Club 220
Porter, Michael 302
Portman Associates 148, 149
Post, Marjorie Merriweather 34
Prinz Charles 199, 200
Pritzker, A. N. 158, 159
Pritzker, Jay 142ff., 157
Prudent Real Estate Investment Trust 104ff.

R
Ramada-Inn-Kette 215
Ramada-Kette 141
Rather, Dan 362
RCA 371
Reagan, Ronald 72, 375
Resorts Casino 214
Resorts International 380, 383
Ribis, Nicholas 18, 52, 221, 223
Robinson, Rebecca 47
Rockefeller Center 357, 376
Roosevelt Hotel 135
Rose, Michael 227ff.
Ross, Diana 22

Rothman, Frank 315, 316
Rozelle, Pete 295, 304, 305, 312ff.
Rozier, Mike 301
Rubell, Steve 20
Rubenstein, Louise und Howard 127

S
Saks 178
Salamone, Alphonse 149
San Francisco 49ers 299
Sanchez, Miriam 317
Sands 237, 243
Scaasi, Arnold 274
Schoenfeld, Gerry 14
Schrager, Gerald (Jerry) 27, 146, 165, 166, 256, 354, 355
Schrager, Ian 20
Scutt, Der 139, 140, 180, 181, 184, 193
Sears Tower 359, 361
Seattle Seahawks 299
Shawn, William 273
Shearson Loeb Rhodes 222
Sheraton 141
Shore-Haven-Apartments 88
Shubert Organization 14
Shula, Don 299
Simon, Carly 272
Sinatra, Frank 67
Sipe, Brian 298, 307, 308
Sonnenblick, Arthur 33
Spielberg, Steven 62, 199
Sprague, Blanche 47, 190
St. Patrick's-Kathedrale 46
Stallone, Sylvester 62
Starrett Housing 124
State of Illinois Building 360
Steinberg, Saul 90
Stephenson, Conrad 50, 166, 167
Stern, Henry 22, 32, 322, 333, 340, 341
Stern, William 133
Studio 54 20, 110
Sturz, Herbert 27, 44, 375
Sunshine, Louise 127, 165, 190, 267
Swifton Village 96ff.
Swifton-Village-Projekt 95ff.

T

Taj Mahal 381, 383
Tanenbaum, Myles 297
Taubman, Al 297
Taylor, Lawrence 300
Television City(-) 65, 68, 359, 361, 364, 373ff.
 -Projekt 31, 360, 370
Thomas, Debbi 344
Tiffany(-) 161, 169ff., 181
 -Building 171, 183
Time-Magazin 338
Torell, John 254, 258
Torvill/Dean 344
Townsend, Alair 373
Tropicana 215
Trump
 – Fonds 39, 388
 – Golden Series 29, 386
 – Organization 145, 147, 152
 – Palace 260
 – Parc 47, 48, 290
 – Plaza 21, 66, 67, 74, 244, 385,
 – Plaza Corporation 227
 – Plaza Hotel 41, 236
 – Tower 16, 18, 20, 30, 36, 38, 51, 53, 61, 63, 66, 67, 69, 70, 73, 92, 110, 113, 141, 186, 194ff., 188, 192, 197ff., 204ff., 217, 299, 322, 335, 348, 381
Trump, Elizabeth 78, 82
Trump, Fred 77, 78
Trump, Freddy 82, 83
Trump, Ivana 27, 28, 31, 51, 193, 262, 264, 386ff.
Trump, John 78, 81
Trump, Maryanne 82
Trump, Robert
Trump, Robert 26, 36, 44, 84, 222, 223, 227, 228, 230, 374,
Trump's Castle 28, 60, 260ff., 386
Trump-
 -Organization 123
 -Plaza 113
 -Plaza-Projekt 71
Tucker, William 272
Turoff, Jay 365
TWA 83, 242

U

UdSSR 36
United Cerebral Palsy 24
Urban Development Corporation 125, 132, 133, 149
USFL (United States Football League) 14, 30, 40, 59, 293, 295ff., 382
Usher, Harry 14, 308

V

Vanden Heuvel, William 273
Varsavsky, Carlos 349

W

Walker, Herschel 298, 310, 318, 319
Walters, Barbara 25, 384
Wedemeyer, Dee 177
Wein, Lawrence 287
Weinberger, Caspar 375
Weiss, Andrew 47
Welch, Jack junior 371
West-Side-Projekt 47
Wharton School of Finance 90
Will, George 363
Williams, Frank 47, 48
Winston, Harry 204
WNBC 12
Wollman-Rink-
 -Areal 32
 -Gelände 42
 -Projekt 15, 47
 -Schlittschuhbahn 15, 22, 74, 321ff., 382,
World Football League 308
Wright, Bob 371
Wynn, Stephen A. 41, 236, 249ff., 257

X

Xerox Center 360

Y

Young President's Organization (YPO) 24
Young, Steve 301, 308

Z

Zanova-Steindler, Aja 344
Zanuck, Darryl 89
Zucotti, John 130

Bildnachweis

Ted Thai/*Time* magazine; Chase Roe; Holland Wemple; Bob Greene/CBS Photo; The White House; Wolfgang Hoyt/ESTO; Gruzen & Partners Architects & Der Scutt, Consulting Architect; Kay Chernush/ THE IMAGE BANK; Thomas Victor; Skyways Surveys, Inc; UPI/Bettmann Newsphotos; Greg Heisler; dpa; Anthony Savignano Ron Gallela, Ltd.; Focus; SIPA-Press; Gamma; Keystone. Alle übrigen The Trump Organization.

Lernen Sie vom berühmtesten Geschäftsmann der Welt!

Spannend, inspirierend, motivierend – mit den Top-Ten-Erfolgsregeln von Donald J. Trump!

Donald J. Trump musste auf seinem Weg an die Spitze unzählige Rückschläge einstecken. Wie der Immobilien-Tycoon damit umging? Ganz einfach: Er machte große Probleme zu noch größeren Erfolgen. Der schillernde Selfmademan aus New York erzählt die packenden Geschichten seiner größten Herausforderungen, schwärzesten Momente und schlimmsten Fehler – und wie es ihm zumeist gelang, Niederlagen in Siege zu verwandeln. Profitieren Sie von den Geschäftsregeln, Arbeitsprinzipien und Erfahrungen eines Mannes, der es geschafft hat. Die Erfolgsregeln des Multimilliardärs lassen seine Leser mutiger, erfolgreicher und entspannter die Herausforderungen des Geschäftslebens meistern.

240 Seiten
Hardcover mit Schutzumschlag
€ 19,90 (D) / € 20,50 (A) / CHF 38,40
ISBN-13: 978-3-636-01596-9

www.redline-wirtschaft.de

REDLINE WIRTSCHAFT